WANDER GARCIA • ANA PAULA GARCIA • HENRIQUE SUBI
COORDENADORES

2ª Edição 2018

COMO PASSAR

BANCO DO BRASIL

500 QUESTÕES COMENTADAS

ESCRITURÁRIO

10 ANOS EDITORA FOCO
EDITORA FOCO

2018 © Editora Foco
Coordenadores: Wander Garcia, Ana Paula Garcia e Henrique Subi
Autores: André Fioravanti, Flávio Benetti, Henrique Subi, Roberta Densa e Rodrigo Barbati
Diretor Acadêmico: Leonardo Pereira
Editor: Roberta Densa
Revisora Sênior: Georgia Renata Dias
Capa Criação: Leonardo Hermano
Diagramação: Ladislau Lima
Impressão miolo e capa: Gráfica META BRASIL

Dados Internacionais de Catalogação na Publicação (CIP)
Vagner Rodolfo CRB-8/9410

C735

Como passar em concursos do Banco do Brasil / André Fioravanti ... [et al.] ; organizado por Wander Garcia, Ana Paula Garcia e Henrique Subi. - 2. ed. - Indaiatuba, SP : Editora Foco, 2018.
148 p. ; 17cm x 24cm.

Vários autores.
ISBN: 978-85-8242-239-7

1. Metodologia de estudo. 2. Concursos Públicos. 3. Banco do Brasil. I. Fioravanti, André. II. Benetti, Flávio. III. Subi, Henrique. IV. Densa, Roberta. V. Barbati, Rodrigo. VI. Garcia, Wander. VII. Garcia, Ana Paula. VIII. Título.

2018-66 CDD 001.4 CDU 001.8

Índices para Catálogo Sistemático:
1. Metodologia de estudo 001.4 2. Metodologia de estudo 001.8

NOTAS DA EDITORA:

Atualizações e erratas: A presente obra é vendida como está, atualizada até a data do seu fechamento, informação que consta na página II do livro. Havendo a publicação de legislação de suma relevância, durante o ano da edição do livro, a editora, de forma discricionária, se empenhará em disponibilizar atualização futura.

Bônus ou Capítulo *On-line*: Excepcionalmente, algumas obras da editora trazem conteúdo no *on-line*, que é parte integrante do livro, cujo acesso será disponibilizado durante a vigência da edição da obra.

Erratas: A Editora se compromete a disponibilizar no site www.editorafoco.com.br, na seção Atualizações, eventuais erratas por razões de erros técnicos ou de conteúdo. Solicitamos, outrossim, que o leitor faça a gentileza de colaborar com a perfeição da obra, comunicando eventual erro encontrado por meio de mensagem para contato@editorafoco.com.br. O acesso será disponibilizado durante a vigência da edição da obra.

Impresso no Brasil (02.2018) – Data de Fechamento (02.2018)

MISTO
Papel produzido a partir de fontes responsáveis
FSC www.fsc.org

2018

Editora Foco Jurídico Ltda.
Al. Júpiter 542 – American Park Distrito Industrial
CEP 13347-653 – Indaiatuba – SP
E-mail: contato@editorafoco.com.br
www.editorafoco.com.br

AUTORES

SOBRE OS COORDENADORES

Wander Garcia – @wander_garcia

Doutor e Mestre em Direito pela PUC/SP. Professor e coordenador do IEDI. Procurador do Município de São Paulo

Ana Paula Garcia

Pós-graduada em Direito. Procuradora do Estado de São Paulo. Autora de diversos livros para Concurso e OAB.

Henrique Subi

@henriquesubi - Especialista em Direito Empresarial pela FGV e em Direito Tributário pela UNISUL. Mestrando em Direito pela Universidade Mackenzie. Professor de Negociação do IBDEC. Professor do IEDI e de outros cursos preparatórios para a OAB e concursos públicos.

SOBRE OS AUTORES

Wander Garcia

Doutor e Mestre em Direito pela PUC/SP. Professor e coordenador do IEDI. Procurador do Município de São Paulo

André Fioravanti

Bacharel em Engenharia Elétrica pela Universidade Estadual de Campinas. Mestre em Controle e Automação pela Universidade Estadual de Campinas. Doutor em Física pela Université Paris Sud XI. Atualmente Professor Associado à Faculdade de Engenharia Mecânica da UNICAMP. Autor de vários artigos em revistas internacionais. Coautor de diversos livros publicados pela Editora Foco.

Flávio Benetti

Um cara apaixonado pela vida, curioso por natureza e fã da tecnologia. Graduado e Pós-Graduado em Comunicação Social. Estrategista em comunicação pessoal, profissional e empresarial. Professor de graduação e pós-graduação. Palestrante. Mais de 15 anos de estrada, construindo estratégias para marcas como Bosch, Schincariol, Brasil Kirin, GPA, Grupo NC, CPFL, Canal Rural, SBT, entre outras. Sócio Fundador da BoasNovas, uma iniciativa voltada para entregar uma comunicação que informe, inspire e contribua para a transformação da realidade e a evolução das pessoas.

Henrique Subi

@henriquesubi - Especialista em Direito Empresarial pela FGV e em Direito Tributário pela UNISUL. Mestrando em Direito pela Universidade Mackenzie. Professor de Negociação do IBDEC. Professor do IEDI e de outros cursos preparatórios para a OAB e concursos públicos.

Roberta Densa

Doutora em Direitos Difusos e Coletivos pela Pontifícia Universidade Católica de São Paulo (PUC/SP), mestre em Direito Político e Econômico pela Universidade Presbiteriana Mackenzie (2005). Editora Jurídica na Editora Foco. Professora da Universidade São Judas Tadeu. Autora do livro "Direito do Consumidor". Membro da Comissão dos Direitos da Criança e do Adolescente da OAB/SP desde 2007.

Rodrigo Barbati

Professor de Cursos Preparatórios para Concursos Públicos (1996), Servidor da Prefeitura Municipal de São Paulo e Ex-funcionário do Banco do Brasil. É Pós-graduado em Administração de Empresas pela Universidade São Judas Tadeu e Bacharel em História pela Universidade de São Paulo. É autor de livros e apostilas para concursos públicos nas áreas de Administração e Arquivologia e Conhecimentos Bancários.

Sumário

Como usar o livro?

Para que você consiga um ótimo aproveitamento deste livro, atente para as seguintes orientações:

1º Tenha em mãos um ***vademecum*** ou **um computador** no qual você possa acessar os textos de lei citados.

Neste ponto, recomendamos o **Vade Mecum de Legislação FOCO** – confira em www.editorafoco.com.br.

2º Se você estiver estudando a teoria (fazendo um curso preparatório ou lendo resumos, livros ou apostilas), faça as questões correspondentes deste livro na medida em que for avançando no estudo da parte teórica.

3º Se você já avançou bem no estudo da teoria, leia cada capítulo deste livro até o final, e só passe para o novo capítulo quando acabar o anterior; vai mais uma dica: alterne capítulos de acordo com suas preferências; leia um capítulo de uma disciplina que você gosta e, depois, de uma que você não gosta ou não sabe muito, e assim sucessivamente.

4º Iniciada a resolução das questões, tome o cuidado de ler cada uma delas **sem olhar para o gabarito e para os comentários**; se a curiosidade for muito grande e você não conseguir controlar os olhos, tampe os comentários e os gabaritos com uma régua ou um papel; na primeira tentativa, é fundamental que resolva a questão sozinho; só assim você vai identificar suas deficiências e "pegar o jeito" de resolver as questões; marque com um lápis a resposta que entender correta, e só depois olhe o gabarito e os comentários.

5º **Leia com muita atenção o enunciado das questões**. Ele deve ser lido, no mínimo, duas vezes. Da segunda leitura em diante, começam a aparecer os detalhes, os pontos que não percebemos na primeira leitura.

6º **<u>Grife</u> as palavras-chave, as afirmações e a pergunta formulada.** Ao grifar as palavras importantes e as afirmações você fixará mais os pontos-chave e não se perderá no enunciado como um todo. Tenha atenção especial com as palavras "correto", "incorreto", "certo", "errado", "prescindível" e "imprescindível".

7º Leia os comentários e **leia também cada dispositivo legal** neles mencionados; não tenha preguiça; abra o *vademecum* e leia os textos de leis citados, tanto os que explicam as alternativas corretas, como os que explicam o porquê de ser incorreta dada alternativa; você tem que conhecer bem a letra da lei, já que mais de 90% das respostas estão nela; mesmo que você já tenha entendido determinada questão, reforce sua memória e leia o texto legal indicado nos comentários.

8º Leia também os **textos legais que estão em volta** do dispositivo; por exemplo, se aparecer, em Direito Penal, uma questão cujo comentário remete ao dispositivo que trata de falsidade ideológica, aproveite para ler também os dispositivos que tratam dos outros crimes de falsidade; outro exemplo: se aparecer uma questão, em Direito Constitucional, que trate da composição do Conselho Nacional de Justiça, leia também as outras regras que regulamentam esse conselho.

9º Depois de resolver sozinho a questão e de ler cada comentário, você deve fazer uma **anotação ao lado da questão**, deixando claro o motivo de eventual erro que você tenha cometido; conheça os motivos mais comuns de erros na resolução das questões:

DL – "desconhecimento da lei"; quando a questão puder ser resolvida apenas com o conhecimento do texto de lei;

DD – "desconhecimento da doutrina"; quando a questão só puder ser resolvida com o conhecimento da doutrina;

DJ – "desconhecimento da jurisprudência"; quando a questão só puder ser resolvida com o conhecimento da jurisprudência;

FA – "falta de atenção"; quando você tiver errado a questão por não ter lido com cuidado o enunciado e as alternativas;

NUT - "não uso das técnicas"; quando você tiver se esquecido de usar as técnicas de resolução de questões objetivas, tais como as da **repetição de elementos** ("quanto mais elementos repetidos existirem, maior a chance de a alternativa ser correta"), das **afirmações generalizantes** ("afirmações generalizantes tendem a ser incorretas" - reconhece-se afirmações generalizantes pelas palavras *sempre, nunca, qualquer, absolutamente, apenas, só, somente exclusivamente* etc.), dos **conceitos compridos** ("os conceitos de maior extensão tendem a ser corretos"), entre outras.

obs: se você tiver interesse em fazer um Curso de "Técnicas de Resolução de Questões Objetivas", recomendamos o curso criado a esse respeito pelo IEDI Cursos On-line: www.iedi.com.br.

10º Confie no **bom-senso**. Normalmente, a resposta correta é a que tem mais a ver com o bom-senso e com a ética. Não ache que todas as perguntas contêm uma pegadinha. Se aparecer um instituto que você não conhece, repare bem no seu nome e tente imaginar o seu significado.

11º Faça um levantamento do **percentual de acertos de cada disciplina** e dos **principais motivos que levaram aos erros cometidos**; de posse da primeira informação, verifique quais disciplinas merecem um reforço no estudo; e de posse da segunda informação, fique atento aos erros que você mais comete, para que eles não se repitam.

12º Uma semana antes da prova, faça uma **leitura dinâmica** de todas as anotações que você fez e leia de novo os dispositivos legais (e seu entorno) das questões em que você marcar "DL", ou seja, desconhecimento da lei.

13º Para que você consiga ler o livro inteiro, faça um bom **planejamento**. Por exemplo, se você tiver 30 dias para ler a obra, divida o número de páginas do livro pelo número de dias que você tem, e cumpra, diariamente, o número de páginas necessárias para chegar até o fim. Se tiver sono ou preguiça, levante um pouco, beba água, masque chiclete ou leia em voz alta por algum tempo.

14º Desejo a você, também, muita **energia**, **disposição**, **foco**, **organização**, **disciplina**, **perseverança**, **amor** e **ética**!

Wander Garcia, Ana Paula Garcia e Henrique Subi
Coordenadores

1. Língua Portuguesa

Henrique Subi

1. INTERPRETAÇÃO DE TEXTOS

Moeda digital deve revolucionar a sociedade

Nas sociedades primitivas, a produção de bens era limitada e feita por famílias que trocavam seus produtos de subsistência através do escambo, organizado em locais públicos, decorrendo daí a origem do termo "pregão" da Bolsa. Com o passar do tempo, especialmente na antiguidade, época em que os povos já dominavam a navegação, o comércio internacional se modernizou e engendrou a criação de moedas, com o intuito de facilitar a circulação de mercadorias, que tinham como lastro elas mesmas, geralmente alcunhadas em ouro, prata ou bronze, metais preciosos desde sempre.

A Revolução Industrial ocorrida inicialmente na Inglaterra e na Holanda, por volta de 1750, viria a criar uma quantidade de riqueza acumulada tão grande que transformaria o próprio dinheiro em mercadoria. Nascia o mercado financeiro em Amsterdã, que depois se espalharia por toda a Europa e pelo mundo. A grande inovação na época foi o mecanismo de compensação nos pagamentos, mais seguro e prático, no qual um banco emitia uma ordem de pagamento para outro em favor de determinada pessoa e esta poderia sacá-la sem que uma quantidade enorme de dinheiro ou ouro tivesse de ser transportada entre continentes.

Essa ordem de pagamento, hoje reconhecida no mundo financeiro como "título cambial", tem como instrumento mais conhecido o cheque, "neto" da letra de câmbio, amplamente usada pela burguesia em transações financeiras na alta idade média. A teoria nos ensina que são três as suas principais características: a cartularidade, a autonomia e a abstração.

Ora, o que isso tem a ver com *bitcoins*? Foi necessária essa pequena exegese para refletirmos que não importa a forma como a sociedade queira se organizar, ela é sempre motivada por um fenômeno humano. Como nos ensina Platão, a necessidade é a mãe das invenções. Considerando o dinamismo da evolução da sociedade da informação, inicialmente revolucionada pela invenção do códex e da imprensa nos idos de 1450, que possibilitou na Idade Média o armazenamento e a circulação de grandes volumes de informação, e, recentemente, o fenômeno da internet, que eliminou distâncias e barreiras culturais, transformando o mundo em uma aldeia global, seria impossível que o próprio mundo virtual não desenvolvesse sua moeda, não somente por questão financeira, mas sobretudo para afirmação de sua identidade cultural.

Criada por um "personagem virtual", cuja identidade no mundo real é motivo de grande especulação, a bitcoin, resumidamente, é uma moeda virtual que pode ser utilizada na aquisição de produtos e serviços dos mais diversos no mundo virtual. Trata-se de um título cambial digital, sem emissor, sem cártula, e, portanto, sem lastro, uma aberração no mundo financeiro, que, não obstante isso, tem valor.

No entanto, ao que tudo indica, essa questão do lastro está prestes a ser resolvida. Explico. Grandes corporações começam a acenar com a possibilidade de aceitar bitcoins na compra de serviços. Se a indústria pesada da tecnologia realmente adotar políticas reconhecendo e incluindo bitcoins como moeda válida, estará dado o primeiro passo para a criação de um mercado financeiro global de bitcoins. Esse assunto é de alta relevância para a sociedade como um todo e poderá abrir as portas para novos serviços nas estruturas que se formarão não somente no mercado financeiro, em todas as suas facetas — refiro-me à Bolsa de Valores, inclusive, bem como em novos campos do direito e na atividade estatal de regulação dessa nova moeda.

Certamente a consolidação dos *bitcoins* não revogará as outras modalidades de circulação de riqueza criadas ao longo da história, posto que ainda é possível trocar mercadorias, emitir letras de câmbio, transacionar com moedas e outros títulos. Ao longo do tempo aprendemos também que os instrumentos se renovaram e se tornaram mais sofisticados, fato que constitui um desafio para o mundo do direito.

AVANZI, Dane. **UOL TV Todo Dia**. Disponível em: <http://portal.tododia.uol.com.br/_conteudo/2015/03/ opiniao/65848--moeda-digital-deve-revolucionar-a-sociedade.php>. Acesso em: 09 ago. 2015. Adaptado.

(Escriturário – BB – 2015 – CESGRANRIO) No texto, afirma-se que "a necessidade é a mãe das invenções" (l. 36-37) para justificar a ideia de que

(A) as moedas virtuais podem tornar obsoleta a emissão de letras de câmbio, de cheques e demais títulos monetários.

(B) a criação de uma moeda virtual atende às exigências da sociedade atual, marcada pela globalização da informação.

(C) a manutenção do sistema financeiro global depende da criação de mecanismos virtuais de circulação de dinheiro.

(D) a exigência de lastro para que as moedas virtuais sejam aceitas impossibilita o uso de *bitcoins* para transações na internet.

(E) as transações financeiras devem ser realizadas virtualmente para que seja garantida maior segurança ao sistema bancário.

A ideia central desse parágrafo é destacar que as necessidades econômicas específicas de cada época foram superadas por meio da criação de mecanismos próprios de circulação de riquezas. No mundo virtual, globalizado e totalmente informatizado, a criação de uma moeda virtual era, portanto, uma exigência – não só para facilitação de transações financeiras, como também para demarcar as características desta era.

Gabarito "B".

(Escriturário – BB – 2015 – CESGRANRIO) Para que a leitura de um texto seja bem sucedida, é preciso reconhecer a sequência em que os conteúdos foram apresentados.

Esse texto, antes de explicar como eram realizadas as transações financeiras na época medieval, refere-se

(A) à importância da criação de novos serviços na área financeira, o que é de grande relevância para a sociedade.

(B) à possibilidade de criação de lastro para as moedas virtuais devido à adesão de grandes empresas mundiais.

(C) à invenção de um documento financeiro para evitar o transporte de valores entre grandes distâncias.

(D) à criação de instrumento a ser utilizado na aquisição de produtos e serviços por meio eletrônico.

(E) ao surgimento do fenômeno da internet, responsável pela transformação do mundo em uma aldeia global.

A questão tem um problema flagrante no enunciado e merecia ter sido anulada. Ela não tem resposta certa, porque o texto não fala como eram realizadas as transações financeiras na época medieval. A única referência a tal período (sendo muito generoso, porque em 1450 a Idade Média já havia acabado há tempos) é a criação da imprensa, que nada tem a ver com a transferência de valores. A questão, provavelmente, queria se referir à **Revolução Industrial**, não "época medieval", porque aí sim temos a alternativa "C" como correta (l. 13-24).

Gabarito "C".

Cartilha orienta consumidor

Lançada pelo SindilojasRio e pelo CDL-Rio, em parceria com o Procon-RJ, guia destaca os principais pontos do Código de Defesa do Consumidor (CDC), *selecionados a partir das dúvidas e reclamações mais comuns recebidas pelas duas entidades*

O Sindicato de Lojistas do Comércio do Rio de Janeiro (SindilojasRio) e o Clube de Diretores Lojistas do Rio de Janeiro (CDL-Rio) lançaram ontem uma cartilha para orientar lojistas e consumidores sobre seus direitos e deveres. Com o objetivo de dar mais transparência e melhorar as relações de consumo, a cartilha tem apoio também da Secretaria Estadual de Proteção e Defesa do Consumidor (Seprocon)/ Procon-RJ.

Batizada de Boas Vendas, Boas Compras! – Guia prático de direitos e deveres para lojistas e consumidores, a publicação destaca os principais pontos do Código de Defesa do Consumidor (CDC), selecionados a partir das dúvidas e reclamações mais comuns recebidas, tanto pelo SindilojasRio e CDL-Rio, como pelo Procon-RJ.

"A partir da conscientização de consumidores e lojistas sobre seus direitos e deveres, queremos contribuir para o crescimento sustentável das empresas, tendo como base a ética, a qualidade dos produtos e a boa prestação de serviços ao consumidor", explicou o presidente do SindilojasRio e do CDL-Rio, Aldo Gonçalves.

Gonçalves destacou que as duas entidades estão comprometidas em promover mudanças que propiciem o avanço das relações de consumo, além do desenvolvimento do varejo carioca.

"O consumidor é o nosso foco. É importante informá-lo dos seus direitos", disse o empresário, ressaltando que conhecer bem o CDC é vital não só para os lojistas, mas também para seus fornecedores.

Jornal do Commercio. Rio de Janeiro. 08 abr. 2014, A-9. Adaptado.

(Escriturário – BB – 2014 – CESGRANRIO) A comparação do título da reportagem com o texto integral permite afirmar que o

(A) texto pode provocar dúvidas nos leitores porque contém muitas siglas desconhecidas.

(B) texto contradiz o título, pois desqualifica a orientação aos consumidores.

(C) título é inteiramente fiel ao conteúdo do texto, cujo foco é especificamente a defesa dos consumidores.

(D) texto e o título focalizam os consumidores como o público-alvo da cartilha.

(E) título destaca apenas parcialmente o conteúdo da cartilha de orientação.

Após lermos ativamente o texto, percebemos que a manchete é parcial, pois ela apenas destaca que a cartilha orienta o consumidor sobre seus direitos, ao passo que o texto integral é bastante claro no sentido de que a publicação abrange também os direitos dos lojistas.

Gabarito "E".

(Escriturário – BB – 2014 – CESGRANRIO) A matéria informa que as orientações contidas na cartilha levaram em consideração alguns dados objetivos. Que dados são esses?

(A) As queixas dos consumidores diante da má qualidade de atendimento dos lojistas

(B) As desculpas dos lojistas diante da grande quantidade de reclamações dos consumidores

(C) As queixas e as dificuldades declaradas tanto por compradores como por vendedores

(D) O índice elevado de prejuízos dos varejistas diante da falta de pagamento dos consumidores

(E) As pesquisas feitas por especialistas em técnicas de consumo e vendas

---

O texto diz expressamente que a cartilha é baseada nas dúvidas mais comuns questionadas junto aos órgãos elaboradores – onde se incluem representantes dos lojistas e o Procon. Notadamente, cada um deles atende um público alvo – o sindicato atua junto aos fornecedores e o Procon os fiscaliza em prol dos consumidores. Logo, são dúvidas oriundas tanto de compradores como de vendedores.

Gabarito "C".

100 Coisas

É febre. Livros listando as cem coisas que você deve fazer antes de morrer, os cem lugares que você deve conhecer antes de morrer, os cem pratos que você deve provar antes de morrer. Primeiramente, me espanta o fato de todos terem a certeza absoluta de que você vai morrer. Eu prefiro encarar a morte como uma hipótese. Mas, no caso, de acontecer, serei obrigada mesmo a cumprir todas essas metas antes? Não dá pra fechar por cinquenta em vez de cem?

Outro dia estava assistindo a um DVD promocional que também mostra, como imaginei, as cem coisas que a gente precisa porque precisa fazer antes de morrer. Me deu uma angústia, pois, das cem, eu fiz onze até agora. Falta muito ainda. Falta dirigir uma Ferrari, fazer um safári, frequentar uma praia de nudismo, comer algo exótico (um baiacu venenoso, por exemplo), visitar um vulcão ativo, correr uma maratona [...].

Se dependesse apenas da minha vontade, eu já teria um plano de ação esquematizado, mas quem fica com as crianças? Conseguirei cinco férias por ano? E quem patrocina essa brincadeira?

Hoje é dia de mais um sorteio da Mega-Sena. O prêmio está acumulado em cinquenta milhões de reais. A maioria das pessoas, quando perguntadas sobre o que fariam com a bolada, responde: pagar dívidas, comprar um apartamento, um carro, uma casa na serra, outra na praia, garantir a segurança dos filhos e guardar o resto para a velhice. Normal. São desejos universais. Mas fica aqui um convite para sonhar com mais criatividade. Arranje uma dessas listas de cem coisas pra fazer e procure divertir-se com as opções [...]. Não pense tanto em comprar mas em viver.

Eu, que não apostei na Mega-Sena, por enquanto sigo com a minha lista de cem coisas a evitar antes de morrer. É divertido também, e bem mais fácil de realizar, nem precisa de dinheiro.

MEDEIROS, Martha. **Doidas e santas**. Porto Alegre: L&PM, 2008, p. 122-123. Adaptado.

(Escriturário – BB – 2014.1 – CESGRANRIO) A afirmativa "É febre" (l. 1), com que é iniciado o texto, indica que há, no momento, na sociedade um(a)

(A) comportamento que afeta todas as pessoas.
(B) doença para a qual não existe remédio.
(C) desejo que se espalha entre pessoas.
(D) infecção que se dissemina.
(E) praga a ser evitada.

O termo "febre" foi usado de forma metafórica: não se refere ao sintoma de doenças em si, mas à rápida propagação do desejo de listar as coisas que há na sociedade atualmente.

Gabarito "C"

(Escriturário – BB – 2014.1 – CESGRANRIO) O trecho que indica a crítica da autora sobre as listas das "100 coisas" é:

(A) "Eu, que não apostei na Mega-Sena, por enquanto sigo com a minha lista de cem coisas a evitar antes de morrer." (l. 36-38)
(B) "O prêmio está acumulado em cinquenta milhões de reais." (l. 25-26)
(C) "Livros listando as cem coisas que você deve fazer antes de morrer" (l. 1-2)
(D) "Primeiramente, me espanta o fato de todos terem a certeza absoluta de que você vai morrer." (l. 4-6)
(E) "Hoje é dia de mais um sorteio da Mega-Sena." (l. 24)

O texto usa a ironia de uma forma bastante divertida para expor uma crítica à moda atual de "listas". A única afirmativa que resume essa posição crítica da autora é a letra "A" – que, de forma irônica, diz também ter uma lista, mas de coisas a evitar em vez de fazer.

Gabarito "A"

(Escriturário – BB – 2014.1 – CESGRANRIO) A expressão "a gente precisa porque precisa fazer" (l. 13) quer dizer que é preciso fazer algo, pois

(A) temos a obrigação, mas podemos não a aceitar.
(B) temos de realizar algo a qualquer preço.
(C) devemos fazer mas podemos optar por não fazer.
(D) podemos não querer cumprir a ordem.
(E) queremos realizar a tarefa, pois a desejamos.

"Precisa porque precisa" é expressão coloquial que indica a necessidade de fazer algo independentemente dos custos ou resultados. É uma obrigação que não se discute.

Gabarito "B"

O preço foi uma das mais revolucionárias criações de todos os tempos. Invenção sem dono. Melhor seria chamá-la de uma evolução darwinista, resultado de milhares de anos de adaptação do ser humano à vida em sociedade: sobreviveu a maneira mais eficiente que o homem encontrou para alocar recursos escassos, no enunciado da definição clássica da ciência econômica. Diariamente tomamos decisões (comprar uma gravata, vender um apartamento, demitir um funcionário, poupar para uma viagem, ter um filho, derrubar ou plantar uma árvore), ponderando custos e benefícios. É a soma dessas ações, feitas no âmbito pessoal, que regula o custo e a disponibilidade de gravatas, apartamentos, funcionários, viagens, filhos ou mesmo árvores.

Como diz o jornalista americano Eduardo Porter em **O preço de todas as coisas**, *"toda escolha que fazemos é moldada pelo preço das opções que se apresentam diante de nós, pesadas em relação a seus benefícios". As consequências dessa atitude, mostra Porter, nem sempre são óbvias. Até as formas femininas estão submetidas a uma virtual bolsa de valores, e o que se apresenta como grátis também tem seu preço – sem falar que a dinâmica da fixação de preços pode falhar miseravelmente, como comprovam as bolhas financeiras.*

(Giuliano Guandalini. **Veja**, 3 de agosto de 2011, com adaptações)

(BB – Escriturário – 2013.1 – FCC) De acordo com o texto, o preço de todas as coisas é estabelecido

(A) pelo valor das escolhas pessoais, apesar das regras da economia clássica existentes na sociedade de consumo.
(B) por sua situação no mercado consumidor, que determina custos menores em função do aumento da oferta.
(C) por economistas que se especializam em avaliar os objetos de consumo mais procurados pelas pessoas.
(D) pelo acordo possível entre pessoas que desejam comprar e aquelas que precisam desfazer-se de seus bens.
(E) pela relação que as pessoas fazem habitualmente entre custo e benefício quando tomam suas decisões.

O autor esclarece que o preço dos produtos e serviços oferecidos no mercado é resultado da soma de decisões individuais sobre ele em relação às vantagens que serão obtidas com a aquisição. É a chamada "relação custo-benefício".

Gabarito "E"

(BB – Escriturário – 2013.1 – FCC) A ideia contida no 2º parágrafo é:

(A) O cálculo do preço de qualquer produto pode basear-se não somente em aspectos objetivos como também em elementos subjetivos.
(B) Todas as escolhas feitas determinam um preço real, calculado pelos envolvidos nos negócios, a partir da importância de cada uma dessas escolhas.
(C) As decisões de comprar ou vender algo são rotineiras em uma sociedade de consumo, fato que dá origem a um cálculo do valor dos produtos.
(D) Os benefícios resultantes da fixação de preços adequados para as diferentes decisões tomadas individualmente atingem todo o grupo social.

(E) As pessoas geralmente tendem a optar por escolhas cujo preço esteja de acordo com as possibilidades de realização daquilo que pretendem obter.

Nesse parágrafo, o autor defende que, a despeito dos esforços dos economistas para determinar os preços de mercado de forma objetiva, outros fatores influenciam esse processo. Esses últimos decorrem de critérios próprios de cada indivíduo, dotados, portanto, de alta carga de subjetividade e, por isso mesmo, difíceis de medir e explicar.

Gabarito "A".

(BB – Escriturário – 2013.1 – FCC) *Invenção sem dono.* (1º parágrafo)

A afirmativa acima se justifica pelo fato de que

(A) as condições que regulavam as trocas comerciais na antiguidade não permitiam estabelecer valores adequados para os objetos em circulação.

(B) a história da humanidade não tem registros a respeito do primeiro grupo social que estabeleceu preços para todas as coisas.

(C) o preço das coisas sofreu evolução resultante da necessidade de acomodação do homem às condições da vida em sociedade.

(D) os formuladores das doutrinas econômicas que atualmente vigoram no mercado não se preocuparam em identificar os idealizadores da fixação de preços.

(E) os poucos recursos à disposição do homem primitivo impediam que houvesse qualquer espécie de transação comercial, o que impossibilitava a fixação de preços.

O autor argumenta que a ideia do estabelecimento de um preço como base de troca de produtos e serviços representa a síntese da evolução das relações de cunho econômico da sociedade. Para ele, não se trata de algo inventado por alguém de um dia para o outro. É resultado de diversas experiências anteriores e sobreviveu às demais diante de sua superioridade lógica, porque facilitou a vida em sociedade.

Gabarito "C".

(BB – Escriturário – 2013.1 – FCC) Evidencia-se uma opinião pessoal do autor e não simplesmente um fato no segmento:

(A) *... uma evolução darwinista, resultado de milhares de anos de adaptação do ser humano à vida em sociedade ...*

(B) *O preço foi uma das mais revolucionárias criações de todos os tempos.*

(C) *... que o homem encontrou para alocar recursos escassos, no enunciado da definição clássica da ciência econômica.*

(D) *É a soma dessas ações [...] que regula o custo e a disponibilidade de gravatas ...*

(E) *As consequências dessa atitude, mostra Porter, nem sempre são óbvias.*

A: apesar de ter sido considerada incorreta pelo gabarito oficial, entendemos que também poderia ser assinalada. O cerne desse trecho do texto é a discussão sobre a origem do preço e o autor conclui, após levantar as hipóteses, que se trata de uma evolução da sociedade. Isso, de certa forma, é uma opinião dele, porque a hipótese de uma "invenção" também é defensável; **B:** correta. O autor deixa transparecer sua subjetividade ao usar o adjetivo superlativo "uma das mais revolucionárias"; **C:** incorreta. Trata-se de uma lição doutrinária, conceito clássico da Economia, e não uma opinião do autor; **D:** incorreta. Também é um conceito consolidado da ciência econômica – a lei da oferta e da demanda; **E:** incorreta. Ao citar o nome de um economista, o autor se vale do chamado "argumento de autoridade" para dar base a seu argumento.

Gabarito "B".

(BB – Escriturário – 2013.1 – FCC) *... sem falar que a dinâmica da fixação de preços pode falhar miseravelmente, como comprovam as bolhas financeiras.*

O segmento grifado acima constitui, no contexto,

(A) comentário crítico do autor do texto à obra do jornalista americano citado.

(B) exemplo para realçar o equilíbrio nos preços de todas as coisas nas relações de compra e venda.

(C) argumento que confirma a possibilidade de erros de avaliação no estabelecimento de preços.

(D) referência a uma situação que contribui para o desenvolvimento da economia.

(E) demonstração da eficácia das teorias econômicas no controle de preços.

As "bolhas financeiras", termo usado para representar crises econômicas derivadas de desequilíbrios no mercado de crédito, foram mencionadas como exemplo concreto daquilo que o autor defende, com vistas a dar veracidade e robustez ao argumento de que o sistema liberal de estabelecimento de preços é passível de falhas graves.

Gabarito "C".

(BB – Escriturário – 2013.1 – FCC) *(comprar uma gravata, vender um apartamento, demitir um funcionário, poupar para uma viagem, ter um filho, derrubar ou plantar uma árvore)*

O segmento entre parênteses constitui

(A) transcrição de um diálogo, que altera o foco principal do que vem sendo exposto.

(B) constatação de situações habituais, com o mesmo valor de mercado, vivenciadas pelas pessoas.

(C) reprodução exata das palavras do jornalista americano citado no texto, referentes à rotina diária das pessoas.

(D) interrupção intencional do desenvolvimento das ideias, para acrescentar informações alheias ao assunto abordado.

(E) sequência explicativa, que enumera as eventuais decisões que podem ser tomadas diariamente pelas pessoas.

As diversas situações arroladas pelo autor constituem exemplos de atos cotidianos que influenciam e são influenciados pelos preços praticados no mercado. Há de ser ter cuidado com a alternativa "B", que está incorreta, porque não há qualquer menção no texto (e nem poderia haver, porque absurda) ao fato de que tais relações possuem o mesmo valor de mercado. Muito ao contrário, cada uma tem seu preço e são bem diferentes uns dos outros.

Gabarito "E".

Texto I. Entre outras, constam no **Dicionário Houaiss** as seguintes definições a respeito do verbo **vender**:

– *transferir (bens ou mercadorias) para outrem em troca de dinheiro;*

– *praticar o comércio de; comerciar com; negociar;*

– *convencer (alguém) a aceitar (alguma coisa); persuadir (alguém) das boas qualidades de (uma ideia, um projeto etc.);*

– *trabalhar como vendedor;*

– *ser facilmente vendável; ter boa aceitação de consumo.* [...]

Texto II. *Também são determinantes no discurso persuasivo a afirmação e a repetição. A propaganda não pode dar margem a dúvidas; a meta é aconselhar o destinatário e conquistar a sua adesão. Daí as frases afirmativas e o uso do imperativo na peroração ("abra sua conta", "ligue já"). A repetição objetiva minar a opinião contrária do receptor por meio da reiteração. É possível encontrá-la não apenas na construção frasal, sobretudo nos* slogans *que são insistentemente repetidos (quer na forma verbal quer na escrita) junto à marca do produto, mas também nas diversas inserções da peça publicitária nos veículos conforme seu plano de mídia. Não por acaso, o termo propaganda* [...] *originou-se do verbo* propagare, *"técnica do jardineiro de cravar no solo os rebentos novos das plantas a fim de reproduzir novas plantas que depois passarão a ter vida própria" – uma ação, portanto, nitidamente repetitiva.*

(Carrascoza, João A. **A evolução do texto publicitário**. São Paulo: Futura, 1999, p. 44 e 45)

(**BB – Escriturário – 2013.1 – FCC**) Tomando-se como referência o que consta <u>nos dois textos</u>, a afirmativa correta é:

(A) O **Texto I** pode ser corretamente entendido como uma espécie de resumo do assunto que é desenvolvido no **Texto II**.

(B) O desenvolvimento do **Texto II** está desvinculado do que consta do dicionário em relação aos sentidos do verbo **vender**.

(C) O conteúdo do **Texto I** apresenta sentido de oposição ao que se lê no **Texto II**.

(D) O sentido principal do **Texto I** está no verbo **vender**, enquanto o do **Texto II** está no verbo **propagar**, verbos que não podem ser empregados como sinônimos.

(E) A ideia central do **Texto II** aparece explicitada em um dos possíveis significados do verbo **vender**, transcritos no **Texto I**.

A: incorreta. O **resumo** é uma espécie de texto cuja função precípua é reunir as principais ideias de outro, tornando-o mais conciso. No caso, ambos os textos são **exposições**, modalidade que objetiva transmitir conhecimentos ao leitor; **B:** incorreta. O texto II trata do terceiro significado atribuído ao verbo "vender" pelo texto I; **C:** incorreta. Os textos são complementares, porque o texto II esclarece, por meio de lições e exemplos, um dos significados do verbo "vender" expostos no texto I; **D:** incorreta. O texto II também está focado no verbo "vender". Ele trata de um dos mais tradicionais instrumentos de ampliação das vendas, que é a propaganda. Realmente não são conceitos sinônimos, mas são intimamente relacionados; **E:** correta, conforme comentário à alternativa "B".

Gabarito "E".

(**BB – Escriturário – 2013.1 – FCC**) Com base no **Texto II**, conclui-se que o sentido de **propaganda** está corretamente expresso em:

(A) repetição de uma única ideia até que o público a quem se dirige a mensagem se canse de ouvir sempre as mesmas frases.

(B) serviços oferecidos por um vendedor, ao criar novas ideias em um mercado já estabilizado e conhecido.

(C) imitação por vendedores de um fenômeno da natureza, o de espalhar ideias como se faz a reprodução de plantas.

(D) difusão de mensagens convincentes e repetitivas, faladas ou escritas, nos meios de comunicação, visando ao consumo de um produto.

(E) insistência voltada para os benefícios trazidos pelo consumo, seja de produtos naturais, seja de objetos criados pelo homem.

A: incorreta. A ideia da propaganda não é cansar o consumidor, mas fixar a marca ou o seu *slogan* na memória das pessoas, fazendo com que o produto ou o serviço seja lembrado no momento de necessidade; **B:** incorreta. A propaganda dos serviços, realizada para expor suas vantagens e diferenciá-lo dos concorrentes, não se confunde com o serviço em si; **C:** incorreta. A explanação da origem do termo "propaganda" não significa que a ação dos vendedores é uma réplica do fato natural. Serve unicamente como uma informação curiosa, que justifica o ato de repetir as informações para convencer o consumidor; **D:** correta. Esse conceito pode ser plenamente deduzido da leitura do texto; **E:** incorreta. A ideia da propaganda não é incentivar o consumo de forma geral, mas sim de mover o consumidor a adquirir um produto ou serviço específico de determinado fornecedor.

Gabarito "D".

(**BB – Escriturário – 2013.1 – FCC**) ...<u>*a meta*</u> *é aconselhar o destinatário e conquistar a sua adesão.* (**Texto II**)

Dentre os verbos que constam como sinônimos de vender no Texto I, o sentido mais próximo do segmento destacado acima é:

(A) *transferir (bens ou mercadorias) para outrem em troca de dinheiro.*

(B) *persuadir (alguém) das boas qualidades de (uma ideia, um projeto etc.).*

(C) *praticar o comércio de.*

(D) *ser facilmente vendável.*

(E) *trabalhar como vendedor.*

Se a meta é conquistar a adesão de alguém, o melhor sinônimo entre os expostos é "persuadir", que equivale a "convencer".

Gabarito "B".

(**BB – Escriturário – 2013.1 – FCC**) *"técnica do jardineiro de cravar no solo os rebentos novos das plantas a fim de reproduzir novas plantas que depois passarão a ter vida própria."* (**Texto II**)

O segmento transcrito acima

(A) esclarece o sentido exato do antigo verbo *propagare*.

(B) contém a ideia principal de todo o parágrafo em que ele se encontra.

(C) confirma a informação de que não pode haver dúvida na propaganda.

(D) traz a informação de que jardineiros também são propagandistas de ideias.

(E) diferencia o trabalho manual daquele que envolve a divulgação de ideias.

O trecho destacado é a simples enunciação do conceito do verbo latino "propagare", não tendo nenhuma outra relevância no texto além de transmitir essa informação.

Gabarito "A".

Depois de passar quase 200 mil anos vivendo em pequenos grupos nômades, os seres humanos (ou alguns deles, pelo menos) resolveram que era hora de assentar, criando vilas e cidades. A questão é: por quê?

Durante muito tempo, a resposta-padrão foi simples: por causa da invenção da agricultura. Ao descobrir maneiras de produzir alimentos em grande escala, certos povos que viveram a partir de uns 10 mil anos atrás desencadearam uma explosão populacional que foi resolvida com outra invenção, a da vida urbana. Acontece que a sequência verdadeira pode ser exatamente a oposta, indicam dados arqueológicos que se acumularam nos últimos anos.

Ao menos no Crescente Fértil – a região que engloba países como Iraque, Israel, Turquia e Síria, considerada o berço da civilização ocidental –, as pessoas parecem ter primeiro se juntado em assentamentos densos e só depois – em parte como consequência da aglomeração – ter desenvolvido o cultivo de plantas e a criação de animais. E o processo parece ter começado muito antes do momento em que a agricultura propriamente dita entra em cena.

Restos de plantas aparecem em sítios arqueológicos com indícios de população cada vez maior. O número de espécies vegetais usadas se reduz, mas essas plantas continuam com suas características selvagens, o que indica que estavam apenas sendo coletadas mais intensivamente. Da mesma maneira a caça consumida por esses grupos sedentários fica menos diversificada, concentrando-se em poucas espécies que se reproduzem rápido, como lebres, raposas e aves. E só quando o uso dos recursos selvagens chega ao limite, sinais claros de vegetais cultivados aparecem.

(Reinaldo José Lopes. **Folha de S. Paulo**, Ciência, C15, 15 de abril de 2012, com adaptações)

(BB – Escriturário – 2013.1 – FCC) A afirmativa que resume corretamente o desenvolvimento do texto é:

(A) Alguns povos primitivos descobriram técnicas de reprodução rápida de diversas espécies animais.

(B) O cultivo de alimentos permitiu o assentamento de seres humanos em vilas bastante povoadas.

(C) A agricultura acelerou a evolução da espécie humana em núcleos densamente habitados.

(D) Pesquisas arqueológicas indicam que a vida urbana pode ter surgido bem antes da agricultura.

(E) Dados arqueológicos revelam cultivo intenso de vegetais em núcleos de habitação bastante primitivos.

A ideia central do texto é a nova abordagem que as descobertas arqueológicas estão permitindo em relação à origem das cidades. Diferentemente do que sempre se acreditou, de que os homens teriam passado a viver em sociedade por conta do desenvolvimento da agricultura, pesquisas mais recentes apontam que os primeiros aglomerados populacionais surgiram antes das técnicas de cultivo.

Gabarito "D".

(BB – Escriturário – 2013.1 – FCC) *(ou alguns deles, pelo menos)* (1º parágrafo)

Considerando-se o contexto, a observação transcrita acima

(A) sugere que a *explosão populacional* da antiguidade foi a consequência imediata da *invenção da vida urbana*.

(B) confirma a hipótese de que a resposta para o assentamento urbano está na *invenção da agricultura*.

(C) assinala que a descoberta *de maneiras de produzir alimentos em larga escala* extinguiu *os pequenos grupos nômades*.

(D) restringe a afirmativa de que *os seres humanos resolveram que era hora de assentar, criando vilas e cidades*.

(E) indica que as primeiras cidades surgiram há muito tempo *no Crescente Fértil* [...], *berço da civilização ocidental*.

A expressão entre parênteses cria uma ressalva ao que foi dito imediatamente antes. O autor percebe que, para dar credibilidade ao seu texto, não pode usar genericamente o termo "seres humanos", porque decerto alguns deles preferiram manter-se isolados. Por isso, introduz a ressalva destacada, restringindo o objeto de sua argumentação para "alguns seres humanos".

Gabarito "D".

(BB – Escriturário – 2013.1 – FCC) *Da mesma maneira a caça consumida por esses grupos sedentários fica menos diversificada, concentrando-se em poucas espécies que se reproduzem rápido* ... (último parágrafo)

A partir do segmento grifado na frase acima, é correto afirmar que

(A) alguns povos primitivos se alimentavam unicamente da caça aos pequenos animais criados nos assentamentos.

(B) somente animais domesticados podiam servir de alimento para as pessoas que viviam em assentamentos.

(C) um grande número de pessoas em núcleos bastante povoados levava à necessária oferta de alimentos.

(D) a reprodução de animais era sinal da prosperidade dos grupos que passaram a viver em comunidades primitivas.

(E) o número de espécies animais criadas pelo homem primitivo nos primeiros assentamentos era grande e diversificado.

O último parágrafo narra o cerne das descobertas arqueológicas recentes, segundo as quais os primeiros conglomerados urbanos viviam do extrativismo vegetal e animal. Com o aumento progressivo de pessoas vivendo sedentariamente no mesmo local, a oferta de alimentos teve de ser especializada nas espécies vegetais e animais mais numerosas e fáceis de serem encontradas.

Gabarito "C".

(BB – Escriturário – 2013.1 – FCC) Há no texto informação clara de que

(A) as cidades da região mais civilizada da antiguidade serviram de modelo para as sociedades que se espalharam por todo o mundo conhecido nessa época.

(B) o homem que vivia em núcleos urbanos somente passou a cultivar vegetais depois que se reduziu a oferta de recursos naturais, que eram até então coletados.

(C) a produção de alimentos foi responsável pela explosão populacional em uma região que, por sua localização, facilitou o surgimento das primeiras cidades bem organizadas.

(D) a maior dificuldade existente nos assentamentos urbanos mais antigos se concentrava na área de cultivo de alimentos, em função do grande número de habitantes.

(E) é extrémamente difícil encontrar dados arqueológicos que tragam respostas para explicar o modo de vida do homem primitivo nos aglomerados urbanos.

Dentre as alternativas, a única que apresenta uma conclusão que pode ser inferida diretamente do texto é a letra "B", que deve ser assinalada. Com efeito, o texto expõe a conclusão dos pesquisadores de que os aglomerados urbanos foram criados, inicialmente, em torno de regiões onde o alimento pudesse ser extraído diretamente da natureza; a iminente depleção de tais recursos, por sua vez, incentivou as pessoas a desenvolver a agricultura. Todas as demais propostas se baseiam em dados que não constam do texto.

Gabarito "B"

Ao longo do século XVII, a Holanda foi um dos dois motores de um fenômeno que transformaria para sempre a natureza das relações internacionais: a primeira onda da chamada globalização. O outro motor daquela era de florescimento extraordinário das trocas comerciais e culturais era um império do outro lado do planeta – a China. Só na década de 1650, 40 000 homens partiram dos portos holandeses rumo ao Oriente, em busca dos produtos cobiçados que se fabricavam por lá. Mas a derrota em uma guerra contra a França encerrou os dias da Holanda como força dominante no comércio mundial.

Se o século XVI havia sido marcado pelas grandes descobertas, o seguinte testemunhou a consequência maior delas: o estabelecimento de um poderoso cinturão de comércio que ia da Europa à Ásia. "O sonho de chegar à China é o fio imaginário que percorre a história da luta da Europa para fugir do isolamento", diz o escritor canadense Timothy Brook, no livro **O chapéu de Vermeer**.

Isso determinou mudanças de comportamento e de valores: "Mais gente aprendia novas línguas e se ajustava a costumes desconhecidos". O estímulo a esse movimento era o desejo irreprimível dos ocidentais de consumir as riquezas produzidas no Oriente. A princípio refratários ao comércio com o exterior, os governantes chineses acabaram rendendo-se à evidência de que o comércio significava a injeção de riqueza na economia local (em especial sob a forma de toneladas de prata).

Sob vários aspectos, a China e a Holanda do século XVII eram a tradução de um mesmo espírito de liberdade comercial. Mas deveu-se só à Holanda a invenção da pioneira engrenagem econômica transnacional. A Companhia das Índias Orientais – a primeira grande companhia de ações do mundo, criada em 1602 – foi a mãe das multinacionais contemporâneas. Beneficiando-se dos baixos impostos e da flexibilidade administrativa, ela tornou-se a grande potência empresarial do século XVII.

(Adaptado de: Marcelo Marthe. **Veja**, p. 136-137, 29 ago. 2012)

(BB – Escriturário – 2013.2 – FCC) De acordo com o texto,

(A) durante os séculos XVI e XVII, os produtos orientais, especialmente aqueles que eram negociados na China, constituíram a base do comércio europeu, em que se destacou a Holanda.

(B) a eficiência administrativa de uma empresa comercial criada na Holanda, durante o século XVII, favoreceu o surgimento desse país como um dos polos iniciais do fenômeno da globalização.

(C) a atração por produtos exóticos, de origem oriental, determinou a criação de empresas transnacionais que, durante os séculos XVI e XVII, dominaram o comércio entre Europa e Ásia.

(D) a China, beneficiada pelo comércio desde o século XVI, rivalizou com a Holanda no predomínio comercial, em razão da grande procura por seus produtos, bastante cobiçados na Europa.

(E) apesar do intenso fluxo de comércio com o Oriente no século XVII, as mudanças de valores por influência de costumes diferentes aceleraram o declínio da superioridade comercial holandesa.

A: incorreta. Na verdade, o que o texto aponta é a busca incessante dos europeus pelos produtos chineses, por interesses diversos, mas não que esses produtos formavam a base do comércio; **B:** correta. Essa conclusão está totalmente amparada pelos argumentos expostos pelo autor; **C:** incorreta. Não foi o interesse comercial pelos produtos orientais que fez nascer as companhias de navegação. Segundo o autor, elas surgiram antes disso, com o fim de desbravar o oceano e obter riquezas nas colônias; **D:** incorreta. O texto não coloca, em nenhum momento, a China como rival da Holanda no predomínio comercial. Apenas afirma que aquele país detinha produtos que despertavam interesse nos europeus. Eram parceiros comerciais, não concorrentes; **E:** incorreta. Ao contrário, o autor afirma que nesse período a procura pelo aprendizado de outras línguas e culturas se intensificou.

Gabarito "B"

(BB – Escriturário – 2013.2 – FCC) ... *daquela era de florescimento extraordinário das trocas comerciais e culturais* ... (1º parágrafo)

Dados constantes do texto, que confirmam a observação acima, dizem respeito

(A) ao aprendizado de novos modelos de comércio entre nações geograficamente distantes e à influência chinesa no continente europeu.

(B) às grandes descobertas que marcaram os séculos XVI e XVII e à possibilidade de comércio com a França.

(C) ao grande número de comerciantes que saíam da Holanda para o Oriente e ao contato com novos idiomas e diferentes modos de vida.

(D) ao espírito de liberdade na busca de produtos ainda desconhecidos por eventuais consumidores europeus e ao acúmulo de riqueza.

(E) à superioridade administrativa da Companhia das Índias Orientais e ao comércio ultramarino de produtos de origens diversas.

A expressão utilizada pelo autor no primeiro parágrafo introduz a ideia de expansão das fronteiras culturais, principalmente os idiomas e costumes de países distantes, que decorreram do aumento das negociações entre a Europa, capitaneada ainda pela Holanda, e o Oriente, representado pela China e seus produtos exóticos.

Gabarito "C"

(BB – Escriturário – 2013.2 – FCC) *Isso determinou mudanças de comportamento e de valores ...* (3° parágrafo)

O pronome grifado evita a repetição, no texto, da expressão:

(A) *o estabelecimento de um poderoso cinturão de comércio.*

(B) *a primeira onda da chamada globalização.*

(C) *a derrota em uma guerra contra a França.*

(D) *o desejo irreprimível dos ocidentais.*

(E) *a injeção de riqueza na economia local.*

O pronome demonstrativo "isso", em função anafórica, resgata a expressão "o estabelecimento de um poderoso cinturão de comércio", constante do parágrafo anterior, para evitar a repetição desnecessária dos termos e manter a coesão textual.

Gabarito "A"

(BB – Escriturário – 2013.2 – FCC) *"O sonho de chegar à China é o fio imaginário que percorre a história da luta da Europa para fugir do isolamento".*

(2° parágrafo)

O estímulo a esse movimento era o desejo irreprimível dos ocidentais de consumir as riquezas produzidas no Oriente. (3° parágrafo)

Considerando-se o contexto, as expressões grifadas nas afirmativas acima seriam corretamente substituídas, respectivamente, por:

(A) o caminho fictício – A causa desse impulso

(B) o desejo consumista – A busca de riqueza

(C) o intenso comércio – A cobiça de bens

(D) a finalidade lucrativa – O motor desse fenômeno

(E) a onda inicial – A curiosidade pelo desconhecido

A primeira expressão pode ser substituída, sem alteração de sentido, apenas por "caminho fictício", porque retrata o sentido adotado nas transações comerciais para ampliar o alcance do mercado europeu. A segunda expressão pode ser corretamente substituída por "a causa desse impulso" ou "o motor desse fenômeno", porque ambas introduzem a explicação para a mencionada expansão das fronteiras comerciais.

Gabarito "A"

(BB – Escriturário – 2013.2 – FCC) *A Companhia das Índias Orientais – a primeira grande companhia de ações do mundo, criada em 1602 – foi a mãe das multinacionais contemporâneas.*

O segmento isolado pelos travessões constitui, no contexto, comentário que

(A) especifica as qualidades empresariais de uma companhia de comércio.

(B) contém informações de sentido explicativo, referentes à empresa citada.

(C) enumera as razões do sucesso atribuído a essa antiga empresa.

(D) enfatiza, pela repetição, as vantagens oferecidas pela empresa.

(E) busca restringir o âmbito de ação de uma antiga empresa de comércio.

O trecho entre travessões exerce função sintática de aposto, ou seja, fornece explicações sobre o elemento antecedente – no caso, esclarecendo o que era a Companhia das Índias Orientais.

Gabarito "B"

Texto I

Sustentabilidade é um conceito sistêmico, relacionado com a continuidade dos aspectos econômicos, sociais, culturais e ambientais da sociedade humana.

Desenvolvimento sustentável foi um termo utilizado pela primeira vez em 1987, como resultado da Assembleia Geral das Nações Unidas, e definido como aquele que "atende as necessidades do presente sem comprometer a capacidade das gerações futuras de atenderem as suas".

Trata-se, portanto, de uma nova visão de mundo com implicação direta nas relações político-sociais, econômicas, culturais e ecológicas, ao integrar em um mesmo processo o equilíbrio entre as dimensões econômicas, sociais e ambientais. Diz respeito à necessidade de revisar e redefinir meios de produção e padrões de consumo vigentes, de tal modo que o crescimento econômico não seja alcançado a qualquer preço, mas considerando- se os impactos e a geração de valores sociais e ambientais decorrentes da atuação humana.

(Adaptado de:: **http://www.bb.com.br**/portalbb/page251,8305, 3912,0,0,1,6.bb?codigoNoticia=28665)

(BB – Escriturário – 2013.2 – FCC) O sentido do **Texto I** está corretamente exposto em:

(A) Tentar diminuir os atuais padrões de consumo será o melhor caminho para se chegar a um real desenvolvimento econômico, de acordo com a proposta das Nações Unidas.

(B) Só será possível atender as necessidades futuras com um real crescimento econômico de todos os meios de produção, independentemente dos atuais padrões de consumo.

(C) O conceito de sustentabilidade é relativamente datado, pois o crescimento econômico ampliou a necessidade da interferência humana na exploração do meio ambiente.

(D) Desenvolvimento sustentável é aquele em que há equilíbrio entre meios de produção e padrões de consumo vigentes, ao lado de uma preocupação ecológica, de preservação ambiental.

(E) O sistema econômico sustentável, como propôs em 1987 a Assembleia das Nações Unidas, não condiz com uma visão moderna dos padrões de consumo vigentes.

A: incorreta. O desenvolvimento econômico, segundo o texto, deve ser alcançado, mas não em detrimento de questões político-sociais, econômicas, culturais e ecológicas; **B:** incorreta. O autor defende a revisão dos padrões de consumo vigentes para que o desenvolvimento econômico seja alcançado sem prejudicar os demais aspectos da vida em sociedade; **C:** incorreta. O texto afirma o inverso: que "sustentabilidade" é um conceito sistêmico, ou seja, decorre da interação entre as diversas esferas sociais. Logo, existe desde o momento em que o homem vive em sociedade; **D:** correta. A alternativa traduz, com precisão, a ideia central do texto; **E:** incorreta. O autor não afirma que o desenvolvimento sustentável e os padrões atuais de consumo sejam incompatíveis. Alega, apenas, que o segundo merece uma revisão para que possa colaborar, de forma mais eficiente, com o primeiro.

Gabarito "D"

Texto II

Em 2012, a ferrovia Madeira-Mamoré, que cruzava 364 quilômetros da Floresta Amazônica, completou 100 anos. Mais de 5 mil operários, entre os 60 mil contratados, morreram vítimas de doenças tropicais durante a construção da estrada de ferro, entre 1907 e 1912. A ferrovia foi concebida para transportar a borracha vinda da Bolívia até o rio Madeira e, de lá, para o Oceano Atlântico, mas se tornou obsoleta antes mesmo de ser finalizada, devido à decadência do ciclo seringueiro na Amazônia.

Desativada parcialmente em 1966, e por completo em 1972, a ferrovia foi tombada pelo IPHAN (Instituto do Patrimônio Histórico e Artístico Nacional), e terá 7 quilômetros de vias recuperadas pela empresa que constrói a hidrelétrica de Santo Antônio, como uma das compensações pelo impacto ambiental provocado pela obra. A recuperação depende do deslocamento das famílias residentes nos trilhos do trecho que será destinado aos passeios turísticos. Foram recuperados a antiga estação ferroviária de Porto Velho, alguns vagões e o paisagismo original.

(Adaptado de: **Horizonte Geográfico**, n. 144, ano 25. p. 13)

(BB – Escriturário – 2013.2 – FCC) O **Texto II** informa claramente que

(A) a extensão da Floresta Amazônica foi o principal obstáculo para o funcionamento da ferrovia.
(B) toda a área ambiental em torno da ferrovia Madeira-Mamoré deverá ser recuperada.
(C) moradores da região amazônica impedem a reativação da ferrovia Madeira-Mamoré.
(D) a ferrovia Madeira-Mamoré tem sido importante meio de transporte de borracha na Amazônia.
(E) um pequeno trecho da antiga ferrovia Madeira-Mamoré será destinado ao turismo.

A: incorreta. O obstáculo para o pleno funcionamento da rodovia foi o declínio do ciclo seringueiro; **B:** incorreta. Segundo o texto, serão recuperados apenas 7km da ferrovia; **C:** incorreta. Os moradores não se opõem à restauração da ferrovia, mas devem ser removidos para outros locais dignos para estabelecer sua moradia; **D:** incorreta. A ferrovia nunca funcionou por completo, nem mesmo nos tempos áureos do mercado da borracha; **E:** correta. O autor destaca que 7km da ferrovia serão destinados a passeios turísticos.

Gabarito "E"

(BB – Escriturário – 2013.2 – FCC) *... mas se tornou obsoleta antes mesmo de ser finalizada ...*

O fato que justifica a afirmativa acima está expresso em:

(A) atrasos na construção da ferrovia.
(B) insalubridade da floresta, que originava doenças.
(C) declínio do comércio da borracha, na época.
(D) desativação parcial da ferrovia, em 1966.
(E) alteração da extensão inicial da ferrovia.

Conforme consta da parte final do primeiro parágrafo, a razão da obsolescência precoce da ferrovia foi o declínio do ciclo seringueiro na Amazônia, ou seja, o comércio da borracha diminuiu muito seus ganhos antes mesmo da estrada de ferro ficar pronta.

Gabarito "C"

(BB – Escriturário – 2013.2 – FCC) A informação constante do **Texto II** que mais se aproxima do conceito de sustentabilidade (**Texto I**) diz respeito

(A) ao deslocamento de famílias que residem nos trilhos da ferrovia.
(B) à destinação da ferrovia ao transporte da borracha.
(C) ao tombamento da ferrovia pelo Instituto do Patrimônio Histórico e Artístico Nacional.
(D) à construção de uma usina hidrelétrica na região.
(E) à recuperação do paisagismo original da região.

A questão aborda a intertextualidade de uma forma interessante. Segundo o texto I, a sustentabilidade está relacionada à continuidade da marcha da sociedade em todos os âmbitos (econômicos, sociais, culturais, ambientais etc.); o texto II traz diversos aspectos históricos e perspectivas futuras da ferrovia Madeira-Mamoré, notadamente seu reaproveitamento para finalidades turísticas e a consequente recuperação cultural e paisagística do local. Com isso, o ciclo econômico mantém seu curso, ainda que com objetivos distintos daqueles imaginados no início.

Gabarito "E"

O Sul esteve por muito tempo isolado do resto do Brasil, mas nem por isso deixou de receber influências musicais que chegavam de outras regiões do país e do mundo. Mário de Andrade já tinha decifrado brilhantemente em seu **Ensaio sobre a música brasileira** as fontes que compõem os ritmos nacionais: ameríndia, africana, europeia (principalmente portuguesa e espanhola) e hispano-americana (Cuba e Montevidéu).

A gênese da música do Rio Grande do Sul também pode ser vista como reflexo dessa multiplicidade de referências. Há influências diretas do continente europeu, e isso se mistura à valiosa contribuição do canto e do batuque africano, mesmo tendo sido perseguido, vigiado, quase segregado.

O vanerão* é próprio do Sul, e a famosa modinha, bem própria de Santa Catarina, onde se encontra um dos mais antigos registros do estilo no Brasil. De origem lusitana, a modinha tocada na viola, chorosa, suave e, enfim, romântica, tornou o gênero uma espécie de "mãe da MPB"**.

***Vanerão** = Ritmo de origem alemã, desenvolvido no sul.

****MPB** = Música Popular Brasileira

(Adaptado de: Frank Jorge, de Porto Alegre. **Revista da Cultura**, 18. ed. p. 30, jan. 2009)

(BB – Escriturário – 2013.2 – FCC) Conclui-se corretamente do texto que

(A) a música que caracteriza a região Sul se diferencia da que se encontra no restante do Brasil, em razão do longo isolamento em que permaneceu essa região.

(B) diversas manifestações musicais que aparecem em alguns estados distinguem-se, por sua origem, do conceito de música popular brasileira.

(C) estudos especializados e registros encontrados em alguns estados evidenciam as influências, até as mais remotas, recebidas na formação da música brasileira.

(D) o pesquisador Mário de Andrade enfatizou, em sua obra, os diferentes ritmos musicais encontrados na música da região Sul do Brasil.

(E) o Estado de Santa Catarina é o único do país em que se encontra um estilo de música popular marcada por um ritmo mais suave e romântico.

A: incorreta. A música do sul, ainda que a região tenha ficado isolada por um período, recebeu as mesmas influências do restante do país, além de outras que lhe são próprias; **B:** incorreta. Para o autor, as diversas manifestações culturais têm todas origem na miscelânea de influências que formou nossa identidade; **C:** correta. Essa é a ideia principal exposta no texto; **D:** incorreta. O estudo de Mário de Andrade abrange as influências na música nacional como um todo, não somente do Rio Grande do Sul; **E:** incorreta. A moda de viola romântica é a gênese da MPB segundo o autor, não se restringindo a Santa Catarina.

Gabarito "C"

(BB – Escriturário – 2013.2 – FCC) ... *mesmo tendo sido perseguido, vigiado, quase segregado.* (final do 2° parágrafo)

O segmento acima deve ser entendido, considerando-se o contexto, como

(A) uma observação que valoriza a persistente contribuição africana para a música brasileira.

(B) restrição ao sentido do que vem sendo exposto sobre a música popular brasileira.

(C) a causa que justifica a permanência da música de origem africana no Brasil.

(D) as consequências da presença dos escravos e sua influência na música popular brasileira.

(E) uma condição favorável à permanência da música popular de origem africana.

A palavra "mesmo" tem valor concessivo, ou seja, introduz um resultado que aconteceu superando obstáculos a ele relacionados. Isso se traduz, no contexto, na persistência da cultura africana em influenciar as manifestações brasileiras. Por mais que o negro tenha sido perseguido e alijado do convívio social, sua música, dança e vocabulário foram, ainda assim, assimilados pela sociedade e deixaram sua marca na MPB.

Gabarito "A"

Será a felicidade necessária?

Felicidade é uma palavra pesada. Alegria é leve, mas felicidade é pesada. Diante da pergunta "Você é feliz?", dois fardos são lançados às costas do inquirido. O primeiro é procurar uma definição para felicidade, o que equivale a rastrear uma escala que pode ir da simples satisfação de gozar de boa saúde até a conquista da bem-aventurança. O segundo é examinar-se, em busca de uma resposta.

Nesse processo, depara-se com armadilhas. Caso se tenha ganhado um aumento no emprego no dia anterior, o mundo parecerá belo e justo; caso se esteja com dor de dente, parecerá feio e perverso. Mas a dor de dente vai passar, assim como a euforia pelo aumento de salário, e se há algo imprescindível, na difícil conceituação de felicidade, é o caráter de permanência. Uma resposta consequente exige colocar na balança a experiência passada, o estado presente e a expectativa futura. Dá trabalho, e a conclusão pode não ser clara.

Os pais de hoje costumam dizer que importante é que os filhos sejam felizes. É uma tendência que se impôs ao influxo das teses libertárias dos anos 1960. É irrelevante que entrem na faculdade, que ganhem muito ou pouco dinheiro, que sejam bem-sucedidos na profissão. O que espero, eis a resposta correta, é que sejam felizes. Ora, felicidade é coisa grandiosa. É esperar, no mínimo, que o filho sinta prazer nas pequenas coisas da vida. Se não for suficiente, que consiga cumprir todos os desejos e ambições que venha a abrigar. Se ainda for pouco, que atinja o enlevo místico dos santos. Não dá para preencher caderno de encargos mais cruel para a pobre criança.

(Trecho do artigo de Roberto Pompeu de Toledo. **Veja**. 24 de março de 2010, p. 142)

(BB – Escriturário – 2011 – FCC) De acordo com o texto,

(A) a realização pessoal que geralmente faz parte da vida humana, como o sucesso no trabalho, costuma ser percebida como sinal de plena felicidade.

(B) as atribuições sofridas podem comprometer o sentimento de felicidade, pois superam os benefícios de conquistas eventuais.

(C) o sentimento de felicidade é relativo, porque pode vir atrelado a circunstâncias diversas da vida, ao mesmo tempo que deve apresentar constância.

(D) as condições da vida moderna tornam quase impossível a alguma pessoa sentir-se feliz, devido às rotineiras situações da vida.

(E) muitos pais se mostram despreparados para fazer com que seus filhos planejem sua vida no sentido de que sejam, realmente, pessoas felizes.

O autor expressa a dificuldade de se definir a felicidade e de se alcançá-la de forma plena, considerando que as diferentes sensações experimentadas pelas pessoas implicam momentos felizes ou tristes, com grande variação. Porém, a permanência da alegria é imprescindível para se falar em felicidade.

Gabarito "C"

(BB – Escriturário – 2011 – FCC) A afirmativa correta, em relação ao texto, é:

(A) A expectativa de muitos, ao colocarem a felicidade acima de quaisquer outras situações da vida diária, leva à frustração diante dos pequenos sucessos que são regularmente obtidos, como, por exemplo, no emprego.

(B) Sentir-se alegre por haver conquistado algo pode significar a mais completa felicidade, se houver uma determinação, aprendida desde a infância, de sentir-se feliz com as pequenas coisas da vida.

(C) As dificuldades que em geral são encontradas na rotina diária levam à percepção de que a alegria é um sentimento muitas vezes superior àquilo que se supõe, habitualmente, tratar-se de felicidade absoluta.

(D) A possibilidade de que mais pessoas venham a sentir-se felizes decorre de uma educação voltada para a simplicidade de vida, sem esperar grandes realizações, que acabam levando apenas a frustrações.

(E) Uma resposta provável à questão colocada como título do texto remete à constatação de que felicidade é um estado difícil de ser alcançado, a partir da própria complexidade de conceituação daquilo que se acredita ser a felicidade.

Valem aqui os mesmos comentários dispostos na questão anterior, indicando a impossibilidade de se vincular o conceito de felicidade ou infelicidade a apenas um ou outro acontecimento respectivamente bom ou ruim. Conclui-se, então, que a busca pela felicidade como entidade plena mais atrapalha do que ajuda, diante da dificuldade até mesmo de defini-la. Não é fácil procurar uma coisa que não sabemos exatamente como é.

Gabarito "E"

(BB – Escriturário – 2011 – FCC) *O que espero, eis a resposta correta, é que sejam felizes. Ora, felicidade é coisa grandiosa.* (3º parágrafo)

Com a palavra grifada, o autor

(A) retoma o mesmo sentido do que foi anteriormente afirmado.

(B) exprime reserva em relação à opinião exposta na afirmativa anterior.

(C) coloca uma alternativa possível para a afirmativa feita anteriormente.

(D) determina uma situação em que se realiza a probabilidade antes considerada.

(E) estabelece algumas condições necessárias para a efetivação do que se afirma.

No contexto, "ora" tem função de interjeição, demonstrando uma sensação de dúvida, de reserva sobre o que se afirmou anteriormente.

Gabarito "B"

(BB – Escriturário – 2011 – FCC) Nos pares de frases abaixo, é correto afirmar que o sentido expresso na frase I está sendo retomado com outras palavras na frase II APENAS em:

(A) I. O primeiro [fardo] é procurar *uma definição para felicidade...*
II. ...que importante é que os filhos sejam felizes.

(B) I. O segundo [fardo] é examinar-*se, em busca de uma resposta.*
II. O que espero, eis a resposta correta, é que sejam felizes.

(C) I. *Nesse processo, depara-se com armadilhas.*
II. ...colocar na balança a experiência passada...

(D) I. ... *até a conquista da bem-aventurança.*
II. Se ainda for pouco, que atinja o enlevo místico dos santos.

(E) I. ... *felicidade é coisa grandiosa.*
II. ...que o filho sinta prazer nas pequenas coisas da vida.

O único par de expressões que se relacionam corretamente é o trazido pela alternativa "D". "Bem-aventurança" é um termo religioso, utilizado para definir cada etapa do processo de elevação do espírito e a prática dos ensinamentos do messias. O alcance pleno das bem-aventuranças é típico dos homens tidos por santos.

Gabarito "D"

Desde o início da evolução humana, buscamos formas alternativas para o nosso desenvolvimento, seja por meio da fala, de ferramentas ou de associações para superar barreiras. Nos últimos tempos, nos acostumamos à expressão Tecnologia Social, sem compreender exatamente o que isso significa.

Para a Fundação Banco do Brasil, o conceito de Tecnologia Social percorre as experiências desenvolvidas nas comunidades urbanas e rurais, nos movimentos sociais, nos centros de pesquisa e nas universidades – que podem produzir métodos, técnicas ou produtos que contribuam para a inclusão e a transformação social, em particular quando desenvolvidas em um processo no qual se soma e se compartilha o conhecimento científico com o saber popular.

Muitas experiências foram desenvolvidas no Brasil, nos últimos anos, tendo como perspectiva a construção do desenvolvimento local, com sustentabilidade. Nesse processo, o objetivo é, ao mesmo tempo, dinamizar as potencialidades locais e desbloquear aqueles entraves que impedem esse potencial de se realizar. Grupos e comunidades organizadas, ou em organização, presentes em todo o país, buscam levar adiante projetos de geração de trabalho e renda nas mais diversas realidades, seja no campo, seja nas pequenas, médias e grandes cidades.

Nos povoados com características do mundo rural, esses projetos aparecem em atividades tradicionais que vão do artesanato, casas de farinha, criação de galinha caipira, produção de rapadura ou de cachaça até às atividades mais novas da apicultura, piscicultura, fruticultura. Nas grandes cidades, na reciclagem, nos espaços de inclusão digital e nas rádios comunitárias, entre outras atividades, milhares de pessoas desenvolvem empreendimentos econômicos e solidários, dos quais muitos contam com a parceria da Fundação Banco do Brasil.

(Adaptado de artigo de Jacques de Oliveira Pena. **http://www.fbb.org.br**/portal/pages/publico/expandir.fbb?cod ConteudoLog=8577, acessado em 15 de janeiro de 2011)

(BB – Escriturário – 2011 – FCC) O texto afirma que

(A) as áreas rurais, por suas características, têm recebido maior número de propostas direcionadas para seu desenvolvimento.

(B) projetos de desenvolvimento urbano são em número reduzido por serem essas áreas já consideradas em desenvolvimento.

(C) as atividades artesanais que se baseiam no saber popular nem sempre geram emprego e renda na quantidade necessária para as comunidades carentes.

(D) as atividades econômicas, cujo objetivo está no auxílio a comunidades carentes, devem estar vinculadas a instituições financeiras.

(E) projetos de geração de trabalho e renda surgem em todo o país, de acordo com as características e necessidades do lugar onde são desenvolvidos.

O texto afirma que os investimentos devem ser realizados igualmente na área urbana e na área rural, porque ambas são potencialmente geradoras de desenvolvimento e guardam, cada uma, suas próprias características.

Gabarito "E"

(BB – Escriturário – 2011 – FCC) A afirmativa correta, segundo o texto, é:

(A) A organização de grupos voltados para melhorias das atividades econômicas esbarra na ausência de formação de seus componentes.

(B) O 2º parágrafo explica claramente o significado da expressão *Tecnologia Social* e seu papel no desenvolvimento sustentável de comunidades.

(C) É difícil determinar, com clareza, quais formas alternativas seriam necessárias para o desenvolvimento de comunidades.

(D) A indefinição sobre o que seja *conhecimento científico* ou *saber popular* torna difícil a aplicação de um ou de outro nas comunidades mais pobres.

(E) Nem sempre as experiências programadas para determinados lugares apresentam resultados satisfatórios, devido à resistência contra inovações no modo de vida local.

Correta a alternativa "B", visto que o parágrafo esclarece completamente o conceito de "tecnologia social", a qual, por sua vez, é o fundamento das ações da fundação tratada no texto. As demais alternativas apresentam conclusões que não podem ser extraídas dos relatos apresentados, por não guardarem com eles a necessária correspondência lógica.

Gabarito "B".

(BB – Escriturário – 2011 – FCC) *...que impedem esse potencial de se realizar.* (3º parágrafo)

A expressão grifada acima retoma, considerando-se o contexto, o sentido de

(A) busca de formas alternativas. (1º parágrafo)

(B) compartilhamento do saber científico. (2º parágrafo)

(C) conceito de Tecnologia Social. (2º parágrafo)

(D) construção do desenvolvimento local. (3º parágrafo)

(E) espaço de inclusão digital. (4º parágrafo)

"Esse" é pronome demonstrativo que, exercendo função anafórica, retoma, no contexto, o termo "construção do desenvolvimento local".

Gabarito "D".

(BB – Escriturário – 2011 – FCC) *Nesse processo, o objetivo é, ao mesmo tempo, dinamizar as potencialidades locais e desbloquear aqueles entraves que impedem esse potencial de se realizar.* (3º parágrafo)

Os dois segmentos grifados acima podem ser substituídos, mantendo-se o mesmo sentido, na ordem, por:

(A) reduzir – equacionar os problemas

(B) incentivar – afastar os obstáculos

(C) desconsiderar – libertar os fatores

(D) diversificar – identificar os empecilhos

(E) valorizar – perceber as dificuldades

"Dinamizar" é sinônimo de "incentivar", "acelerar"; "desbloquear" remete a "afastar", "retirar"; "entrave" é equivalente a "obstáculo", "empecilho". Correta, portanto, a alternativa "B", que anota os sinônimos corretos para as duas expressões destacadas.

Gabarito "B".

Madrugada na aldeia

Madrugada na aldeia nervosa,
com as glicínias escorrendo orvalho,
os figos prateados de orvalho,
as uvas multiplicadas em orvalho,
as últimas uvas miraculosas.
O silêncio está sentado pelos corredores,
encostado às paredes grossas,
de sentinela.
E em cada quarto os cobertores peludos envolvem o sono:
poderosos animais benfazejos, encarnados e negros.
Antes que um sol luarento
dissolva as frias vidraças,
e o calor da cozinha perfume a casa
com lembrança das árvores ardendo,
a velhinha do leite de cabra desce as pedras da rua
antiquíssima, antiquíssima,
e o pescador oferece aos recém-acordados
os translúcidos peixes,
que ainda se movem, procurando o rio.

(Cecília Meireles. **Mar absoluto**, in **Poesia completa**. Rio de Janeiro: Nova Aguilar, 1994, p.311)

(BB – Escriturário – 2011 – FCC) Considere as afirmativas seguintes:

I. O assunto do poema reflete simplicidade de vida, coerentemente com o título.

II. Predominam nos versos elementos descritivos da realidade.

III. Há no poema clara oposição entre o frio silencioso da madrugada e o sol que surge e traz o calor do dia.

Está correto o que consta em

(A) I, II e III.

(B) I, apenas.

(C) III, apenas.

(D) II e III, apenas.

(E) I e II, apenas.

I: correto. O poema trata das coisas simples da vida no campo; II: correto. O texto é eminentemente descritivo; III: incorreta. Tal oposição não está clara, mas implícita, sendo inferida da leitura do poema.

Gabarito "E".

(BB – Escriturário – 2011 – FCC) O verso *com lembrança das árvores ardendo* remete

(A) ao ambiente natural existente em toda a aldeia.

(B) à queima da lenha no fogão da casa.

(C) ao costumeiro hábito de atear fogo às florestas.

(D) ao nascer do sol, que aquece as frias vidraças.

(E) à colheita de frutas, no quintal da casa.

A "lembrança das árvores" é o que restou delas, ou seja, seus troncos e galhos que, uma vez cortados, servem de lenha para o fogão da cozinha.

Gabarito "B".

(BB – Escriturário – 2011 – FCC) A afirmativa INCORRETA, considerando-se o que dizem os versos, é:

(A) As *cabras* e os *peixes* são considerados *animais benfazejos*, por constituírem a base da alimentação dos moradores.

(B) A *velhinha* e o *pescador* oferecem seus produtos ainda bastante cedo aos moradores, *recém-acordados*.

(C) O *silêncio* que impera durante a madrugada pode ser visto como guardião do sono das pessoas aconchegadas em suas camas.

(D) O último verso deixa evidente o fato de que o pescador trazia peixes que havia acabado de pescar.

(E) A repetição da palavra *orvalho* acentua a sensação de frio e de umidade característicos de uma madrugada de inverno.

Todas as conclusões estão corretas, com exceção da alternativa "A". "Animais benfazejos" é expressão utilizada em sentido conotativo (figurado) para representar os cobertores que protegem as pessoas do frio, em referência às peles dos animais das quais são feitos.

Gabarito "A"

A média universal do Índice de Desenvolvimento Humano aumentou 18% desde 1990. Mas a melhora estatística está longe de animar os autores do Relatório de 2010. Eles argumentam que, embora os números reflitam avanços em determinadas áreas, o mundo continua a conviver com problemas graves, que exigem uma nova perspectiva política.

O cenário apresentado pelo Relatório não é animador. O documento adverte que, nestes 20 anos, parte dos países enfrentou sérios problemas, sobretudo na saúde, anulando em alguns anos os ganhos de várias décadas. Além disso, o crescimento econômico tem sido desigual. Os padrões de produção e consumo atuais são considerados inadequados.

Embora não queira apresentar receitas prontas, o Relatório traça caminhos possíveis. Entre eles, o reconhecimento da ação pública na regulação da economia para proteger grupos mais vulneráveis. Outro aspecto ressaltado é a necessidade de considerar pobreza, crescimento e desigualdade como temas interligados. "Crescimento rápido não deve ser o único objetivo político, porque ignora a distribuição do rendimento e negligencia a sustentabilidade do crescimento", informa o texto.

Um aspecto importante revelado pelo Relatório é que muitas das ações para melhoria da saúde e da educação não necessitam de grande investimento financeiro. Isso está mais presente sobretudo onde os indicadores são ruins. "Numa primeira etapa, medidas simples como inclusão do soro caseiro e lavagem das mãos já trazem impacto relevante", avalia Flávio Comim, economista do Programa das Nações Unidas para o Desenvolvimento.

(Adaptado de Lígia Formenti. **O Estado de S. Paulo**, A30 **Vida**, 5 de novembro de 2010)

(BB – Escriturário – 2011 – FCC) De acordo com o texto, o Relatório de 2010

(A) aponta vários problemas de saúde da população mundial, com as medidas a serem adotadas para resolvê-los.

(B) deixa de lado a avaliação das causas do crescimento econômico desigual, que ocorre no mundo todo.

(C) mostra preocupação com a persistência de problemas no mundo, apesar da constatação de alguns avanços, desde 1990.

(D) assinala algumas divergências, entre os autores do documento, em relação às conclusões possíveis a partir de seus dados.

(E) reconhece a importância da intervenção da ação pública no controle permanente da economia.

O relatório de que trata o texto, apesar de apontar um aumento geral na média mundial do Índice de Desenvolvimento Humano, que mede a qualidade de vida em cada país, destaca que grande parte dos problemas enfrentados permanecem, indicando ainda alguns caminhos possíveis para a solução gradual dessas vicissitudes. Dentre eles, a intervenção pública apenas em áreas mais sensíveis e de forma pontual.

Gabarito "C"

(BB – Escriturário – 2011 – FCC) O texto informa claramente que

(A) muitas ações voltadas para a melhoria das condições de vida em situação precária se valem de expedientes bastante simples, como a adoção de hábitos de higiene.

(B) alguns dados estatísticos sobre desenvolvimento humano vêm melhorando desde 1990, realçando os indiscutíveis avanços em todo o mundo.

(C) os atuais índices encontrados a respeito de desenvolvimento humano demonstram que os problemas mais sérios já estão solucionados.

(D) os grandes investimentos financeiros necessários para a solução de problemas mundiais, como as crises econômicas, ainda não têm sido suficientes.

(E) os ganhos em crescimento econômico, cujos resultados foram comprovados pelo recente Relatório, foram bastante expressivos nas últimas décadas.

A única informação que consta expressamente no texto é a letra "A", como se lê no último parágrafo. As demais não podem ser inferidas dos fatos descritos pelo autor, não guardando com eles qualquer correspondência lógica.

Gabarito "A"

A multiplicação de desastres naturais vitimando populações inteiras é inquietante: tsunamis, terremotos, secas e inundações devastadoras, destruição da camada de ozônio, degelo das calotas polares, aumento dos oceanos, aquecimento do planeta, envenenamento de mananciais, desmatamentos, ocupação irresponsável do solo, impermeabilização abusiva nas grandes cidades. Alguns desses fenômenos não estão diretamente vinculados à conduta humana. Outros, porém, são uma consequência direta de nossas maneiras de sentir, pensar e agir.

É aqui que avulta o exemplo de Hans Jonas.

Em 1979 ele publicou **O Princípio Responsabilidade**. *A obra mostra que as éticas tradicionais – antropocêntricas e baseadas numa concepção instrumental da tecnologia – não estavam à altura das consequências danosas do progresso tecnológico sobre as condições de vida humana na Terra e o futuro das novas gerações. Jonas propõe uma ética para a civilização tecnológica, capaz de reconhecer para a natureza um direito próprio. O filósofo detectou a propensão de nossa civilização para degenerar de maneira desmesurada, em virtude das forças econômicas e de outra índole que aceleram o curso do desenvolvimento tecnológico, subtraindo o processo de nosso controle.*

Tudo se passa como se a aquisição de novas competências tecnológicas gerasse uma compulsão a seu aproveitamento industrial, de modo que a sobrevivência de nossas sociedades depende da atualização do potencial tecnológico, sendo as tecnociências suas principais forças produtivas. Funcionando de modo autônomo, essa dinâmica tende a se reproduzir coercitivamente e a se impor como único meio de resolução dos problemas sociais surgidos na esteira do desenvolvimento. O paradoxo con-

siste em que o progresso converte o sonho de felicidade em pesadelo apocalíptico – profecia macabra que tem hoje a figura da catástrofe ecológica. [...]

Jonas percebeu o simples: para que um "basta" derradeiro não seja imposto pela catástrofe, é preciso uma nova conscientização, que não advém do saber oficial nem da conduta privada, mas de um novo sentimento coletivo de responsabilidade e temor. Tornar-se inventivo no medo, não só reagir com a esperteza de "poupar a galinha dos ovos de ouro", mas ensaiar novos estilos de vida, comprometidos com o futuro das próximas gerações.

(Adaptado de Oswaldo Giacoia Junior. **O Estado de S. Paulo**, A2 *Espaço Aberto*, 3 de abril de 2010)

(BB – Escriturário – 2010 – FCC) A conclusão do texto propõe, em outras palavras,

(A) o respeito aos inúmeros benefícios oferecidos às condições de vida moderna pelos avançados recursos decorrentes da tecnologia.

(B) uma atitude comunitária voltada para a prevenção e disposta a alterações no modo de vida na Terra para evitar a ocorrência de catástrofes ecológicas.

(C) procedimentos conjuntos entre órgãos oficiais e a sociedade civil como solução para a correta aplicação dos avanços tecnológicos.

(D) uma preocupação mais ampla com o emprego da tecnologia em algumas áreas do conhecimento humano, para evitar os atuais abusos.

(E) uma visão otimista centrada na resolução dos problemas oriundos do progresso tecnológico, por serem eles relativamente simples.

Parafraseando o autor, ele conclui que a sociedade deve alterar suas concepções sobre a prioridade do avanço tecnológico no contexto da preservação ambiental. As ideologias hoje vigentes acabarão por causar desastres ecológicos cada vez maiores se não forem substituídas por uma nova percepção coletiva da importância do meio ambiente, seguida de alterações significativas no nosso modo de vida de forma a garantir o bem-estar das gerações vindouras.

Gabarito "B"

(BB – Escriturário – 2010 – FCC) O *paradoxo* assinalado no 4° parágrafo se estabelece entre

(A) o desenvolvimento pleno da tecnologia e as infinitas possibilidades de seu uso na melhoria das condições de vida no planeta.

(B) o destemor diante do progresso tecnológico e a valorização de suas aplicações na vida humana.

(C) a ocorrência natural dos fenômenos climáticos habituais e a responsabilidade humana determinante para seu agravamento.

(D) os direitos humanos apoiados no uso benéfico da tecnologia e as exigências impostas pela natureza, como seu próprio direito.

(E) a confiança irrestrita nos avanços tecnológicos como solução dos problemas do homem e a tendência para a destruição do ambiente natural.

"Paradoxo" é sinônimo de "contradição", a ocorrência de um resultado diferente daquele deduzido pelas regras da lógica. Segundo o autor, o ser humano depositou toda a sua confiança no fato de que o avanço tecnológico resolveria os problemas da humanidade. Porém, paradoxalmente, ao mesmo tempo que ele traz soluções, poderá implicar a extinção da raça humana por conta das consequentes catástrofes naturais.

Gabarito "E"

(BB – Escriturário – 2010 – FCC) *antropocêntricas e baseadas numa concepção instrumental da tecnologia* – (3° parágrafo)

O sentido da afirmativa acima está corretamente reproduzido, com outras palavras, em:

(A) voltadas para o homem e fundamentadas na tecnologia como meio de atingir determinados fins.

(B) preocupadas com a relação entre homem e natureza, atualmente imposta pela tecnologia.

(C) determinadas pelo homem e expostas às comodidades trazidas a todos pelo progresso tecnológico.

(D) direcionadas para o bem-estar da humanidade e determinadas pelos avanços tecnológicos.

(E) centralizadas nos avanços tecnológicos, mas preocupadas com a vida humana na Terra.

"Antropocêntrico" é aquilo que coloca o homem ("antropo") como a medida mais importante a ser considerada, o centro do raciocínio; "concepção instrumental" significa usar a tecnologia como instrumento, como ferramenta para atingir determinados objetivos.

Gabarito "A"

(BB – Escriturário – 2010 – FCC) Considerando-se a organização do texto, a afirmativa INCORRETA é:

(A) O autor toma como base os diversos *desastres naturais* que vêm ocorrendo em todo o planeta para discutir aspectos ligados à questão ambiental.

(B) A retomada das ideias do filósofo *Hans Jonas* constitui a base da argumentação necessária para que o autor do texto fundamente suas próprias ideias.

(C) O título da obra *O Princípio Responsabilidade* remete à necessária tomada de consciência dos homens sobre os abusos que vêm cometendo contra o meio ambiente.

(D) A relação de catástrofes ambientais apresentada no 1° parágrafo tem por objetivo demonstrar a impossibilidade de deter o *progresso tecnológico*, cujos avanços são os principais causadores desses desastres.

(E) Todo o texto se desenvolve a partir da constatação de que o modo de vida atual, voltado para o uso abusivo da tecnologia, leva o planeta a uma *catástrofe ecológica*.

Todas as conclusões podem ser corretamente inferidas do texto, exceto a constante na alternativa "D". O autor não reputa impossível prosseguir com o avanço tecnológico, apenas sugere, baseado na doutrina de Hans Jonas, que ele seja buscado respeitando-se o meio ambiente, valendo um como o contrapeso do outro, para que não sejamos vítimas de catástrofes naturais cada vez mais violentas.

Gabarito "D"

(BB – Escriturário – 2010 – FCC) A ideia central do texto está explicitada em:

(A) Impotência da natureza contra os abusos decorrentes da tecnologia.

(B) Proposição de uma nova ética para a civilização tecnológica.

(C) Aceitação das inevitáveis consequências do atual progresso tecnológico.

(D) Uso limitado dos recursos tecnológicos na vida moderna.

(E) Práticas abusivas contra o meio ambiente, apesar das tecnociências.

Ideia central do texto é o argumento principal que o autor quer transmitir. É o objeto fundamental da argumentação, do qual todos os demais dados, citações e alegações são circunstâncias. No caso, o ponto central do texto é ressaltar que a humanidade precisa adotar uma nova postura ética frente ao avanço da tecnologia, diante dos riscos crescentes de calamidades naturais suportados pela civilização.

Gabarito "B".

(BB – Escriturário – 2010 – FCC) Identifica-se noção de causa no segmento:

(A) ... *sobre as condições de vida humana na Terra e o futuro das novas gerações.*

(B) ... *capaz de reconhecer para a natureza um direito próprio.*

(C) ... *em virtude das forças econômicas e de outra índole* ...

(D) ... *para que um "basta" derradeiro não seja imposto pela catástrofe* ...

(E) ... *comprometidos com o futuro das próximas gerações.*

Causa é o fato que, se não ocorrer, não se verá também o resultado. Dentre os excertos do texto apresentados, o único que traz uma causa é "em virtude das forças econômicas e de outra índole", cujo resultado é a degeneração "de maneira desmesurada" do meio ambiente. Para o autor, não havendo essas forças, não teríamos degradado tão amplamente os recursos naturais.

Gabarito "C".

O sabiá político

Do ano passado para cá, o setor canoro das árvores, aqui na ilha, sofreu importantes alterações.

Aguinaldo, o sabiá titular e decano da mangueira, terminou por falecer, como se vinha temendo. Embora nunca se tenha aposentado, já mostrava sinais de cansaço e era cada vez mais substituído, tanto nos saraus matutinos quanto nos vespertinos, pelo sabiá-tenor Armando Carlos, então grande promessa jovem do bel canto no Recôncavo. Morreu de velho, cercado pela admiração da coletividade, pois pouco se ouviram, em toda a nossa longa história, timbre e afinação tão maviosos, além de um repertório de árias incriticável, bem como diversas canções românticas. (...) Armando Carlos também morava na mangueira e, apesar de já adivinhar que o velho Aguinaldo não estaria mais entre nós neste verão, eu não esperava grandes novidades na pauta das apresentações artísticas na mangueira. Sofri, pois, rude surpresa, quando, na sessão alvorada, pontualmente iniciada às quinze para as cinco da manhã, o canto de Armando Carlos, em pleno vigor de sua pujante mocidade, soou meio distante.

Apurei os ouvidos, esfreguei as orelhas como se estivessem empoeiradas. Mas não havia engano. Passei pelo portão apreensivo quanto ao que meus sentidos me mostravam, voltei o olhar para cima, vasculhei as frondes das árvores e não precisei procurar muito. Na ponta de um galho alto, levantando a cabeça para soltar pelos ares um dó arrebatador e estufando o peito belamente ornado de tons de cobre vibrantes, Armando Carlos principiava a função.

Dessa vez foram meus olhos incrédulos que tive de esfregar e, quando os abri novamente, a verdade era inescapável.

E a verdade era – e ainda é – que ele tinha inequivocamente se mudado para o oitizeiro de meu vizinho Ary de Maninha, festejado e premiado orador da ilha (...).

Estou acostumado à perfidez e à ingratidão humanas, mas sempre se falou bem do caráter das aves em geral e dos sabiás em particular. O sabiá costuma ser fiel à sua árvore, como Aguinaldo foi até o fim. Estaríamos então diante de mais um exemplo do comportamento herético das novas gerações? Os sabiás de hoje em dia serão degenerados? Eu teria dado algum motivo para agravo ou melindre? Ou, pior, haveria uma possível esposa de Armando Carlos sido mais uma vítima do mico canalha que também mora na mangueira? Bem, talvez se tratasse de algo passageiro; podia ser que, na minha ausência, para não ficar sem plateia, Armando Carlos tivesse temporariamente transferido sua ribalta para o oitizeiro. Mas nada disso. À medida que o tempo passava, o concerto das dez também soando distante e o mesmo para o recital do meio-dia, a ficha acabou de cair. A mangueira agora está reduzida aos sanhaços, pessoal zoadeiro, inconstante e agitado; aos cardeais, cujo coral tenta, heroica mas inutilmente, preencher a lacuna dos sabiás. (...)

RIBEIRO, João Ubaldo. **O Globo**, 14 fev. 2010. (Adaptado)

(BB – Escriturário – 2010 – CESGRANRIO) As "...importantes alterações." (l. 2) a que se refere o autor são:

(A) a morte inesperada de Aguinaldo e sua substituição por Armando Carlos.

(B) a qualidade inigualável do canto de Aguinaldo e a tristeza da coletividade dos pássaros.

(C) a escolha de Armando Carlos de não substituir Aguinaldo na mangueira e sua mudança para outra árvore.

(D) a decisão de Armando Carlos cantar um dó e não árias como Aguinaldo.

(E) o fato de Armando Carlos ter escolhido um oitizeiro e não uma mangueira, como Aguinaldo havia feito em vida.

Com falecimento de Aguinaldo, seria natural, segundo o texto, sua substituição por Armando Carlos, mantendo-se o canto dos sabiás como o padrão da árvore. Porém, ao contrário do que se previa, Armando Carlos mudou-se para outro quintal, alterando a "população" e o "canto" da residência do narrador para sanhaços e cardeais.

Gabarito "C".

(BB – Escriturário – 2010 – CESGRANRIO) Analise as afirmativas a seguir, sobre os animais da ilha.

I. Os pássaros compõem uma organização de que não faz parte o mico.

II. O comportamento das aves serve de base à comparação do autor com o dos seres humanos.

III. Só o Armando Carlos se mudou de árvore; os outros sabiás permaneceram na mangueira.

Conforme o texto, é(são) correta(s) a(s) afirmativa(s)

(A) I, apenas.

(B) II, apenas.

(C) I e II, apenas.

(D) II e III, apenas.

(E) I, II e III.

I: correta, como se pode ver nas linhas 47-50; **II:** correta, sendo o texto rico em exemplos de prosopopeia (ou personificação), figura de linguagem que imputa condutas humanas a animais ou seres inanimados; **III:** incorreta. A parte final do texto deixa claro que, junto com Armando Carlos, todos os sabiás saíram da mangueira, deixando-a para os sanhaços e cardeais.

Gabarito "C"

(BB – Escriturário – 2010 – CESGRANRIO) O autor sofreu "rude surpresa," (l. 18/19) porque não esperava que

(A) Armando Carlos cantasse com tanto vigor.
(B) a sessão alvorada se iniciasse tão cedo.
(C) algum sabiá ainda cantasse na mangueira.
(D) suas orelhas estivessem empoeiradas.
(E) o canto do sabiá soasse tão distante.

O autor surpreendeu-se com o canto distante do novo sabiá, porque esperava que a morte do "titular" não operasse grandes transformações na mangueira.

Gabarito "E"

(BB – Escriturário – 2010 – CESGRANRIO) A "...função." mencionada no texto (l. 32) se refere a

(A) voar.
(B) cantar.
(C) encher o peito.
(D) empinar a cabeça.
(E) fazer vibrar as penas.

A "função" destacada pelo autor é a de cantar logo pela manhã, é a atribuição do sabiá na organização social da mangueira.

Gabarito "B"

Representantes dos maiores bancos brasileiros reuniram-se no Rio de Janeiro para discutir um tema desafiante. Falaram sobre a necessidade de estabelecer mecanismos de controle sobre o oceano de incertezas que cerca o mercado financeiro e, assim, atenuar os solavancos que volta e meia ele provoca na economia mundial. Na mais recente crise — a do mercado de hipotecas de alto risco dos Estados Unidos —, os bancos americanos amargaram perdas superiores a 100 bilhões de dólares. A turbulência decorrente do estouro de mais essa bolha ainda não teve suas consequências totalmente dimensionadas. A questão que se coloca é até que ponto é possível injetar alguma previsibilidade em um mercado tão interconectado, gigantesco e que tem o risco no DNA. O único consenso é que o mercado precisa ser mais transparente. O investidor tem o direito de ser informado sobre a composição do produto que estiver comprando e o grau de risco que está assumindo.

Veja, 12/3/2008 (com adaptações).

(BB – Escriturário – 2008 – CESPE) Com relação às informações do texto acima e à sua organização, julgue os itens abaixo.

(1) Infere-se da argumentação do texto que a crise do mercado de hipotecas nos Estados Unidos foi causada pela falta de transparência desse mercado para o investidor.

(2) É possível inferir do texto que o fato de o mercado ser "interconectado" (l.13), "gigantesco" (l.14) e ter "o risco no DNA" (l.14) dificulta a adoção de mecanismos de controle sobre ele.

1: correta. É possível concluir que, para o autor do texto, a falta de transparência gerou a crise no setor bancário dos EUA, quando ele afirma que o único consenso no ramo é que o investidor precisa ter mais informações sobre a composição do produto; 2: correta, sendo justamente a razão do tema ter sido chamado de "desafiante".

Gabarito 1C, 2C

Não foi por falta de aviso. Desde 2004, a Aeronáutica vem advertindo dos riscos do desinvestimento no controle do tráfego aéreo. Ao apresentar suas propostas orçamentárias de 2004, 2005 e 2006, o Departamento de Controle do Espaço Aéreo (DECEA) informou, por escrito, que a não liberação integral dos recursos pedidos levaria à situação vivida agora no país. Mesmo assim, as verbas foram cortadas ano após ano pelo governo, em dois momentos: primeiro no orçamento, depois na liberação efetiva do dinheiro.

As advertências do DECEA foram feitas à Secretaria de Orçamento Federal do Ministério do Planejamento, na oportunidade em que foram solicitadas verbas para "operação, manutenção, desenvolvimento e modernização do Sistema de Controle do Espaço Aéreo Brasileiro (SISCEAB)". Elas são citadas em relatório do Tribunal de Contas da União (TCU).

O Estado de S.Paulo, 25/3/2007, p. C6 (com adaptações).

(BB – Escriturário – 2007 – CESPE) Com referência às estruturas e às ideias do texto, bem como a aspectos associados aos temas nele tratados, julgue os próximos itens.

(1) A palavra "desinvestimento" (l.2), neologismo criado com base nas possibilidades da língua, está sendo empregada no sentido de diminuição, limitação de investimentos.

(2) Conhecida como *apagão aéreo*, a atual crise da aviação brasileira surgiu inesperadamente e por motivos aparentemente desconhecidos, como se depreende da leitura do texto.

1: correta. O prefixo "des" traz consigo a ideia de inversão, oposição; **2:** incorreta. Ao contrário, segundo o texto, o "apagão aéreo" era totalmente previsível, tendo constado de relatórios do DECEA nos três anos anteriores.

Gabarito 1C, 2E

"O folhetim é frutinha de nosso tempo", disse Machado de Assis numa de suas deliciosas crônicas. E volta ao assunto na crônica seguinte.

"O folhetinista é originário da França [...] De lá espalhou-se pelo mundo, ou pelo menos por onde maiores proporções tomava o grande veículo do espírito moderno; falo do jornal." E Machado tenta "definir a nova entidade literária", procura esmiuçar a "organização do novo animal". Mas dessa nova entidade só vai circunscrever a variedade que se aproxima do que hoje chamaríamos crônica. E como na verdade a palavra ***folhetim*** *designa*

muitas coisas, e, efetivamente, nasceu na França, há que ir ver o que o termo recobre lá na matriz.

De início, ou seja, começos do século XIX, "le feuilleton" designa um lugar preciso do jornal: "o rez-de-chaussée" – rés-do-chão, rodapé –, geralmente o da primeira página. Tinha uma finalidade precisa: era um espaço vazio destinado ao entretenimento. E pode-se já antecipar, dizendo que tudo o que haverá de constituir a matéria e o modo da crônica à brasileira já é, desde a origem, a vocação primeira desse espaço geográfico do jornal, deliberadamente frívolo, oferecido como chamariz aos leitores afugentados pela modorra cinza a que obrigava a forte censura napoleônica. ("Se eu soltasse as rédeas da imprensa", explicava Napoleão ao célebre Fouché, seu chefe de polícia, "não ficaria três meses no poder.")

(MEYER, Marlyse, **Folhetim**: uma história. 2 ed. São Paulo: Companhia das Letras, 2005, p. 57)

(BB – Escriturário – 2006 – FCC) No fragmento acima,

(A) nota-se que o autor, reconhecendo a autoridade de Machado de Assis, acata sua observação explícita de que os fundamentos do folhetim devem ser pesquisados na própria cultura francesa.

(B) fica evidente que Machado de Assis, nas crônicas citadas, trata de assunto relevante – o jornal de sua época –, comparando sua organização à estrutura original do grande veículo de comunicação de massa francês.

(C) Machado de Assis é citado porque as crônicas desse escritor brasileiro constituem o tema central do texto, especialmente o caráter recorrente de seus assuntos.

(D) o autor vale-se das palavras de Machado de Assis para introduzir o assunto que pretende desenvolver, ressaltando a necessidade de ampliar a perspectiva assumida pelo cronista no texto citado.

(E) está claro que Machado de Assis revela entusiasmo pelo jornal e procura definir o que seria "o artigo de fundo" do novo meio de comunicação de seu tempo.

O texto trata do folhetim, uma forma de publicação de textos, geralmente em forma de crônicas. Machado de Assis dele tratou em uma de suas obras, por isso é citado na introdução, valendo-se o autor de seu renome para atrair a atenção do leitor. O texto em análise, contudo, vai além, reconhecendo que o termo "folhetim" pode assumir diversos significados e anotando que seu estudo deve partir de uma percepção histórica, mais abrangente do que aquela proposta por Machado de Assis.

Gabarito "D"

(BB – Escriturário – 2006 – FCC) No texto,

(A) (linhas 15 a 17) a finalidade do folhetim é citada em associação com o lugar que lhe era destinado no jornal.

(B) (linha 13) a expressão *ou seja* foi empregada para introduzir uma retificação: em busca da precisão, anula-se o valor da expressão anteriormente utilizada (*De início*).

(C) (linha 14) os dois-pontos justapostos à palavra *jornal* introduzem a citação de distintos espaços associados ao folhetim.

(D) (linha 10) o emprego da expressão *na verdade* denota a concordância plena do autor com as informações obtidas nas crônicas, de que cita passagens para provar que o cronista se concentrou nos significados da palavra *folhetim*.

(E) (linhas 22 a 24) a transcrição das palavras de Napoleão constitui recurso para sugerir que o imperador era tema constante dos folhetins.

A: correta. O autor destaca a correlação entre a posição destinada ao folhetim e sua função junto ao leitor; **B:** incorreta. "Ou seja" é locução conjuntiva de natureza explicativa e introduz um esclarecimento sobre o que foi antes dito, não uma contraposição; **C:** incorreta. Os dois-pontos anunciam o aposto explicativo, oração que pretende esclarecer o conceito de "le feuilleton"; **D:** incorreta. A expressão "na verdade" traz insita a ideia de retificação, isto é, anuncia que as informações anteriores não traduzem, com precisão, o que é correto; **E:** incorreta. Serve a citação para esclarecer o porquê dos leitores serem atraídos para o folhetim: como Napoleão impunha severa censura à imprensa, restava apenas a leitura descompromissada e agradável das crônicas.

Gabarito "A"

*Em todo o continente americano, a colonização europeia teve efeito devastador. Atingidos pelas armas, e mais ainda pelas epidemias e por políticas de sujeição e transformação que afetavam os mínimos aspectos de suas vidas, os povos indígenas trataram de criar sentido em meio à devastação. Nas primeiras décadas do século XVII, índios norte-americanos comparavam a uma demolição aquilo que os missionários jesuítas viam como "transformação de suas vidas pagãs e bárbaras em uma vida civilizada e cristã." (**Relações dos jesuítas da Nova França**, 1636). No México, os índios comparavam seu mundo revirado a uma rede esgarçada pela invasão espanhola. A denúncia da violência da colonização, sabemos, é contemporânea da destruição, e tem em Las Casas seu representante mais famoso.*

Posterior, e mais recente, foi a tentativa, por parte de alguns historiadores, de abandonar uma visão eurocêntrica da "conquista" da América, dedicando-se a retraçá-la a partir do ponto de vista dos "vencidos", enquanto outros continuaram a reconstituir histórias da instalação de sociedades europeias em solo americano. Antropólogos, por sua vez, buscaram nos documentos produzidos no período colonial informações sobre os mundos indígenas demolidos pela colonização.

***A colonização do imaginário** não busca nem uma coisa nem outra.*

(Adaptado de PERRONE-MOISÉS, Beatriz, Prefácio à edição brasileira de GRUZINSKI, Serge, **A colonização do imaginário:** sociedades indígenas e ocidentalização no México espanhol (séculos XVI-XVIII).

(BB – Escriturário – 2006 – FCC) A autora cita as comparações feitas pelos indígenas norte-americanos e mexicanos

(A) como recurso para comprovar que a ruína dos povos indígenas tinha sido provocada pela ação das armas dos colonizadores espanhóis.

(B) para beneficiar-se, na argumentação, de pontos de vista divergentes sobre o mesmo processo de colonização.

(C) como recurso para mostrar como a colonização europeia agiu de forma distinta em relação a povos distintos.

(D) como exemplificação da tentativa dos indígenas de compreender o que lhes acontecera pela presença dos colonizadores.

(E) para evidenciar que, em épocas distintas, os nativos só poderiam conceber de modo diverso as aproximações entre a sua cultura e a do colonizador.

As citações pretendem demonstrar que, a despeito de ocorrerem em momentos e com povos diferentes, as colonizações impuseram aos povos originários dos territórios explorados uma completa desestruturação de seus costumes e de seu povo, obrigando-os a tentar entender as razões e os resultados das interferências a que se viam submetidos.

Gabarito "D"

(BB – Escriturário – 2006 – FCC) Considerado corretamente o 2°parágrafo, o segmento grifado em *A colonização do imaginário não busca nem uma coisa nem outra* deve ser assim entendido:

(A) não tenta investigar nem o eurocentrismo, como o faria um historiador, nem a presença das sociedades europeias em solo americano, como o faria um antropólogo.

(B) não quer reconstituir nada do que ocorreu em solo americano, visto que recentemente certos historiadores, ao contrário de outros, tentam contar a história do descobrimento da América do modo como foi visto pelos nativos.

(C) não pretende retraçar nenhum perfil – dos vencidos ou dos vencedores – nem a trajetória dos europeus na conquista da América.

(D) não busca continuar a tradição de pesquisar a estrutura dos mundos indígenas e do mundo europeu, nem mesmo o universo dos colonizadores da América.

(E) não se concentra nem na construção de uma sociedade europeia na colônia – quer observada do ponto de vista do colonizador, quer do ponto de vista dos nativos -, nem no resgate dos mundos indígenas.

O candidato deve atentar para o rodapé do texto, onde se denota que "A colonização do imaginário" é o nome do livro do qual o trecho foi retirado. Isso posto, temos que a obra está estruturada no estudo da colonização sob um ponto de vista diferente, que se afasta tanto daqueles usados pelos historiadores (a ótica dos vencidos ou dos europeus) quanto dos escolhidos pelos antropólogos (a compreensão das sociedades indígenas através dos documentos da época).

Gabarito "E"

(BB – Escriturário – 2006 – FCC) Considere mais especificamente o segmento em que são citadas·as comparações estabelecidas pelos dois grupos indígenas e analise as afirmações que seguem.

I. As expressões que estabelecem o paralelismo efetuado pelos índios norte-americanos são "uma demolição" e "aquilo", que remete ao que aconteceu à população indígena no processo de aculturação a que foram submetidos.

II. A expressão "uma rede esgarçada" é imagem adotada pelos índios mexicanos para expressar os vazios de seu tecido social, do qual se retiraram traços significativos.

III. *"demolição"* e *"transformação de suas vidas pagãs e bárbaras em uma vida civilizada e cristã"* expressam o mesmo efeito que o processo de colonização traz para diferentes povos.

É correto o que se afirma APENAS em

(A) I.

(B) II.

(C) I e II.

(D) II e III.

(E) I e III.

I: correta. Tais expressões indicam a comparação realizada pelos índios ao tentar entender o processo de colonização; II: correta. A imagem de uma rede esgarçada, ou seja, da qual foram retiradas fibras do tecido e, portanto, este ficou frouxo e inelástico, transmite exatamente a noção que os índios tiveram da colonização pela extirpação de seus costumes milenares; III: incorreta. As expressões denotam os efeitos opostos que a colonização trouxe aos povos nativos: para estes, uma destruição; para os colonizadores, a transformação dos selvagens em pessoas civilizadas.

Gabarito "C"

O exercício da memória, seu exercício mais intenso e mais contundente, é indissociável da presença dos velhos entre nós. Quando ainda não contidos pelo estigma de improdutivos, quando por isso ainda não constrangidos pela impaciência, pelos sorrisos incolores, pela cortesia inautêntica, pelos cuidados geriátricos impessoais, pelo isolamento, quando então ainda não-calados, dedicam-se os velhos, cheios de espontaneidade, à cerimônia da evocação, evocação solene do que mais impressionou suas retinas tão fatigadas, enquanto seus interesses e suas mãos laborosas participavam da norma e também do mistério de uma cultura.

(GONÇALVES FILHO, José Moura, "Olhar e memória". IN: **O olhar**. NOVAES, Adauto (org.). 10a reimpressão. São Paulo: Companhia das Letras, 2003, p. 97)

(BB – Escriturário – 2006 – FCC) No fragmento acima, o autor considera que

(A) a memória é exercício restrito aos velhos, cuja presença entre os mais jovens é bastante intensa.

(B) *improdutivos* é termo que, denotando "o que já produziu", expressa o reconhecimento do valor dos que concluíram sua fecunda ação na sociedade.

(C) a impaciência e a descortesia são atributos legítimos dos mais velhos, que já participaram da construção da cultura de seu país.

(D) o silêncio dos velhos é uma marca salutar dos que espontaneamente resolveram dedicar-se ao culto do passado.

(E) o resgate a que se consagram os velhos das experiências que mais os comoveram no passado é uma verdadeira celebração.

O texto destaca a importância dos velhos na manutenção da memória da sociedade, diante de suas diversas experiências. Apesar de passarem a ser tachados de improdutivos e por isso serem tratados com impaciência e descortesia, enquanto não reduzidos pelo tratamento adverso dos mais jovens tendem a fazer do resgate das memórias uma cerimônia, uma celebração.

Gabarito "E"

(BB – Escriturário – 2006 – FCC) Observe atentamente os segmentos *ainda não contidos pelo estigma de improdutivos* e *ainda não constrangidos pela impaciência*. No contexto, eles

(A) expressam ideias que estão unicamente justapostas, sem nenhuma outra relação entre elas.

(B) expressam, respectivamente, uma causa e uma consequência.

(C) estão em relação de alternância.

(D) expressam dois desejos, por isso estão associados como se estivessem unidos pela conjunção **e**.

(E) expressam comparação entre dois fatos.

Os trechos expressam uma causa (a estigmatização dos velhos como improdutivos) e uma consequência (o constrangimento dos velhos pela impaciência com que são tratados), tanto que são ligados no texto por uma locução adverbial causal ("por isso").

Gabarito "B"

O capitalismo, ao contrário do comunismo e do socialismo, não é, de forma alguma, um "ismo". Não é um sistema sonhado por filósofos, políticos ou economistas e depois posto em prática por decisão de governos. Trata-se de um evento natural, uma peça orgânica no progresso humano. A História mostra que o capitalismo ocorre nas sociedades humanas quando elas atingem certo nível de progresso tecnológico e as pessoas com dinheiro percebem que podem lucrar ao se organizarem para investir.

Acontecendo naturalmente, o capitalismo não tem necessidade de ajuda dos governos. Pode-se dizer que ele é inevitável, a não ser que o governo tome determinadas medidas para impedi-lo. Ocorreu em larga escala, pela primeira vez, na Inglaterra, na segunda metade do século XVIII, e foi possível porque a sociedade britânica era relativamente livre, com poucas leis que impedissem as mudanças econômicas e técnicas. O governo não teve praticamente nada a ver com ele. O fenômeno foi chamado de Revolução Industrial, mas esse nome supõe mudança dramática e violência. Não houve nada disso. Nem houve grandes planos, regras ou decisões grandiosas. Assim, o capitalismo nasceu de decisões não-coordenadas e meramente coincidentes de muitos milhares de pequenos fabricantes, comerciantes, artesãos, poupadores, investidores e instituições financeiras. Os grandes bancos não desempenharam papel algum, pois simplesmente não existiam.

Veja, 27/12/2000, p. 163 (com adaptações).

(BB – Escriturário – 2001 – CESPE) Com relação ao texto e à conjuntura político-econômica atual do continente americano, julgue os itens abaixo.

(1) No texto, o termo "ismo" (l.2), geralmente usado como sufixo, está empregado como substantivo.

(2) No texto, a argumentação a favor da ideia do capitalismo como evento natural baseia-se em testemunhos de autoridade, pois há citação de filósofos e pensadores.

(3) A expressão do texto "peça orgânica" (l.4-5) pode ser interpretada como **parte naturalmente constituinte da organização**, ou seja, **algo que tem o caráter de um desenvolvimento natural, inato, em oposição ao que é ideado, calculado.**

(4) No texto, as expressões "instituições financeiras" (l.21-22) e "grandes bancos" (l.22) estão sendo usadas como sinônimas.

1: correta. Consta entre aspas por se tratar de um neologismo criado pelo autor; 2: incorreta. O autor despreza a posição teórica dos filósofos e pensadores, valorizando a evolução natural do capitalismo; 3: correta. "Orgânico" é aquilo que é relativo à organização, ou seja, dela surge independentemente das ações externas; 4: incorreta. O autor diferencia essas duas instituições, deixando isso claro ao dizer que as instituições financeiras foram responsáveis, ao lado de outras entidades, pelas decisões que criaram o capitalismo, enquanto os grandes bancos sequer existiam.

Gabarito 1C, 2E, 3C, 4E

(BB – Escriturário – 2001 – CESPE) Em relação ao texto e a aspectos atuais da economia mundial, julgue os itens que se seguem.

(1) Infere-se do texto que o capitalismo confunde-se e identifica-se com a economia de mercado, dela sendo sinônimo, existindo em qualquer ambiente econômico de trocas, independentemente de seu estágio de desenvolvimento.

(2) Segundo o texto, o pioneirismo britânico no processo de industrialização moderna deveu-se à inexistência de um Estado formal naquele país, condição essencial para que o capitalismo tivesse liberdade para impor-se e expandir-se.

1: incorreta. Para o autor, o capitalismo surge apenas quando as sociedades humanas atingem um certo estágio do progresso tecnológico, sendo inevitável a partir de então; 2: incorreta. O autor coloca como catalisador do processo de industrialização a relativa liberdade de que gozava o povo britânico pelo reduzido número de normas escritas a regular-lhes os padrões de conduta. Isso não se confunde com a existência ou não de um Estado organizado, uma vez que esse pode assentar-se em regras costumeiras.

Gabarito 1E, 2E

O primeiro retrato completo do período de crescimento mais longo da história do capitalismo foi divulgado no início de agosto pelo escritório do Censo americano. O estudo tem como base uma pesquisa, concluída no ano passado, na qual foram entrevistados moradores de 700 mil residências americanas.

Os números ajudam a responder com segurança a uma questão que sempre intrigou os estudiosos: quando a maré da economia capitalista sobe, ela eleva o padrão de vida de todos ou apenas dos ricos? O levantamento do Censo americano mostra que os ricos aumentaram em número e em fatia da renda nacional, mas os pobres e a classe média igualmente avançaram muito. Ou seja, tanto os barquinhos quanto os transatlânticos melhoraram seu padrão em relação ao início dos anos 90.

Em 1990, 75% da população americana adulta, ou seja, com pelo menos 25 anos de idade, tinha diploma do 2.º grau (ensino médio) e apenas 1 em cada 5 havia completado um curso universitário. Em 2000, o índice de adultos com ensino médio completo saltou para 82%, e a proporção dos bacharéis passou a ser de 1 para 4.

Veja, 15/8/2001, p. 66 (com adaptações).

(BB – Escriturário – 2001 – CESPE) Com base no texto acima, julgue os itens a seguir.

(1) No primeiro parágrafo, a cadeia metafórica constituída pelas expressões "maré" (l.7), "barquinhos" (l.12) e "transatlânticos" (l.12) contribui para conferir formalidade ao texto.

(2) Em 1990, 1/4 da população americana adulta não havia completado o ensino médio.

(3) Nos EUA, de 1990 para 2000, a proporção de adultos que haviam concluído um curso superior aumentou em 25%.

(4) O gráfico abaixo representa corretamente todas as informações dadas no último parágrafo do texto, relativas à população adulta americana que possuía diploma universitário em 1990 e em 2000.

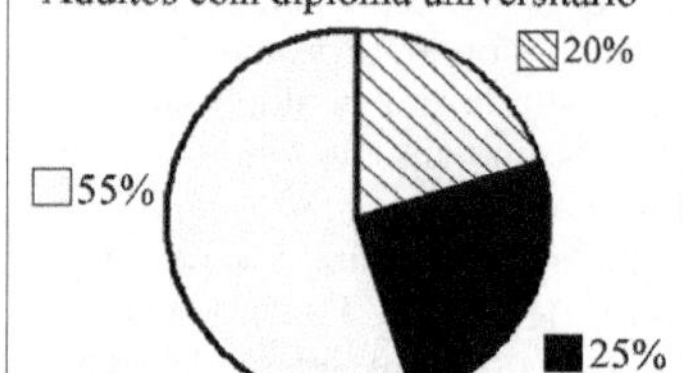

(5) Se fosse mantida a mesma proporção de crescimento do percentual da população adulta americana com diploma de curso universitário verificada na década passada, em 2010 mais de 40% dos americanos adultos possuiriam curso superior completo.

1: incorreta. O uso de metáforas simples, com palavras oriundas da oralidade, confere informalidade ao texto; 2: correta. O texto afirma que 75% (3/4) da população adulta norte-americana, em 1990, havia completado o ensino médio. Logo, o 1/4 restante não havia; 3: correta. Em 1990, a proporção de bacharéis era de 1 para 5, ou seja, 20%. Em 2000, a proporção saltou para 1 para 4, isto é, 25%. A diferença foi, portanto, de 5%, que equivale a 1/4 (25%) de 20%; 4: incorreta. O gráfico não expõe os mesmos dados do texto, principalmente porque está dividido em três partes, ao passo que o texto apenas indica o número de pessoas que concluíram o nível superior e as que não concluíram (dois grupos); 5: incorreta. Como exposto no item 3, o crescimento de americanos com curso superior cresce à razão de 25% por década. Se, em 2000, 25% deles tinham concluído o bacharelado, em 2010 era de se esperar que esse número subisse 25%, alcançando, portanto, a proporção de 31,25%.

Gabarito 1E, 2C, 3C, 4E, 5E

A economia brasileira: indicadores de produção

No início de 1999, as expectativas quanto à evolução do nível de atividade incorporavam os desdobramentos da crise financeira internacional, ocorrida no fim de 1998, tais como a mudança no regime cambial brasileiro, levada a efeito em janeiro. Assim, as perspectivas quanto à trajetória da economia eram desenhadas em um cenário que considerava elevação nas taxas de juros e provável recrudescimento da inflação, resultante do impacto desfavorável da desvalorização do real.

Relatório anual do BACEN, 1999, v. 35, p. 13 (com adaptações).

(BB – Escriturário – 2001 – CESPE) A partir do texto acima, julgue os itens que se seguem.

(1) No texto, os verbos "levada" (l.4) e "desenhadas" (l.6), empregados na forma de particípio, têm como referentes, respectivamente:
- "a mudança no regime cambial brasileiro" (l.4);
- "as perspectivas quanto à trajetória da economia" (l.5-6).

(2) Infere-se das ideias do texto que "desdobramentos da crise financeira internacional" (l.2-3) são consequência da "elevação nas taxas de juros" (l.7) e do "recrudescimento da inflação" (l.7-8).

1: correta, pois os verbos no particípio resgatam exatamente as expressões assinaladas; 2: incorreta. Os desdobramentos mencionados são outros, sendo mencionada como exemplo a "mudança no regime cambial brasileiro".

Gabarito 1C, 2E

O futuro se constrói

A vida socioeconômica de qualquer sociedade depende da ação humana, cujos orientação, coordenação e controle, mais ou menos frouxos ou impositivos, de acordo com a natureza mais ou menos democrática ou autoritária dos regimes políticos, a sociedade delega ao Estado. É, portanto, obrigação do Estado a supervisão da vida nacional, tanto nos regimes autoritários como, resguardadas as proporções quanto ao grau de autoridade, nos democráticos. Nem mesmo o pensamento liberal aceita em sua plenitude a ideia de que a espontaneidade do mercado resolve tudo, cabendo ao Estado apenas prover segurança e justiça.

Mario Cesar Flores. **O Estado de S. Paulo**, 28/8/2001, A2 (com adaptações).

(BB – Escriturário – 2001 – CESPE) De acordo com as ideias e estruturas linguísticas do texto, julgue os itens que se seguem.

(1) Ocorre um jogo de ideias com o emprego do pronome "**se**" no título, que tanto pode ser interpretado como **o futuro constrói a si mesmo**, quanto como **alguém constrói o futuro**.

(2) De acordo com as regras de concordância da norma culta, o pronome relativo "cujos" (l.2) admite, opcionalmente, ser substituído por **em que**.

(3) A expressão "mais ou menos frouxos ou impositivos" (l.2-3) subentende: mais frouxo ou menos frouxo, mais impositivo ou menos impositivo.

(4) De acordo com a argumentação do texto, caracteriza-se a "supervisão da vida nacional" (l.6) como: presente em diferentes tipos de regime político; obrigação do Estado; mais abrangente que a simples provisão de segurança e justiça.

(5) Pela estrutura sintática em que ocorre, a forma verbal "resolve" (l.10) admite a substituição por **resolva**.

1: correta, sendo uma dubiedade permitida na redação por se tratar do título do texto, ensejando a curiosidade do leitor em descobrir qual o significado; 2: incorreta. "Cujos" poderia ser substituído por "dos quais"; 3: correta, devendo os termos serem combinados em todas as suas possibilidades; 4: correta, sendo autorizada a conceituação da "supervisão da segurança nacional" dessa forma por conta dos argumentos trazidos no texto; 5: correta. Tanto o presente do indicativo quanto o presente do subjuntivo podem ser usados na estrutura sintática, ocorrendo apenas uma variação no sentido (de certeza para possibilidade).

Gabarito 1C, 2E, 3C, 4C, 5C

(BB – Escriturário – 2001 – CESPE) Recentemente, o governo brasileiro baixou decreto disciplinando a rotulagem de alimentos que contenham organismos geneticamente modificados ou que sejam produzidos com estes. A esse respeito, considere as seguintes posições relativas ao tema, publicadas na edição de 28/8/2001 do jornal **Correio Braziliense.**

O Brasil dá mais um passo em direção ao futuro. A normatização da rotulagem permitirá que o consumidor saiba o que está adquirindo e consumindo. O país ganha fôlego para continuar as pesquisas. A vitória é, portanto, da biotecnologia. Um país como o nosso, com uma das mais extensas áreas cultiváveis do mundo, poderá ser um dos grandes celeiros da humanidade.

Edmundo Klotz, presidente da Associação Brasileira das Indústrias da Alimentação (com adaptações).

A Associação Brasileira das Indústrias da Alimentação, desprezando os direitos dos consumidores ao manifestar seu apoio ao decreto do governo federal, revela que, por trás do ato governamental, está o interesse das indústrias de alimentos e das empresas de biotecnologia em liberar os transgênicos, sem avaliação dos seus riscos para a saúde e o ambiente, e sem informação clara da sua origem transgênica.

Marilena Lazzarini, coordenadora executiva do Instituto de Defesa do Consumidor (IDEC).

Com o auxílio das informações acima, julgue os itens subsequentes.

(1) O tema remete a alimentos manipulados por engenharia genética, entendendo-se por transgênicos os organismos geneticamente modificados.

(2) Para o empresariado, a pesquisa aplicada na área biotecnológica é fundamental para que o país avance quanto a qualidade e quantidade na produção de alimentos.

(3) A questão que aparentemente mais divide as opiniões em relação à produção de alimentos transgênicos reside nos efeitos que eles poderiam acarretar à saúde da população e em seu impacto ambiental.

1: correta. "Transgênico" foi o adjetivo criado para referir-se aos organismos geneticamente modificados; 2: correta, pois a liberação dos OGM's possibilitará um crescimento na qualidade e na quantidade de produtos produzidos no país, diante de sua maior resistência a pragas e outras vantagens comparativas; 3: correta, porquanto tais efeitos ainda são parcialmente desconhecidos dos pesquisadores.

Gabarito 1C, 2C, 3C

2. REDAÇÃO

100 Coisas

É febre. Livros listando as cem coisas que você deve fazer antes de morrer, os cem lugares que você deve conhecer antes de morrer, os cem pratos que você deve provar antes de morrer. Primeiramente, me espanta o fato de todos terem a certeza absoluta de que você vai morrer. Eu prefiro encarar a morte como uma hipótese. Mas, no caso, de acontecer, serei obrigada mesmo a cumprir todas essas metas antes? Não dá pra fechar por cinquenta em vez de cem?

Outro dia estava assistindo a um DVD promocional que também mostra, como imaginei, as cem coisas que a gente precisa porque precisa fazer antes de morrer. Me deu uma angústia, pois, das cem, eu fiz onze até agora. Falta muito ainda. Falta dirigir uma Ferrari, fazer um safári, frequentar uma praia de nudismo, comer algo exótico (um baiacu venenoso, por exemplo), visitar um vulcão ativo, correr uma maratona [...].

Se dependesse apenas da minha vontade, eu já teria um plano de ação esquematizado, mas quem fica com as crianças? Conseguirei cinco férias por ano? E quem patrocina essa brincadeira?

Hoje é dia de mais um sorteio da Mega-Sena. O prêmio está acumulado em cinquenta milhões de reais. A maioria das pessoas, quando perguntadas sobre o que fariam com a bolada, responde: pagar dívidas, comprar um apartamento, um carro, uma casa na serra, outra na praia, garantir a segurança dos filhos e guardar o resto para a velhice.

Normal. São desejos universais. Mas fica aqui um convite para sonhar com mais criatividade. Arranje uma dessas listas de cem coisas pra fazer e procure divertir-se com as opções [...]. Não pense tanto em comprar mas em viver.

Eu, que não apostei na Mega-Sena, por enquanto sigo com a minha lista de cem coisas a evitar antes de morrer. É divertido também, e bem mais fácil de realizar, nem precisa de dinheiro.

MEDEIROS, Martha. **Doidas e santas**. Porto Alegre: L&PM, 2008, p. 122-123. Adaptado.

(Escriturário – BB – 2014.1 – CESGRANRIO) Os períodos "Hoje é dia de mais um sorteio da Mega-Sena. O prêmio está acumulado em cinquenta milhões de reais." foram reescritos, com adaptações, para transformá-los em um único período.

Aquele que mantém o sentido original e está adequado à norma-padrão é:

(A) Embora o prêmio esteja acumulado em cinquenta milhões de reais, hoje é dia de mais um sorteio da Mega-Sena.

(B) Hoje é dia de mais um sorteio da Mega-Sena porque o prêmio está acumulado em cinquenta milhões de reais.

(C) Desde que o prêmio da Mega-Sena está acumulado em cinquenta milhões de reais, hoje é dia do sorteio.

(D) Hoje é dia em que o prêmio da Mega-Sena, acumulado em cinquenta milhões de reais, vai ser sorteado.

(E) Hoje é dia de mais um sorteio da Mega-Sena já que o prêmio está acumulado em cinquenta milhões de reais.

As alternativas A, B, C e E, na forma em que foram redigidas, vinculam a existência do sorteio ao valor do prêmio. Isso não é verdade, porque a Mega-Sena é sorteada em dias fixos da semana independentemente do prêmio que será pago. Além disso, o próprio texto original não permite conclusão diferente. Desta forma, a única correta é a letra D, que deve ser assinalada, por não alterar o sentido do texto.

Gabarito "D"

(Escriturário – BB – 2014.1 – CESGRANRIO) Nos trechos abaixo, a expressão destacada pode ser substituída pela que vem ao lado, sem alteração do sentido e de acordo com a norma-padrão em

(A) "Hoje é dia **de mais** um sorteio da Mega-Sena." (l. 24) – **demais**

(B) "pois, das cem, eu fiz onze até agora. Falta **muito** ainda." (l. 14-15) – **muitas**

(C) "livros **listando** as cem coisas" (l. 1) – **listados**

(D) "serei **obrigada** mesmo a cumprir todas essas metas antes?" (l. 8-9) – **obrigado**

(E) "assistindo a um DVD promocional **que** também mostra" (l. 11-12) – **o qual**

A: incorreta. "De mais" é expressão de quantidade; "demais" é advérbio de intensidade, sinônimo de "muito"; **B:** incorreta. Seria necessário alterar a redação original para preservar a correção gramatical – "faltam muitas ainda"; **C:** incorreta. Gerúndio e particípio têm funções diferentes na oração, não podendo ser substituídos um pelo outro; **D:** incorreta. O termo concorda com o gênero da autora do texto, que é uma mulher. Assim, a substituição pelo gênero masculino causaria problemas de concordância; **E:** correta. O pronome relativo "que" pode ser substituído por "o qual" sem qualquer alteração de sentido.

Gabarito "E"

Depois de passar quase 200 mil anos vivendo em pequenos grupos nômades, os seres humanos (ou alguns deles, pelo menos) resolveram que era hora de assentar, criando vilas e cidades. A questão é: por quê?

Durante muito tempo, a resposta-padrão foi simples: por causa da invenção da agricultura. Ao descobrir maneiras de produzir alimentos em grande escala, certos povos que viveram a partir de uns 10 mil anos atrás desencadearam uma explosão populacional que foi resolvida com outra invenção, a da vida urbana. Acontece que a sequência verdadeira pode ser exatamente a oposta, indicam dados arqueológicos que se acumularam nos últimos anos.

Ao menos no Crescente Fértil – a região que engloba países como Iraque, Israel, Turquia e Síria, considerada o berço da civilização ocidental –, as pessoas parecem ter primeiro se juntado em assentamentos densos e só depois – em parte como consequência da aglomeração – ter desenvolvido o cultivo de plantas e a criação de animais. E o processo parece ter começado muito antes do momento em que a agricultura propriamente dita entra em cena.

Restos de plantas aparecem em sítios arqueológicos com indícios de população cada vez maior. O número de espécies vegetais usadas se reduz, mas essas plantas continuam com suas características selvagens, o que indica que estavam apenas sendo coletadas mais intensivamente. Da mesma maneira a caça consumida por esses grupos sedentários fica menos diversificada, concentrando-se em poucas espécies que se reproduzem rápido, como lebres, raposas e aves. E só quando o uso dos recursos selvagens chega ao limite, sinais claros de vegetais cultivados aparecem.

(Reinaldo José Lopes. **Folha de S. Paulo**, Ciência, C15, 15 de abril de 2012, com adaptações)

(**BB – Escriturário – 2013.1 – FCC**) *Ao descobrir maneiras de produzir alimentos em grande escala, certos povos que viveram a partir de uns 10 mil anos atrás desencadearam uma explosão populacional que foi resolvida com outra invenção, a da vida urbana.*

Outra redação para a frase acima, em que se mantêm a correção, a clareza e, em linhas gerais, o sentido, está em:

(A) Há mais ou menos 10 mil anos, a descoberta da produção de alimentos para um grande número de pessoas permitiu o crescimento da população e, em consequência, os aglomerados urbanos.

(B) O vertiginoso aumento da população, onde se criou os assentamentos urbanos, com a produção de alimentos para o grande número de pessoas que ali viviam, há 10 mil anos.

(C) Com a descoberta dos alimentos e o que podia ser cultivado para manter um grande número de seres humanos nos assentamentos, criou-se as condições da vida urbana, em época primitiva.

(D) Foi uns povos primitivos, de 10 mil anos atrás, que descobriram como cultivar alimentos, destinados para as pessoas que explodiram a população da vida urbana, também criada.

(E) Aos 10 mil anos, com a descoberta de como ter alimentos cultivados para a explosão do número das pessoas vivendo em núcleos de vida urbana, permitindo sua alimentação.

A: correta. A redação está clara, correta e preserva o sentido original do texto; **B:** incorreta. O texto ficou absolutamente incoerente por força da ausência de conexão entre os dados expostos; **C:** incorreta. Os alimentos já eram conhecidos desde muito antes. Eles não foram descobertos no momento narrado no texto; **D:** incorreta. Além do erro de concordância (deveria constar "foram" em vez de "foi"), o verbo "explodir" foi usado na paráfrase em seu sentido original, o que tornou o trecho incoerente; **E:** incorreta. Novamente, a absoluta ausência de conexão entre as palavras tornou o texto incoerente e, destarte, incompreensível.

Gabarito "A"

Ao longo do século XVII, a Holanda foi um dos dois motores de um fenômeno que transformaria para sempre a natureza das relações internacionais: a primeira onda da chamada globalização. O outro motor daquela era de florescimento extraordinário das trocas comerciais e culturais era um império do outro lado do planeta – a China. Só na década de 1650, 40 000 homens partiram dos portos holandeses rumo ao Oriente, em busca dos produtos cobiçados que se fabricavam por lá. Mas a derrota em uma guerra contra a França encerrou os dias da Holanda como força dominante no comércio mundial.

Se o século XVI havia sido marcado pelas grandes descobertas, o seguinte testemunhou a consequência maior delas: o estabelecimento de um poderoso cinturão de comércio que ia da Europa à Ásia. "O sonho de chegar à China é o fio imaginário que percorre a história da luta da Europa para fugir do isolamento", diz o escritor canadense Timothy Brook, no livro **O chapéu de Vermeer**.

Isso determinou mudanças de comportamento e de valores: "Mais gente aprendia novas línguas e se ajustava a costumes desconhecidos". O estímulo a esse movimento era o desejo irreprimível dos ocidentais de consumir as riquezas produzidas no Oriente. A princípio refratários ao comércio com o exterior, os governantes chineses acabaram rendendo-se à evidência de que o comércio significava a injeção de riqueza na economia local (em especial sob a forma de toneladas de prata).

Sob vários aspectos, a China e a Holanda do século XVII eram a tradução de um mesmo espírito de liberdade comercial. Mas deveu-se só à Holanda a invenção da pioneira engrenagem econômica transnacional. A Companhia das Índias Orientais – a primeira grande companhia de ações do mundo, criada em 1602 – foi a mãe das multinacionais contemporâneas. Beneficiando-se dos baixos impostos e da flexibilidade administrativa, ela tornou-se a grande potência empresarial do século XVII.

(Adaptado de: Marcelo Marthe. **Veja**, p. 136-137, 29 ago. 2012)

(**BB – Escriturário – 2013.2 – FCC**) *A princípio refratários ao comércio com o exterior, os governantes chineses acabaram rendendo-se à evidência de que o comércio significava a injeção de riqueza na economia local.*

A afirmativa acima está corretamente transcrita, com lógica e clareza, em:

(A) De início, os governantes chineses acabaram aceitando o comércio exterior, pois trazia riqueza na economia local, o que era contrário às evidências.

(B) A riqueza que entrava na economia local através do comércio com o exterior, os governantes chineses aceitaram esses resultados, apesar de ser contrários a eles.

(C) O comércio com outras nações no exterior, os governantes chineses acabaram percebendo a entrada de riquezas na economia local, mesmo se opondo a ele de início.

(D) Intrigados com a origem exterior do comércio, os governantes chineses evidenciaram que o tal comércio trazia riqueza para a economia desse local.

(E) Os governantes chineses que, de início, se opunham à abertura comercial com outras nações, mudaram seu posicionamento ao perceberem os resultados econômicos desse comércio.

A: incorreta. Houve alteração de sentido na nova redação. De início, diz o texto, os chineses não percebiam vantagens no comércio exterior; **B:** incorreta. O trecho reescrito ficou incoerente por conta da falta de elementos de coesão, dado que o uso incorreto das vírgulas interrompe o raciocínio de forma gritante. Além disso, a conclusão apresentada está totalmente desvinculada dos argumentos enumerados no início do período; **C:** incorreta. O trecho "o comércio com outras nações do exterior" não se liga a "os governantes chineses..." por qualquer meio. Com isso, o texto fica incoerente e a mensagem, ininteligível; **D:** incorreta. O termo "intrigados" não guarda qualquer relação com o texto original. Ademais, há a repetição desnecessária do termo "comércio"; **E:** correta. A redação está clara, preserva o sentido original e atende a todos os preceitos gramaticais.

Gabarito "E"

Texto I

Sustentabilidade é um conceito sistêmico, relacionado com a continuidade dos aspectos econômicos, sociais, culturais e ambientais da sociedade humana.

Desenvolvimento sustentável foi um termo utilizado pela primeira vez em 1987, como resultado da Assembleia Geral das Nações Unidas, e definido como aquele que "atende as necessidades do presente sem comprometer a capacidade das gerações futuras de atenderem as suas".

Trata-se, portanto, de uma nova visão de mundo com implicação direta nas relações político-sociais, econômicas, culturais e ecológicas, ao integrar em um mesmo processo o equilíbrio entre as dimensões econômicas, sociais e ambientais. Diz respeito à necessidade de revisar e redefinir meios de produção e padrões de consumo vigentes, de tal modo que o crescimento econômico não seja alcançado a qualquer preço, mas considerando- se os impactos e a geração de valores sociais e ambientais decorrentes da atuação humana.

(Adaptado de: **http://www.bb.com.br**/portalbb/page251,8305, 3912,0,0,1,6.bb?codigoNoticia=28665)

(BB – Escriturário – 2013.2 – FCC) ... *que o crescimento econômico não seja alcançado a qualquer preço, mas considerando-se os impactos e a geração de valores sociais e ambientais decorrentes da atuação humana.*

O sentido da afirmativa acima está corretamente reproduzido, em linhas gerais e com outras palavras, em:

(A) o preço do crescimento econômico está além dos impactos oferecidos ao meio ambiente pela atuação do homem, com os seus valores sociais e ambientais.

(B) o crescimento econômico está acima de qualquer valor, seja ele social ou ambiental, mesmo se for considerado os efeitos da atuação do homem no ambiente.

(C) nada deve impedir a busca do crescimento econômico, que precisa ter o seu valor estabelecido, onde for necessário a presença humana e os impactos dela.

(D) não se deve buscar o crescimento econômico a todo custo, sem levar em consideração os valores sociais e os efeitos decorrentes da interferência humana no meio ambiente.

(E) com os impactos ambientais da ação humana, sendo que o crescimento econômico tem seu preço, qualquer que seja os valores sociais e ambientais gerados por ele.

Com exceção da alternativa "D", que deve ser assinalada, todas as demais paráfrases alteraram o sentido do trecho original ao estabelecer que o preço do crescimento econômico é algo que deve ser aceito sem questionamentos pela sociedade. Na verdade, o que se defende é a possibilidade de avanços tecnológicos e sociais respeitando-se o meio ambiente e a cultura das populações locais.

Gabarito "D".

O Sul esteve por muito tempo isolado do resto do Brasil, mas nem por isso deixou de receber influências musicais que chegavam de outras regiões do país e do mundo. Mário de Andrade já tinha decifrado brilhantemente em seu **Ensaio sobre a música brasileira** as fontes que compõem os ritmos nacionais: ameríndia, africana, europeia (principalmente portuguesa e espanhola) e hispano-americana (Cuba e Montevidéu).

A gênese da música do Rio Grande do Sul também pode ser vista como reflexo dessa multiplicidade de referências. Há influências diretas do continente europeu, e isso se mistura à valiosa contribuição do canto e do batuque africano, mesmo tendo sido perseguido, vigiado, quase segregado.

O vanerão* é próprio do Sul, e a famosa modinha, bem própria de Santa Catarina, onde se encontra um dos mais antigos registros do estilo no Brasil. De origem lusitana, a modinha tocada na viola, chorosa, suave e, enfim, romântica, tornou o gênero uma espécie de "mãe da MPB"**.

***Vanerão** = Ritmo de origem alemã, desenvolvido no sul.

****MPB** = Música Popular Brasileira

(Adaptado de: Frank Jorge, de Porto Alegre. **Revista da Cultura**, 18. ed. p. 30, jan. 2009)

(BB – Escriturário – 2013.2 – FCC) *A gênese da música do Rio Grande do Sul também pode ser vista como reflexo dessa multiplicidade de referências.*

O sentido da frase acima está corretamente transcrito, com outras palavras, em:

(A) Os reflexos da música do Rio Grande do Sul pode ser observada nas mais diversas referências brasileiras.

(B) A música do Rio Grande do Sul recebeu igualmente, desde o início, as múltiplas influências que se observam na música brasileira.

(C) No Rio Grande do Sul também podem ser reconhecidas a origem das referências musicais de todo o Brasil.

(D) No início da música do Rio Grande do Sul ainda podem observar o reflexo das influências da música brasileira.

(E) As múltiplas influências que se receberam na música do Rio Grande do Sul também pode ser vista como reflexo do Brasil.

Nesse trecho, o autor destaca que, apesar de seu isolamento inicial, a cultura musical do Rio Grande do Sul recebeu, ao longo do tempo, as mesmas influências do restante do país. Com exceção da alternativa "B", que deve ser assinalada, todas as demais invertem esse raciocínio, destacando erroneamente que foi o Rio Grande do Sul que influenciou a música das demais partes do Brasil.

Gabarito "B".

(BB – Escriturário – 2013.2 – FCC) *De origem lusitana, a modinha tocada na viola, chorosa, suave e, enfim, romântica, tornou o gênero uma espécie de "mãe da MPB".*

O sentido da afirmativa acima está corretamente transcrito, em linhas gerais, em:

(A) A modinha, que era de origem lusitana, enquanto fosse tocada na viola, com ritmo suave e romântico, tal como na geração da música popular brasileira.

(B) As espécies musicais derivadas da modinha devem ser suaves e românticas, assim como eram tocadas na sua origem, em Portugal, na viola.

(C) A influência suave e romântica da música lusitana gerou a música popular brasileira, dando origem, depois dela, à modinha tocada na viola.

(D) Originada em Portugal, a modinha tocada na viola, de som suave e romântico, se transformou em inspiração para a música popular brasileira.

(E) Como em Portugal, de onde vem a modinha, de ritmo suave e romântico, assim como chorona, a viola que gera a música popular brasileira.

A: incorreta. A paráfrase, de tão incoerente, não faz qualquer sentido; **B:** incorreta. A conclusão apresentada sobre as características obrigatórias da "modinha" não pode ser deduzida do texto; **C:** incorreta. O texto diz o inverso: a modinha, típica de Portugal, influenciou diretamente o surgimento da MPB; **D:** correta. A paráfrase está clara, correta e mantém o sentido do trecho original; **E:** incorreta. Tal qual a alternativa "A", a incoerência aqui chega a níveis alarmantes, arruinando a compreensão do texto.

Gabarito "D"

Será a felicidade necessária?

Felicidade é uma palavra pesada. Alegria é leve, mas felicidade é pesada. Diante da pergunta "Você é feliz?", dois fardos são lançados às costas do inquirido. O primeiro é procurar uma definição para felicidade, o que equivale a rastrear uma escala que pode ir da simples satisfação de gozar de boa saúde até a conquista da bem-aventurança. O segundo é examinar-se, em busca de uma resposta.

Nesse processo, depara-se com armadilhas. Caso se tenha ganhado um aumento no emprego no dia anterior, o mundo parecerá belo e justo; caso se esteja com dor de dente, parecerá feio e perverso. Mas a dor de dente vai passar, assim como a euforia pelo aumento de salário, e se há algo imprescindível, na difícil conceituação de felicidade, é o caráter de permanência. Uma resposta consequente exige colocar na balança a experiência passada, o estado presente e a expectativa futura. Dá trabalho, e a conclusão pode não ser clara.

Os pais de hoje costumam dizer que importante é que os filhos sejam felizes. É uma tendência que se impôs ao influxo das teses libertárias dos anos 1960. É irrelevante que entrem na faculdade, que ganhem muito ou pouco dinheiro, que sejam bem-sucedidos na profissão. O que espero, eis a resposta correta, é que sejam felizes. Ora, felicidade é coisa grandiosa. É esperar, no mínimo, que o filho sinta prazer nas pequenas coisas da vida. Se não for suficiente, que consiga cumprir todos os desejos e ambições que venha a abrigar. Se ainda for pouco, que atinja o enlevo místico dos santos. Não dá para preencher caderno de encargos mais cruel para a pobre criança.

(Trecho do artigo de Roberto Pompeu de Toledo. **Veja**. 24 de março de 2010, p. 142)

(BB – Escriturário – 2011 – FCC) O segmento cujo sentido original está reproduzido com outras palavras é:

(A) *dois fardos são lançados às costas do inquirido* = sérios embates se apresentam à questão.

(B) *a rastrear uma escala* = a estabelecer um novo caminho.

(C) *depara-se com armadilhas* = as interferências são enormes.

(D) *assim como a euforia pelo aumento de* salário = tendo em vista um pagamento maior.

(E) *ao influxo das teses libertárias* = sob a influência das ideias em defesa da liberdade.

A: incorreta. "Fardo" é usado no sentido de "peso", "dificuldade"; **B:** incorreta. "Escala" é usada no sentido de "hierarquia"; **C:** incorreta. Por "armadilhas" devemos entender "obstáculos"; **D:** incorreta. Apesar de equivalente, a substituição proposta alteraria o sentido do texto; **E:** correta. As expressões efetivamente se equivalem, de forma que a substituição não traria qualquer prejuízo à compreensão do texto.

Gabarito "E"

(BB – Escriturário – 2011 – FCC) Considere as alterações feitas nos segmentos abaixo grifados.

I. *Dá trabalho, e a conclusão pode não ser clara.* Dá trabalho, e a conclusão não pode ser clara.

II. *Nesse processo, depara-se com armadilhas.* Depara-se com armadilhas nesse processo.

III. *Não dá para preencher caderno de encargos mais cruel para a pobre criança.* Não dá para preencher caderno de encargos mais cruel para a criança pobre.

Com as modificações feitas na 2ª frase, altera-se o sentido do que foi afirmado na 1ª frase em

(A) II, apenas.

(B) III, apenas.

(C) I e II, apenas.

(D) I e III, apenas.

(E) I, II e III.

I: o sentido é alterado. "Pode não ser clara" indica a possibilidade de não se chegar a uma conclusão definida, enquanto "não pode ser clara" impõe a certeza de que não se chegará a uma conclusão determinada; II: não há alteração no sentido, porque deslocamos apenas a locução adverbial para seu lugar na ordem direta; III: há o sentido é alterado. A posição do adjetivo opera uma mudança semântica na expressão. "Pobre criança" é o infante em situação que gera piedade, ao passo que "criança pobre" é aquela em situação financeira desfavorável.

Gabarito "D"

(BB – Escriturário – 2011 – FCC) Analise:

(1) *Atendendo à solicitação contida no expediente acima referido, vimos encaminhar a V. Sa. as informações referentes ao andamento dos serviços sob responsabilidade deste setor.*

(2) *Esclarecemos que estão sendo tomadas todas as medidas necessárias para o cumprimento dos prazos estipulados e o atingimento das metas estabelecidas.*

A redação do documento acima indica tratar-se

(A) do encaminhamento de uma ata.

(B) do início de um requerimento.

(C) de trecho do corpo de um ofício.

(D) da introdução de um relatório.

(E) do fecho de um memorando.

Considerando que o texto indica a existência de um documento anterior, que estaria em epígrafe, solicitando o encaminhamento de informações sobre serviços e as medidas que vêm sendo tomadas em certo caso, notadamente estamos falando de um ofício, que foi redigido em resposta a outro anteriormente recebido.

Gabarito "C"

(BB – Escriturário – 2010 – FCC) A respeito dos padrões de redação de um **ofício**, é INCORRETO afirmar qu**E:**

(A) Deve conter o número do expediente, seguido da sigla do órgão que o expede.

(B) Deve conter, no início, com alinhamento à direita, o local de onde é expedido e a data em que foi assinado.

(C) Deverá constar, resumidamente, o teor do assunto do documento.

(D) O texto deve ser redigido em linguagem clara e direta, respeitando-se a formalidade que deve haver nos expedientes oficiais.

(E) O fecho deverá caracterizar-se pela polidez, como por exemplo: **Agradeço a V. Sa. a atenção dispensada.**

Todas as alternativas estão corretas, com exceção da letra "E", que deve ser assinalada. Nos termos do Manual de Redação Oficial da Presidência da República, o fecho do ofício deve limitar-se a "Respeitosamente", quando dirigido a autoridades superiores, ou "Atenciosamente", quando destinado a autoridades de mesma hierarquia ou inferiores.

Gabarito "E".

O sabiá político

Do ano passado para cá, o setor canoro das árvores, aqui na ilha, sofreu importantes alterações.

Aguinaldo, o sabiá titular e decano da mangueira, terminou por falecer, como se vinha temendo. Embora nunca se tenha aposentado, já mostrava sinais de cansaço e era cada vez mais substituído, tanto nos saraus matutinos quanto nos vespertinos, pelo sabiá-tenor Armando Carlos, então grande promessa jovem do bel canto no Recôncavo. Morreu de velho, cercado pela admiração da coletividade, pois pouco se ouviram, em toda a nossa longa história, timbre e afinação tão maviosos, além de um repertório de árias incriticável, bem como diversas canções românticas. (...) Armando Carlos também morava na mangueira e, apesar de já adivinhar que o velho Aguinaldo não estaria mais entre nós neste verão, eu não esperava grandes novidades na pauta das apresentações artísticas na mangueira. Sofri, pois, rude surpresa, quando, na sessão alvorada, pontualmente iniciada às quinze para as cinco da manhã, o canto de Armando Carlos, em pleno vigor de sua pujante mocidade, soou meio distante.

Apurei os ouvidos, esfreguei as orelhas como se estivessem empoeiradas. Mas não havia engano. Passei pelo portão apreensivo quanto ao que meus sentidos me mostravam, voltei o olhar para cima, vasculhei as frondes das árvores e não precisei procurar muito. Na ponta de um galho alto, levantando a cabeça para soltar pelos ares um dó arrebatador e estufando o peito belamente ornado de tons de cobre vibrantes, Armando Carlos principiava a função.

Dessa vez foram meus olhos incrédulos que tive de esfregar e, quando os abri novamente, a verdade era inescapável.

E a verdade era – e ainda é – que ele tinha inequivocamente se mudado para o oitizeiro de meu vizinho Ary de Maninha, festejado e premiado orador da ilha (...).

Estou acostumado à perfidez e à ingratidão humanas, mas sempre se falou bem do caráter das aves em geral e dos sabiás em particular. O sabiá costuma ser fiel à sua árvore, como Aguinaldo foi até o fim. Estaríamos então diante de mais um exemplo do comportamento herético das novas gerações? Os sabiás de hoje em dia serão degenerados? Eu teria dado algum motivo para agravo ou melindre? Ou, pior, haveria uma possível esposa de Armando Carlos sido mais uma vítima do mico canalha que também mora na mangueira? Bem, talvez se tratasse de algo passageiro; podia ser que, na minha ausência, para não ficar sem plateia, Armando Carlos tivesse temporariamente transferido sua ribalta para o oitizeiro. Mas nada disso. À medida que o tempo passava, o concerto das dez também soando distante e o mesmo para o recital do meio-dia, a ficha acabou de cair. A mangueira agora está reduzida aos sanhaços, pessoal zoadeiro, inconstante e agitado; aos cardeais, cujo coral tenta, heroica mas inutilmente, preencher a lacuna dos sabiás. (...)

RIBEIRO, João Ubaldo. **O Globo**, 14 fev. 2010. (Adaptado)

(BB – Escriturário – 2010 – CESGRANRIO) Que sentença reescreve "...pouco se ouviram... timbre e afinação tão maviosos," (l. 11-12) mantendo o mesmo valor da palavra "pouco" e assegurando a correção gramatical?

(A) Poucas pessoas ouviram timbre e afinação tão maviosos.

(B) Timbre e afinação tão maviosos pouco foram ouvidos.

(C) Foi ouvido pouco timbre e afinação tão maviosos.

(D) Poucos ouviram timbre e afinação tão maviosos.

(E) Poucos timbre e afinação tão maviosos se ouviram.

"Pouco", no trecho, exerce função de advérbio e, portanto, não deve ser flexionado. Ao transpor a oração para a voz passiva, é necessário manter a concordância verbal, de forma que o verbo ouvir deve ser mantido no plural para concordar com "timbre e afinação". Assim: "Timbre e afinação tão maviosos pouco foram ouvidos".

Gabarito "B".

(BB – Escriturário – 2010 – CESGRANRIO) A reescritura da sentença "Embora nunca se tenha aposentado, já mostrava sinais de cansaço e era cada vez mais substituído," (l. 5-6) só muda seu sentido em:

(A) Mesmo que nunca tenha se aposentado, já mostrava sinais de cansaço e era cada vez mais substituído.

(B) Apesar de nunca ter se aposentado, já mostrava sinais de cansaço e era cada vez mais substituído.

(C) Já mostrava sinais de cansaço e era cada vez mais substituído, mas nunca se aposentou.

(D) Já mostrava sinais de cansaço e era cada vez mais substituído, ainda que nunca se tivesse aposentado.

(E) Já mostrava sinais de cansaço e era cada vez mais substituído porque nunca se aposentou.

A conjunção "porque" tem natureza causal, ou seja, introduz uma oração que será vista como a razão, a causa da outra. Por isso, a alternativa "E" está errada, pois a falta de aposentadoria não foi a causa de seus sinais de cansaço e substituições. Quer o autor transmitir a ideia de concessão com a conjunção "embora", isto é, mesmo com os obstáculos, o "sabiá titular" mantinha-se no seu posto.

Gabarito "E".

(BB – Escriturário – 2010 – CESGRANRIO) Em redações oficiais, é certo

(A) identificar o autor da correspondência com seu nome e cargo abaixo da assinatura.

(B) escolher a forma de tratamento "Vossa Senhoria", se o destinatário for mulher.

(C) fechar o texto com "respeitosamente", para pessoas do mesmo nível hierárquico.

(D) usar a expressão "Digníssimo Senhor" para o destinatário em posição hierárquica superior.

(E) usar o pronome "vosso", no caso de ter sido escolhida a forma de tratamento "Vossa Excelência".

A: correta. Vale lembrar que não há identificação do cargo nos documentos elaborados pelo Presidente da República; **B:** incorreta. "Vossa Senhoria" é tratamento respeitoso genérico, utilizado para homens e mulheres; **C:** incorreta. "Respeitosamente" é usado para fechar documentos destinados a autoridades de hierarquia superior. No mesmo grau, usa-se "Atenciosamente"; **D:** incorreta. Está abolido o uso do tratamento "digníssimo" para autoridades públicas. A dignidade é pressuposto do exercício do cargo; **E:** incorreta. Os pronomes possessivos serão usados na terceira pessoa do singular (no exemplo, "seu"), concordando com o substantivo que integra a locução como seu núcleo sintático.

Gabarito "A"

Representantes dos maiores bancos brasileiros reuniram-se no Rio de Janeiro para discutir um tema desafiante. Falaram sobre a necessidade de estabelecer mecanismos de controle sobre o oceano de incertezas que cerca o mercado financeiro e, assim, atenuar os solavancos que volta e meia ele provoca na economia mundial. Na mais recente crise — a do mercado de hipotecas de alto risco dos Estados Unidos —, os bancos americanos amargaram perdas superiores a 100 bilhões de dólares. A turbulência decorrente do estouro de mais essa bolha ainda não teve suas consequências totalmente dimensionadas. A questão que se coloca é até que ponto é possível injetar alguma previsibilidade em um mercado tão interconectado, gigantesco e que tem o risco no DNA. O único consenso é que o mercado precisa ser mais transparente. O investidor tem o direito de ser informado sobre a composição do produto que estiver comprando e o grau de risco que está assumindo.

Veja, 12/3/2008 (com adaptações).

(BB – Escriturário – 2008 – CESPE) Com relação às informações do texto acima e à sua organização, julgue os itens de 1 a 5.

(1) Mantendo-se a correção gramatical e a coerência do texto, é possível deslocar a oração "para discutir um tema desafiante" (l.2-3), que expressa uma finalidade, para o início do período, fazendo-se os devidos ajustes nas letras maiúsculas e acrescentando-se uma vírgula logo após "desafiante".

(2) No texto, "ele" (l.6) refere-se a "tema desafiante" (l.2-3), e "essa bolha" (l.10) refere-se a "turbulência" (l.9).

(3) Preservam-se a coerência da argumentação e a correção gramatical do texto ao se inserir um sinal de dois-pontos depois da primeira ocorrência de "é" na linha 12 e um ponto de interrogação depois de "DNA" na linha 14.

(4) Na linha 15, o termo "O investidor" pode ser substituído por **Qualquer investidor** ou por **Os investidores**, sem prejuízo para o sentido e para a correção gramatical do período.

(5) Na linha 17, a substituição de "estiver" por "está", provocaria incoerência textual e incorreção gramatical no período.

1: correta. Trata-se apenas de inversão da ordem direta do discurso, não havendo qualquer alteração de sentido e respeitaram-se as regras de pontuação; **2:** incorreta. "Ele" retoma o termo "oceano de incertezas" e "essa bolha" refere-se a "a do mercado de hipotecas de alto risco nos Estados Unidos"; **3:** correta. Os dois-pontos têm como função anunciar o aposto, que nesse caso pode ser colocado em forma de questionamento; **4:** incorreta. Haveria alteração de sentido, porque o texto trata especificamente do investidor do mercado de hipotecas, bem como haveria erro gramatical caso se optasse pela expressão "os investidores", já que o restante da oração também deveria ir para o plural; **5:** incorreta. Os tempos verbais podem ser substituídos na forma indicada sem qualquer prejuízo para a coerência ou correção gramatical.

Gabarito 1C, 2E, 3C, 4E, 5E

O número de mulheres no mercado de trabalho mundial é o maior da História, tendo alcançado, em 2007, a marca de 1,2 bilhão, segundo relatório da Organização Internacional do Trabalho (OIT). Em dez anos, houve um incremento de 200 milhões na ocupação feminina. Ainda assim, as mulheres representaram um contingente distante do universo de 1,8 bilhão de homens empregados.

Em 2007, 36,1% delas trabalhavam no campo, ante 46,3% em serviços. Entre os homens, a proporção é de 34% para 40,4%. O universo de desempregadas subiu de 70,2 milhões para 81,6 milhões, entre 1997 e 2007 — quando a taxa de desemprego feminino atingiu 6,4%, ante 5,7% da de desemprego masculino. Há, no mundo, pelo menos 70 mulheres economicamente ativas para 100 homens.

O relatório destaca que a proporção de assalariadas subiu de 41,8% para 46,4% nos últimos dez anos. Ao mesmo tempo, houve queda no emprego vulnerável (sem proteção social e direitos trabalhistas), de 56,1% para 51,7%. Apesar disso, o universo de mulheres nessas condições continua superando o dos homens.

O Globo, 7/3/2007, p. 31 (com adaptações).

(BB – Escriturário – 2008 – CESPE) Julgue o próximo item, relativo ao texto apresentado.

(1) Na redação de documento oficial, como um relatório ou ata, por exemplo, o parágrafo final do texto respeitaria o registro formal da língua se assim fosse escrito: O relatório destaca a proporção de assalariadas terem subido de quarenta e um vírgula oito por cento para quarenta e seis ponto quatro por cento.

1: incorreta. Há erro de concordância na locução verbal, que deveria ser grafada "ter subido", para concordar com "proporção".

Gabarito 1E

Mesmo quando sucumbimos aos nossos impulsos consumistas, estamos sempre pagando um preço além daquele debitado em nossa conta bancária. Quando você compra um carro, por exemplo, não está adquirindo apenas um veículo útil ou um símbolo de status. Você leva também um possível agente poluidor e — se levarmos em conta os números de acidentes nas estradas do país — uma arma em potencial. Nesse caso, há o preço da consciência ambiental e da responsabilidade de dirigir não apenas para si mesmo, mas para a comunidade como um todo. O comprador acaba levando mais do que compra e, para o bem maior da coletividade, é preciso que arque com essas despesas extras.

Planeta, maio/2006, p. 50 (com adaptações).

(BB – Escriturário – 2008 – CESPE) A partir do texto acima, julgue o item que se segue.

(1) Pelo desenvolvimento das ideias no texto, é correto afirmar que o pronome em "você compra" (l.3-4) refere-se a qualquer pessoa, a nenhum sujeito específico; por essa razão, a substituição desse termo por "compramos" mantém a coerência textual e a correção gramatical do texto.

1: incorreta. A alteração da conjugação verbal transforma o sujeito da oração (de "você" para "nós") e, ainda que se mantenha a ideia de generalidade, não se dirigindo a nenhuma pessoa específica, implicaria a concordância de todos os demais elementos com o plural do novo sujeito.

Gabarito 1E

Não foi por falta de aviso. Desde 2004, a Aeronáutica vem advertindo dos riscos do desinvestimento no controle do tráfego aéreo. Ao apresentar suas propostas orçamentárias de 2004, 2005 e 2006, o Departamento de Controle do Espaço Aéreo (DECEA) informou, por escrito, que a não liberação integral dos recursos pedidos levaria à situação vivida agora no país. Mesmo assim, as verbas foram cortadas ano após ano pelo governo, em dois momentos: primeiro no orçamento, depois na liberação efetiva do dinheiro.

As advertências do DECEA foram feitas à Secretaria de Orçamento Federal do Ministério do Planejamento, na oportunidade em que foram solicitadas verbas para "operação, manutenção, desenvolvimento e modernização do Sistema de Controle do Espaço Aéreo Brasileiro (SISCEAB)". Elas são citadas em relatório do Tribunal de Contas da União (TCU).

O Estado de S.Paulo, 25/3/2007, p. C6 (com adaptações).

(BB – Escriturário – 2007 – CESPE) Com referência às estruturas e às ideias do texto, bem como a aspectos associados aos temas nele tratados, julgue os próximos itens.

(1) A expressão "Não foi por falta de aviso" (l.1) é adequada para iniciar um ofício.

(2) A substituição da expressão "foram solicitadas" (l.13) por **se solicitaram** prejudica a correção gramatical do período.

1: incorreta. A objetividade e a clareza necessárias na elaboração de um ofício não permitem que se inicie sua redação com uma oração retórica e instigante como essa, que chama o leitor a continuar acompanhando o texto para descobrir do que ele trata; **2:** incorreta. Não há qualquer prejuízo à correção gramatical, nem mesmo à coerência do texto. Altera-se apenas a voz do verbo da passiva para a ativa (com sujeito indeterminado).

Gabarito 1E, 2E

Em meio a uma crise da qual ainda não sabe como escapar, a União Europeia celebra os 50 anos do Tratado de Roma, pontapé inicial da integração no continente. Embora sejam muitos os motivos para comemorar, como a manutenção da paz e a consolidação do mercado comum, os chefes dos 27 Estados-membros têm muito com o que se preocupar. A discussão sobre a Constituição única não vai adiante, a expansão para o leste dificulta a tomada de decisões e os cidadãos têm dificuldade para identificar-se como parte da megaestrutura europeia.

O Estado de S.Paulo, 25/3/2007, p. A20.

(BB – Escriturário – 2007 – CESPE) Com referência às estruturas e às ideias do texto, bem como a aspectos associados aos temas nele tratados, julgue o item subsequente.

(1) Mantém-se a correção gramatical do texto ao se escrever **com o que se preocupar: a discussão** em lugar do trecho "com o que se preocupar. A discussão" (l.6-7).

1: correta. A alteração não fere a correção gramatical ou mesmo a coerência do texto, apenas determina a mudança da classificação sintática da oração posterior para subordinada substantiva apositiva.

Gabarito 1C

"O folhetim é frutinha de nosso tempo", disse Machado de Assis numa de suas deliciosas crônicas. E volta ao assunto na crônica seguinte.

"O folhetinista é originário da França [...] De lá espalhou-se pelo mundo, ou pelo menos por onde maiores proporções tomava o grande veículo do espírito moderno; falo do jornal." E Machado tenta "definir a nova entidade literária", procura esmiuçar a "organização do novo animal". Mas dessa nova entidade só vai circunscrever a variedade que se aproxima do que hoje chamaríamos crônica. E como na verdade a palavra ***folhetim*** *designa muitas coisas, e, efetivamente, nasceu na França, há que ir ver o que o termo recobre lá na matriz.*

*De início, ou seja, começos do século XIX, "le feuilleton" designa um lugar preciso do jornal: "o rez-de-chaussée" – rés-do-chão, rodapé -, geralmente o da primeira página. Tinha uma finalidade precis****A:*** *era um espaço vazio destinado ao entretenimento. E pode-se já antecipar, dizendo que tudo o que haverá de constituir a matéria e o modo da crônica à brasileira já é, desde a origem, a vocação primeira desse espaço geográfico do jornal, deliberadamente frívolo, oferecido como chamariz aos leitores afugentados pela modorra cinza a que obrigava a forte censura napoleônica. ("Se eu soltasse as rédeas da imprensa", explicava Napoleão ao célebre Fouché, seu chefe de polícia, "não ficaria três meses no poder.")*

(MEYER, Marlyse, **Folhetim**: uma história. 2 ed. São Paulo: Companhia das Letras, 2005, p. 57)

(BB – Escriturário – 2006 – FCC) *De lá* [o folhetinista] *espalhou-se pelo mundo, ou pelo menos por onde maiores proporções tomava o grande veículo do espírito moderno.*

Uma nova redação para a frase acima, que não prejudica o sentido original e está em conformidade com o padrão culto, é:

(A) Sendo espalhado [o folhetinista] de lá para o mundo, ou a considerar minimamente onde o grande veículo do espírito moderno tomava maiores proporções.

(B) O grande veículo do espírito moderno ganhava boa importância pelo mundo e de lá [o folhetinista] estava se espalhando, pelo menos por esses certos lugares.

(C) [O folhetinista] Espalhou-se, de lá, pelo mundo todo, ou, quando menos, pelos lugares onde o grande veículo do espírito moderno adquiria mais força.

(D) Salvo os lugares que o grande veículo do espírito moderno ganhou terreno, [o folhetinista] chegou a se espalhar, de lá, pelo mundo.

(E) De lá não para o mundo todo, talvez, mas os espaços cobertos pelo grande veículo do espírito moderno, nestes [o folhetinista] se espalhou.

As alternativas apresentam, todas, vícios de coerência, não guardando sentido com a expressão original. A única exceção é a alternativa "C", que deve ser assinalada, por parafrasear correta e coerentemente o trecho do enunciado.

Gabarito "C"

*Em todo o continente americano, a colonização europeia teve efeito devastador. Atingidos pelas armas, e mais ainda pelas epidemias e por políticas de sujeição e transformação que afetavam os mínimos aspectos de suas vidas, os povos indígenas trataram de criar sentido em meio à devastação. Nas primeiras décadas do século XVII, índios norte-americanos comparavam a uma demolição aquilo que os missionários jesuítas viam como "transformação de suas vidas pagãs e bárbaras em uma vida civilizada e cristã." (**Relações dos jesuítas da Nova França**, 1636). No México, os índios comparavam seu mundo revirado a uma rede esgarçada pela invasão espanhola. A denúncia da violência da colonização, sabemos, é contemporânea da destruição, e tem em Las Casas seu representante mais famoso.*

Posterior, e mais recente, foi a tentativa, por parte de alguns historiadores, de abandonar uma visão eurocêntrica da "conquista" da América, dedicando-se a retraçá-la a partir do ponto de vista dos "vencidos", enquanto outros continuaram a reconstituir histórias da instalação de sociedades europeias em solo americano. Antropólogos, por sua vez, buscaram nos documentos produzidos no período colonial informações sobre os mundos indígenas demolidos pela colonização.

***A colonização do imaginário** não busca nem uma coisa nem outra.*

(Adaptado de PERRONE-MOISÉS, Beatriz, Prefácio à edição brasileira de GRUZINSKI, Serge, **A colonização do imaginário:** sociedades indígenas e ocidentalização no México espanhol (séculos XVI-XVIII).

(BB – Escriturário – 2006 – FCC) A autora do fragmento transcrito

(A) vale-se de estrutura narrativa para apresentar a obra que considera polêmica porque seu autor se afasta dos procedimentos de análise consagrados.

(B) utiliza-se de linguagem didática para esclarecer certos fatos históricos que serão, na obra que ela mostra ao público, negados pelo autor.

(C) descreve o embate entre distintas culturas para introduzir o tema da obra que ela divulga como tendo sido produzida por enfoque impreciso, embora legítimo.

(D) expõe uma série de ideias que lhe permitem chamar a atenção para a originalidade da perspectiva adotada pelo autor na obra que ela apresenta.

(E) elabora uma argumentação consistente, construída de passagens descritivas pontuadas de exemplos extraídos da obra apresentada, para atestar sua familiaridade com o texto.

O fragmento transcrito foi retirado do prefácio de um livro, conforme se nota na referência bibliográfica. Nele, a autora do trecho demonstra que o escritor do livro (que se chama "A colonização do imaginário") foi além das perspectivas normalmente utilizadas para estudar o processo de colonização da América pelos europeus, afastando-se das percepções históricas e antropológicas já consagradas.

Gabarito "D"

3. SEMÂNTICA / ORTOGRAFIA / ACENTUAÇÃO GRÁFICA

(Escriturário – BB – 2014 – CESGRANRIO) No seguinte período, a palavra em destaque está grafada de acordo com a ortografia oficial:

(A) O sindicato se preocupa com o **aspécto** educativo da cartilha.

(B) Várias entidades **mantêm** convênio conosco.

(C) O consumidor tem de ser **consciênte** de seu papel de cidadão.

(D) O **substântivo** que traduz essa cartilha é "seriedade".

(E) No **rítmo** em que a sociedade caminha, em breve exerceremos plena cidadania.

A: incorreta. "Aspecto" não leva acento, porque é paroxítona terminada em "o"; **B:** correta. A grafia está conforme a regra oficial; **C:** incorreta. "Consciente" não tem acento, porque é paroxítona terminada em "e"; **D:** incorreta. "Substantivo" é paroxítona, não proparoxítona, e, ainda assim, não leva qualquer acento; **E:** incorreta. "Ritmo" não tem acento, porque é paroxítona terminada em "o".

Gabarito "B"

"O folhetim é frutinha de nosso tempo", disse Machado de Assis numa de suas deliciosas crônicas. E volta ao assunto na crônica seguinte.

*"O folhetinista é originário da França [...] De lá espalhou-se pelo mundo, ou pelo menos por onde maiores proporções tomava o grande veículo do espírito moderno; falo do jornal." E Machado tenta "definir a nova entidade literária", procura esmiuçar a "organização do novo animal". Mas dessa nova entidade só vai circunscrever a variedade que se aproxima do que hoje chamaríamos crônica. E como na verdade a palavra **folhetim** designa muitas coisas, e, efetivamente, nasceu na França, há que ir ver o que o termo recobre lá na matriz.*

De início, ou seja, começos do século XIX, "le feuilleton" designa um lugar preciso do jornal: "o rez-de-chaussée" – rés-do-chão, rodapé -, geralmente o da primeira página. Tinha uma finalidade precisa: era um espaço vazio

destinado ao entretenimento. E pode-se já antecipar, dizendo que tudo o que haverá de constituir a matéria e o modo da crônica à brasileira já é, desde a origem, a vocação primeira desse espaço geográfico do jornal, deliberadamente frívolo, oferecido como chamariz aos leitores afugentados pela modorra cinza a que obrigava a forte censura napoleônica. ("Se eu soltasse as rédeas da imprensa", explicava Napoleão ao célebre Fouché, seu chefe de polícia, "não ficaria três meses no poder.")

(MEYER, Marlyse, **Folhetim**: uma história. 2 ed. São Paulo: Companhia das Letras, 2005, p. 57)

(BB – Escriturário – 2006 – FCC) O único fragmento do texto que apresenta todas as palavras empregadas em sentido denotativo é:

(A) *O folhetim é frutinha de nosso tempo.*

(B) *... procura esmiuçar a "organização do novo animal".*

(C) *... a que obrigava a forte censura napoleônica.*

(D) *... oferecido como chamariz aos leitores afugentados pela modorra cinza.*

(E) *Se eu soltasse as rédeas da imprensa...*

Sentido denotativo é o significado literal da palavra, seu uso conforme as definições estabelecidas pela língua. Opõe-se a sentido conotativo, ou sentido figurado, que é o uso do termo com significado diverso, atribuído pelo autor do texto como uma metáfora ou comparação. Para memorizar: "denotativo" começa com "d", como "dicionário", onde você encontra o sentido denotativo das palavras. Com isso, correta a alternativa "C", visto que todas as demais utilizam palavras em sentido conotativo (frutinha, animal, modorra, rédeas).

Gabarito "C"

(BB – Escriturário – 2006 – FCC) Considerado o contexto, a expressão que está corretamente traduzida é:

(A) *procura esmiuçar* = tenta desacreditar.

(B) *só vai circunscrever a variedade* = reconhecerá como válida unicamente uma das variantes.

(C) *o que o termo recobre lá na matriz* = o significado original da palavra.

(D) *é, desde a origem, a vocação primeira* = revela sua tendência mais elevada.

(E) *deliberadamente frívolo* = propositalmente anárquico.

A: incorreta. "Esmiuçar" é sinônimo de "detalhar"; **B:** incorreta. "Circunscrever" equivale a "definir"; **C:** correta. As palavras sugeridas realmente são sinônimas das originais; **D:** incorreta. "Primeira" foi usado com o sentido de "original"; **E:** incorreta. "Frívolo" significa "sem importância".

Gabarito "C"

O exercício da memória, seu exercício mais intenso e mais contundente, é indissociável da presença dos velhos entre nós. Quando ainda não contidos pelo estigma de improdutivos, quando por isso ainda não constrangidos pela impaciência, pelos sorrisos incolores, pela cortesia inautêntica, pelos cuidados geriátricos impessoais, pelo isolamento, quando então ainda não-calados, dedicam-se os velhos, cheios de espontaneidade, à cerimônia da evocação, evocação solene do que mais impressionou suas retinas tão fatigadas, enquanto seus interesses e suas mãos laborosas participavam da norma e também do mistério de uma cultura.

(GONÇALVES FILHO, José Moura, "Olhar e memória". IN: **O olhar**. NOVAES, Adauto (org.). 10a reimpressão. São Paulo: Companhia das Letras, 2003, p. 97)

(BB – Escriturário – 2006 – FCC) A única substituição que não prejudica o sentido original é a de

(A) *dedicam-se os velhos* por "esforçam-se os velhos".

(B) *cuidados geriátricos impessoais* por "cuidados geriátricos desprovidos de calor humano".

(C) *cheios de espontaneidade* por "espontaneamente".

(D) *do que mais impressionou suas retinas* por "de tudo o que se esvaiu das suas retinas".

(E) *suas retinas tão fatigadas* por "suas retinas já comprometidas".

A: incorreta. "Dedicar-se" é sinônimo de "entregar-se"; **B:** correta. As palavras sugeridas realmente são sinônimas das originais; **C:** incorreta. "Espontaneidade" equivale a "leveza", "alegria"; **D:** incorreta. "Impressionar" remete a "chamar a atenção"; **E:** incorreta. "Fatigadas" significa "cansadas".

Gabarito "B"

Em um ambiente marcado por turbulência e mudanças intermitentes, flexibilidade é a palavra de ordem para as organizações. A reforma do estatuto proposta pela Diretoria dará agilidade ao processo decisório, tornando a estrutura do Banco mais descentralizada.

O BB deve responder a uma dupla demanda da sociedade brasileira: como banco, ser eficiente e gerar lucro; como banco público, atuar eficientemente na implementação de políticas públicas, sem prejuízo do equilíbrio econômico-financeiro da instituição.

A resposta para esse duplo desafio será dada com a prática dos princípios de Governança Corporativa, sinal do compromisso da empresa com a transparência e com o direcionamento das ações para atividades essenciais do negócio bancário, como banco de varejo especializado em setores econômicos, comprometidos em atender às expectativas dos clientes e com o retorno para os acionistas.

Os ajustes recentemente implantados encerram um

movimento iniciado em 1996. O aprimoramento dos sistemas de controle e das ferramentas de mapeamento de riscos, a prospecção de oportunidades e a renovada capacidade de superação do BB permitem buscar o paradigma da eficiência operacional, lastreado no tripé crescimento, rentabilidade e segurança das operações.

Relatório da Administração do Banco do Brasil, **Correio Braziliense**, 28/8/2001 (com adaptações).

(BB – Escriturário – 2001 – CESPE) Julgue os itens subsequentes com respeito às palavras do texto.

(1) A palavra "intermitentes" (l.2) está sendo utilizada com o significado de **intensas.**

(2) A expressão "econômico-financeiro" (l.9-10) pode ser substituída por **econômico e financeiro**, sem alteração da correção e da significação do período.

(3) A palavra "prospecção" (l.21) está sendo utilizada com o sentido de **pesquisa**, mas seu sentido original é **método técnico empregado para localizar e calcular o valor econômico de jazidas minerais.**

(4) O termo "paradigma" (l.22) está sendo utilizado como sinônimo de **utopia.**

(5) A palavra "lastreado" (l.23) está empregada no sentido metafórico de **marcado.**

1: incorreta. "Intermitente" é sinônimo de "descontínuo"; 2: correta, pois os adjetivos podem realmente ser escritos juntos ou separados sem prejuízo da correção e da semântica do período; 3: correta, podendo tais significados ser encontrados nos dicionários; 4: incorreta. "Paradigma" é sinônimo de "modelo", "exemplo"; 5: incorreta. "Lastreado" está usado em seu sentido conotativo, metafórico, mas significando "baseado", "fundamentado".

Gabarito 1E, 2C, 3C, 4E, 5E

4. MORFOLOGIA

Cartilha orienta consumidor

Lançada pelo SindilojasRio e pelo CDL-Rio, em parceria com o Procon-RJ, guia destaca os principais pontos do Código de Defesa do Consumidor (CDC), *selecionados a partir das dúvidas e reclamações mais comuns recebidas pelas duas entidades*

O Sindicato de Lojistas do Comércio do Rio de Janeiro (SindilojasRio) e o Clube de Diretores Lojistas do Rio de Janeiro (CDL-Rio) lançaram ontem uma cartilha para orientar lojistas e consumidores sobre seus direitos e deveres. Com o objetivo de dar mais transparência e melhorar as relações de consumo, a cartilha tem apoio também da Secretaria Estadual de Proteção e Defesa do Consumidor (Seprocon)/ Procon-RJ.

Batizada de Boas Vendas, Boas Compras! – Guia prático de direitos e deveres para lojistas e consumidores, a publicação destaca os principais pontos do Código de Defesa do Consumidor (CDC), selecionados a partir das dúvidas e reclamações mais comuns recebidas, tanto pelo SindilojasRio e CDL-Rio, como pelo Procon-RJ.

"A partir da conscientização de consumidores e lojistas sobre seus direitos e deveres, queremos contribuir para o crescimento sustentável das empresas, tendo como base a ética, a qualidade dos produtos e a boa prestação de serviços ao consumidor", explicou o presidente do SindilojasRio e do CDL-Rio, Aldo Gonçalves.

Gonçalves destacou que as duas entidades estão comprometidas em promover mudanças que propiciem o avanço das relações de consumo, além do desenvolvimento do varejo carioca.

"O consumidor é o nosso foco. É importante informá-lo dos seus direitos", disse o empresário, ressaltando que conhecer bem o CDC é vital não só para os lojistas, mas também para seus fornecedores.

Jornal do Commercio. Rio de Janeiro. 08 abr. 2014, A-9. Adaptado.

(Escriturário – BB – 2014 – CESGRANRIO) No trecho "*Batizada de Boas Vendas, Boas Compras! – Guia prático de direitos e deveres para lojistas e consumidores*, a publicação destaca os principais pontos do Código de Defesa do Consumidor (CDC)" (l. 10-13), são palavras de classes gramaticais diferentes

(A) vendas e compras

(B) prático e principais

(C) publicação e pontos

(D) direitos e lojistas

(E) deveres e destaca

A, C e **D:** incorretas. Ambas são substantivos; **B:** incorreta. Ambas são adjetivos; **E:** correta. "Deveres" é substantivo e "destaca" é verbo.

Gabarito "E."

100 Coisas

É febre. Livros listando as cem coisas que você deve fazer antes de morrer, os cem lugares que você deve conhecer antes de morrer, os cem pratos que você deve provar antes de morrer. Primeiramente, me espanta o fato de todos terem a certeza absoluta de que você vai morrer. Eu prefiro encarar a morte como uma hipótese. Mas, no caso, de acontecer, serei obrigada mesmo a cumprir todas essas metas antes? Não dá pra fechar por cinquenta em vez de cem?

Outro dia estava assistindo a um DVD promocional que também mostra, como imaginei, as cem coisas que a gente precisa porque precisa fazer antes de morrer. Me deu uma angústia, pois, das cem, eu fiz onze até agora. Falta muito ainda. Falta dirigir uma Ferrari, fazer um safári, frequentar uma praia de nudismo, comer algo exótico (um baiacu venenoso, por exemplo), visitar um vulcão ativo, correr uma maratona [...]. Se dependesse apenas da minha vontade, eu já teria um plano de ação esquematizado, mas quem fica com as crianças? Conseguirei cinco férias por ano? E quem patrocina essa brincadeira?

Hoje é dia de mais um sorteio da Mega-Sena. O prêmio está acumulado em cinquenta milhões de reais. A maioria das pessoas, quando perguntadas sobre o que fariam com a bolada, responde: pagar dívidas, comprar um apartamento, um carro, uma casa na serra, outra na praia, garantir a segurança dos filhos e guardar o resto para a velhice.

Normal. São desejos universais. Mas fica aqui um convite para sonhar com mais criatividade. Arranje uma dessas listas de cem coisas pra fazer e procure divertir-se com as opções [...]. Não pense tanto em comprar mas em viver.

Eu, que não apostei na Mega-Sena, por enquanto sigo com a minha lista de cem coisas a evitar antes de morrer. É divertido também, e bem mais fácil de realizar, nem precisa de dinheiro.

MEDEIROS, Martha. **Doidas e santas**. Porto Alegre: L&PM, 2008, p. 122-123. Adaptado.

(Escriturário – BB – 2014.1 – CESGRANRIO) No fragmento "fazer um safári, frequentar uma praia de nudismo, comer algo exótico (um baiacu venenoso, por exemplo), visitar um vulcão ativo" (l. 16-18), são palavras de classes gramaticais diferentes

(A) "praia" e "ativo"

(B) "venenoso" e "exótico"

(C) "baiacu" e "nudismo"

(D) "ativo" e "exótico"

(E) "safári" e "vulcão"

A: correta. "Praia" é substantivo e "ativo" é adjetivo; **B:** incorreta. Ambas são adjetivos; **C:** incorreta. Ambas são substantivos; **D:** incorreta. Ambas são adjetivos; **E:** incorreta. Ambas são substantivos.

Gabarito "A".

(Escriturário – BB – 2014.1 – CESGRANRIO) O conector **que** classifica-se diferentemente do que se destaca em "coisas **que** você deve fazer" (l. 1-2) em:

(A) "Eu, **que** não apostei na Mega-Sena" (l. 36)

(B) "coisas **que** a gente precisa porque precisa fazer" (l. 13)

(C) "lugares **que** você deve conhecer" (l. 2-3)

(D) "os cem pratos **que** você deve provar" (l. 3-4)

(E) "terem a certeza absoluta de **que** você vai morrer" (l. 5-6)

Em todas as hipóteses a palavra "que" exerce função de pronome relativo, exceto na letra "E", que deve ser assinalada. Ali, a palavra "que" é conjunção integrante.

Gabarito "E".

Mesmo quando sucumbimos aos nossos impulsos consumistas, estamos sempre pagando um preço além daquele debitado em nossa conta bancária. Quando você compra um carro, por exemplo, não está adquirindo apenas um veículo útil ou um símbolo de status. Você leva também um possível agente poluidor e — se levarmos em conta os números de acidentes nas estradas do país — uma arma em potencial. Nesse caso, há o preço da consciência ambiental e da responsabilidade de dirigir não apenas para si mesmo, mas para a comunidade como um todo. O comprador acaba levando mais do que compra e, para o bem maior da coletividade, é preciso que arque com essas despesas extras.

Planeta, maio/2006, p. 50 (com adaptações).

(BB – Escriturário – 2008 – CESPE) A partir do texto acima, julgue o item que se segue.

(1) O emprego das preposições em "da responsabilidade" (l.9) e "para a comunidade" (l.10) é exigido, respectivamente, por "preço" (l.8) e "dirigir" (l.9).

1: correta. As preposições atendem às regras de regência aplicáveis aos termos em destaque.

Gabarito 1C

5. PRONOME E COLOCAÇÃO PRONOMINAL

Moeda digital deve revolucionar a sociedade

Nas sociedades primitivas, a produção de bens era limitada e feita por famílias que trocavam seus produtos de subsistência através do escambo, organizado em locais públicos, decorrendo daí a origem do termo "pregão" da Bolsa. Com o passar do tempo, especialmente na antiguidade, época em que os povos já dominavam a navegação, o comércio internacional se modernizou e engendrou a criação de moedas, com o intuito de facilitar a circulação de mercadorias, que tinham como lastro elas mesmas, geralmente alcunhadas em ouro, prata ou bronze, metais preciosos desde sempre.

A Revolução Industrial ocorrida inicialmente na Inglaterra e na Holanda, por volta de 1750, viria a criar uma quantidade de riqueza acumulada tão grande que transformaria o próprio dinheiro em mercadoria. Nascia o mercado financeiro em Amsterdã, que depois se espalharia por toda a Europa e pelo mundo. A grande inovação na época foi o mecanismo de compensação nos pagamentos, mais seguro e prático, no qual um banco emitia uma ordem de pagamento para outro em favor de determinada pessoa e esta poderia sacá-la sem que uma quantidade enorme de dinheiro ou ouro tivesse de ser transportada entre continentes. Essa ordem de pagamento, hoje reconhecida no mundo financeiro como "título cambial", tem como instrumento mais conhecido o cheque, "neto" da letra de câmbio, amplamente usada pela burguesia em transações financeiras na alta idade média. A teoria nos ensina que são três as suas principais características: a cartularidade, a autonomia e a abstração. Ora, o que isso tem a ver com *bitcoins*? Foi necessária essa pequena exegese para refletirmos que não importa a forma como a sociedade queira se organizar, ela é sempre motivada por um fenômeno humano. Como nos ensina Platão, a necessidade é a mãe das invenções. Considerando o dinamismo da evolução da sociedade da informação, inicialmente revolucionada pela invenção do códex e da imprensa nos idos de 1450, que possibilitou na Idade Média o armazenamento e a circulação de grandes volumes de informação, e, recentemente, o fenômeno da internet, que eliminou distâncias e barreiras culturais, transformando o mundo em uma aldeia global, seria impossível que o próprio mundo virtual não desenvolvesse sua moeda, não somente por questão financeira, mas sobretudo para afirmação de sua identidade cultural.

Criada por um "personagem virtual", cuja identidade no mundo real é motivo de grande especulação, a bitcoin, resumidamente, é uma moeda virtual que pode ser utilizada na aquisição de produtos e serviços dos mais diversos no mundo virtual. Trata-se de um título cambial digital, sem emissor, sem cártula, e, portanto, sem lastro, uma aberração no mundo financeiro, que, não obstante isso, tem valor.

No entanto, ao que tudo indica, essa questão do lastro está prestes a ser resolvida. Explico. Grandes corporações começam a acenar com a possibilidade de aceitar bitcoins na compra de serviços. Se a indústria pesada da tecnologia realmente adotar políticas reconhecendo e incluindo bitcoins como moeda válida, estará dado o primeiro passo para a criação de um mercado financeiro global de bitcoins. Esse assunto é de alta relevância para a sociedade como um todo e poderá abrir as portas para novos serviços nas estruturas que se formarão não somente no mercado financeiro, em todas as suas facetas — refiro-me à Bolsa de Valores, inclusive, bem como em novos campos do direito e na atividade estatal de regulação dessa nova moeda.

Certamente a consolidação dos *bitcoins* não revogará as outras modalidades de circulação de riqueza criadas ao longo da história, posto que ainda é possível trocar mercadorias, emitir letras de câmbio, transacionar com moedas e outros títulos. Ao longo do tempo aprendemos também que os instrumentos se renovaram e se tornaram mais sofisticados, fato que constitui um desafio para o mundo do direito.

AVANZI, Dane. **UOL TV Todo Dia**. Disponível em: <http://portal.tododia.uol.com.br/_conteudo/2015/03/ opiniao/65848--moeda-digital-deve-revolucionar-a-sociedade.php>. Acesso em: 09 ago. 2015. Adaptado.

(Escriturário – BB – 2015 – CESGRANRIO) No texto, a palavra ou expressão a que o termo destacado se refere está corretamente explicitada entre colchetes em:

(A) "A teoria nos ensina que são três as **suas** principais características" (l. 29-31) [ordem de pagamento]

(B) "Criada por um 'personagem virtual', **cuja** identidade no mundo real é motivo de grande especulação" (l. 49-50) [moeda virtual]

(C) "trocavam seus produtos de subsistência através do escambo, organizado em locais públicos, decorrendo **daí** a origem do termo 'pregão' da Bolsa" (l. 2-5) [produção de bens]

(D) "**ela** é sempre motivada por um fenômeno humano" (l. 35-36) [essa pequena exegese]

(E) "o que **isso** tem a ver com *bitcoins*?" (l. 32) [transação financeira virtual]

A: correta. O pronome "suas" foi usado como elemento de coesão para resgatar "ordem de pagamento"; **B:** incorreta. O pronome relativo "cuja" refere-se a "personagem virtual"; **C:** incorreta. "Daí" refere-se a "escambo"; **D:** incorreta. O pronome "ela" é elemento de coesão que resgata "sociedade"; **E:** incorreta. O pronome "isso" refere-se a todo o texto anterior.

Gabarito "A"

(Escriturário – BB – 2015 – CESGRANRIO) No texto, a palavra ou expressão a que se refere o termo destacado está expressa adequadamente entre colchetes em

(A) "a produção de bens era limitada e feita por famílias **que** trocavam seus produtos" (l. 1-3) [sociedades primitivas]

(B) "poderá abrir as portas para novos serviços nas estruturas **que** se formarão não somente no mercado financeiro, em todas as suas facetas" (l. 66-68) [as portas]

(C) "com o intuito de facilitar a circulação de mercadorias, **que** tinham como lastro elas mesmas." (l. 9-10) [moedas]

(D) "Nascia o mercado financeiro em Amsterdã, **que** depois se espalharia por toda a Europa e pelo mundo." (l. 17-18) [Amsterdã]

(E) "uma aberração no mundo financeiro, **que**, não obstante isso, tem valor." (l. 55-56) [mundo financeiro]

A: incorreta. O pronome relativo "que" se refere a "famílias"; **B:** incorreta. "Que", aqui, refere-se a "estruturas"; **C:** correta. O pronome está resgatando "moedas", tanto que a oração segue se referindo a "elas mesmas"; **D:** incorreta. "Que" refere-se a "mercado financeiro"; **E:** incorreta. O pronome resgata "aberração".

Gabarito "C"

(Escriturário – BB – 2015 – CESGRANRIO) A colocação do pronome destacado atende às exigências da norma-padrão da Língua Portuguesa em:

(A) Os clientes mais exigentes sempre comportaram-**se** bem diante das medidas favoráveis oferecidas pelos bancos.

(B) Efetivando-**se** os pagamentos com moedas virtuais, os clientes terão confiança para utilizar esse recurso financeiro.

(C) Os usuários constantes da internet não enganam-**se** a respeito das vantagens do comércio *on-line*.

(D) É preciso observar que a população interessa-**se** pelas formas de aprendizagem condizentes com a sua cultura.

(E) Os turistas tinham organizado-**se** para viajar quando as condições econômicas melhorassem.

A: incorreta. A presença de advérbio ("sempre") torna a próclise obrigatória ("se comportaram"); **B:** correta. A próclise é obrigatória no início da oração; **C:** incorreta. Palavras negativas ("não", "nunca", "nada", "jamais") determinam a próclise ("se enganam"); **D:** incorreta. Ainda que exista o elemento "população" entre eles, a conjunção "que" continua a determinar a próclise ("se interessa); **E:** incorreta.

Não ocorre ênclise em locuções verbais com o verbo principal no particípio. O pronome deve vir enclítico ao verbo auxiliar: "os turistas tinham-se organizado".

Gabarito "B"

Cartilha orienta consumidor

Lançada pelo SindilojasRio e pelo CDL-Rio, em parceria com o Procon-RJ, guia destaca os principais pontos do Código de Defesa do Consumidor (CDC), *selecionados a partir das dúvidas e reclamações mais comuns recebidas pelas duas entidades*

O Sindicato de Lojistas do Comércio do Rio de Janeiro (SindilojasRio) e o Clube de Diretores Lojistas do Rio de Janeiro (CDL-Rio) lançaram ontem uma cartilha para orientar lojistas e consumidores sobre seus direitos e deveres. Com o objetivo de dar mais transparência e melhorar as relações de consumo, a cartilha tem apoio também da Secretaria Estadual de Proteção e Defesa do Consumidor (Seprocon)/ Procon-RJ.

Batizada de Boas Vendas, Boas Compras! – Guia prático de direitos e deveres para lojistas e consumidores, a publicação destaca os principais pontos do Código de Defesa do Consumidor (CDC), selecionados a partir das dúvidas e reclamações mais comuns recebidas, tanto pelo SindilojasRio e CDL-Rio, como pelo Procon-RJ.

"A partir da conscientização de consumidores e lojistas sobre seus direitos e deveres, queremos contribuir para o crescimento sustentável das empresas, tendo como base a ética, a qualidade dos produtos e a boa prestação de serviços ao consumidor", explicou o presidente do SindilojasRio e do CDL-Rio, Aldo Gonçalves.

Gonçalves destacou que as duas entidades estão comprometidas em promover mudanças que propiciem o avanço das relações de consumo, além do desenvolvimento do varejo carioca.

"O consumidor é o nosso foco. É importante informá-lo dos seus direitos", disse o empresário, ressaltando que conhecer bem o CDC é vital não só para os lojistas, mas também para seus fornecedores.

Jornal do Commercio. Rio de Janeiro. 08 abr. 2014, A-9. Adaptado.

(Escriturário – BB – 2014 – CESGRANRIO) Na frase "'É importante informá-lo dos seus direitos'" (l. 28-29) emprega-se o verbo **informar** seguido do pronome oblíquo. Entretanto, o redator poderia ter optado por empregar, em vez de **lo**, o pronome **lhe**. A frase resultante, mantendo-se o mesmo sentido e respeitando-se a norma-padrão, seria:

(A) É importante informar-lhe sobre os seus direitos.
(B) É importante lhe informar a respeito dos seus direitos.
(C) É importante informar-lhe dos seus direitos.
(D) É importante informar-lhe os seus direitos.
(E) É importante lhe informar acerca dos seus direitos.

Se usarmos o pronome "lhe", ele representa o objeto indireto da oração, de forma que o outro complemento do verbo não pode ser preposicionado (deve ser um objeto direto), iniciado apenas pelo artigo definido. É o que se vê na letra "D", que deve ser assinalada. Nas demais, o verbo está com dois complementos preposicionados, o que está gramaticalmente errado.

Gabarito "D"

100 Coisas

É febre. Livros listando as cem coisas que você deve fazer antes de morrer, os cem lugares que você deve conhecer antes de morrer, os cem pratos que você deve provar antes de morrer. Primeiramente, me espanta o fato de todos terem a certeza absoluta de que você vai morrer. Eu prefiro encarar a morte como uma hipótese. Mas, no caso, de acontecer, serei obrigada mesmo a cumprir todas essas metas antes? Não dá pra fechar por cinquenta em vez de cem?

Outro dia estava assistindo a um DVD promocional que também mostra, como imaginei, as cem coisas que a gente precisa porque precisa fazer antes de morrer. Me deu uma angústia, pois, das cem, eu fiz onze até agora. Falta muito ainda. Falta dirigir uma Ferrari, fazer um safári, frequentar uma praia de nudismo, comer algo exótico (um baiacu venenoso, por exemplo), visitar um vulcão ativo, correr uma maratona [...].

Se dependesse apenas da minha vontade, eu já teria um plano de ação esquematizado, mas quem fica com as crianças? Conseguirei cinco férias por ano? E quem patrocina essa brincadeira?

Hoje é dia de mais um sorteio da Mega-Sena. O prêmio está acumulado em cinquenta milhões de reais. A maioria das pessoas, quando perguntadas sobre o que fariam com a bolada, responde: pagar dívidas, comprar um apartamento, um carro, uma casa na serra, outra na praia, garantir a segurança dos filhos e guardar o resto para a velhice.

Normal. São desejos universais. Mas fica aqui um convite para sonhar com mais criatividade. Arranje uma dessas listas de cem coisas pra fazer e procure divertir-se com as opções [...]. Não pense tanto em comprar mas em viver.

Eu, que não apostei na Mega-Sena, por enquanto sigo com a minha lista de cem coisas a evitar antes de morrer. É divertido também, e bem mais fácil de realizar, nem precisa de dinheiro.

MEDEIROS, Martha. **Doidas e santas**. Porto Alegre: L&PM, 2008, p. 122-123. Adaptado.

(Escriturário – BB – 2014.1 – CESGRANRIO) A substituição do termo destacado pelo pronome obliquo adequado está de acordo com a norma-padrão em:

(A) "Arranje **uma dessas listas**" (l. 32-33) – Arranje-lhes
(B) "fica aqui **um convite**" (l. 31-32) – fica-o aqui
(C) "listando **as cem coisas**" (l. 1) – Listando-as
(D) "Eu prefiro encarar **a morte**" (l. 6-7) – Encarar-lhe
(E) "Falta **muito** ainda" (l. 15) – Falta-o ainda

A: incorreta. O termo destacado é objeto direto, deve ser substituído por "as" – Arranje-as; **B:** incorreta. "Um convite" é sujeito da oração, não pode ser substituído por pronome oblíquo; **C:** correta. A substituição atende às normas gramaticais pelas razões expostas na letra "A"; **D:** incorreta, pois também aqui "a morte" é objeto direto – "preciso encará-

-la"; **E:** incorreta. "Muito" é adjunto adverbial, não pode ser substituído por pronome oblíquo.

Gabarito "C"

Representantes dos maiores bancos brasileiros reuniram-se no Rio de Janeiro para discutir um tema desafiante. Falaram sobre a necessidade de estabelecer mecanismos de controle sobre o oceano de incertezas que cerca o mercado financeiro e, assim, atenuar os solavancos que volta e meia ele provoca na economia mundial. Na mais recente crise — a do mercado de hipotecas de alto risco dos Estados Unidos —, os bancos americanos amargaram perdas superiores a 100 bilhões de dólares. A turbulência decorrente do estouro de mais essa bolha ainda não teve suas consequências totalmente dimensionadas. A questão que se coloca é até que ponto é possível injetar alguma previsibilidade em um mercado tão interconectado, gigantesco e que tem o risco no DNA. O único consenso é que o mercado precisa ser mais transparente. O investidor tem o direito de ser informado sobre a composição do produto que estiver comprando e o grau de risco que está assumindo.

Veja, 12/3/2008 (com adaptações).

(BB – Escriturário – 2008 – CESPE) Com relação às informações do texto acima e à sua organização, julgue o item abaixo.

(1) Embora "se", em "se coloca" (l.11-12), possa ser classificado como partícula apassivadora tanto quanto como pronome reflexivo, é nesta última função que está empregado no texto.

1: incorreta. A oração está na voz passiva sintética, exercendo a partícula "se" a função de partícula apassivadora.

Gabarito 1E

6. VERBO

Cartilha orienta consumidor

Lançada pelo SindilojasRio e pelo CDL-Rio, em parceria com o Procon-RJ, guia destaca os principais pontos do Código de Defesa do Consumidor (CDC), *selecionados a partir das dúvidas e reclamações mais comuns recebidas pelas duas entidades*

O Sindicato de Lojistas do Comércio do Rio de Janeiro (SindilojasRio) e o Clube de Diretores Lojistas do Rio de Janeiro (CDL-Rio) lançaram ontem uma cartilha para orientar lojistas e consumidores sobre seus direitos e deveres. Com o objetivo de dar mais transparência e melhorar as relações de consumo, a cartilha tem apoio também da Secretaria Estadual de Proteção e Defesa do Consumidor (Seprocon)/Procon-RJ.

Batizada de Boas Vendas, Boas Compras! – Guia prático de direitos e deveres para lojistas e consumidores, a publicação destaca os principais pontos do Código de Defesa do Consumidor (CDC), selecionados a partir das dúvidas e reclamações mais comuns recebidas, tanto pelo SindilojasRio e CDL-Rio, como pelo Procon-RJ.

"A partir da conscientização de consumidores e lojistas sobre seus direitos e deveres, queremos contribuir para o crescimento sustentável das empresas, tendo como base a ética, a qualidade dos produtos e a boa prestação de serviços ao consumidor", explicou o presidente do SindilojasRio e do CDL-Rio, Aldo Gonçalves.

Gonçalves destacou que as duas entidades estão comprometidas em promover mudanças que propiciem o avanço das relações de consumo, além do desenvolvimento do varejo carioca.

"O consumidor é o nosso foco. É importante informá-lo dos seus direitos", disse o empresário, ressaltando que conhecer bem o CDC é vital não só para os lojistas, mas também para seus fornecedores.

Jornal do Commercio. Rio de Janeiro. 08 abr. 2014, A-9. Adaptado.

(Escriturário – BB – 2014 – CESGRANRIO) O emprego do verbo destacado no trecho "'**queremos** contribuir para o crescimento sustentável das empresas'" (l. 18-19) contribui para indicar uma pretensão do presidente do Sindicato dos Lojistas, que começa no presente e se estende no futuro. Se, respeitando-se o contexto original, a frase indicasse uma pretensão que começasse no passado e se estendesse no tempo, o verbo adequado seria o que se destaca em:

(A) **quisemos** contribuir para o crescimento sustentável das empresas.

(B) **quisermos** contribuir para o crescimento sustentável das empresas.

(C) **quiséssemos** contribuir para o crescimento sustentável das empresas.

(D) **quereremos** contribuir para o crescimento sustentável das empresas.

(E) **quisera** poder contribuir para o crescimento sustentável das empresas.

O tempo verbal adequado para a proposta é o pretérito perfeito do indicativo, que, na primeira pessoa do plural, conjuga-se "quisemos".

Gabarito "A"

(Escriturário – BB – 2014.1 – CESGRANRIO) O emprego do verbo **obter** está adequado à norma-padrão apenas em:

(A) Com as apostas, **obtém**-se recursos para diversas pesquisas científicas.

(B) Quando o pessoal **obtiverem** êxito, o grupo que faz aposta coletiva vai viajar pelo mundo.

(C) Caso **obtenham** êxito na Mega-Sena, os apostadores farão as cem coisas possíveis antes de morrer.

(D) A procura das pessoas pelo enriquecimento rápido **obtêm** bons recursos financeiros para o país.

(E) Se **obterem** recursos, certamente as pessoas farão mais de cem coisas antes de morrer.

A: incorreta. Na terceira pessoa do plural do presente do indicativo, o verbo "obter" leva acento circunflexo – "obtêm-se"; **B:** incorreta. O verbo deveria estar no singular para concordar com "pessoal" – "obtiver"; **C:** correta. A conjugação da terceira pessoa do plural do presente do subjuntivo atende às normas gramaticais; **D:** incorreta. O verbo deveria estar no singular para concordar com "procura" – "obtém" (acento agudo, não circunflexo); **E:** incorreta. Na terceira pessoa do plural do pretérito imperfeito do subjuntivo, o verbo "obter" se conjuga "obtiverem".

Gabarito "C"

Será a felicidade necessária?

Felicidade é uma palavra pesada. Alegria é leve, mas felicidade é pesada. Diante da pergunta "Você é feliz?", dois fardos são lançados às costas do inquirido. O primeiro é procurar uma definição para felicidade, o que equivale a rastrear uma escala que pode ir da simples satisfação de gozar de boa saúde até a conquista da bem-aventurança. O segundo é examinar-se, em busca de uma resposta.

Nesse processo, depara-se com armadilhas. Caso se tenha ganhado um aumento no emprego no dia anterior, o mundo parecerá belo e justo; caso se esteja com dor de dente, parecerá feio e perverso. Mas a dor de dente vai passar, assim como a euforia pelo aumento de salário, e se há algo imprescindível, na difícil conceituação de felicidade, é o caráter de permanência. Uma resposta consequente exige colocar na balança a experiência passada, o estado presente e a expectativa futura. Dá trabalho, e a conclusão pode não ser clara.

Os pais de hoje costumam dizer que importante é que os filhos sejam felizes. É uma tendência que se impôs ao influxo das teses libertárias dos anos 1960. É irrelevante que entrem na faculdade, que ganhem muito ou pouco dinheiro, que sejam bem-sucedidos na profissão. O que espero, eis a resposta correta, é que sejam felizes. Ora, felicidade é coisa grandiosa. É esperar, no mínimo, que o filho sinta prazer nas pequenas coisas da vida. Se não for suficiente, que consiga cumprir todos os desejos e ambições que venha a abrigar. Se ainda for pouco, que atinja o enlevo místico dos santos. Não dá para preencher caderno de encargos mais cruel para a pobre criança.

(Trecho do artigo de Roberto Pompeu de Toledo. **Veja**. 24 de março de 2010, p. 142)

(**BB – Escriturário – 2011 – FCC**) *É irrelevante que entrem na faculdade, que ganhem muito ou pouco dinheiro, que sejam bem-sucedidos na profissão.* (3° parágrafo)

O emprego das formas verbais grifadas acima denota

(A) hipótese passível de realização.

(B) fato real e definido no tempo.

(C) condição de realização de um fato.

(D) finalidade das ações apontadas no segmento.

(E) temporalidade que situa as ações no passado.

O presente do subjuntivo (tempo verbal utilizado no trecho) denota um evento hipotético, algo que pode acontecer, mas não há certeza ainda de sua ocorrência.

Gabarito "A"

A multiplicação de desastres naturais vitimando populações inteiras é inquietante: tsunamis, terremotos, secas e inundações devastadoras, destruição da camada de ozônio, degelo das calotas polares, aumento dos oceanos, aquecimento do planeta, envenenamento de mananciais, desmatamentos, ocupação irresponsável do solo, impermeabilização abusiva nas grandes cidades. Alguns desses fenômenos não estão diretamente vinculados à conduta humana. Outros, porém, são uma consequência direta de nossas maneiras de sentir, pensar e agir.

É aqui que avulta o exemplo de Hans Jonas.

Em 1979 ele publicou ***O Princípio Responsabilidade****. A obra mostra que as éticas tradicionais – antropocêntricas e baseadas numa concepção instrumental da tecnologia – não estavam à altura das consequências danosas do progresso tecnológico sobre as condições de vida humana na Terra e o futuro das novas gerações. Jonas propõe uma ética para a civilização tecnológica, capaz de reconhecer para a natureza um direito próprio. O filósofo detectou a propensão de nossa civilização para degenerar de maneira desmesurada, em virtude das forças econômicas e de outra índole que aceleram o curso do desenvolvimento tecnológico, subtraindo o processo de nosso controle.*

Tudo se passa como se a aquisição de novas competências tecnológicas gerasse uma compulsão a seu aproveitamento industrial, de modo que a sobrevivência de nossas sociedades depende da atualização do potencial tecnológico, sendo as tecnociências suas principais forças produtivas. Funcionando de modo autônomo, essa dinâmica tende a se reproduzir coercitivamente e a se impor como único meio de resolução dos problemas sociais surgidos na esteira do desenvolvimento. O paradoxo consiste em que o progresso converte o sonho de felicidade em pesadelo apocalíptico – profecia macabra que tem hoje a figura da catástrofe ecológica. [...]

Jonas percebeu o simples: para que um "basta" derradeiro não seja imposto pela catástrofe, é preciso uma nova conscientização, que não advém do saber oficial nem da conduta privada, mas de um novo sentimento coletivo de responsabilidade e temor. Tornar-se inventivo no medo, não só reagir com a esperteza de "poupar a galinha dos ovos de ouro", mas ensaiar novos estilos de vida, comprometidos com o futuro das próximas gerações.

(Adaptado de Oswaldo Giacoia Junior. **O Estado de S. Paulo**, A2 *Espaço Aberto*, 3 de abril de 2010)

(**BB – Escriturário – 2010 – FCC**) *Em 1979 ele publicou* ***O Princípio Responsabilidade***. (início do 3° parágrafo)

A frase cujo verbo exige o mesmo tipo de complemento que o grifado acima é:

(A) *... que as éticas tradicionais [...] não estavam à altura das consequências danosas do progresso tecnológico...*

(B) *... para degenerar de maneira desmesurada ...*

(C) *... que aceleram o curso do desenvolvimento tecnológico ...*

(D) *... a sobrevivência de nossas sociedades depende da atualização do potencial tecnológico ...*

(E) *... que não advém do saber oficial nem da conduta privada ...*

No enunciado, o verbo é complementado por um objeto direto. Na letra "A", temos predicativo do sujeito; na letra "B", adjunto adverbial; correta a letra "C", por também trazer um objeto direto a complementar o verbo; na alternativa "D", vemos objeto indireto; na letra "E", adjunto adverbial.

Gabarito "C"

O sabiá político

Do ano passado para cá, o setor canoro das árvores, aqui na ilha, sofreu importantes alterações.

Aguinaldo, o sabiá titular e decano da mangueira, terminou por falecer, como se vinha temendo. Embora nunca se tenha aposentado, já mostrava sinais de cansaço e era cada vez mais substituído, tanto nos saraus matutinos quanto nos vespertinos, pelo sabiá-tenor Armando Carlos, então grande promessa jovem do bel canto no Recôncavo. Morreu de velho, cercado pela admiração da coletividade, pois pouco se ouviram, em toda a nossa longa história, timbre e afinação tão maviosos, além de um repertório de árias incriticável, bem como diversas canções românticas. (...) Armando Carlos também morava na mangueira e, apesar de já adivinhar que o velho Aguinaldo não estaria mais entre nós neste verão, eu não esperava grandes novidades na pauta das apresentações artísticas na mangueira. Sofri, pois, rude surpresa, quando, na sessão alvorada, pontualmente iniciada às quinze para as cinco da manhã, o canto de Armando Carlos, em pleno vigor de sua pujante mocidade, soou meio distante.

Apurei os ouvidos, esfreguei as orelhas como se estivessem empoeiradas.

Mas não havia engano. Passei pelo portão apreensivo quanto ao que meus sentidos me mostravam, voltei o olhar para cima, vasculhei as frondes das árvores e não precisei procurar muito. Na ponta de um galho alto, levantando a cabeça para soltar pelos ares um dó arrebatador e estufando o peito belamente ornado de tons de cobre vibrantes, Armando Carlos principiava a função.

Dessa vez foram meus olhos incrédulos que tive de esfregar e, quando os abri novamente, a verdade era inescapável.

E a verdade era – e ainda é – que ele tinha inequivocamente se mudado para o oitizeiro de meu vizinho Ary de Maninha, festejado e premiado orador da ilha (...).

Estou acostumado à perfidez e à ingratidão humanas, mas sempre se falou bem do caráter das aves em geral e dos sabiás em particular. O sabiá costuma ser fiel à sua árvore, como Aguinaldo foi até o fim. Estaríamos então diante de mais um exemplo do comportamento herético das novas gerações? Os sabiás de hoje em dia serão degenerados? Eu teria dado algum motivo para agravo ou melindre? Ou, pior, haveria uma possível esposa de Armando Carlos sido mais uma vítima do mico canalha que também mora na mangueira? Bem, talvez se tratasse de algo passageiro; podia ser que, na minha ausência, para não ficar sem plateia, Armando Carlos tivesse temporariamente transferido sua ribalta para o oitizeiro. Mas nada disso. À medida que o tempo passava, o concerto das dez também soando distante e o mesmo para o recital do meio-dia, a ficha acabou de cair. A mangueira agora está reduzida aos sanhaços, pessoal zoadeiro, inconstante e agitado; aos cardeais, cujo coral tenta, heroica mas inutilmente, preencher a lacuna dos sabiás. (...)

RIBEIRO, João Ubaldo. **O Globo**, 14 fev. 2010. (Adaptado)

(BB – Escriturário – 2010 – CESGRANRIO) A única forma verbal que pode ser substituída adequadamente pela forma à sua direita é:

(A) "...vinha temendo." (l. 4) – temeria

(B) "...estaria mais entre nós..." (l. 16) – estava

(C) "...estivessem empoeiradas." (l. 24) – estiverem

(D) "...tive de esfregar..." (l. 33/34) – tinha de esfregar

(E) "...tinha inequivocamente se mudado..." (l. 36/37) – se mudara

Em todas as alternativas sugere-se uma mudança no tempo verbal, o que altera inexoravelmente o sentido do texto. A única em que isso não acontece é a letra "E", porque sugere a substituição do particípio passado "tinha se mudado" pelo pretérito mais-que-perfeito do indicativo "se mudara", formas verbais que são equivalentes.

Gabarito "E"

Mesmo quando sucumbimos aos nossos impulsos consumistas, estamos sempre pagando um preço além daquele debitado em nossa conta bancária. Quando você compra um carro, por exemplo, não está adquirindo apenas um veículo útil ou um símbolo de status. Você leva também um possível agente poluidor e — se levarmos em conta os números de acidentes nas estradas do país — uma arma em potencial. Nesse caso, há o preço da consciência ambiental e da responsabilidade de dirigir não apenas para si mesmo, mas para a comunidade como um todo. O comprador acaba levando mais do que compra e, para o bem maior da coletividade, é preciso que arque com essas despesas extras.

Planeta, maio/2006, p. 50 (com adaptações).

(BB – Escriturário – 2008 – CESPE) A partir do texto acima, julgue o item que se segue.

(1) A grafia de "arque" (l.12) comprova que se admite, para o verbo arcar, também a grafia **arquar.**

1: incorreta. O uso do dígrafo "qu" em "arque" ocorre apenas para mantermos o fonema /k/ do verbo.

Gabarito 1E

*Em todo o continente americano, a colonização europeia teve efeito devastador. Atingidos pelas armas, e mais ainda pelas epidemias e por políticas de sujeição e transformação que afetavam os mínimos aspectos de suas vidas, os povos indígenas trataram de criar sentido em meio à devastação. Nas primeiras décadas do século XVII, índios norte-americanos comparavam a uma demolição aquilo que os missionários jesuítas viam como "transformação de suas vidas pagãs e bárbaras em uma vida civilizada e cristã." (**Relações dos jesuítas da Nova França**, 1636). No México, os índios comparavam seu mundo revirado a uma rede esgarçada pela invasão espanhola. A denúncia da violência da colonização, sabemos, é contemporânea da destruição, e tem em Las Casas seu representante mais famoso.*

Posterior, e mais recente, foi a tentativa, por parte de alguns historiadores, de abandonar uma visão eurocên-

trica da "conquista" da América, dedicando-se a retraçá-la a partir do ponto de vista dos "vencidos", enquanto outros continuaram a reconstituir histórias da instalação de sociedades europeias em solo americano. Antropólogos, por sua vez, buscaram nos documentos produzidos no período colonial informações sobre os mundos indígenas demolidos pela colonização.

A colonização do imaginário *não busca nem uma coisa nem outra.*

(Adaptado de PERRONE-MOISÉS, Beatriz, Prefácio à edição brasileira de GRUZINSKI, Serge, **A colonização do imaginário:** sociedades indígenas e ocidentalização no México espanhol (séculos XVI-XVIII).

(BB – Escriturário – 2006 – FCC) Verbos do texto foram empregados em novas frases. A que se apresenta totalmente em conformidade com a norma padrão escrita é:

(A) Com a invasão do europeu, afetou-se, de maneira evidente, muitas práticas tradicionais dos povos indígenas.

(B) Trata-se de relações complexas, essas que são estabelecidas entre povos de culturas distintas.

(C) Se você ver a colonização da América com o distanciamento que uma análise objetiva exige, muitos aspectos obscuros se esclarecerão.

(D) Seria uma grande conquista se conseguíssemos que fosse reconstituído, pela ação dos antropólogos, os mais relevantes aspectos da cultura soterrada.

(E) Eles evitaram inúmeras vezes abandonarem o sítio arqueológico, mas acabaram por fazê-lo.

A: incorreta. O verbo "afetar", apresentado no período na voz passiva sintética, deve concordar com "muitas práticas". Logo, o correto seria "afetaram-se"; **B:** correta. O verbo "tratar" está na voz ativa e o sujeito da oração é indeterminado. Nesse caso, o verbo é mesmo impessoal e deve permanecer no singular; **C:** incorreta. A conjugação da terceira pessoa do singular do futuro do subjuntivo do verbo "ver" é "vir"; **D:** incorreta. A locução verbal deve concordar com "os mais relevantes aspectos". Portanto, deve ir para o plural ("fossem reconstituídos"); **E:** incorreta. O verbo "abandonar" funciona como objeto direto do verbo "evitar", portanto deve permanecer no infinitivo ("abandonar").

Gabarito "B"

7. REGÊNCIA

(Escriturário – BB – 2015 – CESGRANRIO) De acordo com as regras de regência verbal estabelecidas pela norma-padrão da Língua Portuguesa, o elemento destacado está adequadamente empregado em:

(A) Os inadimplentes infringem **aos** regulamentos estabelecidos pelas financeiras ao deixar de cumprir os prazos dos empréstimos.

(B) Os comerciantes elogiaram **aos** bancos às medidas tomadas a favor de seus empreendimentos.

(C) Vários executivos procuram realizar cursos de especialização porque cobiçam **aos** estágios mais avançados da carreira.

(D) Os funcionários mais graduados das grandes empresas aspiram **aos** melhores cargos tendo em vista o aumento de seu poder aquisitivo.

(E) Algumas grandes empresas responsáveis pelas redes sociais ludibriam **aos** princípios estabelecidos por lei ao permitir postagens agressivas.

A: incorreta. O verbo "infringir" é transitivo direto, não rege preposição (quem infringe, infringe a norma, o estatuto); **B:** incorreta. "Elogiar" é verbo transitivo direto, também não rege preposição (quem elogia, elogia alguém ou algo); **C:** incorreta. "Cobiçar" é verbo transitivo direto. Não há preposição depois dele (quem cobiça, cobiça alguma coisa); **D:** correta. "Aspirar", quando sinônimo de "respirar", "sugar", é transitivo direto (ex.: ele aspirou o pó da sala). Contudo, aqui o verbo é utilizado como sinônimo de "buscar", "almejar". Nesse caso, ele realmente é transitivo indireto e rege a preposição "a" (quem aspira, aspira a alguma coisa); **E:** incorreta. "Ludibriar" (sinônimo de "enganar") é verbo transitivo direto, não rege preposição (quem ludibria, ludibria algo ou alguém).

Gabarito "D"

Mesmo quando sucumbimos aos nossos impulsos consumistas, estamos sempre pagando um preço além daquele debitado em nossa conta bancária. Quando você compra um carro, por exemplo, não está adquirindo apenas um veículo útil ou um símbolo de status. Você leva também um possível agente poluidor e — se levarmos em conta os números de acidentes nas estradas do país — uma arma em potencial. Nesse caso, há o preço da consciência ambiental e da responsabilidade de dirigir não apenas para si mesmo, mas para a comunidade como um todo. O comprador acaba levando mais do que compra e, para o bem maior da coletividade, é preciso que arque com essas despesas extras.

Planeta, maio/2006, p. 50 (com adaptações).

(BB – Escriturário – 2008 – CESPE) A partir do texto acima, julgue o item que se segue.

(1) Quando tem complementação, como na acepção usada em "sucumbimos" (l.1), o verbo **sucumbir** exige o emprego da preposição **a**, como em "aos nossos impulsos" (l.1). Por isso, se esse complemento estivesse no feminino plural, seria correto o emprego de "às".

1: correta. Ocorreria a crase pela aglutinação da preposição "a" com o artigo definido feminino plural "as".

Gabarito 1C

Em meio a uma crise da qual ainda não sabe como escapar, a União Europeia celebra os 50 anos do Tratado de Roma, pontapé inicial da integração no continente. Embora sejam muitos os motivos para comemorar, como a manutenção da paz e a consolidação do mercado comum, os chefes dos 27 Estados-membros têm muito com o que se preocupar. A discussão sobre a Constituição única não vai adiante, a expansão para o leste dificulta a tomada de decisões e os cidadãos têm dificuldade para identificar-se como parte da megaestrutura europeia.

O Estado de S.Paulo, 25/3/2007, p. A20.

(BB – Escriturário – 2007 – CESPE) Com referência às estruturas e às ideias do texto, bem como a aspectos associados aos temas nele tratados, julgue o item subsequente.

(1) O emprego de preposição em "da qual" (l.1) atende à regência do verbo "escapar" (l.2).

1: correta. "Escapar" rege a preposição "de", que acaba por aglutinar-se com a locução pronominal "a qual" para formar o adjunto adverbial.

Gabarito 1C

8. OCORRÊNCIA DA CRASE

(Escriturário – BB – 2015 – CESGRANRIO) O sinal indicativo da crase é obrigatório, de acordo com a norma-padrão da Língua Portuguesa, na palavra destacada em:

(A) O atendimento **a** necessidades de imediatismo da sociedade justifica o crescimento das formas de pagamentos digitais.

(B) Os sistemas baseados em pagamentos móveis têm chamado **a** atenção pela sua propagação em todo o mundo.

(C) A opção pelas moedas digitais está vinculada **a** possibilidade de diminuir as operações financeiras com a utilização do papel-moeda.

(D) Algumas tendências observadas no comportamento do consumidor e nas tecnologias devem influenciar **a** infraestrutura dos bancos.

(E) Os clientes tradicionais dos bancos já se acostumaram **a** utilizar suas agências para efetuar suas atividades de negócio.

A: incorreta. Não ocorre crase nessa hipótese, porque o "a" destacado é somente preposição – note que o substantivo "necessidades" está no plural, de sorte que, se houvesse o artigo definido feminino antes, ele também deveria estar no plural; **B:** incorreta. O "a" destacado é apenas artigo definido, já que o verbo "chamar" não rege a preposição "a". Logo, é impossível a crase; **C:** correta. O verbo "vincular" rege a preposição "a" e seu complemento é palavra feminina ("possibilidade"). O acento grave indicativo da crase é obrigatório nessa hipótese; **D:** incorreta, pelas mesmas razões da alternativa "B". O verbo "influenciar" não rege a preposição "a"; **E:** incorreta. Não ocorre crase antes de verbo.

Gabarito "C"

Cartilha orienta consumidor

Lançada pelo SindilojasRio e pelo CDL-Rio, em parceria com o Procon-RJ, guia destaca os principais pontos do Código de Defesa do Consumidor (CDC), *selecionados a partir das dúvidas e reclamações mais comuns recebidas pelas duas entidades*

O Sindicato de Lojistas do Comércio do Rio de Janeiro (SindilojasRio) e o Clube de Diretores Lojistas do Rio de Janeiro (CDL-Rio) lançaram ontem uma cartilha para orientar lojistas e consumidores sobre seus direitos e deveres. Com o objetivo de dar mais transparência e melhorar as relações de consumo, a cartilha tem apoio também da Secretaria Estadual de Proteção e Defesa do Consumidor (Seprocon)/Procon-RJ. Batizada de Boas Vendas, Boas Compras! – Guia prático de direitos e deveres para lojistas e consumidores, a publicação destaca os principais pontos do Código de Defesa do Consumidor (CDC), selecionados a partir das dúvidas e reclamações mais comuns recebidas, tanto pelo SindilojasRio e CDL-Rio, como pelo Procon-RJ.

"A partir da conscientização de consumidores e lojistas sobre seus direitos e deveres, queremos contribuir para o crescimento sustentável das empresas, tendo como base a ética, a qualidade dos produtos e a boa prestação de serviços ao consumidor", explicou o presidente do SindilojasRio e do CDL-Rio, Aldo Gonçalves.

Gonçalves destacou que as duas entidades estão comprometidas em promover mudanças que propiciem o avanço das relações de consumo, além do desenvolvimento do varejo carioca.

"O consumidor é o nosso foco. É importante informá-lo dos seus direitos", disse o empresário, ressaltando que conhecer bem o CDC é vital não só para os lojistas, mas também para seus fornecedores.

Jornal do Commercio. Rio de Janeiro. 08 abr. 2014, A-9. Adaptado.

(Escriturário – BB – 2014 – CESGRANRIO) De acordo com a norma-padrão, se fosse acrescentado ao trecho "disse o empresário" (l. 29) um complemento informando a quem ele deu a declaração, seria empregado o acento indicativo de crase no seguinte caso:

(A) **a** imprensa especializada

(B) **a** todos os presentes

(C) **a** apenas uma parte dos convidados

(D) **a** suas duas assessoras de imprensa

(E) **a** duas de suas secretárias

A: correta. Ocorre crase antes de substantivos femininos usados como complemento de verbo que rege a preposição "a"; **B:** incorreta. Não ocorre crase antes de pronome indefinido; **C:** incorreta. Não ocorre crase antes de conjunção; **D:** incorreta. A crase antes do pronome possessivo é, em tese, facultativa. Ocorre que, aqui, não houve a colocação do artigo definido. Logo, não pode haver crase; **E:** incorreta. Não ocorre crase antes de numeral.

Gabarito "A"

(BB – Escriturário – 2010 – CESGRANRIO) O sinal indicativo da crase deve ser aplicado em qual das sentenças abaixo?

(A) Ele é um cavalheiro **a** moda antiga.

(B) Estarei na ilha **a** partir de amanhã.

(C) O sabiá é admirado devido **a** seu belo canto.

(D) Daqui **a** uma hora se iniciará o recital.

(E) O pomar fica próximo **a** uma horta.

A única das frases que aceita a ocorrência da crase é a alternativa "A", pelo uso da locução adverbial feminina "à moda antiga". Não ocorre crase antes de verbo (alternativa "B"), antes de palavra masculina (alternativa "C"), antes de numeral (alternativa "D") ou antes de pronome indefinido (alternativa "E").

Gabarito "A"

O número de mulheres no mercado de trabalho mundial é o maior da História, tendo alcançado, em 2007, a marca de 1,2 bilhão, segundo relatório da Organização Internacional do Trabalho (OIT). Em dez anos, houve um incremento de 200 milhões na ocupação feminina. Ainda assim, as mulheres representaram um contingente distante do universo de 1,8 bilhão de homens empregados.

Em 2007, 36,1% delas trabalhavam no campo, ante 46,3% em serviços. Entre os homens, a proporção é de 34% para 40,4%. O universo de desempregadas subiu de 70,2 milhões para 81,6 milhões, entre 1997 e 2007 — quando a taxa de desemprego feminino atingiu 6,4%, ante 5,7% da de desemprego masculino. Há, no mundo, pelo menos 70 mulheres economicamente ativas para 100 homens.

O relatório destaca que a proporção de assalariadas subiu de 41,8% para 46,4% nos últimos dez anos. Ao mesmo tempo, houve queda no emprego vulnerável (sem proteção social e direitos trabalhistas), de 56,1% para 51,7%. Apesar disso, o universo de mulheres nessas condições continua superando o dos homens.

O Globo, 7/3/2007, p. 31 (com adaptações).

(BB – Escriturário – 2008 – CESPE) Julgue o próximo item, relativo ao texto apresentado.

(1) Devido à função que exerce na organização das ideias, a preposição "ante" (l.8) pode ser substituída por **frente à**, preservando-se a coerência e a correção gramatical do texto.

1: incorreta. "Frente a", se fosse incluída nesse ponto do texto, não levaria o acento grave indicativo da crase considerando que antecederia um numeral.

Gabarito 1E

Não foi por falta de aviso. Desde 2004, a Aeronáutica vem advertindo dos riscos do desinvestimento no controle do tráfego aéreo. Ao apresentar suas propostas orçamentárias de 2004, 2005 e 2006, o Departamento de Controle do Espaço Aéreo (DECEA) informou, por escrito, que a não liberação integral dos recursos pedidos levaria à situação vivida agora no país. Mesmo assim, as verbas foram cortadas ano após ano pelo governo, em dois momentos: primeiro no orçamento, depois na liberação efetiva do dinheiro.

As advertências do DECEA foram feitas à Secretaria de Orçamento Federal do Ministério do Planejamento, na oportunidade em que foram solicitadas verbas para "operação, manutenção, desenvolvimento e modernização do Sistema de Controle do Espaço Aéreo Brasileiro (SISCEAB)". Elas são citadas em relatório do Tribunal de Contas da União (TCU).

O Estado de S.Paulo, 25/3/2007, p. C6 (com adaptações).

(BB – Escriturário – 2007 – CESPE) Com referência às estruturas e às ideias do texto, bem como a aspectos associados aos temas nele tratados, julgue o próximo item.

(1) O sinal indicativo de crase em "à situação" (l.7) justifica-se pela regência de "pedidos" (l.6) e pela presença de artigo definido, feminino, singular.

1: incorreta. Quem rege a preposição "a", que se aglutina com o artigo definido feminino singular no fenômeno da crase, é o verbo "levaria".

Gabarito 1E

9. CONJUNÇÃO

Moeda digital deve revolucionar a sociedade

Nas sociedades primitivas, a produção de bens era limitada e feita por famílias que trocavam seus produtos de subsistência através do escambo, organizado em locais públicos, decorrendo daí a origem do termo "pregão" da Bolsa. Com o passar do tempo, especialmente na antiguidade, época em que os povos já dominavam a navegação, o comércio internacional se modernizou e engendrou a criação de moedas, com o intuito de facilitar a circulação de mercadorias, que tinham como lastro elas mesmas, geralmente alcunhadas em ouro, prata ou bronze, metais preciosos desde sempre.

A Revolução Industrial ocorrida inicialmente na Inglaterra e na Holanda, por volta de 1750, viria a criar uma quantidade de riqueza acumulada tão grande que transformaria o próprio dinheiro em mercadoria. Nascia o mercado financeiro em Amsterdã, que depois se espalharia por toda a Europa e pelo mundo. A grande inovação na época foi o mecanismo de compensação nos pagamentos, mais seguro e prático, no qual um banco emitia uma ordem de pagamento para outro em favor de determinada pessoa e esta poderia sacá-la sem que uma quantidade enorme de dinheiro ou ouro tivesse de ser transportada entre continentes. Essa ordem de pagamento, hoje reconhecida no mundo financeiro como "título cambial", tem como instrumento mais conhecido o cheque, "neto" da letra de câmbio, amplamente usada pela burguesia em transações financeiras na alta idade média. A teoria nos ensina que são três as suas principais características: a cartularidade, a autonomia e a abstração.

Ora, o que isso tem a ver com *bitcoins*? Foi necessária essa pequena exegese para refletirmos que não importa a forma como a sociedade queira se organizar, ela é sempre motivada por um fenômeno humano. Como nos ensina Platão, a necessidade é a mãe das invenções. Considerando o dinamismo da evolução da sociedade da informação, inicialmente revolucionada pela invenção do códex e da imprensa nos idos de 1450, que possibilitou na Idade Média o armazenamento e a circulação de grandes volumes de informação, e, recentemente, o fenômeno da internet, que eliminou distâncias e barreiras culturais, transformando o mundo em uma aldeia global, seria impossível que o próprio mundo virtual não desenvolvesse sua moeda, não somente por questão financeira, mas sobretudo para afirmação de sua identidade cultural.

Criada por um "personagem virtual", cuja identidade no mundo real é motivo de grande especulação, a bitcoin, resumidamente, é uma moeda virtual que pode ser utilizada na aquisição de produtos e serviços dos mais diversos no mundo virtual. Trata-se de um título cambial digital, sem emissor, sem cártula, e, portanto, sem lastro, uma aberração no mundo financeiro, que, não obstante isso, tem valor.

No entanto, ao que tudo indica, essa questão do

lastro está prestes a ser resolvida. Explico. Grandes corporações começam a acenar com a possibilidade de aceitar bitcoins na compra de serviços. Se a indústria pesada da tecnologia realmente adotar políticas reconhecendo e incluindo bitcoins como moeda válida, estará dado o primeiro passo para a criação de um mercado financeiro global de bitcoins. Esse assunto é de alta relevância para a sociedade como um todo e poderá abrir as portas para novos serviços nas estruturas que se formarão não somente no mercado financeiro, em todas as suas facetas — refiro-me à Bolsa de Valores, inclusive, bem como em novos campos do direito e na atividade estatal de regulação dessa nova moeda.

Certamente a consolidação dos *bitcoins* não revogará as outras modalidades de circulação de riqueza criadas ao longo da história, posto que ainda é possível trocar mercadorias, emitir letras de câmbio, transacionar com moedas e outros títulos. Ao longo do tempo aprendemos também que os instrumentos se renovaram e se tornaram mais sofisticados, fato que constitui um desafio para o mundo do direito.

AVANZI, Dane. **UOL TV Todo Dia**. Disponível em: <http://portal.tododia.uol.com.br/_conteudo/2015/03/ opiniao/65848--moeda-digital-deve-revolucionar-a-sociedade.php>. Acesso em: 09 ago. 2015. Adaptado.

(Escriturário – BB – 2015 – CESGRANRIO) A frase que está adequadamente reescrita entre colchetes, de modo a manter a relação lógica entre suas ideias, estabelecida pela palavra ou pela expressão destacada, é:

(A) "Foi necessária essa pequena exegese **para** refletirmos que não importa a forma como a sociedade queira se organizar, ela é sempre motivada por um fenômeno humano." (l. 32-36)

[Foi necessária essa pequena exegese à medida que refletimos que não importa a forma como a sociedade queira se organizar, ela é sempre motivada por um fenômeno humano.]

(B) "**Se** a indústria pesada da tecnologia realmente adotar políticas reconhecendo e incluindo *bitcoins* como moeda válida, estará dado o primeiro passo para a criação de um mercado financeiro global de *bitcoins*." (l. 60-64)

[Quando a indústria pesada da tecnologia realmente adotar políticas reconhecendo e incluindo bitcoins como moeda válida, estará dado o primeiro passo para a criação de um mercado financeiro global de bitcoins.]

(C) "o comércio internacional se modernizou e engendrou a criação de moedas, **com o intuito de** facilitar a circulação de mercadorias" (l. 7-10)

[o comércio internacional se modernizou e engendrou a criação de moedas, embora facilitasse a circulação de mercadorias]

(D) "A Revolução Industrial ocorrida inicialmente na Inglaterra e na Holanda, por volta de 1750, viria a criar uma quantidade de riqueza acumulada **tão** grande **que** transformaria o próprio dinheiro em mercadoria." (l. 13-16)

[A Revolução Industrial ocorrida inicialmente na Inglaterra e na Holanda, por volta de 1750, viria a criar uma grande quantidade de riqueza acumulada, para transformar o próprio dinheiro em mercadoria.]

(E) "Trata-se de um título cambial digital, sem emissor, sem cártula, e, portanto, sem lastro, uma aberração no mundo financeiro, que, **não obstante isso**, tem valor." (l. 53-56)

[Apesar de se tratar de um título cambial digital, sem emissor, sem cártula, e, portanto, sem lastro, uma aberração no mundo financeiro, tem valor.]

A: incorreta. A substituição da conjunção "para" por "à medida que" altera o sentido do trecho, porque a primeira remete a finalidade, enquanto a segunda tem caráter proporcional; **B:** incorreta. A conjunção condicional "se" traduz um evento futuro e incerto; trocá-la por "quando" transforma a "adoção de políticas" em algo que certamente ocorrerá, é só questão de tempo; **C:** incorreta. "Com o intuito de" traduz finalidade; "embora" tem natureza concessiva. Logo, há alteração de sentido se realizarmos a substituição; **D:** incorreta. "Tão... que..." tem função comparativa, ao passo que "para" introduz uma finalidade – não podem ser usadas uma pela outra, portanto; **E:** correta. Tanto "não obstante isso" quanto "apesar" têm natureza concessiva, então podem ambas ser usadas sem alteração no sentido do trecho.

Gabarito "E"

Cartilha orienta consumidor

Lançada pelo SindilojasRio e pelo CDL-Rio, em parceria com o Procon-RJ, guia destaca os principais pontos do Código de Defesa do Consumidor (CDC), *selecionados a partir das dúvidas e reclamações mais comuns recebidas pelas duas entidades*

O Sindicato de Lojistas do Comércio do Rio de Janeiro (SindilojasRio) e o Clube de Diretores Lojistas do Rio de Janeiro (CDL-Rio) lançaram ontem uma cartilha para orientar lojistas e consumidores sobre seus direitos e deveres. Com o objetivo de dar mais transparência e melhorar as relações de consumo, a cartilha tem apoio também da Secretaria Estadual de Proteção e Defesa do Consumidor (Seprocon)/ Procon-RJ.

Batizada de Boas Vendas, Boas Compras! – Guia prático de direitos e deveres para lojistas e consumidores, a publicação destaca os principais pontos do Código de Defesa do Consumidor (CDC), selecionados a partir das dúvidas e reclamações mais comuns recebidas, tanto pelo SindilojasRio e CDL-Rio, como pelo Procon-RJ.

"A partir da conscientização de consumidores e lojistas sobre seus direitos e deveres, queremos contribuir para o crescimento sustentável das empresas, tendo como base a ética, a qualidade dos produtos e a boa prestação de serviços ao consumidor", explicou o presidente do SindilojasRio e do CDL-Rio, Aldo Gonçalves.

Gonçalves destacou que as duas entidades estão comprometidas em promover mudanças que propiciem o avanço das relações de consumo, além do desenvolvimento do varejo carioca.

"O consumidor é o nosso foco. É importante informá-lo dos seus direitos", disse o empresário, ressaltando que conhecer bem o CDC é vital não só para os lojistas, mas também para seus fornecedores.

Jornal do Commercio. Rio de Janeiro. 08 abr. 2014, A-9. Adaptado.

(Escriturário – BB – 2014 – CESGRANRIO) Na última frase do texto, é transcrita a opinião de um empresário, para quem "conhecer bem o CDC é vital não só para os lojistas, mas também para seus fornecedores". (l. 30-31)

Considerando-se o conteúdo dessa opinião, que outra estrutura frasal poderia representá-la?

(A) Conhecer bem o CDC é vital tanto para os lojistas quanto para seus fornecedores.

(B) Conhecer bem o CDC é vital em especial para os lojistas assim como para seus fornecedores.

(C) Conhecer bem o CDC é vital nem tanto para os lojistas como para seus fornecedores.

(D) Conhecer bem o CDC é vital inclusive para os lojistas sem falar em seus fornecedores.

(E) Conhecer bem o CDC é vital não tanto para os lojistas bem como para seus fornecedores.

A conjunção "não só... mas também..." é sinônima de "tanto... quanto...", sendo, dentre as alternativas, a única que não imporá alteração de sentido no trecho.

Gabarito "A"

O número de mulheres no mercado de trabalho mundial é o maior da História, tendo alcançado, em 2007, a marca de 1,2 bilhão, segundo relatório da Organização Internacional do Trabalho (OIT). Em dez anos, houve um incremento de 200 milhões na ocupação feminina. Ainda assim, as mulheres representaram um contingente distante do universo de 1,8 bilhão de homens empregados.

Em 2007, 36,1% delas trabalhavam no campo, ante 46,3% em serviços. Entre os homens, a proporção é de 34% para 40,4%. O universo de desempregadas subiu de 70,2 milhões para 81,6 milhões, entre 1997 e 2007 — quando a taxa de desemprego feminino atingiu 6,4%, ante 5,7% da de desemprego masculino. Há, no mundo, pelo menos 70 mulheres economicamente ativas para 100 homens.

O relatório destaca que a proporção de assalariadas subiu de 41,8% para 46,4% nos últimos dez anos. Ao mesmo tempo, houve queda no emprego vulnerável (sem proteção social e direitos trabalhistas), de 56,1% para 51,7%. Apesar disso, o universo de mulheres nessas condições continua superando o dos homens.

O Globo, 7/3/2007, p. 31 (com adaptações).

(BB – Escriturário – 2008 – CESPE) Julgue o próximo item, relativo ao texto apresentado.

(1) A relação de sentidos entre as orações do 1.º parágrafo do texto permite substituir "Ainda assim" (l.5-6) por **No entanto** ou por **Apesar disso**, sem prejuízo da correção gramatical do texto.

1: correta. Todas são locuções conjuntivas concessivas, podendo ser usadas uma pela outra.

Gabarito 1C

O exercício da memória, seu exercício mais intenso e mais contundente, é indissociável da presença dos velhos entre nós. Quando ainda não contidos pelo estigma de improdutivos, quando por isso ainda não constrangidos pela impaciência, pelos sorrisos incolores, pela cortesia inautêntica, pelos cuidados geriátricos impessoais, pelo isolamento, quando então ainda não-calados, dedicam-se os velhos, cheios de espontaneidade, à cerimônia da evocação, evocação solene do que mais impressionou suas retinas tão fatigadas, enquanto seus interesses e suas mãos laborosas participavam da norma e também do mistério de uma cultura.

(GONÇALVES FILHO, José Moura, "Olhar e memória". IN: **O olhar**. NOVAES, Adauto (org.). 10a reimpressão. São Paulo: Companhia das Letras, 2003, p. 97)

(BB – Escriturário – 2006 – FCC) No texto, a expressão *Quando* (sublinhada) equivale a

(A) enquanto.

(B) apesar de que.

(C) embora.

(D) como.

(E) como se.

No texto, "quando" é utilizado como conjunção temporal concomitante, tendo o mesmo valor de "enquanto". "Apesar de que" e "embora" têm valor concessivo; "como" e "como se" têm valor conformativo.

Gabarito "A"

10. ORAÇÃO SUBORDINADA

O número de mulheres no mercado de trabalho mundial é o maior da História, tendo alcançado, em 2007, a marca de 1,2 bilhão, segundo relatório da Organização Internacional do Trabalho (OIT). Em dez anos, houve um incremento de 200 milhões na ocupação feminina. Ainda assim, as mulheres representaram um contingente distante do universo de 1,8 bilhão de homens empregados.

Em 2007, 36,1% delas trabalhavam no campo, ante 46,3% em serviços. Entre os homens, a proporção é de 34% para 40,4%. O universo de desempregadas subiu de 70,2 milhões para 81,6 milhões, entre 1997 e 2007 — quando a taxa de desemprego feminino atingiu 6,4%, ante 5,7% da de desemprego masculino. Há, no mundo, pelo menos 70 mulheres economicamente ativas para 100 homens.

O relatório destaca que a proporção de assalariadas subiu de 41,8% para 46,4% nos últimos dez anos. Ao mesmo tempo, houve queda no emprego vulnerável (sem proteção social e direitos trabalhistas), de 56,1% para 51,7%. Apesar disso, o universo de mulheres nessas condições continua superando o dos homens.

O Globo, 7/3/2007, p. 31 (com adaptações).

(BB – Escriturário – 2008 – CESPE) Julgue o próximo item, relativos ao texto apresentado.

(1) O desenvolvimento das ideias do texto confere à oração reduzida iniciada por "tendo alcançado" (l.2) um valor adjetivo, correspondente a **que tem alcançado**.

1: incorreta. Para manter o sentido do texto e o valor adjetivo da oração reduzida, deveríamos substituí-la por "que alcançou".

Gabarito 1E

11. CONCORDÂNCIA VERBAL E CONCORDÂNCIA NOMINAL

(Escriturário – BB – 2015 – CESGRANRIO) A palavra destacada apresenta a concordância nominal de acordo com a norma-padrão da Língua Portuguesa em:

(A) Várias agências bancárias estão implementando a biometria, nos caixas eletrônicos, **baseados** nas características físicas dos clientes.

(B) O avanço dos serviços bancários e sucesso das moedas virtuais, **ocorridas** nos últimos anos, oferecem aos usuários conectados experiências prazerosas.

(C) O aumento do uso dos cartões **fornecido** por vários bancos representa um dos elementos mais importantes e característicos na área financeira do século XX.

(D) A construção estratégica de curto e médio prazos, **compatível** com os padrões de competitividade do mercado bancário, tornou os mecanismos de prevenção mais eficientes.

(E) As tecnologias de mobilidade e a competência dos funcionários são **característicos** da rede bancária na atualidade.

A: incorreta. Deveria constar "baseada", porque o termo concorda com "biometria". Fica fácil notar se levarmos o adjunto adverbial "nos caixas eletrônicos" para o fim do período; **B:** incorreta. Deveria constar "ocorridos", para concordar com "avanço" e "sucesso"; **C:** incorreta. "Fornecidos" concorda com cartões, porque eles são fornecidos pelos bancos, não o "uso"; **D:** correta. O adjetivo "compatível" concorda com "a construção estratégica", ficando ambos no singular; **E:** incorreta. Deveria constar "características", para concordar com "tecnologias" e "competência".

Gabarito "D".

(Escriturário – BB – 2015 – CESGRANRIO) A concordância do verbo destacado obedece ao que determina a norma-padrão da Língua Portuguesa em:

(A) O financiamento de imóveis populares a baixo custo **caracterizam** a missão social dos bancos estatais.

(B) **Necessitam**-se de muitas iniciativas para ampliar a informatização do acesso bancário de modo a aumentar sua eficiência.

(C) A criação de moedas digitais que tem ocorrido na internet **devem** provocar relevantes mudanças sociais.

(D) A política de desenvolvimento social das comunidades carentes **podem** promover melhorias na vida de sua população.

(E) Na última década, **criaram**-se muitas oportunidades de negociação para consumidores endividados.

A: incorreta. O verbo concorda com o núcleo do sujeito. Logo, "o financiamento (...) caracteriza"; **B:** incorreta. A oração tem sujeito indeterminado, daí porque o verbo permanece impessoal ("necessita-se"). "Muitas iniciativas" não é sujeito, é objeto indireto, portanto, não determina a concordância; **C:** incorreta. Tal qual na alternativa "A", o verbo deve concordar com o núcleo do sujeito – "a criação (...) deve". Essa alternativa é mais difícil porque foi inserida uma oração subordinada adverbial entre os elementos, mas isso não muda a regra de concordância; **D:** incorreta. Aqui também deve o verbo concordar com o núcleo do sujeito – "a política (...) pode"; **E:** correta. A oração está estruturada na voz passiva sintética e pode ser reescrita assim: "Muitas oportunidades foram criadas". Assim, fica mais fácil perceber a concordância ("oportunidades" é sujeito paciente do verbo "criar").

Gabarito "E".

Cartilha orienta consumidor

Lançada pelo SindilojasRio e pelo CDL-Rio, em parceria com o Procon-RJ, guia destaca os principais pontos do Código de Defesa do Consumidor (CDC), *selecionados a partir das dúvidas e reclamações mais comuns recebidas pelas duas entidades*

O Sindicato de Lojistas do Comércio do Rio de Janeiro (SindilojasRio) e o Clube de Diretores Lojistas do Rio de Janeiro (CDL-Rio) lançaram ontem uma cartilha para orientar lojistas e consumidores sobre seus direitos e deveres. Com o objetivo de dar mais transparência e melhorar as relações de consumo, a cartilha tem apoio também da Secretaria Estadual de Proteção e Defesa do Consumidor (Seprocon)/ Procon-RJ.

Batizada de Boas Vendas, Boas Compras! – Guia prático de direitos e deveres para lojistas e consumidores, a publicação destaca os principais pontos do Código de Defesa do Consumidor (CDC), selecionados a partir das dúvidas e reclamações mais comuns recebidas, tanto pelo SindilojasRio e CDL-Rio, como pelo Procon-RJ.

"A partir da conscientização de consumidores e lojistas sobre seus direitos e deveres, queremos contribuir para o crescimento sustentável das empresas, tendo como base a ética, a qualidade dos produtos e a boa prestação de serviços ao consumidor", explicou o presidente do SindilojasRio e do CDL-Rio, Aldo Gonçalves.

Gonçalves destacou que as duas entidades estão comprometidas em promover mudanças que propiciem o avanço das relações de consumo, além do desenvolvimento do varejo carioca.

"O consumidor é o nosso foco. É importante informá-lo dos seus direitos", disse o empresário, ressaltando que conhecer bem o CDC é vital não só para os lojistas, mas também para seus fornecedores.

Jornal do Commercio. Rio de Janeiro. 08 abr. 2014, A-9. Adaptado.

(Escriturário – BB – 2014 – CESGRANRIO) Após ler o texto, que é uma reportagem, um funcionário do jornal decidiu enviá-lo por *e-mail* a um colega, mas, além do texto completo, ele resolveu também anexar uma imagem com a capa do jornal. A mensagem enviada tinha, porém, uma concordância que desrespeitava a norma-padrão.

Essa concordância equivocada está exemplificada em:

(A) Mando-lhe dois arquivos alusivos à matéria mencionada em epígrafe.

(B) Segue os dois arquivos que mencionei sobre a cartilha do consumidor.

(C) Envio dois arquivos atachados referentes aos itens que mencionei acima.

(D) Veja nos anexos os dois arquivos sobre a matéria mencionada.

(E) Anexo nesta mensagem dois arquivos relacionados com a reportagem.

A alternativa que apresenta erro de concordância é a letra "B", que deve ser assinalada. O correto seria "seguem os dois arquivos...".

Gabarito "B".

(BB – Escriturário – 2011 – FCC) A frase em que a concordância verbal e nominal está inteiramente respeitada é:

(A) Ainda não foi suficiente os investimentos na tentativa de redução dos índices de pobreza verificados em todo o mundo.

(B) Em relação ao poder aquisitivo, ainda se observa dados assustadores quanto à miséria em que vivem populações inteiras.

(C) São claras algumas implicações políticas na área do desenvolvimento humano, pois é imprescindível a ação do poder público na erradicação da miséria.

(D) Deve ser levado em conta a sustentabilidade do crescimento econômico, para que se garanta melhorias efetivas das condições de vida da população.

(E) Alguns especialistas tende a atribuir à crise financeira a principal razão do retrocesso nos resultados satisfatórios que já tinha sido alcançado.

A: incorreta. O verbo "ser" e o adjetivo "suficiente" concordam com "investimentos", portanto deveriam estar no plural ("não foram suficientes"); **B:** incorreta. O verbo "observar" concorda com seu objeto, "dados assustadores", portanto deveria estar no plural ("ainda se observam dados assustadores"); **C:** correta. Todas as normas de concordância verbal foram respeitadas; **D:** incorreta. Há dois erros: o particípio do verbo "levar" é variável e concorda com "sustentabilidade", devendo ser flexionado no feminino ("levada"), e o verbo "garantir" deve concordar com "melhorias", indo para o plural ("garantam"); **E:** incorreta. O verbo "tender" deve concordar com o sujeito "especialistas", indo para o plural ("tendem") e, no último período, a locução verbal deve ser flexionada no plural para concordar com "resultados" ("tinham sido").

Gabarito "C"

(BB – Escriturário – 2010 – FCC) A concordância verbal e nominal está inteiramente correta na frasE:

(A) Cada vez mais se tornam imprescindíveis medidas que venham a alterar o relacionamento entre o homem e a natureza.

(B) Quando entra em discussão nos países envolvidos as questões sobre responsabilidade climática, dificilmente se chega a um acordo.

(C) Chegaram-se a impasses nas negociações sobre a sustentabilidade do planeta pela impossibilidade de determinar a responsabilidade de cada país.

(D) Foram detectadas, nas análises mais recentes, a presença de partículas de poluentes prejudiciais à saúde humana.

(E) Estão havendo problemas nas negociações sobre o clima por falta de consenso entre os países participantes.

A: correta. Todas as normas de concordância verbal e nominal foram respeitadas; **B:** incorreta. O verbo "entrar" deve concordar com "questões", indo para o plural ("entram"); **C:** incorreta. A oração está na voz ativa com sujeito indeterminado. Portanto, o verbo "chegar" deve permanecer no singular ("chegou-se a impasses"); **D:** incorreta. A locução verbal que inaugura o período concorda com "presença", portanto deve ser escrita no singular ("Foi detectada"); **E:** incorreta. Quando usado como sinônimo de "existir", o verbo "haver" é impessoal. Portanto, ainda que inserido em uma locução verbal, deve permanecer no singular, tanto ele quanto o verbo auxiliar ("Está havendo problemas").

Gabarito "A"

O número de mulheres no mercado de trabalho mundial é o maior da História, tendo alcançado, em 2007, a marca de 1,2 bilhão, segundo relatório da Organização Internacional do Trabalho (OIT). Em dez anos, houve um incremento de 200 milhões na ocupação feminina. Ainda assim, as mulheres representaram um contingente distante do universo de 1,8 bilhão de homens empregados.

Em 2007, 36,1% delas trabalhavam no campo, ante 46,3% em serviços. Entre os homens, a proporção é de 34% para 40,4%. O universo de desempregadas subiu de 70,2 milhões para 81,6 milhões, entre 1997 e 2007 — quando a taxa de desemprego feminino atingiu 6,4%, ante 5,7% da de desemprego masculino. Há, no mundo, pelo menos 70 mulheres economicamente ativas para 100 homens.

O relatório destaca que a proporção de assalariadas subiu de 41,8% para 46,4% nos últimos dez anos. Ao mesmo tempo, houve queda no emprego vulnerável (sem proteção social e direitos trabalhistas), de 56,1% para 51,7%. Apesar disso, o universo de mulheres nessas condições continua superando o dos homens.

O Globo, 7/3/2007, p. 31 (com adaptações).

(BB – Escriturário – 2008 – CESPE) Julgue o próximo item, relativo ao texto apresentado.

(1) O emprego de singular em "houve" (l.4) deve-se ao singular em "um incremento" (l.4-5) e, por isso, se essa expressão estivesse no plural, o verbo deveria ser empregado também no plural.

1: incorreta. O verbo "haver", no sentido de existir, é impessoal e, por isso, é conjugado sempre na terceira pessoa do singular.

Gabarito 1E

Em meio a uma crise da qual ainda não sabe como escapar, a União Europeia celebra os 50 anos do Tratado de Roma, pontapé inicial da integração no continente. Embora sejam muitos os motivos para comemorar, como a manutenção da paz e a consolidação do mercado comum, os chefes dos 27 Estados-membros têm muito com o que se preocupar. A discussão sobre a Constituição única não vai adiante, a expansão para o leste dificulta a tomada de decisões e os cidadãos têm dificuldade para identificar-se como parte da megaestrutura europeia.

O Estado de S.Paulo, 25/3/2007, p. A20.

(BB – Escriturário – 2007 – CESPE) Com referência às estruturas e às ideias do texto, bem como a aspectos associados aos temas nele tratados, julgue o item subsequente.

(1) Na linha 6, a forma verbal "têm" está no plural para concordar com "Estados-membros".

1: incorreta. A forma verbal "têm" concorda com o substantivo "chefes".

Gabarito 1E

"O folhetim é frutinha de nosso tempo", disse Machado de Assis numa de suas deliciosas crônicas. E volta ao assunto na crônica seguinte.

"O folhetinista é originário da França [...] De lá espalhou-se pelo mundo, ou pelo menos por onde maiores proporções tomava o grande veículo do espírito moderno; falo do jornal." E Machado tenta "definir a nova entidade literária", procura esmiuçar a "organização do novo animal". Mas dessa nova entidade só vai circunscrever a variedade que se aproxima do que hoje chamaríamos crônica. E como na verdade a palavra ***folhetim*** *designa muitas coisas, e, efetivamente, nasceu na França, há que ir ver o que o termo recobre lá na matriz.*

De início, ou seja, começos do século XIX, "le feuilleton" designa um lugar preciso do jornal. "o rez-de-chaussée" – rés-do-chão, rodapé -, geralmente o da primeira página. Tinha uma finalidade precisa: era um espaço vazio destinado ao entretenimento. E pode-se já antecipar, dizendo que tudo o que haverá de constituir a matéria e o modo da crônica à brasileira já é, desde a origem, a vocação primeira desse espaço geográfico do jornal, deliberadamente frívolo, oferecido como chamariz aos leitores afugentados pela modorra cinza a que obrigava a forte censura napoleônica. ("Se eu soltasse as rédeas da imprensa", explicava Napoleão ao célebre Fouché, seu chefe de polícia, "não ficaria três meses no poder.")

(MEYER, Marlyse, **Folhetim**: uma história. 2 ed. São Paulo: Companhia das Letras, 2005, p. 57)

(BB – Escriturário – 2006 – FCC) *E como na verdade a palavra folhetim designa muitas coisas, e, efetivamente, nasceu na França, há que ir ver o que o termo recobre lá na matriz.*

Substituindo a palavra folhetim, na frase acima, por "as palavras", estará em conformidade com a norma padrão culta a seguinte redação do segmento sublinhado:

(A) há que irem ver o que o termo recobre lá na matriz.

(B) há que ir verem o que o termo recobre lá na matriz.

(C) hão que ir ver o que os termos recobrem lá na matriz.

(D) há que irem verem o que os termos recobre lá na matriz.

(E) há que ir ver o que os termos recobrem lá na matriz.

A locução verbal "há que ir ver" indica a indeterminação do sujeito da oração e, por isso, não se flexiona, sendo mantida na terceira pessoa do singular. A concordância é realizada apenas com o objeto direto, que retoma a expressão "as palavras". Assim, temos: "(...) há que ir ver o que os termos recobrem lá na matriz".

Gabarito "E."

12. ANÁLISE SINTÁTICA

E pode-se já antecipar, dizendo que tudo o que haverá de constituir a matéria e o modo da crônica à brasileira já é, desde a origem, a vocação primeira desse espaço geográfico do jornal, deliberadamente frívolo, oferecido como chamariz aos leitores afugentados pela modorra cinza a que obrigava a forte censura napoleônica.

(BB – Escriturário – 2006 – FCC) Considerado o contexto, é correto afirmar que, no fragmento,

(A) a expressão *do jornal* (*espaço geográfico do jornal*) pode ser substituída por "jornalístico", sem prejuízo do sentido original.

(B) trocando *obrigava* por "impunha", o novo segmento "pela modorra cinza a que impunha a forte censura" continuaria adequado à norma padrão escrita.

(C) a expressão *pela modorra cinza* exerce a mesma função sintática exercida pelo segmento assinalado em "Corriam pela estrada solitária".

(D) a expressão *a forte censura napoleônica* constitui o objeto direto do verbo *obrigava*.

(E) a forma verbal *obrigava* denota que o fato ocorrido no passado era habitual.

A: incorreta. O adjetivo "jornalístico" refere-se ao jornalismo como atividade (o ato de publicar notícias e fatos), não ao jornal como meio de publicação; **B:** incorreta. O verbo "impor" é transitivo direto, de forma que a permanência da preposição "a" antes de "que" torna-se incorreta; **C:** incorreta. No texto, "pela modorra cinza" exerce função sintática de agente da passiva, ao passo que a oração traz, no termo sublinhado, um adjunto adverbial de lugar; **D:** incorreta. "A forte censura napoleônica" é sujeito do verbo "obrigava"; **E:** correta, por ser justamente a ideia transmitida pelo pretérito imperfeito do indicativo.

Gabarito "E."

13. PONTUAÇÃO

Cartilha orienta consumidor

Lançada pelo SindilojasRio e pelo CDL-Rio, em parceria com o Procon-RJ, guia destaca os principais pontos do Código de Defesa do Consumidor (CDC), *selecionados a partir das dúvidas e reclamações mais comuns recebidas pelas duas entidades*

O Sindicato de Lojistas do Comércio do Rio de Janeiro (SindilojasRio) e o Clube de Diretores Lojistas do Rio de Janeiro (CDL-Rio) lançaram ontem uma cartilha para orientar lojistas e consumidores sobre seus direitos e deveres. Com o objetivo de dar mais transparência e melhorar as relações de consumo, a cartilha tem apoio também da Secretaria Estadual de Proteção e Defesa do Consumidor (Seprocon)/ Procon-RJ.

Batizada de Boas Vendas, Boas Compras! – Guia prático de direitos e deveres para lojistas e consumidores, a publicação destaca os principais pontos do Código de Defesa do Consumidor (CDC), selecionados a partir das dúvidas e reclamações mais comuns recebidas, tanto pelo SindilojasRio e CDL-Rio, como pelo Procon-RJ.

"A partir da conscientização de consumidores e lojistas sobre seus direitos e deveres, queremos contribuir para o crescimento sustentável das empresas, tendo como base a ética, a qualidade dos produtos e a boa prestação de serviços ao consumidor", explicou o presidente do SindilojasRio e do CDL-Rio, Aldo Gonçalves.

Gonçalves destacou que as duas entidades estão comprometidas em promover mudanças que propiciem o avanço das relações de consumo, além do desenvolvimento do varejo carioca.

"O consumidor é o nosso foco. É importante informá-lo dos seus direitos", disse o empresário, ressaltando que conhecer bem o CDC é vital não só para os lojistas, mas também para seus fornecedores.

Jornal do Commercio. Rio de Janeiro. 08 abr. 2014, A-9. Adaptado.

(Escriturário – BB – 2014 – CESGRANRIO) Considere-se a hipótese de que, antes de publicado no jornal, o texto foi revisto pelo seu editor, que propôs a alteração do trecho "'tendo como base a ética, a qualidade dos produtos e a boa prestação de serviços ao consumidor'" (l. 20-21), pois o texto original continha uma vírgula antes da conjunção **e**.

Se for considerado que ele se baseou nas regras de emprego da vírgula adequado à norma-padrão, a decisão do editor levou em conta a

(A) proibição de colocar vírgula antes da conjunção **e**.
(B) recomendação de separar por vírgula os elementos de uma enumeração.
(C) interpretação de que a ênfase criada pela vírgula antes do **e** era desnecessária.
(D) obrigatoriedade de colocar vírgula apenas nos elementos iniciais de uma enumeração.
(E) suposição de que a vírgula criaria um efeito de ambiguidade no texto.

A: incorreta. A vírgula não é proibida nesse caso. Seu uso é facultativo antes do último elemento de uma enumeração; **B:** incorreta. A recomendação geral não vale para o último elemento, que usualmente é introduzido somente pela conjunção "e"; **C:** correta. O uso da vírgula antes do último item de uma enumeração tem como único objetivo enfatizar esse mesmo elemento. Contudo, no trecho destacado, não há qualquer razão para dar ênfase a esta parte; **D:** incorreta, pelas razões já discutidas nas letras "A" e "B"; **E:** incorreta. Não haveria problemas de ambiguidade, pois, como já se disse, a vírgula é opcional.

Gabarito "C"

A média universal do Índice de Desenvolvimento Humano aumentou 18% desde 1990. Mas a melhora estatística está longe de animar os autores do Relatório de 2010. Eles argumentam que, embora os números reflitam avanços em determinadas áreas, o mundo continua a conviver com problemas graves, que exigem uma nova perspectiva política.

O cenário apresentado pelo Relatório não é animador. O documento adverte que, nestes 20 anos, parte dos países enfrentou sérios problemas, sobretudo na saúde, anulando em alguns anos os ganhos de várias décadas. Além disso, o crescimento econômico tem sido desigual. Os padrões de produção e consumo atuais são considerados inadequados.

Embora não queira apresentar receitas prontas, o Relatório traça caminhos possíveis. Entre eles, o reconhecimento da ação pública na regulação da economia para proteger grupos mais vulneráveis. Outro aspecto ressaltado é a necessidade de considerar pobreza, crescimento e desigualdade como temas interligados. "Crescimento rápido não deve ser o único objetivo político, porque ignora a distribuição do rendimento e negligencia a sustentabilidade do crescimento", informa o texto.

Um aspecto importante revelado pelo Relatório é que muitas das ações para melhoria da saúde e da educação não necessitam de grande investimento financeiro. Isso está mais presente sobretudo onde os indicadores são ruins. "Numa primeira etapa, medidas simples como inclusão do soro caseiro e lavagem das mãos já trazem impacto relevante", avalia Flávio Comim, economista do Programa das Nações Unidas para o Desenvolvimento.

(Adaptado de Lígia Formenti. **O Estado de S. Paulo**, A30 **Vida**, 5 de novembro de 2010)

(BB – Escriturário – 2011 – FCC) O trecho colocado entre aspas, no final do 3º parágrafo, indica que se trata de

(A) comentário pessoal do autor do texto sobre dados do Relatório.
(B) insistência na correção dos dados apresentados pelo Relatório.
(C) repetição desnecessária de informação já citada no texto.
(D) transcrição exata do que consta no texto do Relatório de 2010.
(E) resumo do assunto principal constante do Relatório de 2010.

As aspas foram utilizadas para indicar uma citação literal de parte do texto do relatório.

Gabarito "D"

A multiplicação de desastres naturais vitimando populações inteiras é inquietante: tsunamis, terremotos, secas e inundações devastadoras, destruição da camada de ozônio, degelo das calotas polares, aumento dos oceanos, aquecimento do planeta, envenenamento de mananciais, desmatamentos, ocupação irresponsável do solo, impermeabilização abusiva nas grandes cidades. Alguns desses fenômenos não estão diretamente vinculados à conduta humana. Outros, porém, são uma consequência direta de nossas maneiras de sentir, pensar e agir.

É aqui que avulta o exemplo de Hans Jonas.

*Em 1979 ele publicou **O Princípio Responsabilidade**. A obra mostra que as éticas tradicionais – antropocêntricas e baseadas numa concepção instrumental da tecnologia – não estavam à altura das consequências danosas do progresso tecnológico sobre as condições de vida humana na Terra e o futuro das novas gerações. Jonas propõe uma ética para a civilização tecnológica, capaz de reconhecer para a natureza um direito próprio. O filósofo detectou a propensão de nossa civilização para degenerar de maneira desmesurada, em virtude das forças econômicas e de outra índole que aceleram o curso do desenvolvimento tecnológico, subtraindo o processo de nosso controle.*

Tudo se passa como se a aquisição de novas competências tecnológicas gerasse uma compulsão a seu aproveitamento industrial, de modo que a sobrevivência de nossas sociedades depende da atualização do potencial tecnológico, sendo as tecnociências suas principais forças produtivas. Funcionando de modo autônomo, essa dinâmica tende a se reproduzir coercitivamente e a se impor como único meio de resolução dos problemas sociais surgidos na esteira do desenvolvimento. O paradoxo consiste em que o progresso converte o sonho de felicidade em pesadelo apocalíptico – profecia macabra que tem hoje a figura da catástrofe ecológica. [...]

Jonas percebeu o simples: para que um "basta" derradeiro não seja imposto pela catástrofe, é preciso uma nova conscientização, que não advém do saber oficial nem da conduta privada, mas de um novo sentimento coletivo de responsabilidade e temor. Tornar-se inventivo no medo, não só reagir com a esperteza de "poupar a galinha dos ovos de ouro", mas ensaiar novos estilos de vida, comprometidos com o futuro das próximas gerações.

(Adaptado de Oswaldo Giacoia Junior. **O Estado de S. Paulo**, A2 *Espaço Aberto*, 3 de abril de 2010)

(BB – Escriturário – 2010 – FCC) Considere as afirmativas a respeito dos sinais de pontuação empregados no texto.

I. Os dois-pontos, no 1º parágrafo, introduzem enumeração de fatos que exemplificam *desastres naturais*.

II. Os travessões isolam, no 3º parágrafo, um comentário explicativo da expressão imediatamente anterior a esse segmento.

III. O travessão único, no final do 4º parágrafo, pode ser corretamente substituído por uma vírgula, sem alteração do sentido original.

IV. As aspas colocadas na frase do final do texto *"poupar a galinha dos ovos de ouro"* têm por objetivo assinalar a ideia principal do texto.

Está correto o que consta APENAS em

(A) I e II.
(B) I, II e III.
(C) I, III e IV.
(D) II, III e IV.
(E) II e IV.

I: correta, sendo exatamente a função dos dois-pontos no trecho; II: correta. Os travessões isolam o aposto, que esclarece o conceito de "éticas tradicionais"; III: correta. Tal qual no item anterior, o travessão isola o aposto e, com essa função, pode ser substituído por vírgula sem prejuízo à correção gramatical do texto; IV: incorreta. As aspas foram utilizadas para indicar que a expressão está sendo utilizada em sentido conotativo (figurado), por se tratar de uma expressão popular.

Gabarito "B"

O sabiá político

Do ano passado para cá, o setor canoro das árvores, aqui na ilha, sofreu importantes alterações.

Aguinaldo, o sabiá titular e decano da mangueira, terminou por falecer, como se vinha temendo. Embora nunca se tenha aposentado, já mostrava sinais de cansaço e era cada vez mais substituído, tanto nos saraus matutinos quanto nos vespertinos, pelo sabiá-tenor Armando Carlos, então grande promessa jovem do bel canto no Recôncavo. Morreu de velho, cercado pela admiração da coletividade, pois pouco se ouviram, em toda a nossa longa história, timbre e afinação tão maviosos, além de um repertório de árias incriticável, bem como diversas canções românticas. (...) Armando Carlos também morava na mangueira e, apesar de já adivinhar que o velho Aguinaldo não estaria mais entre nós neste verão, eu não esperava grandes novidades na pauta das apresentações artísticas na mangueira. Sofri, pois, rude surpresa, quando, na sessão alvorada, pontualmente iniciada às quinze para as cinco da manhã, o canto de Armando Carlos, em pleno vigor de sua pujante mocidade, soou meio distante.

Apurei os ouvidos, esfreguei as orelhas como se estivessem empoeiradas.

Mas não havia engano. Passei pelo portão apreensivo quanto ao que meus sentidos me mostravam, voltei o olhar para cima, vasculhei as frondes das árvores e não precisei procurar muito. Na ponta de um galho alto, levantando a cabeça para soltar pelos ares um dó arrebatador e estufando o peito belamente ornado de tons de cobre vibrantes, Armando Carlos principiava a função.

Dessa vez foram meus olhos incrédulos que tive de esfregar e, quando os abri novamente, a verdade era inescapável.

E a verdade era – e ainda é – que ele tinha inequivocamente se mudado para o oitizeiro de meu vizinho Ary de Maninha, festejado e premiado orador da ilha (...).

Estou acostumado à perfidez e à ingratidão humanas, mas sempre se falou bem do caráter das aves em geral e dos sabiás em particular. O sabiá costuma ser fiel à sua árvore, como Aguinaldo foi até o fim. Estaríamos então diante de mais um exemplo do comportamento herético das novas gerações? Os sabiás de hoje em dia serão degenerados? Eu teria dado algum motivo para agravo ou melindre? Ou, pior, haveria uma possível esposa de Armando Carlos sido mais uma vítima do mico canalha que também mora na mangueira? Bem, talvez se tratasse de algo passageiro; podia ser que, na minha ausência, para não ficar sem plateia, Armando Carlos tivesse temporariamente transferido sua ribalta para o oitizeiro. Mas nada disso. À medida que o tempo passava, o concerto das dez também soando distante e o mesmo para o recital do meio-dia, a ficha acabou de cair. A mangueira agora está reduzida aos sanhaços, pessoal zoadeiro, inconstante e agitado; aos cardeais, cujo coral tenta, heroica mas inutilmente, preencher a lacuna dos sabiás. (...)

RIBEIRO, João Ubaldo. **O Globo**, 14 fev. 2010. (Adaptado)

(BB – Escriturário – 2010 – CESGRANRIO) Em "Mas não havia engano." (l. 25), o sinal de pontuação que **NÃO** pode substituir o ponto (.) é

(A) vírgula (,)
(B) ponto e vírgula (;)
(C) dois pontos (:)
(D) travessão (–)
(E) reticências (...)

O ponto, no trecho, indica a conclusão do raciocínio e o início de outro em seguida. Nessa função, pode ser substituído normalmente por ponto e vírgula ou reticências. O uso dos dois-pontos e do travessão também é admissível, mas transformaria o período seguinte em aposto. Somente não se aceita o uso da vírgula, porque ela representa a continuidade do raciocínio e prejudicaria a clareza e coerência do texto.

Gabarito "A"

Mesmo quando sucumbimos aos nossos impulsos consumistas, estamos sempre pagando um preço além daquele debitado em nossa conta bancária. Quando você compra um carro, por exemplo, não está adquirindo apenas um veículo útil ou um símbolo de status. Você leva também um possível agente poluidor e — se levarmos em conta os números de acidentes nas estradas do país — uma arma em potencial. Nesse caso, há o preço da consciência ambiental e da responsabilidade de dirigir não apenas para si mesmo, mas para a comunidade como um todo. O comprador acaba levando mais do que compra e, para o bem maior da coletividade, é preciso que arque com essas despesas extras.

Planeta, maio/2006, p. 50 (com adaptações).

(BB – Escriturário – 2008 – CESPE) A partir do texto acima, julgue o item que se segue.

(1) Preservam-se a coerência textual e a correção gramatical se o termo "despesas extras" (l.12) for escrito entre aspas no texto.

1: correta, porque o termo "despesas" é usado em seu sentido conotativo (figurado), sendo autorizado o uso das aspas para indicar essa situação.

Gabarito 1C

Em meio a uma crise da qual ainda não sabe como escapar, a União Europeia celebra os 50 anos do Tratado de Roma, pontapé inicial da integração no continente. Embora sejam muitos os motivos para comemorar, como a manutenção da paz e a consolidação do mercado comum, os chefes dos 27 Estados-membros têm muito com o que se preocupar. A discussão sobre a Constituição única não vai adiante, a expansão para o leste dificulta a tomada de decisões e os cidadãos têm dificuldade para identificar-se como parte da megaestrutura europeia.

O Estado de S.Paulo, 25/3/2007, p. A20.

(BB – Escriturário – 2007 – CESPE) Com referência às estruturas e às ideias do texto, bem como a aspectos associados aos temas nele tratados, julgue o item subsequente.

(1) As vírgulas logo após "comemorar" (l.4) e "comum" (l.5) podem, sem prejuízo para a correção gramatical do período, ser substituídas por travessões.

1: correta. O trecho entre vírgulas exerce função sintática de aposto e, portanto, pode ser isolado na oração por travessões.

Gabarito 1C

O exercício da memória, seu exercício mais intenso e mais contundente, é indissociável da presença dos velhos entre nós. Quando ainda não contidos pelo estigma de improdutivos, quando por isso ainda não constrangidos pela impaciência, pelos sorrisos incolores, pela cortesia inautêntica, pelos cuidados geriátricos impessoais, pelo isolamento, quando então ainda não-calados, dedicam-se os velhos, cheios de espontaneidade, à cerimônia da evocação, evocação solene do que mais impressionou suas retinas tão fatigadas, enquanto seus interesses e suas mãos laborosas participavam da norma e também do mistério de uma cultura.

(GONÇALVES FILHO, José Moura, "Olhar e memória". IN: **O olhar**. NOVAES, Adauto (org.). 10a reimpressão. São Paulo: Companhia das Letras, 2003, p. 97)

(BB – Escriturário – 2006 – FCC)... *evocação solene do que mais impressionou suas retinas tão fatigadas, enquanto seus interesses e suas mãos laborosas participavam da norma e também do mistério de uma cultura.*

A mudança efetuada na pontuação da frase acima manteve o segmento em conformidade com a norma padrão em

(A) ... evocação solene do que mais impressionou suas retinas tão fatigadas, enquanto seus interesses, e suas mãos laborosas, participavam da norma e, também, do mistério de uma cultura.

(B) ... evocação solene do que mais impressionou suas retinas tão fatigadas, enquanto seus interesses, e suas mãos laborosas participavam da norma e, também do mistério de uma cultura.

(C) ... evocação solene, do que mais impressionou suas retinas tão fatigadas; enquanto seus interesses e suas mãos laborosas participavam da norma e também, do mistério de uma cultura.

(D) ... evocação solene do que mais impressionou suas retinas tão fatigadas, enquanto seus interesses e suas mãos laborosas, participavam da norma e também do mistério de uma cultura.

(E) ... evocação solene do que mais impressionou suas retinas tão fatigadas, enquanto seus interesses e suas mãos laborosas participavam, da norma e também do mistério, de uma cultura.

A única proposta de pontuação correta é a constante da alternativa "A", porque isola com vírgulas, primeiro, termos coordenados da oração ("e suas mãos laborosas"), trecho que, com o sentido dado pela nova pontuação, poderia ser isolado com travessões, parênteses ou mesmo suprimido da oração; segundo, o adjunto adverbial "também" que, por estar deslocado da ordem direta, pode ser isolado na oração pela pontuação correspondente.

Gabarito "A"

14. QUESTÕES COMBINADAS

(Escriturário – BB – 2014.1 – CESGRANRIO) A seguinte frase está redigida com adequada grafia de palavras, correta acentuação e pontuação de acordo com a norma-padrão:

(A) A raiz, geralmente subterrânea, não abdica de compostos nitrogenados e outras substâncias orgânicas.

(B) As raízes geralmente subterrâneas, não abidicam de compostos nitrogenados e outras substâncias orgânicas.

(C) As raízes, crescem abaixo da superficie da terra, mas não abidicam de compostos nitrogenados e outras substâncias orgânicas.

(D) A raíz é o membro das árvores que cresce abaixo da terra, mas não abdica de compostos nitrogenados e outras substâncias orgânicas.

(E) A raíz é o membro das árvores que, apesar de crescer abaixo da terra não abdica de compostos nitrogenados e outras substâncias orgânicas.

A: correta. O período atende a todas as normas gramaticais; **B:** incorreta. Deveria haver vírgula antes de "geralmente" e a grafia correta é "abdicar" (com "b" mudo); **C:** incorreta. Não deveria haver vírgula após "raízes" e a grafia correta é "abdicar" (com "b" mudo). Além disso, há acento em "superfície"; **D:** incorreta. "Raiz" não tem acento, pois é oxítona. "Raízes" tem acento porque o "i" produz hiato com a vogal "a" anterior; **E:** incorreta. O mesmo problema de acentuação e também deveria haver vírgula após "terra".

Gabarito "A"

O código de acesso exigido em transações nos caixas eletrônicos do Banco do Brasil é uma sequência de letras, gerada automaticamente pelo sistema. Até o dia 17/12/2007, o código de acesso era composto por 3 letras maiúsculas. Os códigos de acessos gerados a partir de 18/12/2007 utilizam, também, sílabas de

2 letras — uma letra maiúscula seguida de uma letra minúscula.
Exemplos de código de acesso no novo modelo: Ki Ca Be; Lu S Ra; T M Z.

(BB – Escriturário – 2008 – CESPE) Quanto aos aspectos linguísticos e aos sentidos do texto, julgue os itens seguintes.

(1) Do ponto de vista da correção gramatical, a palavra "gerada" (l.3) poderia ser flexionada como "gerado" ou como "geradas;" mas, do ponto de vista da coerência textual, a flexão no feminino singular explicita que "sequência" (l.2) é o substantivo qualificado por esses adjetivos.

(2) Os termos "automaticamente" (l.3) e "a partir de 18/12/2007" (l.6) acrescentam, às orações em que se inserem, informações circunstanciais de modo e tempo, respectivamente.

1: correta. Se flexionado no masculino ("gerado"), o adjetivo remeteria a "código". Se flexionado no feminino plural ("geradas"), remeteria a "letras". Porém, em respeito à coerência, melhor a forma escolhida; **2:** correta. Ambas têm função de advérbio.

Gabarito 1C, 2C

Os bancos médios alcançaram um de seus melhores anos em 2006. A rigor, essas instituições não optaram por nenhuma profunda ou surpreendente mudança de foco estratégico. Bem ao contrário, elas apenas voltaram a atuar essencialmente como bancos: no ano passado a carteira de crédito dessas casas bancárias cresceu 39,2%, enquanto a carteira dos dez maiores bancos do país aumentou 26,2%, ambos com referência a 2005.

É apressado asseverar que essa expansão do segmento possa gerar maior concorrência no setor. Vale lembrar, apenas como comparação, que a chegada dos bancos estrangeiros (nos anos 90) não surtiu o efeito esperado quanto à concorrência bancária. Os bancos estrangeiros cobram o preço mais alto em 21 tarifas. E os bancos privados nacionais, médios e grandes, têm os preços mais altos em outras 21. O tamanho do banco não determina o empenho na cobrança de tarifas. O principal motivo da fraca aceleração da concorrência do sistema bancário é a permanência dos altos spreads, a diferença entre o que o banco paga ao captar e o que cobra ao emprestar, que não se altera muito, entre instituições grandes ou médias.

Vale notar, também, que os bons resultados dos bancos médios brasileiros atraíram grandes instituições do setor bancário internacional interessadas em participação segmentada em forma de parceria. O Sistema Financeiro Nacional só tem a ganhar com esse tipo de integração. Dessa forma, o cenário, no médio prazo, é de acelerado movimento de fusões entre bancos médios, processo que já começou. Será um novo capítulo da história bancária do país.

Gazeta Mercantil, Editorial, 28/3/2007.

(BB – Escriturário – 2007 – CESPE) A respeito do texto acima e de aspectos relacionados ao tema nele abordado, julgue os itens a seguir.

(1) Pelos sentidos do texto, os bons resultados dos bancos médios contribuem para acelerar significativamente a concorrência bancária.

(2) O interesse dos gigantes do setor bancário internacional pelas instituições brasileiras prejudica o Sistema Financeiro Nacional.

(3) O pronome "elas" (l.4) retoma o antecedente "essas instituições" (l.2).

(4) Na linha 5, mantém-se a correção gramatical do texto ao se substituir o sinal de dois-pontos por ponto final, colocando-se inicial maiúscula em "no".

(5) O emprego do subjuntivo em "possa" (l.10) justifica-se por se tratar de uma afirmação hipotética.

(6) Estaria gramaticalmente correta a inserção da conjunção Portanto, seguida de vírgula, antes de "O tamanho do banco" (l.16), com ajuste na inicial maiúscula.

(7) Mantém-se a correção gramatical do período ao se substituir a vírgula após "spreads" (l.19) por sinal de dois-pontos.

(8) A relação semântico-sintática entre o período que termina em "parceria" (l.25) e o que começa com "O Sistema Financeiro" seria corretamente explicitada por meio da conjunção Entretanto.

(9) A inserção do pronome Ela antes de "Será um novo capítulo" (l.29), com ajuste de maiúscula, mantém a coesão textual.

(10) A correção gramatical, o nível de formalidade e as escolhas lexicais permitem afirmar-se que a linguagem do texto está apropriada para correspondências oficiais.

(11) Considere que a carteira de crédito de determinado banco de tamanho médio seja formada exclusivamente de créditos imobiliários e que os contratos efetuados durante o ano de 2005 tenham somado R$ 75 milhões. Nessa situação, de acordo com o texto, é possível que durante o ano de 2006 essa casa bancária tenha contratado mais de R$ 100 milhões de empréstimos para o setor imobiliário.

(12) Considere que a projeção para a carteira de crédito dos 10 maiores bancos do país seja de um crescimento em 2007, com relação a 2006, no mínimo igual ao crescimento havido para a carteira de crédito dos bancos médios em 2006, com relação a 2005. Nessa situação, os 10 maiores bancos do país esperam um crescimento de suas carteiras de crédito em 2007, com relação a 2005, superior a 70%.

1: incorreta. Ao contrário, os dados apresentados no texto demonstram que o aumento dos lucros dos bancos médios tem pouca ou nenhuma influência na concorrência do setor; **2:** incorreta. Para o autor, a chegada dos bancos internacionais, os maiores do mundo, apenas traz vantagens aos Sistema Financeiro Nacional; **3:** correta. O pronome foi efetivamente utilizado como elemento de coesão e para evitar repetições desnecessárias; **4:** correta. A alteração manteria a coerência e a correção gramatical, alterando apenas a função sintática da frase seguinte, que deixaria de ser aposto para ganhar função de oração coordenada; **5:** correta. A função do presente do subjuntivo é justamente expressar uma possibilidade futura; **6:** correta. A oração tem função adverbial conclusiva, sendo possível sua introdução pelo conectivo "portanto", que tem a mesma natureza; **7:** correta. Como o trecho seguinte tem função sintática de aposto, pode ser introduzido por dois-pontos; **8:** incorreta. "Entretanto" é conjunção adversativa, ou seja, introduz uma oração que pretende contradizer a anterior. No caso em exame, ao contrário, a oração seguinte apoia a ideia exposta na anterior, podendo ser iniciada, se assim preferisse o autor, por uma conjunção aditiva (como "e", por exemplo); **9:** incorreta. O texto perderia sua coesão porque o pronome feminino não teria nenhum referente anterior, prejudicando a compreensão; **10:** correta. O texto poderia muito bem estar inserido em um documento oficial por suas características (correção, objetividade e clareza); **11:** correta. Se o volume de créditos concedidos subiu 39,2%, como indica o texto, no ano de 2006 a instituição contratou cerca de 104,4 milhões em créditos imobiliários (39,2% de 75.000.000 é igual a 29.400.000, que, somados, chegam a 104.400.000); **12:** correta. Confira o raciocínio: de 2005 para 2006, os bancos grandes tiveram um aumento de 26,2% em suas concessões de crédito. Por exemplo, subiram de 100.000 para 126.200. Se tiveram, de 2006 para 2007, um aumento igual ao dos bancos médios indicados no texto, tal evolução alcançou 39,2%. Ora, 39,2% de 126.200 é igual a aproximadamente 49.000, logo as cartas de crédito atingiram a soma desses dois valores: 175.200. Portanto, comparando 2005 (100.000) com 2007 (175.200) temos um aumento de 75,2%.

Gabarito 1E, 2E, 3C, 4C, 5C, 6C, 7C, 8E, 9E, 10C, 11C, 12C

E pode-se já antecipar, dizendo que tudo o que haverá de constituir a matéria e o modo da crônica à brasileira já é, desde a origem, a vocação primeira desse espaço geográfico do jornal, deliberadamente frívolo, oferecido como chamariz aos leitores afugentados pela modorra cinza a que obrigava a forte censura napoleônica.

(**BB – Escriturário – 2006 – FCC**) Considerado o contexto, é correto afirmar que, no fragmento acima,

(A) o advérbio *já* (em *pode-se já*) indica um grau relativo, tal como se nota em "Se resolver umas duas das várias pendências, já me dou por satisfeito".

(B) o emprego da expressão *haverá de constituir* é revelador de que a ocorrência referida já é de pleno conhecimento da autora.

(C) o pronome *o* (em *tudo o que*) é do mesmo tipo do encontrado na frase "Procurei o livro o dia todo, mas não o encontrei".

(D) a forma verbal *dizendo* equivale a "caso se possa dizer".

(E) o emprego do verbo "ser" no singular justifica-se porque o sujeito da frase é *a crônica.*

A: incorreta. O advérbio "já", no texto, tem natureza temporal, isto é, refere-se ao momento em que a informação será transmitida; **B:** correta. A expressão indica que "a matéria e o modo da crônica à brasileira" já foram estudados pela autora, que está antecipando a informação a ser detalhada mais adiante em seu texto; **C:** incorreta. No texto, o pronome tem função catafórica, ou seja, refere-se a algo que ainda vai ser dito ("a matéria e o modo da crônica"). Na oração sugerida na alternativa, o pronome tem função anafórica, resgatando um termo que já ocorreu no texto anteriormente ("livro"); **D:** incorreta. "Dizendo" indica certeza, convicção na informação transmitida, ao passo que "caso se possa dizer" traz o verbo conjugado no presente do subjuntivo, tempo verbal relacionado a um evento incerto; **E:** incorreta. O núcleo do sujeito da oração é "vocação" (na ordem direta, a oração é escrita: "A vocação primeira desse espaço (...) é tudo o que haverá de constituir a matéria e o modo da crônica (...)").

Gabarito "B"

Em todo o continente americano, a colonização europeia teve efeito devastador. Atingidos pelas armas, e mais ainda pelas epidemias e por políticas de sujeição e transformação que afetavam os mínimos aspectos de suas vidas, os povos indígenas trataram de criar sentido em meio à devastação. Nas primeiras décadas do século XVII, índios norte-americanos comparavam a uma demolição aquilo que os missionários jesuítas viam como "transformação de suas vidas pagãs e bárbaras em uma vida civilizada e cristã." (***Relações dos jesuítas da Nova França****, 1636). No México, os índios comparavam seu mundo revirado a uma rede esgarçada pela invasão espanhola. A denúncia da violência da colonização, sabemos, é contemporânea da destruição, e tem em Las Casas seu representante mais famoso.*

Posterior, e mais recente, foi a tentativa, por parte de alguns historiadores, de abandonar uma visão eurocêntrica da "conquista" da América, dedicando-se a retraçá-la a partir do ponto de vista dos "vencidos", enquanto outros continuaram a reconstituir histórias da instalação de sociedades europeias em solo americano. Antropólogos, por sua vez, buscaram nos documentos produzidos no período colonial informações sobre os mundos indígenas demolidos pela colonização.

A colonização do imaginário *não busca nem uma coisa nem outra.*

(Adaptado de PERRONE-MOISÉS, Beatriz, Prefácio à edição brasileira de GRUZINSKI, Serge, **A colonização do imaginário:** sociedades indígenas e ocidentalização no México espanhol (séculos XVI-XVIII).

(**BB – Escriturário – 2006 – FCC**) É correto afirmar sobre o texto:

(A) em *seu representante mais famoso*, o pronome refere-se a "a denúncia da violência da colonização".

(B) em *retraçá-la*, o pronome refere-se a "América".

(C) as **aspas** (em *"transformação de suas vidas pagãs e bárbaras em uma vida civilizada e cristã."*) foram utilizadas para indicar que a autora está citando as próprias palavras dos indígenas ao se referirem à visão dos jesuítas.

(D) o emprego de *sabemos* denota que a autora dá uma informação que entende ser restrita a ela e ao escritor da obra apresentada.

(E) a conjunção *enquanto* denota que o fato referido na oração se dá na sequência do fato referido na oração anterior.

A: correta. O pronome possessivo "seu" retoma, por coesão, o sujeito da oração; **B:** incorreta. O pronome refere-se a "conquista"; **C:** incorreta. Indicam as aspas uma citação literal do documento intitulado "Relações dos jesuítas da Nova França", ou seja, a descrição da colonização feita pelos colonizadores; **D:** incorreta. O verbo na primeira pessoa do plural indica que a informação é de conhecimento geral; **E:** incorreta. A conjunção "enquanto" indica que as ações transcorrem concomitantemente, ao mesmo tempo.

Gabarito "A"

O exercício da memória, seu exercício mais intenso e mais contundente, é indissociável da presença dos velhos entre nós. Quando ainda não contidos pelo estigma de improdutivos, quando por isso ainda não constrangidos pela impaciência, pelos sorrisos incolores, pela cortesia inautêntica, pelos cuidados geriátricos impessoais, pelo isolamento, quando então ainda não-calados, dedicam-se os velhos, cheios de espontaneidade, à cerimônia da evocação, evocação solene do que mais impressionou suas retinas tão fatigadas, enquanto seus interesses e suas mãos laborosas participavam da norma e também do mistério de uma cultura.

(GONÇALVES FILHO, José Moura, "Olhar e memória". IN: **O olhar**. NOVAES, Adauto (org.). 10a reimpressão. São Paulo: Companhia das Letras, 2003, p. 97)

(BB – Escriturário – 2006 – FCC) É correto afirmar que

(A) o pronome *seu* refere-se aos velhos.

(B) os prefixos das palavras *intenso* e *indissociável* expressam sentido de negação.

(C) *então* está empregado com o mesmo sentido encontrado na frase "Então, vamos lá, diga a que veio".

(D) o autor, ao empregar *ainda*, demonstra julgar inevitável que os velhos, em dado momento, cheguem a se sentir "contidos", "constrangidos" e "calados".

(E) a substituição do segmento grifado em *dedicam-se os velhos (...) à cerimônia da evocação* por "relembrar", exigiria a manutenção do acento indicativo da crase, em respeito ao padrão escrito culto.

A: incorreta, pois equivale a "memória"; **B:** incorreta. Apenas o prefixo em "indissociável" expressa negação (aquilo que não pode ser dissociado, separado). "Intenso" vem do latim *intensus*, ou seja, não é formada por prefixo + raiz; **C:** incorreta. No texto, "então" tem valor de advérbio de tempo, indicando o momento em que os velhos ainda não estão calados. Na alternativa, "então" é usado como conjunção conclusiva; **D:** correta, diante do valor temporal do advérbio "ainda"; **E:** incorreta, porque o verbo "relembrar" é transitivo direto, ou seja, não rege preposição. Logo, não haveria crase.

Gabarito "D".

O Brasil vai crescer menos

O ritmo de crescimento da economia brasileira se desacelerou mais rápido ante o previsto. No segundo trimestre deste ano, o produto interno bruto (PIB)—que mede a produção de riquezas do país — foi inferior ao do período de janeiro a março. Isso interrompe a sequência de expansão que vinha sendo registrada desde o segundo trimestre de 1999. No semestre, o país cresceu 2,49%. Esse resultado, divulgado pelo Instituto Brasileiro de Geografia e Estatística (IBGE), contraria todas as previsões do mercado, que esperava uma expansão de 3% na comparação com 2000.

O mau desempenho da economia é resultado do aumento dos juros e das turbulências no mercado de câmbio provocados pela crise argentina. Além disso, em maio, pouco antes de fechar o trimestre, o país deparou-se com a escassez de energia. Surpreendido pelo PIB do segundo trimestre, o mercado financeiro se prepara para rever suas projeções para este ano. Os gráficos abaixo ilustram as variações do PIB brasileiro. O gráfico superior, intitulado "Variação do PIB por trimestre", representa a taxa acumulada do PIB nos últimos quatro trimestres (em relação aos quatro trimestres imediatamente anteriores).

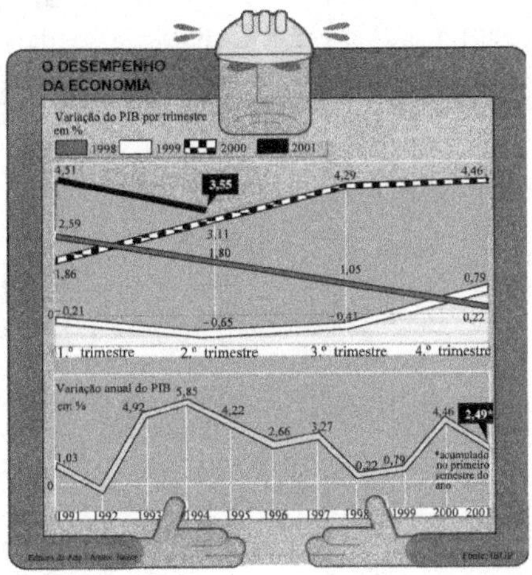

Produção. "Economia". *In*: **Correio Braziliense**, 16/8/2001, p. 25 (com adaptações).

(BB – Escriturário – 2001 – CESPE) A respeito das ideias e do emprego das estruturas linguísticas do texto II, julgue os itens subsequentes.

(1) São pressupostos: do título "o Brasil não vai crescer"; da primeira oração "a economia brasileira estagnou".

(2) O emprego do pronome átono nas expressões "se desacelerou" (l.1-2) e "se prepara" (l.16) tem, respectivamente, como uso opcional: **desacelerou-se** e **prepara-se.**

(3) Emprega-se a preposição "ante" (l.2) com o valor semântico de anterioridade, semelhante ao do prefixo formador de palavras como **anterior** e **antecontrato.**

(4) O pronome "Isso" (l.5) refere-se à queda no PIB, ou seja, à queda na produção de riquezas do país.

(5) A locução verbal "vinha sendo registrada" (l.5-6) expressa uma ação que se desenvolve gradualmente; por isso, corresponde, no presente, à locução **vem a ser registrada.**

1: incorreta. As duas proposições estão erradas. O título diz que o país vai crescer menos, mas vai crescer. A segunda oração não afirma que a economia estagnou (que significa "parou", "deixou de crescer"), mas sim que ela desacelerou quando comparada às previsões iniciais; 2: correta. Ante a ausência de termos definidores da próclise, a norma culta aceita tanto essa quanto a ênclise; 3: incorreta. A preposição "ante", no texto, tem valor de "frente a", ou seja, uma comparação; 4: correta, sendo esse mesmo o referente que o pronome retoma, exercendo função anafórica; 5: incorreta. A transposição para o presente da mencionada locução verbal seria "venha a ser registrada".

Gabarito 1E, 2C, 3E, 4C, 5E

Ourocap Milênio

O Ourocap Milênio chegou com muitas novidades: mais chances de premiação, possibilidade de resgate parcial e variadas opções de mensalidades. Além disso, parte da receita da Brasilcap com as vendas do novo produto será destinada ao programa BBeducar, de alfabetização de jovens e adultos carentes, coordenado pela Fundação Banco do Brasil.

Características básicas:

• Ourocap Milênio é um título de pagamento mensal, com prazo de vigência de 60 meses;

• o novo Ourocap amplia as opções de mensalidades, oferecendo a você 12 opções, variando entre R$ 30,00 e R$ 400,00;

• o capital destinado aos resgates é atualizado pela TR e capitalizado com base na taxa de juros da caderneta de poupança, que é igual a 0,5% ao mês;

- a cada 12 pagamentos, você pode solicitar o resgate parcial, a partir de R$ 120,00, ou retirar integralmente o capital destinado a resgate até aquele momento;
- sorteios regulares (todos os sábados, exceto o último do mês): 1 prêmio de 1.000 vezes o valor da última mensalidade paga, 2 prêmios de 200 vezes o valor da última mensalidade paga e 252 prêmios de 10 vezes esse valor;
- sorteio especial (último sábado de cada mês): 1 prêmio de 5.000 vezes o valor da última mensalidade paga.

Idem, ibidem (com adaptações).

(BB – Escriturário – 2001 – CESPE) Com relação às estruturas linguísticas do texto IV, julgue os itens a seguir.

(1) Na linha 1, o emprego do sinal de dois-pontos justifica-se pela enumeração subsequente.

(2) O particípio em "destinada" (l.5) flexiona-se no feminino porque deve concordar com "parte da receita" (l.3-4).

(3) Caso a forma verbal "é" (l.14) seja substituída pelo futuro do presente — **será** —, o período se tornará incoerente e gramaticalmente incorreto.

(4) Na linha 15, para evitar redundância com a preposição "de", pode-se substituir "da" por **pela**, mantendo-se as mesmas relações de significação.

(5) Nas linhas 14 e 15, o segmento "é atualizado pela TR e capitalizado" admite a seguinte redação: **atualizam-se pela TR e capitalizam-se.**

1: correta, sendo um dos usos autorizados pela norma culta do sinal de dois-pontos; **2:** correta, seguindo as normas de concordância verbal determinadas pelo padrão culto da língua; **3:** incorreta. A alteração não trará prejuízos à coerência ou correção gramatical, porque a oração trata de um cálculo que será efetuado, concretamente, no futuro; **4:** incorreta. A preposição "de", aglutinada com o artigo definido "a", antes de "caderneta" indica propriedade, ou seja, que a taxa de juros é vinculada à caderneta de poupança. A troca pela preposição "per", com sentido de "por meio de", alteraria a semântica do trecho; **5:** incorreta. Não se admite o plural porque a forma verbal deve concordar com o sujeito da oração, "capital", no singular.

Gabarito 1C, 2C, 3E, 4E, 5E

Em um ambiente marcado por turbulência e mudanças intermitentes, flexibilidade é a palavra de ordem para as organizações. A reforma do estatuto proposta pela Diretoria dará agilidade ao processo decisório, tornando a estrutura do Banco mais descentralizada.

O BB deve responder a uma dupla demanda da sociedade brasileira: como banco, ser eficiente e gerar lucro; como banco público, atuar eficientemente na implementação de políticas públicas, sem prejuízo do equilíbrio econômico-financeiro da instituição.

A resposta para esse duplo desafio será dada com a prática dos princípios de Governança Corporativa, sinal do compromisso da empresa com a transparência e com o direcionamento das ações para atividades essenciais do negócio bancário, como banco de varejo especializado em setores econômicos, comprometidos em atender às expectativas dos clientes e com o retorno para os acionistas.

Os ajustes recentemente implantados encerram um movimento iniciado em 1996. O aprimoramento dos sistemas de controle e das ferramentas de mapeamento de riscos, a prospecção de oportunidades e a renovada capacidade de superação do BB permitem buscar o paradigma da eficiência operacional, lastreado no tripé crescimento, rentabilidade e segurança das operações.

Relatório da Administração do Banco do Brasil,
Correio Braziliense, 28/8/2001 (com adaptações).

(BB – Escriturário – 2001 – CESPE) A partir do texto V, julgue os itens abaixo.

(1) No texto, o tratamento de "BB" como primeira pessoa do discurso é exigência da impessoalidade do gênero textual relatório.

(2) Como o verbo "responder" (l.6) admite duas possibilidades de complementação sintática, na expressão do texto "a uma dupla demanda" (l.6) pode ser colocado o sinal indicativo de crase.

(3) O uso do sinal de ponto-e-vírgula (l.7) justifica-se para evitar incompreensão nas relações semânticas, já que há, no segundo parágrafo do texto, uma divisão de ideias e, em cada uma delas, ocorre vírgula.

(4) Subentende-se do segundo parágrafo do texto que, se o BB responder positivamente à demanda de ser banco público, ele não gerará lucro.

(5) O BB não é considerado um banco comercial, mas sim um banco de desenvolvimento, por apoiar formalmente o setor privado da economia, mediante, principalmente, operações de empréstimo e financiamento, arrendamento mercantil e garantias.

1: incorreta. O BB não está tratado na primeira pessoa, mas sim na terceira pessoa do singular, justamente para atender à impessoalidade necessária nos relatórios da organização; **2:** incorreta. Não ocorre crase com a preposição "a" antes de artigo indefinido ("uma"); **3:** correta. Quando diversas ideias enumeradas trazem, dentro de seu desenvolvimento, o uso da vírgula, determina a norma culta que, para manter-se a clareza do discurso, cada item seja separado por ponto e vírgula; **4:** incorreta. O parágrafo denota a preocupação do BB em atender a dois aspectos, que não são mutuamente excludentes. Isto é, ele deve ser capaz de gerar lucro mesmo sendo um banco público; **5:** incorreta. Como denota o segundo parágrafo do texto, o BB é considerado um banco comercial que carrega, também, a responsabilidade de ser um veículo entre a Administração Pública e o empresariado, devendo sempre estar atento a essa natureza dúplice.

Gabarito 1E, 2E, 3C, 4E, 5E

2. MATEMÁTICA

André Fioravanti

1. NÚMEROS INTEIROS, RACIONAIS E REAIS; PROBLEMAS DE CONTAGEM

(Escriturário – BB – 2010.2 – FCC) Das 87 pessoas que participaram de um seminário sobre A Segurança no Trabalho, sabe-se que:

– 43 eram do sexo masculino;

– 27 tinham menos de 30 anos de idade;

– 36 eram mulheres com 30 anos ou mais de 30 anos de idade.

Nessas condições, é correto afirmar que

(A) 25 homens tinham 30 anos ou mais de 30 anos deidade.

(B) o número de homens era 90% do de mulheres.

(C) 8 mulheres tinham menos de 30 anos.

(D) 16 homens tinham menos de 30 anos.

(E) o número de homens excedia o de mulheres em 11 unidades.

Temos que 87 - 43 = 44 mulheres estavam presentes no seminário. Desta forma, 44 - 36 = 8 mulheres tinham menos de 30 anos de idade. Logo 27 - 8 = 19 homens tinham menos de 30 anos de idade e, finalmente, 43 - 19 = 24 homens tinham 30 anos ou mais de 30 anos.

Gabarito "C"

Atenção: Considere as informações a seguir para responderas duas próximas questões.

Chama-se palíndromo qualquer número, palavra ou fraseque se pode ler da esquerda para a direita ou da direita para aesquerda, sem que o seu sentido seja alterado. Por exemplo, são palíndromos: o número 5 538 355 e a palavra ROTOR.

(Escriturário – BB – 2010.2 – FCC) Acho que Salomé é aficionada a palíndromos, pois onome de seu filho é Amil Lima e a placa de seu carro é DAD – 4334.

Certo dia, ao percorrer uma estrada com seu automóvel, Salomé olhou para o hodômetro num instante em que ele marcava 24 942 km e, duas horas mais tarde observou que, curiosamente, o número de quilômetros que o hodômetro marcava era igualmente um palíndromo. Se durante toda a viagem a velocidade do automóvel de Salomé nunca ultrapassou os 80 km/h, então a velocidade média com que ele se deslocou ao longo daquelas duas horas, em quilômetros por hora, foi de

(A) 55

(B) 60

(C) 65

(D) 70

(E) 75

O Palíndromo maior e mais próximo de 24.942 é 25052. Desta forma, em 2 horas, ela se deslocou 25.052 - 24.942 = 110 km. Logo, sua velocidade média foi de 110 / 2 = 55 km/h.

Gabarito "A"

(Escriturário – BB – 2010.2 – FCC) Certo dia, um funcionário de uma Agência do Banco doBrasil, contabilizando as cédulas que havia em caixa, verificou que elas totalizavam X reais, 300.000 < X < 800.000. Sabendo que o número X é um *palíndromo* em que os algarismos das unidades, das dezenas e das centenas são distintos entre si, os possíveis valores de X são

(A) 256

(B) 360

(C) 450

(D) 648

(E) 1 296

Observamos que existem 5 opções para o algarismo da unidade (3,4,5,6,7), pois, por se tratar de um palíndromo, este será o mesmo algarismo da centena de milhar e que X está no intervalo apresentado. Uma vez a unidade escolhida, teremos outras 9 opções para a dezena e 8 opções para a centena. Assim teremos um total de 5 x 9 x 8 = 360 combinações distintas.

Gabarito "B"

(Escriturário – BB – 2010.1 – CESGRANRIO) Segundo dados do *Sinduscon-Rio*, em fevereiro de 2010 o custo médio da construção civil no Rio de Janeiro era R$875,18 por metro quadrado. De acordo com essa informação, qual era, em reais, o custo médio de construção deum apartamento de 75m2 no Rio de Janeiro no referido mês?

(A) 66.634,00

(B) 66.128,50

(C) 66.048,50

(D) 65.688,00

(E) 65.638,50

O custo médio de construção de um apartamento de $75m^2$ é dado por 875,18 x 75 = 65.638,50.

Gabarito "E"

(Escriturário – BB – 2011.2 – FCC) Se x e y são números inteiros tais que x é par e y é ímpar, considere as seguintes afirmações:

I. x + y é ímpar.

II. x – 2y é ímpar.

III. (3x) . (5y) é impar.

É correto afirmar que

(A) I, II e III são verdadeiras.

(B) I, II e III são falsas.

(C) apenas I é verdadeira.

(D) apenas I e II são verdadeiras.

(E) apenas II e III são verdadeiras.

I. Certo. A soma de um número par com um número ímpar é sempre ímpar. II. Errado. 2y é sempre par, não importa y, e a subtração de dois números pares é sempre par. III. Errado. Como x é par, ele é divisível por 2. Desta forma (3x).(5y) = 15xy também é divisível por 2, sendo, portanto, par.

Gabarito "C".

(Escriturário – BB – 2011.2 – FCC) O valor da expressão $\dfrac{A^2 - B^3}{A^B + B^A}$, para A = 2 e B = −1, é um número compreendido entre

(A) −2 e 1.

(B) 1 e 4.

(C) 4 e 7.

(D) 7 e 9.

(E) 9 e 10.

Temos que A2 = 4, B3 = -1, AB = 0,5 e BA = 1. Logo, a expressão equivale a (4 - (-1)) / (0,5 + 1) = 5/1,5 ≈ 3,33.

Gabarito "B".

(Escriturário – BB – 2011.3 – FCC) O esquema abaixo apresenta a subtração de dois números inteiros e maiores que 1000, em que alguns algarismos foram substituídos por letras.

$$\begin{array}{r} A\ 1\ 5\ B \\ -\ 2\ C\ D\ 3 \\ \hline 4\ 2\ 1\ 8 \end{array}$$

Se a diferença indicada é a correta, os valores de A, B, C e D são tais que

(A) A < B < C < D

(B) B < A < D < C

(C) B < D < A < C

(D) D < A < C < B

(E) D < A < B < C

Esta conta é equivalente a 2CD3 + 4218 = A15B. Desta forma, da Unidade, tiramos que B = 1, Temos das dezenas que 1 + D + 1 = 5, e portanto D = 3. Da centena, C = 9 e finalmente 1 + 2 + 4 = A, ou seja, A = 7. Assim, a conta apresentada é 7151 - 2933 = 4218, o que está correto. Logo B < D < A< C.

Gabarito "C".

(Escriturário – BB – 2011.3 – FCC) Suponha que 60 funcionários do Banco do Brasil – 60% dos quais lotados em certa Agência de Florianópolis e, os demais, em determinada Agência de Chapecó – serão dividido em grupos, a fim de participar de um curso sobre Desenvolvimento Pessoal. Considerando que todos os grupos deverão conter a mesma quantidade de funcionários e que todos os funcionários de cada grupo deverão pertencer à mesma Agência, então a menor quantidade de grupos que poderão ser formados é um número

(A) menor que 4.

(B) primo.

(C) divisível por 3.

(D) par.

(E) maior que 8.

Temos 0,6 x 60 = 36 funcionários de Florianópolis e 60 - 36 = 24 funcionários de Chapecó. Como os grupos devem ter o mesmo número de integrantes, e queremos o maior grupo possível, procuramos pelo maior divisor comum entre 36 e 24, cuja resposta é 12. Assim teremos 5 grupos de 12 integrantes, 3 destes grupos formados por funcionários de Florianópolis e 2 de Chapecó.

Gabarito "B".

(Escriturário – BB – 2012 – CESGRANRIO) No modelo abaixo, os pontos A, B, C e D pertencem à mesma reta. O ponto A dista 65,8 mm do ponto D; o ponto B dista 41,9 mm do ponto D, e o ponto C está a 48,7 mm do ponto A.

Qual é, em milímetros, a distância entre os pontos B e C?

(A) 17,1

(B) 23,1

(C) 23,5

(D) 23,9

(E) 24,8

Assumindo que o ponto A esteja na posição 0, temos que o ponto D está na posição 65,8 – 0 = 65,8. Temos também que o ponto B está na posição 65,8 – 41,9 = 23,9. Finalmente o ponto C está na posição 48,7 – 0 = 48,7. Logo a distância entre C e B é de 48,7 – 23,9 = 24,8 mm.

Gabarito "E".

(Escriturário – BB – 2014 – CESGRANRIO) Observe a adição:

$$\begin{array}{r} U \\ U \\ +\,EU \\ \hline UE \end{array}$$

Sendo **E** e **U** dois algarismos não nulos e distintos, a soma **E + U** é igual a

(A) 13

(B) 14

(C) 15

(D) 16

(E) 17

Dado que E é diferente de U, então U > 3 para que 3U > 10, e assim exista o 'vai-um' ou 'vai-dois' para a soma da dezena. No caso de U ser 4, 5 ou 6, temos o 'vai-um', de forma que são válidas as equações 3U = 10 + E, E + 1 = U. Logo, 3U = 10 + U – 1, 2U = 9, U = 4,5. Assim, esta opção não é válida. Caso U seja 7, 8 ou 9, temos o 'vai-dois', logo, as equações são transformadas em 3U = 20 + E, E + 2 = U. Logo, 3U = 20 + U – 2, ou seja, 2U = 18, U = 9. Portanto, E = 7, e assim U + E = 16.

Gabarito "D".

(Escriturário – BB – 2014 – CESGRANRIO) O número natural ($2^{103} + 2^{102} + 2^{101} - 2^{100}$) é divisível por

(A) 6

(B) 10

(C) 14

(D) 22

(E) 26

Colocando em evidência o número 2100 temos que este número pode ser reescrito como (23 + 22 + 21 – 1) x 2100 = (8 + 4 + 2 – 1) x 2100 = 13 x 2100 = 26 x 299. Logo, o número é divisível por 26.

Gabarito "E".

(Escriturário – BB – 2014.1 – CESGRANRIO) Uma empresa gera números que são chamados de protocolos de atendimento a clientes. Cada protocolo é formado por uma sequência de sete algarismos, sendo o último, que aparece separado dos seis primeiros por um hífen, chamado de dígito controlador. Se a sequência dos seis primeiros algarismos forma o número n, então o dígito controlador é o algarismo das unidades de n3– n2.

Assim, no protocolo 897687-d, o valor do dígito controlador d é o algarismo das unidades do número natural que é resultado da expressão 8976873 - 8976872, ou seja, d é igual a

(A) 0

(B) 1

(C) 4

(D) 3

(E) 2

Observe que só precisamos do algarismo da unidade tanto de 8976873 - 8976872 , e, portanto, somente dos algarismos da unidade das contas intermediárias. Como 7 x 7 = 49, temos que 9 é o algarismo da unidade do segundo termo. Como 9 x 7 = 63, temos que 3 é o algarismo da unidade do 1º termo. Logo, temos que a conta a ser feita é ww...3 - zz.....9, onde x's e z's são números a princípio desconhecidos. Esta conta tem como resultado yy....4, portanto, o dígito verificador é 4.

Gabarito "C".

(Escriturário – BB – 2014.1 – CESGRANRIO) Durante 185 dias úteis, 5 funcionários de uma agência bancária participaram de um rodízio. Nesse rodízio, a cada dia, exatamente 4 dos 5 funcionários foram designados para trabalhar no setor X, e cada um dos 5 funcionários trabalhou no setor X o mesmo número N de dias úteis.

O resto de N na divisão por 5 é

(A) 4

(B) 3

(C) 0

(D) 1

(E) 2

O valor de funcionários-dia no setor X neste período foi de 185 x 4 = 740. Cada funcionário então trabalhou 740 / 5 = 148 dias no setor X. Dividindo este valor por 5, temos que 148/5 = 29 com resto 3.

Gabarito "B".

(Escriturário – BB – 2014.1 – CESGRANRIO) Numa empresa, todos os seus clientes aderiram a apenas um dos seus dois planos, Alfa ou Beta. O total de clientes é de 1.260, dos quais apenas 15% são do Plano Beta. Se x clientes do plano Beta deixarem a empresa, apenas 10% dos clientes que nela permanecerem estarão no plano Beta.

O valor de x é um múltiplo de

(A) 3

(B) 8

(C) 13

(D) 11

(E) 10

Se 15% dos 1.260 clientes são do plano Beta, então este tem 1.260 * 0,15 = 189 clientes. Queremos encontrar o valor x tal que (189 – x)/(1260 – x) = 0,1, ou seja, 189 – x = 126 – 0,1x, ou seja, 0,9x = 63, x = 70. Logo, x é múltiplo de 10.

Gabarito "E".

(Escriturário – BB – 2014.1 – CESGRANRIO) Apenas três equipes participaram de uma olimpíada estudantil:as equipes X, Y e Z.

A Tabela a seguir apresenta o número de medalhas de ouro, de prata e de bronze obtidas por essas equipes.

	ouro	prata	bronze	total
Equipe X	3	4	2	9
Equipe Y	1	6	8	15
Equipe Z	0	9	5	14

De acordo com os critérios adotados nessa competição, cada medalha dá a equipe uma pontuação diferente: 4 pontos por cada medalha de ouro, 3 pontos por cada medalha de prata e 1 ponto por cada medalha de bronze. A classificação final das equipes é dada pela ordem decrescente da soma dos pontos de cada equipe, e a equipe que somar mais pontos ocupa o primeiro lugar. Qual foi a diferença entre as pontuações obtidas pelas equipes que ficaram em **segundo** e em **terceiro** lugares?

(A) 6

(B) 5

(C) 1

(D) 2

(E) 4

A Equipe X fez 3x4 + 4x3 + 2x1 = 26 pontos. A Equipe Y obteve 1x4 + 6x3 + 8x1 = 30 pontos. Finalmente, a equipe Z conseguiu 0x4 + 9x3 + 5x1 = 32 pontos. Logo, a diferença das equipes que ficaram em 2º e 3º lugares é de 30 – 26 = 4.

Gabarito "E".

(Escriturário – BB – 2013.2 – FCC) O Secretário de Petróleo, Gás Natural e Combustíveis Renováveis do Ministério das Minas e Energia (MME) afirmou que o bloco BM-S-8, no pré-sal da Bacia de Santos, pode ter reservas de 1 bilhão de barris.Na região, está localizado o prospecto de Carcará. O bloco BM-S-8 é desenvolvido pela Petrobras (66%); Galp (14%); Barra Energia (10%) e Queiroz Galvão (10%).

(Adaptado de: Valor Econômico, 12/03/2013)

De acordo com os dados dessa notícia, o total de barris estimados do bloco BM-S-8 que NÃO caberá à Petrobras é igual a

(A) 340 mil.

(B) 34 mil.

(C) 34 milhões.

(D) 340 milhões.

(E) 3,4 milhões.

A porcentagem do bloco que não pertence a Petrobrás é igual a 14 + 10 + 10 = 34%. Logo, o total de barris estimados que não cabe à Petrobrás é dado por 1.000.000.000 x 0,34 = 340.000.000, ou 340 milhões.

Gabarito "D".

Atenção: Para responder às próximas 2 questões considere o texto abaixo.

Dos 56 funcionários de uma agência bancária, alguns decidiram contribuir com uma lista beneficente. Contribuíram 2 a cada 3 mulheres, e 1 a cada 4 homens, totalizando 24 pessoas.

(Escriturário – BB – 2013.2 – FCC) A razão do número de funcionárias mulheres para o número de funcionários homens dessa agência é de

(A) 3 para 4.
(B) 2 para 3.
(C) 1 para 2.
(D) 3 para 2.
(E) 4 para 5.

Seja H o número de funcionários homens e M o de funcionárias mulheres nesta agência. Sabemos que M + H = 56. Também temos que 2M/3 + H/4 = 24. Substituindo o valor de H da 1ª equação nesta última, temos que 2M/3 + (56 – M) / 4 = 24, ou seja, 8M + 3.(56 – M) = 288, e, portanto, 5M = 120, M = 24. Logo H = 56 – 24 = 32. Desta forma, M/H = 24/32 = 3/4.

Gabarito "A".

(Escriturário – BB – 2013.2 – FCC) Os funcionários da agência que contribuíram com a lista decidiram que o total da contribuição dos homens deveria ser o dobro do total da contribuição das mulheres. Sabendo que cada uma das mulheres contribuiu com 100 reais, a contribuição que coube a cada homem foi, em reais,igual a

(A) 200,00.
(B) 300,00.
(C) 400,00.
(D) 250,00.
(E) 150,00.

Das 24 mulheres, 2x24/3 = 16 contribuíram. Logo, como cada uma contribuiu com 100 reais, o total arrecadado por elas foi de 100 x 16 = R$ 1.600,00. O total arrecadado pelos homens deve ser, então, 2 x 1600 = R$ 3.200,00. Como apenas 32/4 = 8 homens contribuíram, a parte de cada um foi de 3200/8 = R$ 400,00.

Gabarito "C".

(Escriturário – BB – 2013.1 – FCC) Depois de ter comprado 15 livros de mesmo preço unitário, Paulo verificou que sobraram R$ 38,00 em sua posse, e faltaram R$ 47,00 para comprar outro livro desse mesmo preço unitário. O valor que Paulo tinha inicialmente para comprar seus livros era, em R$, de

(A) 1.225,00.
(B) 1.305,00.
(C) 1.360,00.
(D) 1.313,00.
(E) 1.228,00.

O Preço de cada livro pode ser conseguido pelo fato de que Paulo tem 38 reais mas faltam-lhe 47 para outro livro. Desta forma, cada livro custou 38 + 47 = R$ 85,00. Assim, o valor que Paulo tinha para comprar seus livros era 85 x 15 + 38 = R$ 1.313,00.

Gabarito "D".

(Escriturário – BB – 2015 – CESGRANRIO) Em certo concurso, a pontuação de cada candidato é obtida da seguinte forma: por cada acerto o candidato recebe 3 pontos e, por cada erro, perde 1 ponto. Os candidatos A e B fizeram a mesma prova, porém A acertou 5 questões a mais do que B.

Qual foi a diferença entre as pontuações obtidas pelos dois candidatos?

(A) 15
(B) 25
(C) 5
(D) 10
(E) 20

Cada questão que A acerta em que B erra aumenta em 3 – (-1) = 4 pontos a diferença entre os dois candidatos. Desta forma, a diferença da pontuação total foi de 4 x 5 = 20 pontos.

Gabarito "E".

(Escriturário – BB – 2015 – CESGRANRIO) Cada vez que o caixa de um banco precisa de moedas para troco, pede ao gerente um saco de moedas. Em cada saco, o número de moedas de R$ 0,10 é o triplo do número de moedas de R$ 0,25; o número de moedas de R$ 0,50 é a metade do número de moedas de R$ 0,10.

Para cada R$ 75,00 em moedas de R$ 0,50 no saco de moedas, quantos reais haverá em moedas de R$ 0,25?

(A) 20
(B) 25
(C) 30
(D) 10
(E) 15

Em R$ 75,00 reais de moedas de 50 centavos, temos 75 / 0,5 = 150 moedas deste valor. Como em cada saco, o número de moedas de 50 centavos é a metade do número de moedas de 10 centavos, temos então 150 x 2 = 300 moedas de 10 centavos. Finalmente, o número de moedas de 10 centavos é o triplo do número de moedas de 25 centavos. Assim temos 300 / 3 = 100 moedas de 25 centavos, o que vale 0,25 x 100 = R$ 25,00.

Gabarito "B".

2. SISTEMA LEGAL DE MEDIDAS

(Escriturário – BB – 2011.2 – FCC) Qual das expressões seguintes NÃO é equivalente a 0,0000000625?

(A) $\frac{5}{16}\times10^{-6}$

(B) $\frac{5}{8}\times10^{-7}$

(C) $\frac{25}{4}\times10^{-8}$

(D) $\frac{125}{2}\times10^{-9}$

(E) 625×10^{-10}

Em notação científica, o número apresentado é 6,25 x 10-8. Por inspeção, (c, d, e) representam o mesmo número. Em b, 5/8 = 0,625, logo, está correto também. Em a, 5/16 = 0.3125, então este número, em notação científica, é 3,125 x 10-7.

Gabarito "A".

(Escriturário – BB – 2014.1 – CESGRANRIO) A variância de um conjunto de dados é 4 m2.

Para o mesmo conjunto de dados foram tomadas mais duas medidas de variabilidade: a diferença entre o terceiro e o primeiro quartil e o coeficiente de variação.

Esses dois valores caracterizam-se, respectivamente, por

(A) possuírem unidades de medida m2 e m.

(B) possuírem unidades de medida m e m2.

(C) ser adimensional e possuir unidade de medida m2.

(D) possuir unidade de medida m e ser adimensional.

(E) possuir unidade de medida m2 e ser adimensional.

Observe que a variância tem unidade de metro quadrado. Desta forma, sabemos que os dados da amostra têm unidade em metro e, portanto, como os quartis têm a unidade dos dados da amostra, este também está em metro. Finalmente, o coeficiente de variação não tem unidade, dado que é a divisão do desvio padrão pela média, que possuem ambos sempre a mesma unidade.

Gabarito "D"

3. RAZÕES E PROPORÇÕES; DIVISÃO PROPORCIONAL; REGRAS DE TRÊS SIMPLES E COMPOSTAS; PORCENTAGENS

(Escriturário – BB – 2010.2 – FCC) Segundo a Associação Brasileira de Franchising, o faturamento de franquias ligadas aos setores de saúde e bem estar quase dobrou de 2004 a 2009, pois neste período a receita total das empresas passou de 5 bilhões para 9,8 bilhões de reais. Se esse crescimento tivesse ocorrido de forma linear, a receita total das empresas desse setor, em bilhões de reais, teria sido de

(A) 5,34 em 2005.

(B) 6,92 em 2006.

(C) 7,44 em 2007.

(D) 8,22 em 2008.

(E) 8,46 em 2008.

Houve um crescimento de (9,8 - 5,0) = 4,8 bilhões de reais no período de 5 anos (2004 a 2009). Portanto, se o crescimento ocorreu de forma linear, temos um crescimento de 4,8/5 = 0.96 bilhões de reais por ano. Ou seja, em 2005 o faturamento foi de 5 + 0,96 = 5,96 bilhões de reais, em 2006 temos 5,96 + 0,96 = 6,92 bilhões de reais, em 2007 temos 6,92 + 0,96 = 7,88 bilhões de reais e finalmente em 2008 temos 7,88 + 0,96 = 8,84 bilhões de reais.

Gabarito "B"

(Escriturário – BB – 2010.2 – FCC) As estatísticas da Campanha Nacional de Prevenção ao Câncer de Pele, organizada há 11 anos pela Sociedade Brasileira de Dermatologia, revelam que o brasileiro não se protege adequadamente do sol: 70% dos entrevistados afirmaram não usar qualquer tipo de proteção solar, nem mesmo quando vão à praia (adaptado de www.sbd.org.br). Se foram entrevistadas 34.430 pessoas, o número delas que usam protetor solar é

(A) 24 101

(B) 15 307

(C) 13 725

(D) 12 483

(E) 10 329

Se 70% não usam proteção solar, temos que 100 - 70 = 30% utilizam algum tipo de proteção solar. Desta forma, considerando o número de entrevistados, temos que 0,3 x 34.430 = 10.329 pessoas responderam que usam protetor solar.

Gabarito "E"

(Escriturário – BB – 2010.2 – FCC) Pesquisadores descobriram que o uso do fundo preto nas páginas de busca da internet produz um consumo menor de energiaem relação à tela branca. Se todas as buscas fossem feitas com tela preta, a economia total em um tempo médio de 10 segundos seria equivalente à energia gasta por 77 milhões de geladeiras ligadas ininterruptamente durante 1 hora. Nessas condições, a economia total em um tempo médio de buscas de 30 minutos seria equivalente à energia gasta por essas geladeiras ligadas ininterruptamente durante

(A) 8 dias.

(B) 7 dias e meio.

(C) 5 dias.

(D) 3 dias.

(E) 2 dias e meio.

Temos que 30 minutos equivalem a 30x60 = 1800 segundos, ou então 180 períodos de 10 segundos. Se 10 segundos de busca economizam 1 hora da energia das geladeiras em questão, então 1800 segundos economizam 180 horas da energia destas mesmas geladeiras. Dado que 180/24 = 7,5, então a economia total seria de 7 dias e meio.

Gabarito "B"

(Escriturário – BB – 2010.1 – CESGRANRIO) Um investidor aplicou certa quantia em um fundo de ações. Nesse fundo, 1/3 das ações eram da empresa A, 1/2 eram da empresa B e as restantes, da empresa C. Em um ano, o valor das ações da empresa A aumentou 20%, o das ações da empresa B diminuiu 30% e o das ações da empresa C aumentou 17%. Em relação à quantia total aplicada, ao final desse ano, este investidor obteve

(A) lucro de 10,3%.

(B) lucro de 7,0%.

(C) prejuízo de 5,5%.

(D) prejuízo de 12,4%.

(E) prejuízo de 16,5%.

No final do ano, o investidor obteve (1/3) x (1 + 0,2) + (1/2) x (1 – 0,3) + (1/6) x (1 + 0,17) = 0,945. Logo, o investidor teve prejuízo de 5,5%.

Gabarito "C"

(Escriturário – BB – 2011.2 – FCC) Certo mês, um comerciante promoveu uma liquidação em que todos os artigos de sua loja tiveram os preços rebaixados em 20%. Se, ao encerrar a liquidação o comerciante pretende voltar a vender os artigos pelos preços anteriores aos dela, então os preços oferecidos na liquidação devem ser aumentados em

(A) 18,5%.

(B) 20%.

(C) 22,5%.

(D) 25%.

(E) 27,5%.

O aumento de preço i deve ser tal que retorna o preço ao valor original. Desta forma, temos que (1 - 0,2) x (1 + i) = 1, ou seja, 1 + i = 1/0,8 = 1,25, e, portanto, i = 0,25, ou seja, 25%.

Gabarito "D"

(Escriturário – BB – 2011.3 – FCC) Uma Agência do Banco do Brasil dispõe de duas impressoras, A e B, que são capazes de tirar 18 e 20 cópias por minuto, respectivamente. Suponha que, certo dia, as duas foram acionadas simultaneamente às 9 horas e 25 minutos e que, a partir de então, tiraram iguais quantidades de cópias de um mesmo texto. Considerando que ambas funcionaram ininterruptamente, então, se a impressora A terminou o serviço às 10 horas, 6 minutos e 40 segundos do mesmo dia, B encerrou o seu às

(A) 10 horas, 2 minutos e 30 segundos.
(B) 10 horas, 12 minutos e 40 segundos.
(C) 10 horas, 20 minutos e 30 segundos.
(D) 11 horas, 4 minutos e 20 segundos.
(E) 11 horas, 20 minutos e 30 segundos.

A impressora A terminou o serviço em 10h6min40s - 9h25min = 41min40s. = 41,67min. Assim, o número de páginas do documento pode ser obtido por 41,67 x 18 = 750 páginas. A impressora B precisa, assim, de 750 / 20 = 37,5 minutos para terminar o trabalho, o que leva a 9h25min + 37min30s = 10h2min30s.

Gabarito "A"

(Escriturário – BB – 2011.3 – FCC) Certo dia, Amaro, Belisário, Celina e Jasmin foram incumbidos de digitar as 150 páginas de um texto. Para executar essa tarefa, o total de páginas foi dividido entre eles, de acordo com o seguinte critério:

– Amaro e Jasmim dividiram 3/5 do total de páginas entre si, na razão direta de suas respectivas idades: 36 e 24 anos;

– Belisário e Celina dividiram entre si as páginas restantes, na razão inversa de suas respectivas idades: 28 e 32 anos.

Nessas condições, aqueles que digitaram a maior e a menor quantidade de páginas foram, respectivamente,

(A) Belisário e Celina.
(B) Amaro e Belisário.
(C) Celina e Jasmim.
(D) Jasmim e Belisário.
(E) Amaro e Celina.

Amaro é responsável por (3/5)x(36/(36+24)) = (3/5)x(36/60) = 36% das páginas. Jasmim, por sua vez, é responsável por (3/5)(24/60) = 24% do total de páginas. Belisário digitará (2/5)x(32/60) = 21,3% das páginas e Celina (2/5)x(28/60) = 18,7% das páginas.

Gabarito "E"

(Escriturário – BB – 2011.1 – FCC) Pretendendo fazer uma viagem à Europa, Mazza foi certo dia a uma Agência do Banco do Brasil comprar euros e dólares. Sabe-se que ela usou R$ 6.132,00 para comprar € 2.800,00 e que, com R$ 4.200,00 comprou US$ 2.500,00. Com base nessas duas transações, é correto afirmar que, nesse dia, a cotação do euro em relação ao dólar, era de 1 para

(A) 1,3036.
(B) 1,3606.
(C) 1,3844.
(D) 1,4028.
(E) 1,4204.

A cotação Real/Euro era de 6132,00/2800 = 2,19, e a cotação Real/Dólar era de 4200/2500 = 1,68. Logo, a cotação Dólar/Euro = Real/Euro x Dólar/Real = 2,19/1,68 = 1,3036.

Gabarito "A"

(Escriturário – BB – 2014 – CESGRANRIO) Aldo, Baldo e Caldo resolvem fazer um bolão para um concurso da Mega-Sena. Aldo contribui com 12 bilhetes, Baldo, com 15 bilhetes e Caldo, com 9 bilhetes. Eles combinaram que, se um dos bilhetes do bolão fosse sorteado, o prêmio seria dividido entre os três proporcionalmente à quantidade de bilhetes com que cada um contribuiu. Caldo também fez uma aposta fora do bolão e, na data do sorteio, houve 2 bilhetes ganhadores, sendo um deles o da aposta individual de Caldo, e o outro, um dos bilhetes do bolão. Qual a razão entre a quantia total que Caldo recebeu e a quantia que Baldo recebeu?

(A) 0,8
(B) 1,5
(C) 2
(D) 2,5
(E) 3

Baldo recebeu 15/(12 + 15 + 9) = 15/36 de um prêmio. Caldo recebeu 1 + 9/36 = 45/36. A razão dos prêmios entre Caldo e Baldo é, portanto, (45/36)/(15/36) = 45/15 = 3.

Gabarito "E"

(Escriturário – BB – 2014 – CESGRANRIO) Amanda e Belinha são amigas e possuem assinaturas de TV a cabo de empresas diferentes. A empresa de TV a cabo de Amanda dá descontos de 25% na compra dos ingressos de cinema de um *shopping*. A empresa de TV a cabo de Belinha dá desconto de 30% na compra de ingressos do mesmo cinema. O preço do ingresso de cinema, sem desconto, é de R$ 20,00. Em um passeio em família, Amanda compra 4 ingressos, e Belinha compra 5 ingressos de cinema no *shopping*, ambas utilizando-se dos descontos oferecidos por suas respectivas empresas de TV a cabo.

Quantos reais Belinha gasta a mais que Amanda na compra dos ingressos?

(A) 10
(B) 15
(C) 20
(D) 25
(E) 30

Amanda gastou no total 4 x 20 x (1 - 0,25) = R$ 60,00 e Belinha gastou 5 x 20 x (1 – 0,3) = R$ 70,00. Então Belinha gastou 10 reais a mais que Amanda.

Gabarito "A"

(Escriturário – BB – 2013.2 – FCC) Uma empresa obteve um lucro líquido de R$ 263.500,00. Esse lucro será dividido proporcionalmente às cotas da sociedade que cada um dos seus quatro sócios possui. O sócio majoritário detém 9 das cotas e os outros três sócios possuem, respectivamente, 1, 3 e 4 cotas da sociedade. A quantia, em reais, que o sócio que possui 3 cotas receberá nessa divisão é igual a

(A) 15.500,00.
(B) 139.500,00.
(C) 46.500,00.
(D) 62.000,00.
(E) 31.000,00.

Esta empresa está dividida em 9 + 1 + 3 + 4 = 17 cotas. Logo, o sócio que possui 3 cotas receberá (3/17) x 263.500 = R$ 46.500,00.

Gabarito "C"

(Escriturário – BB – 2013.1 – FCC) Renato aplicou R\$ 1.800,00 em ações e, no primeiro dia, perdeu ½ do valor aplicado. No segundo dia Renato ganhou 4/5 do valor que havia sobrado no primeiro dia, e no terceiro dia perdeu 4/9 do valor que havia sobrado no dia anterior. Ao final do terceiro dia de aplicação, Renato tinha, em R\$,

(A) 820,00.
(B) 810,00.
(C) 800,00.
(D) 900,00.
(E) 1.200,00.

No primeiro dia, Renato perdeu 0,5 x 1.800 = 900 reais, restando assim 1.800 – 900 = R\$ 900,00. No segundo dia, ele ganhou 0,8 x 900 = 720,00, acumulando então 900 + 720 = R\$ 1.620,00. Finalmente, perdeu (4/9) x 1.620 = R\$ 720,00 no 3º dia, voltando então ao total de 1.620 – 720 = R\$ 900,00.

Gabarito "D"

(Escriturário – BB – 2015 – CESGRANRIO) A mãe de João decidiu ajudá-lo a pagar uma das prestações referentes a uma compra parcelada. Ela solicitou a antecipação do pagamento e, por isso, a financeira lhe concedeu um desconto de 6,25% sobre o valor original daquela prestação. João pagou um terço do novo valor, e sua mãe pagou o restante.

A parte paga pela mãe de João corresponde a que fração do valor original da prestação?

(A) $\frac{29}{48}$
(B) $\frac{1}{24}$
(C) $\frac{15}{16}$
(D) $\frac{5}{8}$
(E) $\frac{4}{25}$

A mãe de João pagou (2/3)x(1 – 0,0625) da prestação original, ou seja, (2/3)x(93,75/100) = 62,5/100 = 125/200 = 25/40 = 5/8.

Gabarito "D"

4. EQUAÇÕES E INEQUAÇÕES DE 1.º E 2.º GRAUS; SISTEMAS LINEARES

(Escriturário – BB – 2010.2 – FCC) Suponha que, para a divulgação de produtos oferecidos pelo Banco do Brasil no primeiro trimestre deste ano, 1 295 folhetos foram entregues aos clientes em janeiro e que o total entregue nos dois meses seguintes foi o dobro desse valor. Se o número de folhetos entregues em março ultrapassou o de fevereiro em 572 unidades, a soma dos números de folhetos entregues em janeiro e fevereiro foi

(A) 2 018
(B) 2 294
(C) 2 304
(D) 2 590
(E) 2 876

Seja x o número de folhetos entregue em fevereiro e y o número entregue em março. Temos que a soma destes valores é o dobro do valor entregue em janeiro, ou seja, x + y = 2x1295 = 2590. Além disso, o problema fornece que y - x = 572. Somando as duas equações, temos que 2y = 3162, ou seja, y = 1581 e, portanto, x = 1581 - 572 = 1009. Logo, o número de folhetos entregues em janeiro e fevereiro foi de 1295 + 1009 = 2304.

Gabarito "C"

(Escriturário – BB – 2010.1 – CESGRANRIO) No Brasil, os clientes de telefonia móvel podem optar pelos sistemas pré-pago ou pós-pago. Em certa empresade telefonia móvel, 17 em cada 20 clientes utilizam o sistema pré-pago. Sendo assim, o número de clientes que utilizam o sistema pré--pago supera o número de clientes do pós-pago em 24,36 milhões. Quantos milhões de clientes são atendidos por essa empresa?

(A) 34,80
(B) 32,18
(C) 31,20
(D) 30,25
(E) 29,58

Sejam T o número total de clientes dessa empresa, e P o número de clientes no sistema pré-pago. Logo, 17 T = 20 P. Além disso, P = (T – P) + 24,36. Logo (17/20) T = T – (17/20) T + 24,36, ou seja (14/20) T = 24,36, T = 34,80.

Gabarito "A"

(Escriturário – BB – 2010.1 – CESGRANRIO) De acordo com o Plano Nacional de Viação (PNV) de 2009, a malha de estradas não pavimentadas de Goiás tem 62.868km a mais do que a malha de estradas pavimentadas. Sabe-se, também, que a extensão total, em quilômetros, das estradas não pavimentadas supera em 393km o sêxtuplo da extensão das estradas pavimentadas. Quantos quilômetros de estradas pavimentadas há em Goiás?

(A) 12.495
(B) 12.535
(C) 12.652
(D) 12.886
(E) 12.912

Sejam NP a malha de estradas não pavimentadas e P a malha pavimentada. Então NP = P + 62.868 e também NP = 6P + 393. Logo, P + 62868 = 6P + 393, ou seja, 5P = 62.475, P = 12.495.

Gabarito "A"

(Escriturário – BB – 2011.2 – FCC) Relativamente aos tempos de serviço de dois funcionários do Banco do Brasil, sabe-se que sua soma é 5 anos e 10 meses e que estão entre si na razão 3/2. Nessas condições, a diferença positiva entre os tempos de serviço desses funcionários é de

(A) 2 anos e 8 meses.
(B) 2 anos e 6 meses.
(C) 2 anos e 3 meses.
(D) 1 ano e 5 meses.
(E) 1 ano e 2 meses.

Sejam x e y os tempos de serviços dos funcionários em meses. Sabemos que x + y = 70 e x/y = 3/2, ou seja, 2x = 3y, x = 1,5y. Logo 2,5y = 70, y = 28. Finalmente, x = 70 - 28 = 42. Logo, a diferença é de 42 - 28 = 14 meses, ou seja, 1 ano e 2 meses.

Gabarito "E"

(Escriturário – BB – 2011.2 – FCC) Josué e Natanael receberam, cada um, um texto para digitar.Sabe-se que:

– no momento em que Josué iniciou a digitação das páginas de seu texto, Natanael já havia digitado 5 páginas do dele;

– a cada 15 minutos, contados a partir do início da digitação de Josué, Natanael digitou 2 páginas e Josué 3.

Nessas condições, a quantidade de páginas que Josué deverá digitar para igualar àquela digitada por Natanael é um número

(A) menor que 16.

(B) primo.

(C) quadrado perfeito.

(D) divisível por 4.

(E) maior que 25.

Seja n o número de períodos de 15 minutos após que Josué começou a digitar seu texto. Neste caso, o número de páginas que Natanael digitou é N = 5 + 2n, e o número de páginas que Josué digitou é J = 3n. Teremos que o número de páginas será igual quando 5 + 2n = 3n, ou seja, n = 5. Neste momento, ambos terão digitados 15 páginas, que é um número menor que 16.

Gabarito "A"

(Escriturário – BB – 2011.3 – FCC) Gertrudes e Rubem – funcionários de uma Agência do Banco do Brasil – receberam, cada um, uma mesma quantidade de folhetos para a divulgação de serviços e produtos oferecidos pelo Banco. Sabendo que, se Gertrudes repassar a terça parte de seu total de folhetos para Rubem, então ele terá que distribuir 64 folhetos a mais do que ela. É correto concluir que o total de folhetos que cada um recebeu inicialmente é um número compreendido entre

(A) 10 e 25.

(B) 25 e 50.

(C) 50 e 75.

(D) 75 e 100.

(E) 100 e 125.

Seja x a quantidade de folhetos que Gertrudes ou Rubem recebeu. Do texto, temos que Gertrudes distribuirá x - x/3 = 2x/3 dos folhetos, e Rubem x + x/3 = 4x/3. Neste caso, sabemos que Rubem distribuirá 64 folhetos a mais, ou seja, 2x/3 + 64 = 4x/3, ou seja, 2x/3 = 64, x = 96.

Gabarito "D"

(Escriturário – BB – 2011.1 – FCC) Em um dado momento em que Ari e Iná atendiam ao público nos guichês de dois caixas de uma Agência do Banco do Brasil, foi observado que a fila de pessoas à frente do guichê ocupado por Ari tinha 4 pessoas a mais que aquela formada frente ao guichê que Iná ocupava.Sabendo que, nesse momento, se 8 pessoas da fila de Ari passassem para a fila de Iná, esta última ficaria com o dobro do número de pessoas da de Ari, então, o total de pessoas das duas filas era:

(A) 24.

(B) 26.

(C) 30.

(D) 32.

(E) 36.

Seja x o número de pessoas à frente do guichê de Ari e y o número de pessoas ã frente do guichê de Iná. Logo x = y + 4, ou seja, x – y = 4. Da segunda afirmação temos que 2.(x – 8) = y + 8, ou seja, 2x – y = 24. Subtraindo a primeira expressão desta última, temos que x = 20, e, portanto, y = 16. Logo, x + y = 36.

Gabarito "E"

(Escriturário – BB – 2011.1 – FCC) Certa máquina gasta 20 segundos para cortar uma folha de papelão de formato retangular em 6 pedaços iguais. Assim sendo, quantos segundos essa mesma máquina gastaria para cortar em 10 pedaços iguais outra folha igual à primeira se, em ambas as folhas, todos os cortes devem ter o mesmo comprimento?

(A) 36.

(B) 35,5.

(C) 34.

(D) 33,3.

(E) 32.

Observe que, para dividir a folha em 6 pedaços iguais, a máquina efetua 5 cortes. Logo, esta máquina gasta 20/5 = 4 segundos por corte. Para dividir uma folha em 10 pedaços, são necessários 9 cortes. Logo, para efetuar 9 cortes, teremos 4x 9 = 36 segundos.

Gabarito "A"

(Escriturário – BB – 2011.1 – FCC) Em dezembro de 2007, um investidor comprou um lote de ações de uma empresa por R$ 8 000,00. Sabe-se que: em 2008 as ações dessa empresa sofreram uma valorização de 20%; em 2009, sofreram uma desvalorização de 20%, em relação ao seu valor no ano anterior; em 2010, se valorizaram em 20%, em relação ao seu valor em 2009. De acordo com essas informações, é verdade que, nesses três anos, o rendimento percentual do investimento foi de:

(A) 20%.

(B) 18,4%.

(C) 18%.

(D) 15,2%.

(E) 15%.

O rendimento percentual do investimento i é tal que 1 + i = (1 + 0,2) x (1 – 0,2) x (1 + 0,2) = 1,152. Logo o rendimento nestes anos foi de 15,2%.

Gabarito "D"

(Escriturário – BB – 2012 – CESGRANRIO) No Brasil, quase toda a produção de latas de alumínio é reciclada. As empresas de reciclagem pagam R$ 320,00 por 100 kg de latas usadas, sendo que um quilograma corresponde a 74 latas.

De acordo com essas informações, quantos reais receberá um catador ao vender 703 latas de alumínio?

(A) 23,15

(B) 23,98

(C) 28,80

(D) 28,96

(E) 30,40

Se um kg corresponde a 74 latas, temos que 703 latas correspondem a 703/74 = 9,5kg. De forma similar, se 320 reais são pagos por 100kg de latas, então por 9,5 kg serão pagos (320 / 100) x 9,5 = R$ 30,40.

Gabarito "E"

(Escriturário – BB – 2015 – CESGRANRIO) Fábio possui certa quantia aplicada em um fundo de investimentos. Pensando em fazer uma viagem, Fábio considera duas possibilidades:

resgatar $\frac{1}{5}$ ou $\frac{1}{4}$ da quantia aplicada. Optando pelo resgate maior, Fábio terá R$ 960,00 a mais para arcar com os custos de sua viagem. Qual é, em reais, o saldo do fundo de investimentos de Fábio?

(A) 5.600,00
(B) 19.200,00
(C) 3.840,00
(D) 4.800,00
(E) 10.960,00

Seja C o saldo do fundo de investimentos. Sabemos que C/4 = C/5 + 960. Logo C/4 – C/5 = C/20 = 960, ou seja, C = R$ 19.200,00.

Gabarito "B".

(Escriturário – BB – 2015 – CESGRANRIO) Um cliente foi sorteado em um plano de capitalização, cujo prêmio, após os descontos, foi de R$ 8.800,00. Esse prêmio foi dividido entre seus três filhos de modo que o segundo ganhou um quinto a mais que o primeiro, e o terceiro ganhou cinco sextos a mais que o segundo.

Quanto recebeu o primeiro filho?

(A) R$ 4.000,00
(B) R$ 3.600,00
(C) R$ 2.000,00
(D) R$ 2.400,00
(E) R$ 4.400,00

Seja P, S, T, os valores recebidos pelo primeiro, segundo e terceiro filho, respectivamente. Sabemos que P + S + T = 8.800. Temos também que S = (1 + 1/5)P = 1,2P. Temos também que T = (1 + 5/6)S = (11/6)S. Assim sendo, temos que T = (11/6)(6/5)P, ou seja, T = (11/5)P = 2,2P. Substituindo estes valores na primeira equação, temos que P + 1,2P + 2,2P = 8.800, ou seja, 4,4P = 8.800, P = R$ 2.000,00.

Gabarito "C".

5. FUNÇÕES; GRÁFICOS

(Escriturário – BB – 2012 – CESGRANRIO)

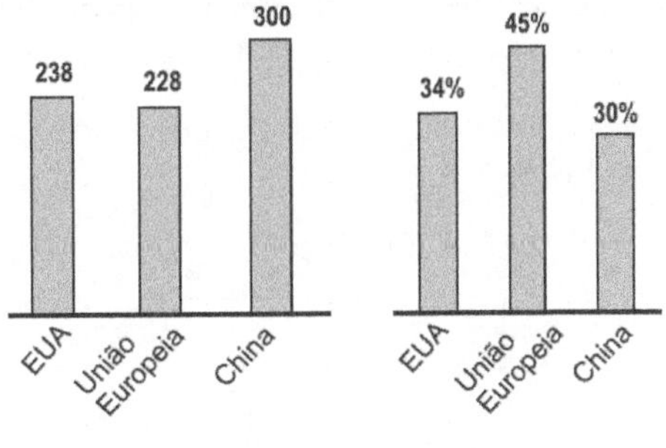

Revista Veja. São Paulo: Abril, 2249. ed, ano 44, n.52,28 dez. 2011, p. 23. Edição especial. Sustentabilidade.Adaptado.

Os gráficos acima apresentam dados sobre a produção e a reciclagem de lixo em algumas regiões do planeta.

Baseando-se nos dados apresentados, qual é, em milhões de toneladas, a diferença entre as quantidades de lixo recicladas na China e nos EUA em um ano?

(A) 9,08
(B) 10,92
(C) 12,60
(D) 21,68
(E) 24,80

A quantidade anual de lixo reciclado na China é de 300 x 0,3 = 90 toneladas, e nos EUA de 238 x 0,34 = 80,92 toneladas. Logo, a diferença é de 90 – 80,92 = 9,08 toneladas por ano.

Gabarito "A".

(Escriturário – BB – 2013.2 – FCC) Após a finalização de um concurso de conhecimentos gerais, os dados foram organizados e apresentados em um infográfico, conforme abaixo.

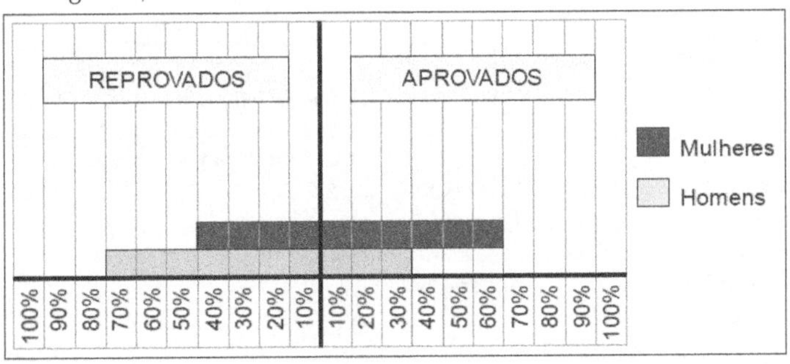

Sabe-se que, do total de 840 participantes desse exame, 25% eram mulheres. Nas condições dadas, o total de aprovados no concurso é igual a

(A) 756.
(B) 315.
(C) 189.
(D) 284.
(E) 354.

Dos dados do exercício, sabemos que, dos participantes, 0,25x840 = 210 eram mulheres e, portanto, 840 – 210 = 630 eram homens. Logo, o total de aprovados, a partir do infográfico, foi de 0,3x630 + 0,6*210 = 315.

Gabarito "B".

Atenção: Para responder às próximas 2 questões considere as informações abaixo:

O supervisor de uma agência bancária obteve dois gráficos que mostravam o número de atendimentos realizados por funcionários. O Gráfico I mostra o número de atendimentos realizados pelos funcionários A e B, durante 2 horas e meia, e o Gráfico II mostra o número de atendimentos realizados pelos funcionários C, D e E, durante 3 horas e meia.

Gráfico I

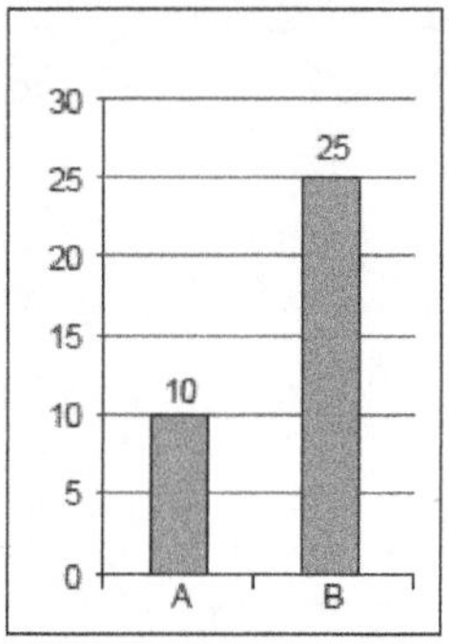

Gráfico II

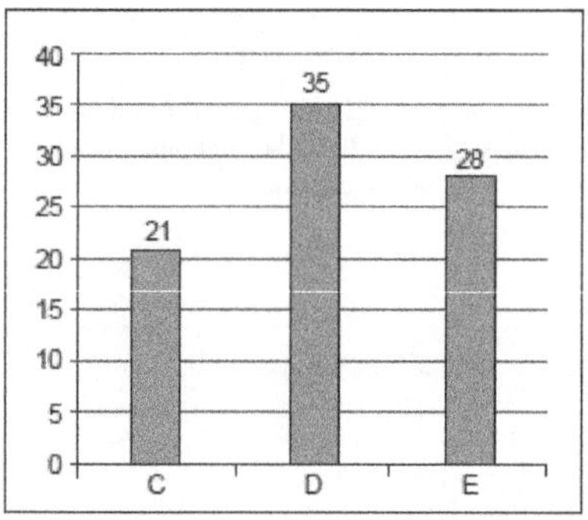

(Escriturário – BB – 2013.1 – FCC) Observando os dois gráficos, o supervisor desses funcionários calculou o número de atendimentos, por hora, que cada um deles executou. O número de atendimentos, por hora, que o funcionário B realizou a mais que o funcionário C é

(A) 3.

(B) 10.

(C) 5.

(D) 6.

(E) 4.

O funcionário B realizou 25 atendimentos em 2,5 horas, em uma média de 25/2,5 = 10 atendimentos por hora. O funcionário C fez 21 atendimentos em 3,5 horas, numa média de 21/3,5 = 6 atendimentos por hora. Desta forma, o funcionário B realizou 10 – 6 = 4 atendimentos por hora a mais que o funcionário C.

Gabarito "E"

(Escriturário – BB – 2013.1 – FCC) Preocupado com o horário de maior movimento, que se dá entre meio dia e uma e meia da tarde, o supervisor colocou esses cinco funcionários trabalhando simultaneamente nesse período. A partir das informações dos gráficos referentes ao ritmo de trabalho por hora dos funcionários, o número de atendimentos total que os cinco funcionários fariam nesse período é

(A) 57.

(B) 19.

(C) 38.

(D) 45.

(E) 10.

No período de 1 hora e meia, podemos calcular o atendimento total dos 5 funcionários através das informações dos gráficos, como sendo igual a (1,5/2,5) x (10 + 25) + (1,5/3,5) x (21 + 35 + 28) = 0,6 x 35 + (3/7) x 84 = 21 + 36 = 57.

Gabarito "A"

Atenção: Para responder às próximas 3 questões, considere as informações abaixo:

Uma corretora de seguros negocia cinco tipos de apólices de seguros denominadas I, II, III, IV e V. Nos primeiros vinte dias do mês, a corretora negociou 1.240 apólices. O Gráfico A mostra a participação, em porcentagem, de cada um dos tipos de apólice nesses 1.240 negócios. O Gráfico B mostra, em porcentagem, a meta de participação nos negócios a ser alcançada até o fim do mês por tipo de apólice. Sabe-seque a meta a ser atingida é a de negociação de 1.500 apólices no mês.

Gráfico A

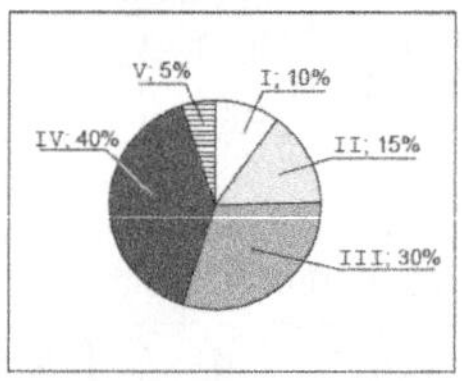

Gráfico B

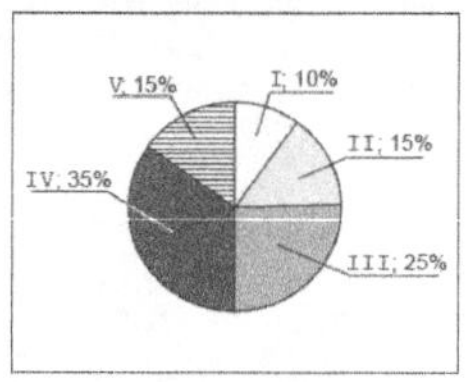

(Escriturário – BB – 2013.1 – FCC) O número de negociações, ainda necessárias, da apólice V, para alcançar exatamente a meta prevista para ela, é:

(A) 75.

(B) 163.

(C) 124.

(D) 62.

(E) 225.

A meta da apólice V são 15 % de 1500 apólices vendidas, ou seja 0,15 x 1500 = 225 apólices. Nos primeiros 20 dias do mês foram vendidas 5% de 1240, ou seja, 0,05 x 1240 = 62. Desta forma, ainda são necessárias 225 – 62 = 163 negociações para se alcançar a meta.

Gabarito "B"

(Escriturário – BB – 2013.1 – FCC) O tipo de apólice que deve ser menos negociada, no tempo que ainda falta, para que a meta seja exatamente atingida, é a apólice

(A) IV.

(B) II.

(C) III.

(D) I.

(E) V.

A apólice I tem meta de 0,1 x 1500 = 150 e já foram negociadas 0,1 x 1240 = 124, restando ainda 150 – 124 = 26 para cumprir a meta. A apólice II tem meta de 0,15 x 1500 = 225 e já foram negociadas 0,15 x 1240 = 186, restando, portanto, 225 – 186 = 39 a serem negociadas. A apólice III tem meta de 0,25 x 1500 = 375 e já foram negociadas 0,3 x 1240 = 372, restando 375 – 372 = 3 para a meta. A apólice IV tem meta de 0,35 x 1500 = 525 e já se negociou 0,4 x 1240 = 496, restando, portanto, 525 – 496 = 29 para a conclusão. Finalmente a apólice V necessita 163 para cumprir a meta, conforme item anterior. Logo, a apólice mais próxima da meta é a III.

Gabarito "C"

(Escriturário – BB – 2013.1 – FCC) Considere que os preços de negociação das apólices sejam1 unidade monetária para a apólice I, 2 unidades monetárias para a apólice II, 3 unidades monetárias para a apólice III, 4 unidades monetárias para a apólice IV e 5 unidades monetárias para a apóliceV. Se a meta mensal de 1.500 negociações, com participação conforme descrito no gráfico B, for atingida, a participação da apólice IV na arrecadação total das negociações realizadas nesse mês, em porcentagem aproximada, é igual a

(A) 48.

(B) 40.

(C) 35.

(D) 45.

(E) 42.

A partir dos resultados dos exercícios anteriores, podemos obter a porcentagem da participação da apólice IV como sendo 4 x 525 / (1 x 150 + 2 x 225 + 3x375 + 4x525 + 5x225) = 2100 / 4950 = 0,424 ou 42,4%.

Gabarito "E"

6. SEQUÊNCIAS NUMÉRICAS

(Escriturário – BB – 2010.2 – FCC) Uma pessoa abriu uma caderneta de poupança com um primeiro depósito de R$ 200,00 e, a partir dessa data, fez depósitos mensais nessa conta. Se a cada mês depositou R$ 20,00 a mais do que no mês anterior, ao efetuar o 15° depósito, o total depositado por ela era

(A) R$ 4 700,00.

(B) R$ 4 800,00.

(C) R$ 4 900,00.

(D) R$ 5 000,00.

(E) R$ 5 100,00.

Observe que o 2° depósito foi de 200 + 1x20 = 220,00 reais, o 3° depósito de 200 + 2x20 = 240,00 reais e, portanto, o 15° depósito foi de 200 + (15-1)x20 = 480,00 reais. Esta sequência de depósitos forma uma progressão aritmética. A soma dos 15 primeiros termos de uma PA é dado por S15 = (a1 + a15).(15/2) = 680x15/2 = R$ 5.100,00.

Gabarito "E"

(Escriturário – BB – 2010.1 – CESGRANRIO) Segundo dados do Instituto Internacional de Pesquisa da Paz de Estocolmo (Simpri), os gastos militares dos Estados Unidos vêm crescendo nos últimos anos, passando de 528,7 bilhões de dólares, em 2006, para 606,4 bilhões de dólares, em 2009. Considerando que este aumento anual venha acontecendo de forma linear, formando uma progressão aritmética, qual será, em bilhões de dólares, o gasto militar dos Estados Unidos em 2010?

(A) 612,5

(B) 621,3

(C) 632,3

(D) 658,5

(E) 684,1

Para X > 2006, o gasto militar, em bilhões de dólares, é dado pela função f(X) = 528,7 + [(606,4 – 528,7) / 3] x (X – 2006). Logo, f(2010) = 528,7 + 25,9 x 4 = 632,3.

Gabarito "C"

(Escriturário – BB – 2011.2 – FCC) Considere que os termos da sequência seguinte foram sucessivamente obtidos segundo determinado padrão:

(3, 7, 15, 31, 63, 127, 255, ...)

O décimo termo dessa sequência é

(A) 1537.

(B) 1929.

(C) 1945.

(D) 2047.

(E) 2319.

Observamos que obtemos a sequência dobrando o elemento anterior e somando 1. Desta forma, A(n) = 2A(n-1) + 1. Podemos iterar os valores para descobrir o 10° termo, mas se torna mais simples perceber que A(n) = 2n+1 - 1, ou seja, o termo de ordem n é a (n+1) potência de 2 subtraído de 1 unidade. Logo A(10) = 211 - 1 = 2048 - 1 = 2047.

Gabarito "D"

(Escriturário – BB – 2011.3 – FCC) Considere que os termos da sequência seguinte foram obtidos segundo determinado critério:

$$\left(\frac{1}{1}, \frac{5}{4}, \frac{3}{3}, \frac{15}{12}, \frac{13}{11}, \frac{65}{44}, \frac{63}{43}, \dots\right)$$

Se x/y é o nono termo dessa sequência, obtido de acordo com esse critério, então a soma x + y é um número

(A) menor que 400.

(B) múltiplo de 7.

(C) ímpar.

(D) quadrado perfeito.

(E) maior que 500.

A sequência do numerador é obtida alternado multiplicação por 5 e subtração por 2. A sequência do denominador é obtida alternando multiplicação por 4 e subtração por 1. Assim, como temos o 7° termo, podemos obter o 9° facilmente como sendo (63*5 - 2) / (43 * 4 - 1) = 313 / 171. Logo, a soma do numerador e do denominador resulta em 484, que pode ser escrito como o quadrado de 22.

Gabarito "D"

(Escriturário – BB – 2012 – CESGRANRIO) Uma sequência numérica infinita (e1, e2, e3,..., en,...) é tal que a soma dos n termos iniciais é igual a n2+ 6n. O quarto termo dessa sequência é igual a

(A) 9

(B) 13

(C) 17

(D) 32

(E) 40

O primeiro termo é igual à soma do primeiro termo, logo, e1 = 12 + 6x1 = 7. O segundo termo é igual à soma dos 2 primeiros termos menos o primeiro termo, logo e2 = 22 + 6x2 – 7 = 4 + 12 – 7 = 9. O terceiro termo é a soma dos 3 primeiros termos menos a soma dos 2 primeiros termos, ou seja, e3 = 32 + 6x3 – 9 – 7 = 9 + 18 – 9 – 7 = 11. Finalmente, o quarto termo é a soma dos 4 primeiros termos menos a soma dos 3 primeiros termos, e, portanto, e4 = 42 + 6x4 – 11 – 9 – 7 = 16 + 24 – 27 = 13.

Gabarito "B"

7. NOÇÕES DE PROBABILIDADE E ESTATÍSTICA

(Escriturário – BB – 2010.2 – FCC) Em um banco, qualquer funcionário da carreira de Auditor é formado em pelo menos um dos cursos: Administração, Ciências Contábeis e Economia. Um levantamento forneceu as informações de que

I. 50% dos Auditores são formados em Administração, 60% são formados em Ciências Contábeis e 48% são formados em Economia.

II. 20% dos Auditores são formados em Administração e Ciências Contábeis.

III. 10% dos Auditores são formados em Administração e Economia.

IV. 30% dos Auditores são formados em Ciências Contábeis e Economia.

Escolhendo aleatoriamente um Auditor deste banco, a probabilidade de ele ser formado em pelo menos dois daqueles cursos citados é

(A) 58%

(B) 56%

(C) 54%

(D) 52%

(E) 48%

Seja P(A) a probabilidade do auditor ter um diploma em Administração, P(B) em Ciências Contábeis e P(C) em Economia. Definimos P(A+B) como sendo a probabilidade do auditor ter o diploma de Administração ou Ciências Contábeis e P(AB) de ter simultaneamente estes dois diplomas, e, de forma equivalente, para as outras combinações. Sabemos que P(A+B+C) = 1. Através das propriedades de conjuntos, que podem ser observadas através de um diagrama de Venn, temos que P(A+B+C) = P(A) + P(B) + P(C) - P(AB) - P(AC) - P(BC) + P(ABC), ou seja, 1 = 0,5 + 0,6 + 0,48 - 0,2 - 0,1 - 0,3 + P(ABC) e, portanto, P(ABC) = 0,02. Ou seja, 2% dos auditores têm os 3 diplomas. Finalmente, para o cálculo do proposto, precisamos de P(AB + AC + BC). Aplicando novamente a mesma regra, P(AB + AC + BC) = P(AB) + P(AC) + P(BC) - P(ABAC) - P(ABBC) - P(ACBC) + P(ABACBC) = P(AB) + P(AC) + P(BC) - 2P(ABC) = 0,2 + 0,1 + 0,3 - 2x0,02 = 0,56.

Gabarito "B"

(Escriturário – BB – 2011.2 – FCC) Palmira faz parte de um grupo de 10 funcionários do Banco do Brasil cuja média das idades é 30 anos. Se Palmira for excluída do grupo, a média das idades dos funcionários restantes passa a ser 27 anos. Assim sendo, a idade de Palmira, em anos, é

(A) 60.

(B) 57.

(C) 54.

(D) 52.

(E) 48.

Seja x a idade de Palmira e y a soma das idades dos outros 9 funcionários. Sabemos que (x + y) / 10 = 30, ou seja, x + y = 300. Sabemos também que y/9 = 27, ou seja, y = 243. Portanto x = 300 - 243 = 57 anos.

Gabarito "B"

Atenção: Para responder às próximas 2 questões, considere as informações abaixo:

Suponha que certa Agência do Banco do Brasil tenha 25 funcionários, cujas idades, em anos, são as seguintes:

24 – 24 – 24 – 25 – 25 – 30 – 32 – 32 – 32

35 – 36 – 36 – 40 – 40 – 40 – 40 – 46 – 48

48 – 50 – 54 – 54 – 60 – 60 – 65

(Escriturário – BB – 2011.3 – FCC) A média das idades dos funcionários dessa Agência, em anos, é igual a

(A) 36.

(B) 38.

(C) 40.

(D) 42.

(E) 44.

A média é a soma das idades dividido pelo número de funcionário, ou seja, (24 + 24 + 24 + ... + 65) / 25 = 1000/25 = 40.

Gabarito "C"

(Escriturário – BB – 2011.3 – FCC) A probabilidade de que, ao escolher-se aleatoriamente um desses funcionários, a sua idade seja superior a 48 anos é de

(A) 28%.

(B) 27,4%.

(C) 27%.

(D) 25,8%.

(E) 24%.

Da tabela de idades vemos que apenas 6 funcionários têm mais de 48 anos. Assim, a probabilidade em questão é 6/25 = 0,24.

Gabarito "E"

(Escriturário – BB – 2011.1 – FCC) Para disputar a final de um torneio internacional de natação, classificaram-se 8 atletas: 3 norte-americanos, 1 australiano,1 japonês, 1 francês e 2 brasileiros. Considerando que todos os atletas classificados são ótimos e têm iguais condições de receber uma medalha (de ouro, prata ou bronze), a probabilidade de que pelo menos um brasileiro esteja entre os três primeiros colocados é igual a:

(A) 5/14

(B) 3/7

(C) 4/7

(D) 9/14

(E) 5/7

A chance de pelo menos 1 brasileiro receber uma medalha é igual ao complementar de nenhum brasileiro receber uma medalha. Esta probabilidade é dada por (6/8)x(5/7)x(4/6) = 120/336 = 15/42 = 5/14. Logo, a probabilidade procurada é 1 - 5/14 = 9/14, ou seja, pouco menos de 65%.

Gabarito "D"

(Escriturário – BB – 2012 – CESGRANRIO) Numa pesquisa sobre acesso à internet, três em cada quatro homens e duas em cada três mulheres responderam que acessam a rede diariamente. A razão entre o número de mulheres e de homens participantes dessa pesquisa é, nessa ordem, igual a ½. Que fração do total de entrevistados corresponde àqueles que responderam que acessam a rede todos os dias?

(A) 5/7

(B) 8/11

(C) 13/18

(D) 17/24

(E) 25/36

Seja H o número de homens e M o número de mulheres que responderam esta pesquisa. A fração procurada, ou seja, daqueles que acessam a rede todo dia, é dada pela expressão ((3/4)H + (2/3)M)/(H+M). Sabemos também que M/H = ½, ou seja, 2M = H. Substituindo H na primeira expressão, temos, ((3/4)2M + (2/3)M)/(2M+M) = ((3/2 + 2/3)M)/(3M) = (13/6)/3 = 13/18.

Gabarito "C".

(Escriturário – BB – 2012 – CESGRANRIO) Uma moeda não tendenciosa é lançada até que sejam obtidos dois resultados consecutivos iguais. Qual a probabilidade de a moeda ser lançada exatamente três vezes?

(A) 1/8

(B) 1/4

(C) 1/3

(D) 1/2

(E) 3/4

Não importando o resultado do 1º lançamento, a probabilidade de conseguir 2 consecutivos em 2 lançamentos é exatamente 1/2, pois deve-se apenas repetir o resultado obtido no 1º lançamento. Logo, a probabilidade de conseguir dois resultados consecutivos no 3º lançamento é igual à probabilidade de não se conseguir 2 consecutivos em 2 lançamentos vezes a probabilidade de conseguir no 3º. Para não se conseguir em 2 lançamentos temos a probabilidade 1 – 1/2 = 1/2. Neste caso, não importando o resultado do 2º lançamento, a repetição acontece no 3º lançamento com probabilidade 1/2. Desta forma, a probabilidade procurada é 1/2 x 1/2 = 1/4.

Gabarito "B".

Escriturário – BB – 2014 – CESGRANRIO) Em uma determinada agência bancária, para um cliente que chega entre 15 h e 16 h, a probabilidade de que o tempo de espera na fila para ser atendido seja menor ou igual a 15 min é de 80%.

Considerando que quatro clientes tenham chegado na agência entre 15 h e 16 h, qual a probabilidade de que exatamente três desses clientes esperem mais de 15 min na fila?

(A) 0,64%

(B) 2,56%

(C) 30,72%

(D) 6,67%

(E) 10,24%

A probabilidade de um ser atendido em mais de 15 minutos é de 1 – 0,8 = 0,2 ou 20%. Logo a probabilidade de que três dos quatro sejam atendidos em mais de 15 minutos é dada por 4 x 0,8 x 0,23 = 4 x 0,8 x 0,008 = 0,0256 ou 2,56%.

Gabarito "B".

(Escriturário – BB – 2014 – CESGRANRIO) Um grupo de analistas financeiros composto por 3 especialistas – X, Y e Z – possui a seguinte característica: X e Y decidem corretamente com probabilidade de 80%, e Z decide corretamente em metade das vezes.

Como as decisões são tomadas pela maioria, a probabilidade de o grupo tomar uma decisão correta é:

(A) 0,16

(B) 0,64

(C) 0,48

(D) 0,32

(E) 0,80

A decisão será correta se os 3 acertarem, o que ocorre com probabilidade 0,8 x 0,8 x 0,5 = 0,32 ou X e Y acertarem, com Z errando, o que ocorre com probabilidade 0,8 x 0,8 x 0,5 = 0,32, ou X e Z acertando com Y errando, o que ocorre com probabilidade 0,8 x 0,2 x 0,5 = 0,08 ou finalmente com Y e Z acertando e X errado, o que ocorre com probabilidade 0,2 x 0,8 x 0,5 = 0,08. Portanto, a maioria acerta em 0,32 + 0,32 + 0,08 + 0,08 = 0,8 ou 80% dos casos.

Gabarito "E".

(Escriturário – BB – 2014.1 – CESGRANRIO) Sejam X o número de contratos realizados, e Y o número de contratos cancelados em uma determinada agência, por dia.

A distribuição conjunta de X e Y é dada por

P(X=x; Y=y)		X							P(Y=y)
		0	1	2	3	4	5	6	
Y	0	0,03	0,04	0,04	0,04	0,02	0,02	0,01	0,20
	1	0,02	0,03	0,06	0,09	0,04	0,04	0,02	0,30
	2	0	0,03	0,05	0,07	0,04	0,04	0,02	0,25
	3	0	0	0,05	0,05	0,05	0,03	0,02	0,20
	4	0	0	0	0	0	0,02	0,03	0,05
P(X=x)		0,05	0,10	0,20	0,25	0,15	0,15	0,10	1

Dado que pelo menos quatro contratos novos foram fechados, a probabilidade de que três contratos sejam cancelados no mesmo dia é:

(A)2/3

(B)1/3

(C)1/10

(D)1/8

(E)1/4

Pela regra da probabilidade condicional, sabemos que P(Y=3 | X >= 4) = P(Y=3, X>=4) / P(X >= 4) = (0,05 + 0,03 + 0,02) / (0,15 + 0,15 + 0,1) = 0,1/0,4 = 1/4.

Gabarito "E".

(Escriturário – BB – 2013.2 – FCC) Ao final do atendimento por telefone, o usuário de um serviço é convidado a atribuir nota de 1 a 5 para o atendimento, sendo 1 a nota atribuída ao péssimo atendimento e 5 anota ao atendimento excelente. Ao final de um dia de atendimentos, os seguintes dados foram tabulados:

Retorno do usuário (notas)	Total de usuários	Cálculos auxiliares
1	12	1 × 12 = 12
2	30	2 × 30 = 60
3	48	3 × 48 = 144
4	21	4 × 21 = 84
5	9	5 × 9 = 45
Não responderam à pesquisa	80	Total = 345
TOTAL	200	

A média de notas dadas pelos usuários que responderam à pesquisa foi

(A) 2,945.

(B) 3,225.

(C) 3,125.

(D) 2,875.

(E) 2,625.

Da tabela, sabemos que 200 – 80 = 120 pessoas responderam à pesquisa, e o total de pontos foi de 345. Logo, a média dos que responderam foi 345 / 120 = 2,875.

Gabarito "D"

(Escriturário – BB – 2013.1 – FCC) Nos quatro primeiros dias úteis de uma semana o gerente de uma agência bancária atendeu 19, 15, 17 e 21 clientes. No quinto dia útil dessa semana esse gerente atendeu n clientes. Se a média do número diário de clientes atendidos por esse gerente nos cinco dias úteis dessa semana foi 19, a mediana foi

(A) 19.

(B) 18.

(C) 20.

(D) 23.

(E) 21.

Se a média de atendimentos em 5 dias foi 19, logo ele atendeu, ao longo da semana, um total de 19 x 5 = 95 clientes. Desta forma, no 5º dia, o gerente atendeu 95 – 19 – 15 – 17 – 21 = 23 clientes. Ordenando de forma crescente o número de clientes atendidos na semana, temos (15, 17, 19, 21, 23), de onde a mediana, ou valor central, é 19.

Gabarito "A"

8. JUROS SIMPLES E COMPOSTOS: CAPITALIZAÇÃO E DESCONTOS

(Escriturário – BB – 2010.2 – FCC) Um capital é aplicado, durante 8 meses, a uma taxa de juros simples de 15% ao ano, apresentando um montante igual a R$ 13.200,00 no final do prazo. Se este mesmo capital tivesse sido aplicado, durante 2 anos, a uma taxa de juros compostos de 15% ao ano, então o montante no final deste prazo seria igual a

(A) R$ 15.606,50.

(B) R$ 15.870,00.

(C) R$ 16.531,25.

(D) R$ 17.192,50.

(E) R$ 17.853,75.

Sendo a taxa de juros simples de 15% ao ano, em 8 meses temos uma taxa de 0,15*(8/12) = 0,1 ou 10%. Assim sendo, o montante inicial M é tal que M x 1,1 = 13.200, ou seja, M = 12.000,00. Aplicados a uma taxa de 15% composta por 2 anos, o montante final será de 12.000 x (1 + 0,15)2 = 15.870,00 reais.

Gabarito "B"

(Escriturário – BB – 2010.2 – FCC) Um título descontado 2 meses antes de seu vencimento, segundo uma operação de desconto racional simples e com a utilização de uma taxa de desconto de 18% ao ano, apresenta um valor atual igual a R$ 21.000,00. Um outro título de valor nominal igual ao dobro do valor nominal do primeiro título é descontado 5 meses antes de seu vencimento, segundo uma operação de desconto comercial simples e com a utilização de uma taxa de desconto de 2% ao mês. O valor atual deste segundo título é de

(A) R$ 42.160,80.

(B) R$ 41.529,60.

(C) R$ 40.664,40.

(D) R$ 39.799,20.

(E) R$ 38.934,00.

Considerando o primeiro título, e o desconto racional simples, temos que Pv = Fv / (1 + i x n), onde Pv é o valor descontado, Fv o valor nominal, i a taxa de desconto e n o prazo antecipado. Logo 21.000 = Fv / (1 + 0,18 x (2/12)), e portanto, Fv = R$ 21.630,00. O 2º título tem valor nominal então de 2 x 21.630 = R$ 43.260,00. O valor descontado deste segundo título, por sem operação comercial, é de Pv = Fv(1 - i x n) = 43.260 x (1 - 0.02 x 5) = R$ 38.934,00.

Gabarito "E"

(Escriturário – BB – 2010.1 – CESGRANRIO) Uma empresa oferece aos seus clientes desconto de 10% para pagamento no ato da compra ou desconto de 5% para pagamento um mês após a compra. Para que as opções sejam indiferentes, a taxa de juros mensal praticada deve ser, aproximadamente,

(A) 5,6%.

(B) 5,0%.

(C) 4,6%.

(D) 3,8%.

(E) 0,5%.

Para que as opções sejam indiferentes, então (1 – 0,1) x (1 + i) = (1 – 0,05). Logo i = 0,0555.

Gabarito "A"

(Escriturário – BB – 2010.1 – CESGRANRIO) Um título com valor de face de R$ 1.000,00, faltando 3 meses para seu vencimento, é descontado em um banco que utiliza taxa de desconto bancário, ou seja, taxa de desconto simples "por fora", de 5% ao mês. O valor presente do título, em reais, é

(A) 820,00

(B) 830,00

(C) 840,00

(D) 850,00

(E) 860,00

O valor presente do título é 1000,00 x (1 – 3 x 0,05) = 1000,00 x 0,85 = 850,00.

Gabarito "D"

(Escriturário – BB – 2011.2 – FCC) Um capital de R$ 10 500,00 foi aplicado a juros simples. Sabendo que a taxa de juros contratada foi de 42% ao ano, então, não tendo sido feito qualquer depósito ou retirada, o montante de R$ 11 725,00 estará disponível a partir de quanto tempo da data de aplicação?

(A) 4 meses.

(B) 3 meses e 20 dias.

(C) 3 meses e 10 dias.

(D) 3 meses.

(E) 2 meses e 20 dias.

Os juros i a serem aplicados ao montante inicial de 10.500 para obtermos 11.725 é tal que 10.500 x (1 + i) = 11.725, ou seja, i = 0,1167, ou 11,67%. Por regra de 3, temos que 42% estão para 12 meses assim como 11,67% estão para x meses, e, portanto, x = 3,33 meses, ou 3 meses e 10 dias.

Gabarito "C"

(Escriturário – BB – 2011.2 – FCC) Uma duplicata no valor de R$ 6 900,00 foi resgatada 3 meses antes de seu vencimento. Considerando que a taxa anual de desconto comercial simples foi de 48%, então, se o valor atual dessa duplicata era X reais, é correto afirmar que

(A) $X \leq 5\,700$.

(B) $5\,700 < X \leq 5\,800$.

(C) $5\,800 < X \leq 5\,900$.

(D) $5\,900 < X \leq 6\,000$.

(E) $X > 6\,000$.

A taxa de 48% ao ano determina a taxa de 48 x 3 / 12 = 12 % em 3 meses. Desta forma, o desconto concedido foi de 6.900 x 0,12 = R$ 828,00, e portanto, o valor atual da duplicata é de 6.900 - 828 = R$ 6.072,00.

Gabarito "E"

(Escriturário – BB – 2011.3 – FCC) Faustino dispõe de R$ 22.500,00 e pretende aplicar esta quantia a juros simples, do seguinte modo: 3/5 do total à taxa mensal de 2,5% e, na mesma ocasião, o restante à taxa de 1,8% ao mês. Supondo que durante 8 meses sucessivos Faustino não faça qualquer retirada, ao término desse período o montante que ele obterá das duas aplicações será igual, em R$, a

(A) 25 548,00.

(B) 26 496,00.

(C) 26 864,00.

(D) 27 586,00.

(E) 26 648,00.

Devemos dividir o montante nas duas aplicações que Faustino fez. Do total investido, (3/5) x 22.500 = 13.500,00 foram aplicados na primeira aplicação e (2/5) x 22.500 = 9.000,00 na segunda. A aplicação a juros simples de 2.5% ao mês garante um rendimento de 0,025 x 8 = 0,2 = 20% no fim dos 8 meses e, o investimento a 1,8% ao mês tem como retorno 0,018 x 8 = 14,4% em 8 meses. Assim, o montante final será de 13.500 x (1 + 0,2) + 9.000 x (1 + 0,144) = R$ 26.496,00.

Gabarito "B"

(Escriturário – BB – 2011.1 – FCC) Um capital foi aplicado a juros simples, à taxa anual de 36%. Para que seja possível resgatar-se o quádruplo da quantia aplicada, esse capital deverá ficar aplicado por um período mínimo de:

(A) 7 anos, 6 meses e 8 dias.

(B) 8 anos e 4 meses.

(C) 8 anos, 10 meses e 3 dias.

(D) 11 anos e 8 meses.

(E) 11 anos, 1 mês e 10 dias.

Para se resgatar o quádruplo, o rendimento deverá ser de 300%. Logo, sendo n o período de espera, temos que 0,36n = 3, ou seja, n = 8,333, portanto, 8 + 4/12 anos = 8 anos e quatro meses.

Gabarito "B"

(Escriturário – BB – 2011.1 – FCC) Uma duplicata foi descontada em R$ 700,00, pelos 120 dias de antecipação. Se foi usada uma operação de desconto comercial simples, com a utilização de uma taxa anual de desconto de 20%, o valor atual do título era de:

(A) R$ 7 600,00.

(B) R$ 8 200,00.

(C) R$ 9 800,00.

(D) R$ 10 200,00.

(E) R$ 10 500,00.

No desconto comercial simples, temos que d = N * i * n, onde d é o desconto, N o valor nominal do título, i a taxa de desconto e n o tempo de antecipação. Logo, N = d/(i * n) = 700 / (0,2 x (120/360)) = 700/ (0,2 x (1/3)) = R$ 10.500,00. Portanto, o valor descontado comercial é de Vc = N – d = 10.500 – 700 = R$9.800,00.

Gabarito "C"

(Escriturário – BB – 2014.1 – CESGRANRIO) Considerando-se a mesma taxa de juros compostos, se é indiferente receber R$ 1.000,00 daqui a dois meses ou R$ 1.210,00 daqui a quatro meses, hoje, esse dinheiro vale

(A) R$ 909,09

(B) R$ 826,45

(C) R$ 466,51

(D) R$ 683,01

(E) R$ 790,00

Primeiramente necessitamos encontrar a taxa de juros i. Para tanto, observamos que 1.000 x (1 + i)2 = 1.210,00, ou seja, (1+i)2 = 1,21, 1+i = 1,1 e, portanto, i = 0,1 ou 10%. Trazendo este valor ao tempo presente, temos V = 1.000 / 1,12 = 1.000/1,21 = R$ 826,45.

Gabarito "B"

(Escriturário – BB – 2013.2 – FCC) Uma pessoa resolveu investir a quantia de R$ 200.000,00 em três investimentos diferentes. No investimento F, ela aplicou R$ 80.000,00. No investimento G, ela aplicou R$ 50.000,00 e no investimento H ela aplicou R$ 70.000,00. Após um período de tempo, os investimentos apresentaram os seguintes resultados:

- investimento F com ganho líquido de 5%.
- investimento G com ganho líquido de 3%.
- investimento H com perda de 2%.

O valor atualizado do total investido é, em reais, igual a

(A) 200.500,00.

(B) 204.100,00.

(C) 198.500,00.
(D) 201.500,00.
(E) 206.900,00.

O valor atualizado do total investido é de 80.000 x (1 + 0,05) + 50.000 x (1 + 0,03) + 70.000 x (1 – 0,02) = 84.000 + 51.500 + 68.600 = R$ 204.100,00.

Gabarito "B".

(Escriturário – BB – 2013.2 – FCC) O preço de uma mercadoria subiu 25% e, depois de uma semana, subiu novamente 25%. Para voltar ao preço inicial, vigente antes dessas duas elevações, o preço atual deve cair um valor, em porcentagem, igual a

(A) 20.
(B) 64.
(C) 44.
(D) 50.
(E) 36.

Seja y o valor em porcentagem que o produto deverá cair para voltar ao preço original. Temos então que (1 + 0,25) x (1 + 0,25) x (1 – y) = 1, ou seja, 1,5625 x (1 – y) = 1, 1,5625y = 0,5625, y = 0,36 ou 36%.

Gabarito "E".

9. TAXAS DE JUROS: NOMINAL, EFETIVA, EQUIVALENTES, PROPORCIONAIS, REAL E APARENTE

(Escriturário – BB – 2010.1 – CESGRANRIO) Um investimento obteve variação nominal de 15,5% ao ano. Nesse mesmo período, a taxa de inflação foi 5%. A taxa de juros real anual para esse investimento foi

(A) 0,5%.
(B) 5,0%.
(C) 5,5%.
(D) 10,0%.
(E) 10,5%.

Se i for a taxa de juros real, então (1 + 0,05) x (1 + i) = (1 + 0,155). Portanto, 1+i = 1,155/1,05, e logo i = 0,1.\

Gabarito "D".

(Escriturário – BB – 2012 – CESGRANRIO) Um investimento rende a taxa nominal de 12% ao ano com capitalização trimestral.

A taxa efetiva anual do rendimento correspondente é, aproximadamente,

(A) 12%
(B) 12,49%
(C) 12,55%
(D) 13%
(E) 13,43%

A cada três meses o investimento rende 12/4 = 3%. Desta forma, a taxa efetiva anual é de (1 + 0,03)4 – 1 = 1,034 – 1 = 1,1255 – 1 = 0,1255 ou 12,55%.

Gabarito "C".

(Escriturário – BB – 2014 – CESGRANRIO) Um microempresário precisa aumentar seu capital de giro e resolve antecipar 5 cheques de 10.000 reais cada um, todos com data de vencimento para dali a 3 meses. O gerente do banco informa que ele terá exatamente dois custos para realizar a antecipação, conforme descritos a seguir.

Custo 1 – Um desconto sobre o valor dos cheques a uma taxa de 4% ao mês. Esse desconto será diretamente proporcional ao valor dos cheques, ao tempo de antecipação e à taxa de desconto anunciados.

Custo 2 – Custos operacionais fixos de 500 reais para antecipações de até 100 mil reais.

Assim, comparando o valor de fato recebido pelo microempresário e o valor a ser pago após 3 meses (valor total dos cheques), o valor mais próximo da taxa efetiva mensal cobrada pelo banco, no regime de juros compostos, é de

Dados	
X	X^3
1,042	1,131
1,045	1,141
1,047	1,148
1,049	1,154
1,052	1,164

(A) 5,2%
(B) 4,5%
(C) 4,7%
(D) 5,0%
(E) 4,3%

O desconto aplicado sobre o montante é de d = 50.000 x 3 x 0,04 + 500 = 6000 + 500 = R$ 6.500,00. Logo, o valor recebido é de 50.000 – 6.500 = R$ 43.500,00. Para descobrir a taxa efetiva mensal, devemos encontrar i tal que 43.500 * (1 + i)3 = 50.000, ou seja, (1 + i)3 = 50.000/43.500 = 1,1494. Da tabela, temos que 1 + i = 1,047, ou seja, i = 0,047 ou 4,7%.

Gabarito "C".

(Escriturário – BB – 2014 – CESGRANRIO) Uma conta de R$ 1.000,00 foi paga com atraso de 2 meses e 10 dias. Considere o mês comercial, isto é, com 30 dias; considere, também, que foi adotado o regime de capitalização composta para cobrar juros relativos aos 2 meses, e que, em seguida, aplicou-se o regime de capitalização simples para cobrar juros relativos aos 10 dias.

Se a taxa de juros é de 3% ao mês, o juro cobrado foi de

(A) R$ 64,08
(B) R$ 79,17
(C) R$ 40,30
(D) R$ 71,51
(E) R$ 61,96

Nos dois primeiros meses, temos juros compostos. Logo, neste período, o saldo devedor foi para 1.000 x (1 + 0,03)2 = R$ 1.060,90. Nos últimos 10 dias aplicou-se juros simples, ou seja, 10/30 * 0,03 = 0,01. Portanto, o saldo devedor final é de 1.060,90 x 1,01 = R$ 1.071,51, e portanto os juros cobrados foram de R$ 71,51.

Gabarito "D".

(Escriturário – BB – 2014 – CESGRANRIO) Em um período no qual a inflação acumulada foi de 100%, R$ 10.000,00 ficaram guardados em um cofre, ou seja, não sofreram qualquer correção.

Nessas condições, houve uma desvalorização dos R$ 10.000,00 de

(A) 1/4
(B) 1/2

(C) 2/3

(D) 3/4

(E) 1

O valor atual V dos 10.000 reais é tal que V * (1 + i) = 10.000, ou seja, 2V = 10.000, V = R$ 5.000,00. Portanto, a desvalorização foi de (10.000 - 5.000)/10.000 = 1/2.

Gabarito "B".

(Escriturário – BB – 2013.1 – FCC) Certo capital foi aplicado por um ano à taxa de juros de 6,59% a.a. Se no mesmo período a inflação foi de 4,5% a,a taxa real de juros ao ano dessa aplicaçao foi, em %, de

(A) 2,2.

(B) 1,9.

(C) 2,0.

(D) 2,1.

(E) 1,8.

A taxa de juros real "i" pode ser obtida a partir dos juros aparentes e da taxa de inflação através do cálculo (1 + 0,045) x (1 + i) = 1 + 0,0659, ou seja, 1,045i = 1,0659 – 1,045. Portanto, i = 0.02 ou 2%.

Gabarito "C".

(Escriturário – BB – 2015 – CESGRANRIO) Um cliente foi a um banco tomar um empréstimo de 100 mil reais, no regime de juros compostos, a serem pagos após 3 meses por meio de um único pagamento. Para conseguir o dinheiro, foram apresentadas as seguintes condições:

I. taxa de juros de 5% ao mês, incidindo sobre o saldo devedor acumulado do mês anterior;

II. impostos mais taxas que poderão ser financiados juntamente com os 100 mil reais.

Ao fazer a simulação, o gerente informou que o valor total de quitação após os 3 meses seria de 117.500 reais.

O valor mais próximo do custo real efetivo mensal, ou seja, a taxa mensal equivalente desse empréstimo, comparando o que pegou com o que pagou, é de

(A) $[(1{,}175^{1/3} - 1) \times 100]\%$

(B) $[(1{,}193^{1/3} - 1) \times 100]\%$

(C) $[(1{,}05^{1/3} - 1) \times 100]\%$

(D) $[(1{,}158^{1/3} - 1) \times 100]\%$

(E) $[(1{,}189^{1/3} - 1) \times 100]\%$

Os juros reais "i" são tais que 100.000 x (1 + i)3 = 117.500, ou seja, (1 + i)3 = 1,175, e assim i = (1,175)1/3 – 1.

Gabarito "A".

(Escriturário – BB – 2015 – CESGRANRIO) Um cliente fez um investimento de 50 mil reais em um Banco, no regime de juros compostos. Após seis meses, ele resgatou 20 mil reais, deixando o restante aplicado. Após um ano do início da operação, resgatou 36 mil reais, zerando sua posição no investimento.

A taxa semestral de juros proporcionada por esse investimento pertence a que intervalo abaixo?

Dado
$\sqrt{76} = 8{,}7$

(A) 7,40% a 7,89%

(B) 8,40% a 8,89%

(C) 6,40% a 6,89%

(D) 6,90% a 7,39%

(E) 7,90% a 8,39%

Seja "i" a taxa semestral de juros do investimento. O valor do investimento após 6 meses, antes da 1ª retirada, era 50.000 x (1 + i). Ou seja, após a retirada, o saldo do investimento era 50.000 x (1 + i) – 20.000. Seis meses depois, o saldo da aplicação passou a (50.000 x (1 + i) – 20.000) x (1 + i) = 36.000, pois este valor liquidou o investimento. Assim sendo, chamando (1 + i) = y, e dividindo a equação por 10.000, temos 5y2 – 2y – 3,6 = 0. As raízes deste polinômio são dadas por y = (2 ± (4 + 4x5x3,6)1/2) / 10 = (2 ± 761/2)/10 = (2 ± 8,7)/10 = 1,07 para a única solução positiva. Assim sendo, i = 0,07, ou 7%.

Gabarito "D".

(Escriturário – BB – 2015 – CESGRANRIO) Um investimento rende à taxa de juros compostos de 12% ao ano com capitalização trimestral.

Para obter um rendimento de R$ 609,00 daqui a 6 meses, deve-se investir, hoje, em reais,

(A) 6.460

(B) 10.000

(C) 3.138

(D) 4.852

(E) 7.271

A taxa de juros de 12% ao ano corresponde a 12/4 = 3% ao trimestre. Desta forma, o rendimento de 609,00 reais em dois períodos exige um investimento "C" tal que C x (1 + 0,03)2 = C + 609, ou seja, 1,0609C – C = 609, o que resulta em C = R$ 10.000,00.

Gabarito "B".

(Escriturário – BB – 2015 – CESGRANRIO) Uma instituição financeira efetua o desconto de um título de valor de face de R$ 25.000,00 dois meses antes do vencimento, utilizando taxa de desconto simples bancário (por fora) de 9% ao mês. A instituição exige o pagamento de 2% do valor de face do título como taxa de administração no momento de desconto do título.

A taxa bimestral de juros realmente cobrada é de

(A) 20%

(B) 25%

(C) 11%

(D) 16%

(E) 22,5%

Por se tratar de desconto simples bancário, então o desconto d = 0,09 x 2 x 25.000 = R$ 4.500,00. Além disso, a taxa de administração é de 0,02 x 25.000 = 500,00 reais. Portanto, o valor antecipado é 25.000 – 4.500 – 500 = R$ 20.000,00. Assim sendo, a taxa bimestral efetiva é tal que 20.000 x (1 + i) = 25.000, ou seja, 1 + i = 1,25, ou seja, i = 25%.

Gabarito "B".

10. PLANOS DE AMORTIZAÇÃO DE EMPRÉSTIMOS E FINANCIAMENTOS

Escriturário – BB – 2010.2 – FCC) Um empréstimo no valor de R$ 80.000,00 deverá ser pago por meio de 5 prestações mensais, iguais e consecutivas, vencendo a primeira um mês após a data da concessão do empréstimo. Sabe-se que foi utilizado o Sistema Francês de Amortização (Tabela Price) com uma taxa de juros compostos de 3% ao mês, encontrando-se R$ 17.468,00 para o valor de cada prestação. Imediatamente após o pagamento da primeira prestação, se S representa o percentual do saldo devedor com relação ao valor do empréstimo, então

(A) 77% ≤ S < 78%

(B) 78% ≤ S < 79%

(C) 79% ≤ S < 80%

(D) 80% ≤ S < 81%

(E) 81% ≤ S < 82%

Após o 1º mês, o total da dívida acumulada é de 80.000 x (1 + 0.03) = R$ 82.400,00. Com o pagamento da parcela, o saldo devedor se torna 82.400 - 17.468 = R$ 69.432,00. Logo S = 69.432 / 80.000 = 0.8116.

Gabarito "E".

(Escriturário – BB – 2010.1 – CESGRANRIO) Considere um financiamento de R$ 100.000,00, sem entrada, a ser pago em 100 prestações mensais, pelo Sistemade Amortização Constante (SAC). Sabendo-se que ataxa de juros, no regime de juros compostos, é de 1% ao mês, a prestação inicial, se o prazo de pagamento for duplicado, será reduzida em

(A) 100%.

(B) 50%.

(C) 25%.

(D) 10%.

(E) 5%.

A parcela inicial em 100 prestações é igual aos juros somado a (1/100) do valor do financiamento. Portanto, a primeira parcela é 1000,00 + 1000,00 = 2000,00. Dobrando o prazo de pagamento, a primeira parcela é de 1000,00 + 500,00 = 1500,00. Logo a parcela é reduzida de (2000,00 – 1500,00) / 2000,00 = 25%.

Gabarito "C".

(Escriturário – BB – 2012 – CESGRANRIO) João tomou um empréstimo de R$ 900,00 a juros compostos de 10% ao mês. Dois meses depois, João pagou R$ 600,00 e, um mês após esse pagamento, liquidou o empréstimo.

O valor desse último pagamento foi, em reais, aproximadamente,

(A) 240,00

(B) 330,00

(C) 429,00

(D) 489,00

(E) 538,00

A dívida após um mês era de 900 x 1,1 = 990 reais, e após o segundo mês, antes dos pagamentos, de 990 x 1,1 = 1089,00 reais. Ao pagar 600 reais, a dívida passou a 1089 – 600 = 489,00 reais. Após um mês, esta dívida está em 489 x 1,1 = R$ 537,90, que é justamente o valor a ser pago para liquidar o empréstimo.

Gabarito "E".

(Escriturário – BB – 2014 – CESGRANRIO) Arthur contraiu um financiamento para a compra de um apartamento, cujo valor à vista é de 200 mil reais, no Sistema de Amortização Constante (SAC), a uma taxa de juros de 1% ao mês, com um prazo de 20 anos. Para reduzir o valor a ser financiado, ele dará uma entrada no valor de 50 mil reais na data da assinatura do contrato. As prestações começam um mês após a assinatura do contrato e são compostas de amortização, juros sobre o saldo devedor do mês anterior, seguro especial no valor de 75 reais mensais fixos no primeiro ano e despesa administrativa mensal fixa no valor de 25 reais.

A partir dessas informações, o valor, em reais, da segunda prestação prevista na planilha de amortização desse financiamento, desconsiderando qualquer outro tipo de reajuste no saldo devedor que não seja a taxa de juros do financiamento, é igual a

(A) 2.087,25

(B) 2.218,75

(C) 2.175,25

(D) 2.125,00

(E) 2.225,00

O prazo de 20 anos equivale a 20 x 12 = 240 meses. Logo, a amortização mensal deverá ser de (200.000 – 50.000) / 240 = R$ 625,00. Após a 1ª prestação, o saldo devedor era de 150.000 – 625 = R$ 149.375,00. Portanto, a segunda parcela é dada pela amortização de R$ 625,00, dos juros de 1% sobre o saldo devedor, ou seja, 0,01 x 149.375 = 1.493,75, do seguro de 75 reais e da despesa administrativa de 25 reais, totalizando 625 + 1493,75 + 75 + 25 = R$ 2.218,75.

Gabarito "B".

(Escriturário – BB – 2014.1 – CESGRANRIO) Uma empresa contraiu um financiamento para a aquisição de um terreno junto a uma instituição financeira, no valor de dois milhões de reais, a uma taxa de 10% a.a., para ser pago em 4 prestações anuais, sucessivas e postecipadas.

A partir da previsão de receitas, o diretor financeiro propôs o seguinte plano de amortização da dívida:

Ano 1 – Amortização de 10% do valor do empréstimo;

Ano 2 – Amortização de 20% do valor do empréstimo;

Ano 3 – Amortização de 30% do valor do empréstimo;

Ano 4 – Amortização de 40% do valor do empréstimo.

Considerando as informações apresentadas, os valores, em milhares de reais, das prestações anuais, do primeiro ao quarto ano, são, respectivamente,

(A) 700, 650, 600 e 500

(B) 700, 600, 500 e 400

(C) 200, 400, 600 e 800

(D) 400, 560, 720 e 860

(E) 400, 580, 740 e 880

A parcela no Ano 1 será dos juros de 2.000.000 x 0,1 = 200.000,00 mais amortização de 10%, ou seja, 2.000.000 x 0,1 = 200.000,00 reais. Portanto, a parcela no Ano 1 é de R$ 400.000,00, e o saldo devedor de 2.000.000 – 200.000 = 1.800.000,00 reais. A parcela no Ano 2 será de juros de 1.800.000 x 0,1 = 180.000 reais mais amortização de 20%, ou seja, 2.000.000 x 0,2 = 400.000,00 reais. Logo a parcela do Ano 2 será de 180.000 + 400.000 = 580.000,00 reais e o saldo devedor de 1.800.000 – 400.000 = 1.400.000,00 reais. No Ano 3, os juros são da ordem de 1.400.000 x 0,1 = 140.000,00 reais e a amortização de 2.000.000 x 0,3 = 600.000,00 reais, totalizando parcela de 740.000,00 reais e saldo devedor atualizado de 800.000,00 reais. Finalmente, no Ano 4, o saldo devedor de 800.000 x 1,1 = 880.000,00 reais é liquidado.

Gabarito "E".

(Escriturário – BB – 2014.1 – CESGRANRIO) Um cliente contraiu um empréstimo, junto a um banco, no valor de R$ 20.000,00, a uma taxa de juros compostos de 4% ao mês, com prazo de 2 trimestres, contados a partir da liberação dos recursos. O cliente quitou a dívida exatamente no final do prazo determinado, não pagando nenhum valor antes disso.

Qual o valor dos juros pagos pelo cliente na data da quitação dessa dívida?

Dados
$1{,}04^2 \doteq 1{,}082$
$1{,}04^3 \cong 1{,}125$
$1{,}04^4 \cong 1{,}170$
$1{,}04^5 \cong 1{,}217$
$1{,}04^6 \cong 1{,}265$
$1{,}04^7 \cong 1{,}316$

(A) R$ 5.300,00
(B) R$ 2.650,00
(C) R$ 1.250,00
(D) R$ 1.640,00
(E) R$ 2.500,00

Ao final do empréstimo, o saldo devedor era de 20.000 x (1 + 0,4)6 = 20.000 x 1,265 = 25.300. Assim, os juros pagos foram de 25.300 – 20.000 = R$ 5.300,00.

Gabarito "A"

(Escriturário – BB – 2013.1 – FCC) Um empréstimo de R$ 800.000,00 deve ser devolvido em 5 prestações semestrais pelo Sistema de Amortizações Constantes (SAC) à taxa de 4% ao semestre. O quadro demonstrativo abaixo contém, em cada instante do tempo (semestre), informações sobre o saldo devedor (SD), a amortização (A), o juro (J) e a prestação (P) referentes a esse empréstimo. Observe que o quadro apresenta dois valores ilegíveis.

Semestre	SD (em R$)	A (em R$)	J (em R$)	P (em R$)
0	800.000,00	–	–	–
1	640.000,00	160.000,00	32.000,00	192.000,00
2	480.000,00	160.000,00	25.600,00	185.600,00
3	320.000,00	160.000,00	19.200,00	179.200,00
4	160.000,00	160.000,00	12.800,00	172.800,00
5	–	160.000,00	########	#########

Se o quadro estivesse com todos os valores legíveis, o valor correto da prestação P, no último campo à direita, na linha correspondente ao semestre 5, da tabela, seria de

(A) 167.500,00.
(B) 166.400,00.
(C) 162.600,00.
(D) 168.100,00.
(E) 170.300,00.

Os juros podem ser calculados pela taxa de 4% aplicada ao saldo devedor do período anterior, ou seja, J = 0,04 x 160.000 = R$ 6.400,00. Desta forma, a parcela P = 160.000 + 6.400 = R$ 166.400,00.

Gabarito "B"

(Escriturário – BB – 2015 – CESGRANRIO) A empresa ALFA tomou um empréstimo no valor de 100 mil reais, em janeiro de 2015, a uma taxa de juros de 12% ao ano, no regime de juros compostos, a serem pagos em 3 parcelas anuais, consecutivas e postecipadas. A primeira parcela, a ser paga em janeiro de 2016, corresponderá a 20% do valor do empréstimo; a segunda parcela, um ano após a primeira, será igual a 30% do valor do empréstimo, e a terceira parcela a ser paga, em janeiro de 2018, liquidará a dívida.

A quantia, em milhares de reais, que mais se aproxima do valor da terceira parcela é igual a

(A) 72,0
(B) 90,5
(C) 56,0
(D) 64,2
(E) 81,8

O valor atualizado do empréstimo no momento do pagamento da 1ª parcela era de 100.000 x 1,12 = 112.000,00 reais. Neste momento, a empresa pagou 20% do valor do empréstimo, ou seja 0,2 x 100.000 = R$ 20.000,00, ficando a dívida no valor de 112.000 – 20.000 = R$ 92.000,00. Antes do pagamento da 2ª parcela, o valor atualizado do empréstimo após incidência de juros era de 92.000 x 1,12 = R$ 103.040,00. A empresa amortizou 30% do valor do empréstimo, ou seja, 0,3 x 100.000 = R$ 30.000,00. Desta forma, o valor atualizado neste momento era de 103.040 – 30.000 = R$ 73.040,00. A última parcela encerra o empréstimo, cujo valor é então de 1,12 x 73.040,00 = R$ 81.804,80.

Gabarito "E"

11. AVALIAÇÃO DE ALTERNATIVAS DE INVESTIMENTO.

(Escriturário – BB – 2011.1 – FCC) Saulo aplicou R$ 45.000,00 em um fundo de investimento que rende 20% ao ano. Seu objetivo é usar o montante dessa aplicação para comprar uma casa que, na data da aplicação, custava R$ 135.000,00 e se valoriza à taxa anual de 8%. Nessas condições, a partir da data da aplicação, quantos anos serão decorridos até que Saulo consiga comprar tal casa?

Dado:

(Use a aproximação: log. 3 = 0,48)

(A) 15.
(B) 12.
(C) 10.
(D) 9.
(E) 6.

Temos um problema de juros compostos, onde os dois montantes (do saldo e do valor atual da casa) devem ser iguais. Portanto, temos que 45000 x (1 + 0,2)n = 135000 x (1 + 0,08)n, ou seja, 45000x1,2n = 135000x1,08n. Portanto (1,2/1,08)n = (1/0,9)n = 135000/45000 = 3. Aplicando o log. dos dois lados, temos que n.(log.(1) – log.(0,9)) = log.(3). Observe que log.(1) = 0 e log.(0,9) = log.(9/10) = log.(9) – log.(10) = 2log(3) – 1 = 0,96 – 1 = -0,04. Assim 0,04n = 0,48, ou seja, n = 12.

Gabarito "B"

(Escriturário – BB – 2012 – CESGRANRIO) Uma loja oferece um aparelho celular por R$ 1.344,00 à vista. Esse aparelho pode ser comprado a prazo, com juros de 10% ao mês, em dois pagamentos mensais iguais: um, no ato da compra, e outro, um mês após a compra.

O valor de cada um dos pagamentos mensais é, em reais, de

(A) 704,00
(B) 705,60
(C) 719,00
(D) 739,20
(E) 806,40

Este tipo de financiamento, onde as parcelas são iguais, é conhecido como Price. Podemos, portanto, utilizar as expressões para o cálculo das parcelas. Mas, por se tratar de um período curto, podemos obter o mesmo resultado através de argumentos simples. Seja P o valor de cada parcela que desejamos calcular. Como pagamos P a vista, de fato, o valor financiado é de 1344,00 – P. Como os juros são de 10% ao mês, após 1 mês, a dívida referente a este financiamento é de 1,1(1344,00 – P). Mas este valor tem que ser quitado, ou seja, este valor é exatamente igual à parcela, ou seja, 1,1(1344,00 – P) = P. Logo 1478,40 = 2,1P, e assim, P = 704,00.

Gabarito "A".

12. TAXAS DE RETORNO

(Escriturário – BB – 2010.2 – FCC) Uma máquina com vida útil de 3 anos é adquirida hoje (data 0) produzindo os respectivos retornos: R$ 0,00 no final do primeiro ano, R$ 51.480,00 no final do segundo ano e R$ 62.208,00 no final do terceiro ano. O correspondente valor para a taxa interna de retorno encontrado foi de 20% ao ano. Então, o preço de aquisição da máquina na data 0 é de

(A) R$ 71.250,00.
(B) R$ 71.500,00.
(C) R$ 71.750,00.
(D) R$ 78.950,00.
(E) R$ 86.100,00.

O valor de aquisição da máquina pode ser obtido trazendo ao presente os valores dos retornos corrigidos pela taxa interna de retorno. Desta forma, sendo P o preço de aquisição da máquina, e i = 0,2 a taxa interna de retorno, temos que P = 0,00 / (1 + i) + 51.480,00 / (1 + i)2 + 62.208,00 / (1 + i)3. Efetuando os cálculos, obtemos que P = 0,00 + 35.750,00 + 36.000,00 = 71.750,00 reais.

Gabarito "C".

(Escriturário – BB – 2012 – CESGRANRIO) O investimento necessário para montar uma pequena empresa é de R$ 10.000,00. Esse investimento renderá R$ 6.000,00 no final do primeiro ano, e R$ 5.500,00 no final do segundo. Depois desses dois anos, o dono dessa empresa pretende fechá-la.

A taxa interna de retorno (TIR), anual, desse projeto é

(A) 1%
(B) 1,5%
(C) 5%
(D) 10%
(E) 15%

Sendo i a taxa interna de retorno, temos que 10.000 = 6.000 / (1 + i) + 5.500 / (1+i)2. Multiplicando a equação por (1+i)2, temos que 10.000 * (1 + 2i + i2) – 6.000 * (1 + i) – 5500 = 0, ou seja, 10.000 * i2 + i * (20.000 – 6.000) + 10.000 – 6.000 – 5.500 = 0 e, portanto, dividindo a equação por 10.000, temos, i2 + 1,4i – 0,15 = 0. Encontrando as raízes deste polinômio de 2º grau encontramos i = 0,1 ou i = -1,5. Descartando a 2ª solução por ser negativa, temos que i = 0,1, ou seja, 10%.

Gabarito "D".

RACIOCÍNIO LÓGICO

1. LÓGICA SENTENCIAL E DE PRIMEIRA ORDEM

(Escriturário – BB – 2010.2 – FCC) Sejam: X o conjunto dos municípios brasileiros; Y o conjunto dos municípios brasileiros que têm Agências do Banco do Brasil; Z o conjunto dos municípios brasileiros que têm mais de 30 000 habitantes.

Supondo que $Y \cap Z \neq \varnothing$, é correto afirmar que:

(A) Pode existir algum município brasileiro que não tem Agência do Banco do Brasil e que tem mais de 30 000 habitantes.
(B) Se um município brasileiro tem Agência do Banco do Brasil, então ele tem mais de 30 000 habitantes.
(C) Se um município brasileiro tem menos de 30 000habitantes, então ele não tem Agência do Banco do Brasil.
(D) Todo município brasileiro que não tem Agência do Banco do Brasil tem menos de 30 000 habitantes.
(E) Todo município brasileiro que tem menos de 30 000 habitantes não tem Agência do Banco do Brasil.

A expressão apresentada indica que existe pelo menos um município brasileiro com mais de 30.000 habitantes que contém uma agência do Banco do Brasil. Observe que b, c, d, e não podem ser deduzidas diretamente desta expressão. Por outro lado, é correto afirmar 'a', pois a expressão 'pode existir' não é eliminada da relação dada.

Gabarito "A".

(Escriturário – BB – 2010.1 – CESGRANRIO) Qual a negação da proposição "Algum funcionário da agência P do Banco do Brasil tem menos de 20 anos"?

(A) Todo funcionário da agência P do Banco do Brasil tem menos de 20 anos.
(B) Não existe funcionário da agência P do Banco do Brasilcom 20 anos.
(C) Algum funcionário da agência P do Banco do Brasil tem mais de 20 anos.
(D) Nem todo funcionário da agência P do Banco do Brasiltem menos de 20 anos.
(E) Nenhum funcionário da agência P do Banco do Brasil tem menos de 20 anos.

A negação da frase é "Todo funcionário da agência P do Banco do Brasil tem 20 anos ou mais", que é equivalente a "Nenhum funcionário da agência do Banco do Brasil tem menos de 20 anos".

Gabarito "E".

(Escriturário – BB – 2010.1 – CESGRANRIO) A proposição funcional "Para todo e qualquer valor de n, tem-se $6n < n^2 + 8$" será verdadeira, se n for um número real

(A) menor que 8.
(B) menor que 4.
(C) menor que 2.
(D) maior que 2.
(E) maior que 3.

O polinômio $n^2 - 6n + 8 = 0$ tem raízes 2 e 4. Dado que esta parábola tem concavidade para cima, a desigualdade $n^2 - 6n + 8 > 0$ ocorre antes da primeira raiz ou após a segunda. Assim sendo, a desigualdade é verificada para todos os valores menores que 2 e também para valores maiores que 4.

Gabarito "C".

(Escriturário – BB – 2011.3 – FCC) Dos 36 funcionários de uma Agência do Banco do Brasil,sabe-se que: apenas 7 são fumantes, 22 são do sexo masculino e 11 são mulheres que não fumam. Com base nessas afirmações, é correto afirmar que o

(A) número de homens que não fumam é 18.
(B) número de homens fumantes é 5.
(C) número de mulheres fumantes é 4.
(D) total de funcionários do sexo feminino é 15.
(E) total de funcionários não fumantes é 28.

Dos 36 funcionários, 22 são do sexo masculino. Portanto, 36-22 = 14 são mulheres. Como 11 mulheres não fumam, temos que 14-11 = 3 mulheres fumam. Do total de 7 fumantes, temos que 7 - 3 = 4 homens fumam, o que resulta em 22 - 4 = 18 homens que não são fumantes.
Gabarito "A"

(Escriturário – BB – 2011.1 – FCC) Um jornal publicou a seguinte manchete:

"Toda Agência do Banco do Brasil tem déficit de funcionários."

Diante de tal inverdade, o jornal se viu obrigado a retratar-se, publicando uma negação de tal manchete. Das sentenças seguintes, aquela que expressaria de maneira correta a negação da manchete publicada é:

(A) Qualquer Agência do Banco do Brasil não têm déficit de funcionários.
(B) Nenhuma Agência do Banco do Brasil tem déficit de funcionários.
(C) Alguma Agência do Banco do Brasil não tem déficit de funcionários.
(D) Existem Agências com déficit de funcionários que não pertencem ao Banco do Brasil.
(E) O quadro de funcionários do Banco do Brasil está completo.

A negação de uma expressão é o mínimo necessário para contradizê-la. Logo, se alguma agência do Banco do Brasil não tiver déficit de funcionários, então a expressão apresentada originalmente é falsa.
Gabarito "C"

2. ENUMERAÇÃO POR RECURSO

(Escriturário – BB – 2014.1 – CESGRANRIO) Em uma caixa há cartões. Em cada um dos cartões está escrito um múltiplo de 4 compreendido entre 22 e 82. Não há dois cartões com o mesmo número escrito, e a quantidade de cartões é a maior possível. Se forem retirados dessa caixa todos os cartões nos quais está escrito um múltiplo de 6 menor que 60, quantos cartões restarão na caixa?

(A) 12
(B) 11
(C) 3
(D) 5
(E) 10

Os múltiplos de 4 no intervalo dado são (24, 28, 32, 36, 40, 44, 48, 52, 56, 60, 64, 68, 72, 76, 80). Retirando os múltiplos de 6 menores que 60 resulta em (28, 32, 40, 44, 52, 56, 60, 64, 68, 72, 76, 80), ou seja, 12 cartões.
Gabarito "A"

(Escriturário – BB – 2013.2 – FCC) Para recepcionar os 37 novos funcionários de uma agência,foi criada uma brincadeira na qual os novos funcionários deveriam ser divididos em grupos iguais (mesmo número de integrantes) que poderiam ter ou 5, ou 7, ou 8,ou 9, ou 10 integrantes. Das cinco opções de tamanhos dos grupos, a que deixa menos funcionários sem grupo é aquela em que os grupos têm número de integrantes igual a

(A) 7.
(B) 9.
(C) 5.
(D) 10.
(E) 8.

Necessitamos calcular o resto da divisão de 37 pelos tamanhos possíveis de grupo. 37 dividido por 7 resulta em 5 resto 2. 37 dividido por 9 resulta em 4 resto 1. 37 dividido por 5 resulta em 7 resto 2. 37 dividido por 10 resulta em 3 resto 7. Finalmente, 37 dividido por 8 resulta em 4 resto 5. Logo, o menor valor de resto, e, portanto, o tamanho de grupo que deixa o menor número de funcionários sem grupo, é 9.
Gabarito "B"

3. CONTAGEM: PRINCÍPIO ADITIVO E MULTIPLICATIVO

(Escriturário – BB – 2010.2 – FCC) Na sala de reuniões de uma empresa há uma mesa de formato retangular com 8 cadeiras dispostas da formacomo é mostrado na figura abaixo.

Sabe-se que, certo dia, seis pessoas reuniram-se nessa sala: o Presidente, o Vice-Presidente e 4 Membros da Diretoria. Considerando que o Presidente e o Vice-Presidente sentaram-se nas cabeceiras da mesa, de quantos modos podem ter se acomodado nas cadeiras todas as pessoas que participaram da reunião?

(A) 720
(B) 360
(C) 120
(D) 72
(E) 36

Existem 2 formas do Presidente e Vice-Presidente ocuparem as cadeiras das cabeceiras. Com relação aos membros da Diretoria, o 1o tem 6 opções, o 2° 5 opções, o 3° possui 4 cadeiras vazias e o último 3. Desta forma, o número de modos possíveis é 2 x 6 x 5 x 4 x 3 = 720.
Gabarito "A"

(Escriturário – BB – 2010.1 – CESGRANRIO) Uma loja vende barras de chocolate de diversos sabores. Em uma promoção, era possível comprar três barras dechocolate com desconto, desde que estas fossem dos sabores ao leite, amargo, branco ou com amêndoas, repetidos ou não. Assim, um cliente que comprar as três barras na promoção poderá escolher os sabores de n modos distintos, sendo n igual a

(A) 20
(B) 16
(C) 12
(D) 10
(E) 4

Seja A o número de barras de chocolate ao leite, B amargo, C branco e D com amêndoas. Precisamos encontrar o número de soluções distintas de A+B+C+D = 3 com (A,B,C,D) ≥ 0. Existem 4 soluções do tipo (3,0,0,0), 12 soluções do tipo (2,1,0,0) e 4 soluções do tipo (1,1,1,0). Portanto, o total de modos distintos é 4 + 12 + 4 = 20.

Gabarito "A".

(Escriturário – BB – 2010.1 – CESGRANRIO) João, Pedro, Celso, Raul e Marcos foram aprovados emum concurso. Cada um trabalhará em uma unidade diferenteda empresa: P, Q, R, S ou T. Considerando que João já foi designado para trabalhar na unidade P, de quantos modos distintos é possível distribuir os demais aprovados pelas unidades restantes?

(A) 12
(B) 24
(C) 48
(D) 90
(E) 120

O número de modos distintos é 4! = 4 x 3 x 2 x 1 = 24.

Gabarito "B".

(Escriturário – BB – 2010.1 – CESGRANRIO) Uma artesã de bijuterias fabrica um colar de contas no qual utiliza 16 contas pequenas e duas contas grandes, cujo modelo é apresentado abaixo.

Os critérios que ela utiliza para montar cada colar são os seguintes:

- as contas pequenas são todas da mesma cor;
- contas grandes devem ter cores diferentes;
- se as contas pequenas forem da cor "x", nenhuma conta grande pode ser da cor "x".

Sabendo-se que a artesã dispõe de contas pequenas brancas, pretas, azuis e laranjas e de contas grandes brancas, vermelhas, verdes, azuis e rosas, de quantos modos distintosela pode escolher as cores das contas que irão comporum colar?

(A) 28
(B) 30
(C) 32
(D) 40
(E) 42

Para o caso em que a artesã escolha as contas pequenas brancas ou azuis, 4 cores das contas grandes podem ser escolhidas, de forma que o número de combinações neste caso são 2 x 4 x 3 / 2 = 12. Para as contas pequenas pretas ou laranjas, 5 cores das contas grandes estão disponíveis, formando 2 x 5 x 4 / 2 = 20 opções. Temos, no total, 12 + 20 = 32 escolhas

Gabarito "C".

(Escriturário – BB – 2011.1 – FCC) Suponha que, para sacar certa quantia de sua conta em um caixa eletrônico, um correntista do Banco do Brasil deve lembrar-se de uma senha numérica de seis dígitos e de um código de três letras. Florêncio, cliente do Banco do Brasil, pretendia usar o caixa eletrônico para fazer um saque, entretanto, lembrava-se apenas de algumas características de sua senha numérica e do respectivo código de letras:

- os três primeiros dígitos eram 455 e os três últimos correspondiam a um número ímpar de três algarismos distintos entre si;
- o código de letras era composto das letras H, J e K, não necessariamente nessa ordem.

O total de senhas que têm essas características é:

(A) menor que 1 000.
(B) ímpar.
(C) quadrado perfeito.
(D) divisível por 7.
(E) maior que 2 000.

Com relação à senha numérica, sabemos que o último dígito é ímpar (ou seja, 5 possibilidades), o penúltimo tem 9 possibilidades e o antepenúltimo 8 possibilidades, pois não podem ser repetidos. Logo temos 5x9x8 = 360 combinações. Com relação ao código de letras, existem 3 x 2 x 1 = 6 possíveis combinações destas três letras. Logo, o número total de senhas que têm tais características é 360 x 6 = 2.160.

Gabarito "E".

3. INFORMÁTICA

André Fioravanti

1. CRIAÇÃO E EXCLUSÃO DE PASTAS (DIRETÓRIOS), ARQUIVOS E ATALHOS, ÁREA DE TRABALHO, ÁREA DE TRANSFERÊNCIA, MANIPULAÇÃO DE ARQUIVOS E PASTAS

(Escriturário – BB – 2010.2 – FCC) Um estagiário apagou acidentalmente um importante relatório que seu chefe vinha preparando há duas semanas. Um colega de trabalho informou-lhe que os seguintes itens não são armazenados na <u>Lixeira</u> do *Windows* e, portanto,não podem ser restaurados:

I. Itens excluídos de locais da rede.
II. Itens excluídos de mídia removível (como disquetes de 3,5 polegadas).
III. Itens maiores do que a capacidade de armazenamento da Lixeira.
IV. Itens excluídos há mais de quinze dias.
V. Itens ocultos e arquivos do sistema.

NÃO podem ser recuperados utilizando-se o procedimento< Restaurar> da Lixeira do Windows APENAS os itens

(A) II, III, IV e V.
(B) III e V.
(C) I e II.
(D) I, II e III.
(E) I, III e V.

Os seguintes itens não são enviados para a Lixeira e não podem ser restaurados: 1. Itens excluídos de locais da rede. 2. Itens excluídos de mídia removível. 3. Itens maiores do que a capacidade de armazenamento da Lixeira (em geral 10% do tamanho do disco). Não existe limite de tempo ou de propriedades dos arquivos.

Gabarito "D"

(Escriturário – BB – 2010.1 – CESGRANRIO) Nos sistemas operacionais como o Windows, as informações estão contidas em arquivos de vários formatos, que são armazenados no disco fixo ou em outros tipos de mídias removíveis do computador, organizados em

(A) telas.
(B) imagens.
(C) janelas.
(D) pastas.
(E) programas.

Pastas, ou diretórios, dividem o disco rígido em blocos de tamanho variáveis, e podem conter arquivos ou outras pastas.

Gabarito "D"

(Escriturário – BB – 2011.3 – FCC) No Windows XP, em sua configuração original, a complete exclusão de um arquivo, sem passar para a Lixeira, ocorre quando a opção Excluir é utilizada simultaneamente com a tecla

(A) Shift.
(B) Del.
(C) Windows.
(D) Alt.
(E) Ctrl.

O comando "shift"+"Del" é utilizado para excluir arquivos sem passar pela lixeira. Como a opção excluir é indicada pela tecla "Del", a tecla a ser usada simultaneamente é a "Shift".

Gabarito "A"

(Escriturário – BB – 2014 – CESGRANRIO) Uma pessoa criou um arquivo com o MS Word e o salvou em uma pasta do sistema de arquivos de uma instalação padrão do Microsoft Windows 7 em português. Posteriormente, essa pessoa posicionou o mouse sobre esse arquivo, fez um clique com o botão direito e selecionou a opção propriedades, fazendo com que uma janela contendo as propriedades desse arquivo fosse aberta, como mostra a Figura a seguir.

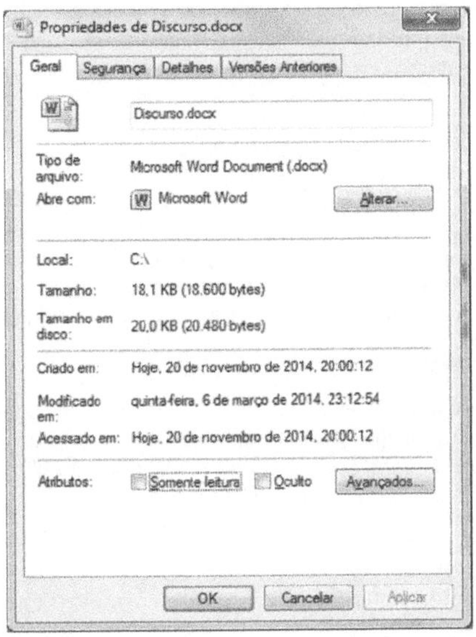

Após a janela ter sido aberta, o usuário marcou a opção Somente leitura. A escolha dessa opção

(A) fará com que o arquivo só possa ser aberto mediante o fornecimento de uma senha.
(B) fará com que o arquivo só possa ser alterado mediante o fornecimento de uma senha.
(C) não impedirá que o arquivo seja enviado para a lixeira (deletado).
(D) não permitirá que o arquivo seja anexado a um e-mail.
(E) impedirá que o arquivo seja movido para outra pasta do sistema de arquivos.

A opção "Somente Leitura" impede que o arquivo seja sobrescrito, ou seja, ele poderá ser lido, mas não gravado. Não há controle de senha sobre El, portanto os itens "A"e "B"estão incorretos. Anexar um arquivo no email exige apenas a leitura deste, pois o arquivo original se mantém intacto, e portanto "D" está incorreto. Finalmente, movimentar um arquivo não altera seu conteúdo, então "E" está errado. Portanto, "C" está correto, pois o arquivo pode ser excluído.

Gabarito "C"

(Escriturário – BB – 2014.1 – CESGRANRIO) O sistema operacional Windows 7 utiliza e permite criar links para acessar, em dispositivos como o disco rígido(HD), arquivos, programas e pastas que são acessados com muita frequência. Como se chamam esses links?

(A) Áreas de transferência
(B) Endereços lógicos
(C) Pastas
(D) Atalhos
(E) Plug& Play

Estes links se chamam atalhos, e podem ser obtidos arrastando o arquivo ou pasta desejada através do botão direito do mouse.

Gabarito "D"

2. CONCEITOS DE INFORMÁTICA, HARDWARE E SOFTWARE

(Escriturário – BB – 2010.1 – CESGRANRIO) Durante a digitação de um texto em um programa editor, o computador do usuário reinicia bruscamente, sem mostrar mensagem de erro e sem que tenha havido corte na energia. Esse fato ocorre por uma falha de

(A) hardware, apenas.
(B) software, apenas.
(C) sistema operacional, apenas.
(D) software ou hardware.
(E) hardware e software.

Tanto problemas de Software, que podem ser causados por vírus ou updates mal sucedidos, como problemas de hardware, em RAM ou placa de vídeo, por exemplo, podem causar reinicializações sem mensagens de erro.

Gabarito "D"

(Escriturário – BB – 2011.2 – FCC) Um tipo de elemento do microcomputador que permite apenas a leitura pelo usuário comum e vem com seu conteúdo gravado durante a fabricação. Trata-se de

(A) disco rígido.
(B) memória USB.
(C) memória ROM.
(D) memória RAM.
(E) placa-mãe.

O Disco rígido e um pendrive (memória USB) permitem o armazenamento de informação de longo prazo. A memória RAM (random-access memory) é uma memória interna ao computador, de acesso aleatório, onde ficam em geral armazenados os programas durante a execução. Uma placa mãe é o componente interligador de dispositivos de um computador, não tendo capacidade de armazenamento de informação. Por fim, a memória ROM (read-only memory)) é um tipo de memória que permite apenas a leitura, ou seja, as suas informações são gravadas pelo fabricante uma única vez e após isso não podem ser alteradas ou apagadas, somente acessadas. São memórias cujo conteúdo é gravado permanentemente.

Gabarito "C"

(Escriturário – BB – 2011.3 – FCC) Mantém o computador que não é provido de bateria funcionando mesmo com a ausência total e temporária de energia da rede elétrica. Trata-se de

(A) desfragmentador.
(B) processador.
(C) no-break.
(D) placa de rede.
(E) placa-mãe.

A: Errado. O Desfragmentador é um aplicativo que trabalha sobre o disco rígido, eliminando espaços internos dentro dele, aumentando assim a velocidade. **B**: Errado. Processador é o componente físico central de um computador, onde todas as operações lógico-aritméticas são executadas. **C:** Correto. No-break funciona como uma bateria, capaz de alimentar o equipamento na falta de energia. **D:** Errado. A placa de rede é o dispositivo que permite a comunicação entre equipamentos distintos. **E:** Errado. A placa mãe é o dispositivo que conecta todos os outros componentes para que um computador funcione de forma integrada.

Gabarito "C"

(Escriturário – BB – 2011.1 – FCC) Na placa-mãe alguns componentes já vêm instalados e outros serão conectados na sua placa de circuito. Um exemplo típico de componente que já vem, nativamente, instalado na placa-mãe é:

(A) processador.
(B) memória RAM.
(C) disco rígido.
(D) gravador de DVD.
(E) *chipset.*

O chipset é um componente lógico da placa mãe, dividido entre ponte norte e ponte sul, que controla a memória e periféricos.

Gabarito "E"

(Escriturário – BB – 2014.1 – CESGRANRIO) Os diferentes tipos de memórias encontrados nos computadores atuais apresentam características diversas em relação a tecnologia, velocidade, capacidade e utilização.

Uma característica válida é QUE

(A) as memórias SSD são baseadas em discos magnéticos.
(B) a memória de armazenamento terciário faz parte da estrutura interna do microprocessador.
(C) a memória ROM é usada como cache.
(D) a memória RAM é memória mais lenta que os discos rígidos baseados na tecnologia SATA.
(E) a memória cache é mais rápida que as memórias não voláteis.

A: Errado. As memórias SSD são baseadas em unidades de estado sólido, sem partes móveis, em geral constituídos de circuitos integrados. **B:** Errado. As memórias terciárias são memórias que dependem de operações de montagem, como discos ópticos e fitas magnéticas, entre outros. **C:** Errado. A memória ROM (read only memory) é um tipo de memória que permite apenas a leitura, ou seja, as suas informações são gravadas pelo fabricante uma única vez e após isso não podem ser alteradas ou apagadas, somente acessadas. **D:** Errada. A memória RAM (random-access memory) são memórias de acesso rápido, utilizadas em comunicação direta com o processador. **E:** Correto. A memória cachê serve como memória de trabalho local do processador, sendo, portanto muito rápida, sobretudo quando comparadas às memórias não voláteis, como o disco rígido, por exemplo.

Gabarito "E"

(Escriturário – BB – 2013.2 – FCC) Paulo possui R$ 3.500,00 para comprar um computador para uso pessoal. Ele deseja um computador atual, novo e com configurações padrão de mercado. Ao fazer uma pesquisa pela Internet observou, nas configurações dos componentes de hardware, os seguintes parâmetros: 3.3 GHz,4 MB, 2 TB, 100 Mbps e 64 bits.

De acordo com as informações acima,

(A) 2 TB é a quantidade de memória RAM.
(B) 3.3 GHz é a velocidade do processador.
(C) 100 Mbps é a velocidade do chipset.
(D) 4 MB é a capacidade do HD.
(E) 64 bits é a capacidade da memória ROM.

Das configurações, temos que 3.3 GHz é a frequência (velocidade) do processador, 4MB a quantidade de memória Cache do processador, 2TB a capacidade do disco rígido, 100 Mbps a velocidade da placa de rede e 64 bits é o tamanho do barramento do processador.

Gabarito "B"

3. SISTEMAS OPERACIONAIS WINDOWS E LINUX

(Escriturário – BB – 2010.1 – CESGRANRIO) Com relação ao ambiente operacional Windows, tomando-se por base o Windows XP, analise as afirmativas a seguir.

I. A restauração do sistema retorna o computador a uma etapa anterior sem que se percam trabalhos recentes como documentos salvos, e-mail ou lista de histórico e de favoritos.
II. A Limpeza de disco é uma ferramenta que ajuda a liberar espaço na unidade de disco rígido,pesquisando e mostrando os arquivos temporários, os arquivos em cache de Internet e os arquivos de programas desnecessários, que podem ser excluídos com segurança.
III. O shell de comando é um software independente,que oferece comunicação direta entre o usuário e o sistema operacional e pode ser usado para criar e editar arquivos em lotes, também denominados de scripts e, assim, automatizar tarefas rotineiras.
IV. No ambiente Windows, é possível abrir, fechar e navegar no menu Iniciar, na área de trabalho, em menus, caixas de diálogo e páginas da Web utilizando atalhos do teclado, que facilitam a interação com o computador.

Estão corretas as afirmativas

(A) I, II, III e IV.
(B) I, II e IV, apenas.
(C) I, II e III, apenas.
(D) II e III, apenas.
(E) I e IV, apenas.

I: certo. A restauração do sistema cria pontos de restauração, com configurações do computador em momentos em que os arquivos do sistema estavam estáveis. Isto não interfere com os arquivos pessoais; **II:** certo. A limpeza de disco é uma ferramenta Windows que serve para liberar espaço em disco excluindo arquivos temporários ou desnecessários; **III:** certo. O shell, ou prompt, é um programa que interpreta linhas de comandos; **IV:** certo. Teclas de atalhos permitem executar praticamente todas as ações do Windows sem o uso do mouse.

Gabarito "A"

(Escriturário – BB – 2010.1 – CESGRANRIO) Com relação à estrutura de diretórios dos sistemas operacionais Linux, associe os diretórios da coluna da esquerda com o respectivo conteúdo da coluna da direita.

Diretórios	Conteúdos
I – /dev II – /etc III – /home IV – /Sbin	O – Arquivos dos usuários do sistema P – Arquivos de configurações do sistema Q – Arquivos de dispositivos do sistema R – Binários essenciais do sistema S – Sistemas de arquivos de processos

As associações corretas são

(A) I – O , II – P , III – Q , IV – R.
(B) I – P , II – O , III – Q , IV – S.
(C) I – Q , II – P , III – O , IV – R.
(D) I – R , II – S , III – P , IV – O.
(E) I – R , II – Q , III – O , IV – S.

No sistema de diretórios do Linux, temos que: /dev contém os pontos de entrada dos periféricos do sistema. /etc possui os comandos e arquivos para o administrador do sistema. /home possui os arquivos pessoais dos usuários do sistema. /sbin possui arquivos executáveis, na sua maioria ferramentas administrativas.

Gabarito "C"

(Escriturário – BB – 2011.2 – FCC) Considere:

I. *Windows* é software proprietário e *Linux* é software livre.
II. *Windows* é alvo de milhares de vírus e parasitas virtuais enquanto que *Linux* é praticamente imune a vírus.
III. Apenas o *Windows* possui interface gráfica intuitiva.

Está correto o que consta em

(A) I, apenas.
(B) II, apenas.
(C) I e II, apenas.
(D) II e III, apenas.
(E) I, II e III.

I: Correto. O Windows é um sistema operacional proprietário da Microsoft, enquanto que o Linux é um sistema operacional livre. **II:** Correto, com ressalvas. O Windows é alvo de muitos vírus por apresentar muitos equipamentos com este sistema. O Linux não é imune a vírus, apenas possui uma base de usuários menor, o que diminui o interesse por parte dos criadores das pragas. Porém, um sistema Linux também necessita de programas antivírus para segurança. **III:** Errado. Nas últimas décadas, ambientes gráficos como KDE e Gnome tornaram a utilização do Linux muito mais intuitiva.

Gabarito "C"

(Escriturário – BB – 2011.1 – FCC) Em relação aos recursos comuns, tanto no *Windows*,quanto no *Linux*, é INCORRETO afirmar que possuem

(A) sistema operacional de código aberto.
(B) sistema operacional multiusuário e multitarefa.
(C) suporte a vários sistemas de arquivos.
(D) restrição de acesso a usuários, arquivos e pastas (diretórios).
(E) administração e assistência remotas.

O Windows é um sistema operacional proprietário e de código fechado, pertencente à Microsoft

Gabarito "A"

(Escriturário – BB – 2012 – CESGRANRIO) Nos sistemas operacionais Microsoft Windows, como o Windows XP, a interação direta (não gráfica) entre o usuário e o sistema operacional na qual ele pode criar e editar arquivos de lotes é proporcionada pelo uso do

(A) teclado virtual
(B) Windows update
(C) Microsoft access
(D) prompt de comando
(E) Windows movie maker

O Prompt de Comando (cmd) é um interpretador de linha de comando nos sistemas Windows modernos. Ele é um comando análogo ao command.com do MS-DOS e de sistemas Windows 9x, ou de shells utilizados pelos sistemas Unix.

Gabarito "D"

(Escriturário – BB – 2012 – CESGRANRIO) Os sistemas operacionais Linux, com suas interfaces gráficas cada vez mais estáveis e amigáveis para os usuários, utilizam, entre outros, a suíte de aplicativos para escritório

(A) Borland Office
(B) SecurityOffice
(C) LibreOffice
(D) Avira Premium for Office
(E) Labo Solutions for Office

LibreOffice é o nome atual do projeto OpenOffice, que no Brasil foi distribuído sobre o nome BrOffice. Estas mudanças ocorreram devido ao registro anterior do nome original OpenOffice.

Gabarito "C"

(Escriturário – BB – 2014 – CESGRANRIO) A Figura a seguir exibe o conteúdo de uma pasta que reside em um computador no qual está instalada uma versão padrão do Microsoft Windows 7 em português.

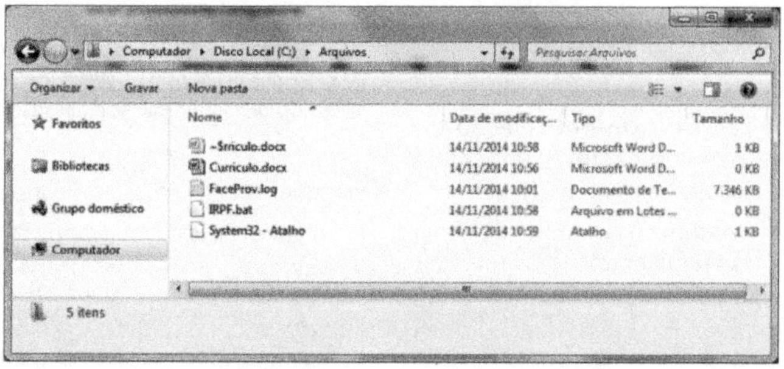

Suponha que o usuário tenha selecionado o diálogo Opções de Pasta e marcado a opção Ocultar arquivos protegidos do sistema operacional, como mostra a Figura a seguir.

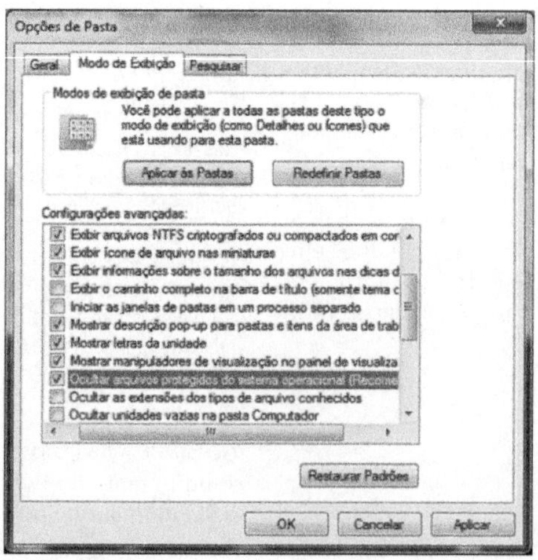

Qual dos arquivos da pasta c:\Arquivos **NÃO** será mais exibido após o usuário confirmar a sua escolha?

(A) ~$rriculo.docx
(B) Curriculo.docx
(C) FaceProv.log
(D) IRPF.bat
(E) System32 - Atalho

Observe que o usuário está ocultando arquivos protegidos do sistema operacional. Neste caso, o arquivo temporário ~$rriculo.docx não será mais exibido, pois os arquivos associados ao Microsoft Office que começam pelos caracteres ~$ são automaticamente criados quando o arquivo está sendo editado, o que é útil para a função autosave destes aplicativos. Estes arquivos são protegidos pelo sistema operacional, o que fará com que sejam ocultos após a confirmação do usuário.

Gabarito "A".

(Escriturário – BB – 2014.1 – CESGRANRIO) O sistema operacional cujas características são utilizar código aberto e interface por linha de comando é o

(A) Mac OS
(B) iOS
(C) Linux
(D) Windows
(E) Android

Dos Sistemas Operacionais apresentados, Linux e Android são os únicos de código aberto. O Android é um sistema operacional para smartphones, com grande interligação à Interface Gráfica. O Linux possui também diversas interfaces gráficas que podem se integrar ao sistema, porém ainda mantém grande parte de sua origem em acesso via linhas de comando, ou Shell.

Gabarito "C".

Atenção: Para responder às próximas 2 questões,considere as informações abaixo.

Claudia recebeu a seguinte lista de tarefas para serem realizadas no computador:

1. Bloquear janelas de *pop-up* no *Internet Explorer 9* para ajudar a proteger o computador contra ação de *scripts* maliciosos.
2. Fazer *backup* de uma pasta chamada **Importantes** da partição F do disco rígido para um *pen drive*.
3. Desinstalar o jogo *AngryBirdsSeasons* do computador.
4. Desativar a execução de um aplicativo carregado na inicialização do *Windows 7*, que está tornando o processo de inicialização lento.
5. Verificar algumas informações da configuração do computador, como a velocidade do processador e a quantidade de memória disponível.

(Escriturário – BB – 2013.2 – FCC) Para executar a tarefa 1 corretamente, Claudia

(A) abriu o *Internet Explorer 9*, clicou na ferramenta que possui o desenho de uma estrela, no canto superior direito da janela, selecionou a opção **Segurança** e, em seguida, clicou na opção **Desativar Janelas *pop-up***.
(B) clicou no botão Iniciar do *Windows 7*, selecionou a opção **Painel de Controle**, selecionou a opção **Rede e Internet**, selecionou a opção **Opções da Internet**. Na caixa de diálogo que se abriu, selecionou a aba **Conteúdo** e, em seguida, marcou a opção **Desativar Janelas *pop-up***.
(C) abriu o Internet *Explorer 9*, clicou na ferramenta que possui o desenho de uma casa, selecionou a opção Segurança e, em seguida, clicou na opção **Navegação *In Private***. Na caixa de diálogo **Propriedades de Internet**, selecionou a opção **Desativar Janelas *pop-up***.
(D) abriu o *Internet Explorer 9*, clicou na ferramenta que possui o desenho de uma roda dentada, no cantos superior direito da janela, selecionou a opção **Opções da Internet**. Na caixa de diálogo que se abriu, clicou na aba **Privacidade** e desmarcou a caixa de seleção **Ativar Bloqueador de *pop-ups***.
(E) clicou no botão **Iniciar** do *Windows 7*, no campo para pesquisa de programas e arquivos, digitou inetcpl.cpl e clicou no botão OK para abrir a caixa de diálogo **Propriedades de Internet**. Em seguida,selecionou a guia **Segurança** e desmarcou a caixa de seleção **Ativar Bloqueador de *pop-ups***.

O Bloqueador de Pop-ups limita ou bloqueia pop-ups nos sites que você visita. Para ativar ou desativar o Bloqueador de Pop-ups Abra o Internet Explorer, selecione o botão Ferramentas ( ) e em Opções da Internet. Na guia Privacidade, em Bloqueador de Pop-ups, marque ou desmarque a caixa de seleção Ativar Bloqueador de Pop-ups e depois selecione OK.

Gabarito "D".

(Escriturário – BB – 2013.2 – FCC) Sobre as tarefas apresentadas, é correto afirmar que

(A) a única forma de realizar a tarefa 4 é clicando no botão Iniciar do *Windows 7* e no campo de pesquisa de programas e arquivos, executando o aplicativo services.msc.
(B) para executar a tarefa 5, é necessário instalar um complemento do *Windows 7* chamado *Microsoft Checker*.
(C) para executar a tarefa 3 ou para desinstalar qualquer *software* do computador, bem como os registros no sistema, basta localizar a pasta no disco rígido e excluí-la.
(D) a forma mais fácil e rápida de executar a tarefa 4 é por meio da execução do aplicativo regedit, no campo de pesquisa de programas e arquivos do *Windows 7*, acessado por meio do botão Iniciar.
(E) as tarefas 3 e 5 podem ser realizadas por opções acessadas a partir do Painel de Controle do *Windows 7*.

A: Errado. Através do executável msconfig também é possível fazer a configuração mencionada. **B:** Errado. É possível obter a informação na área Sistemas do Painel de Controle. **C:** Errado. Você deve usar o desinstalador na área Programas e Recursos do Painel de Controle. **D:** Errado. O editor de registros não atua sobre os programas executados na inicialização. **E:** Correto, conforme apresentado nos itens "B" e "C".

Gabarito "E".

(Escriturário – BB – 2013.1 – FCC) Pedro está utilizando o *Microsoft Windows 7 Professional*(em português) e deseja que uma pessoa, que utiliza outro computador da mesma rede, acesse um conjunto de documentos colocados em uma pasta no seu computador, com permissão para ler e/ou alterar/gravar os documentos.Para permitir o acesso, clicou com o botão direito do mouse na pasta onde estão os documentos que deseja compartilhar, clicou em **I** e, em seguida, clicou em **II**. No assistente de compartilhamento de arquivos, clicou na seta ao lado da caixa de texto, selecionou o nome da lista com quem deseja compartilhar a pasta e em seguida, clicou em Adicionar. Na coluna Nível de Permissão, selecionou **III**.

As lacunas **I**, **II** e **III** devem ser preenchidas, correta e respectivamente, com:

	I	II	III
(A)	Permissão	Grupo de trabalho	Gravação/Leitura
(B)	Compartilhar com	Pessoas específicas	Leitura/Gravação
(C)	Compartilhar	Grupo doméstico	Leitura
(D)	Permissão	Grupos específicos	Gravação
(E)	Compartilhar com	Domínio	Todas

Após o clique com o botão direito do mouse, temos a seguinte tela referente ao compartilhamento de arquivos:

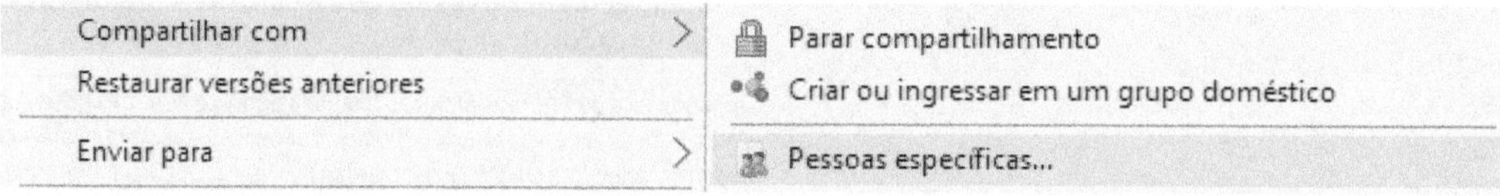

Uma vez escolhida a pessoa com quer se compartilhar, temos que dar a autorização de Leitura/Gravação do arquivo.

Gabarito "B"

4. PROCESSADOR DE TEXTO (WORD E BROFFICE.ORG WRITS)

(Escriturário – BB – 2010.2 – FCC) Um digitador extremamente veloz tinha o vício de digitar a palavra admnistração em vez de administração. Para resolver este problema, configurou um recurso de seu editor de textos (*Word/Writs*) para corrigir automaticamente, ao término da digitação, a palavra digitada erradamente pela palavra correta. Qual recurso foi utilizado?

(A) Formatar Palavras.
(B) Digita Certo.
(C) Autocorreção.
(D) Formatar Estilo.
(E) Formatar Palavras Frequentemente Erradas.

O recurso autocorreção é usado para corrigir erros ortográficos, de digitação, de uso de maiúsculas, além de inserir símbolos e outras partes de texto automaticamente.

Gabarito "C"

(Escriturário – BB – 2010.2 – FCC) Muitas vezes a aplicação do comando <Substituir Tudo>num editor de texto (*Writs ou Word*) pode gerar algumas substituições indesejadas. Um digitador pediu para substituir todas as ocorrências de oito por sete. Além da palavra oito, foram substituídas, de forma indesejada, as palavras biscoito (virou biscsete) e afoito (virou afsete). Este problema poderia ter sido evitado se o digitador, na caixa de diálogo do comando, tivesse marcado:

(A) Consultar dicionário antes de substituir.
(B) Analisar a semântica da palavra substituída.
(C) Coincidir maiúscula/minúscula.
(D) Ignorar sufixos.
(E) Somente palavras inteiras.

Ao utilizar o item "somente palavras inteiras"" o programa só ira substituir as ocorrências precedidas e seguidas de espaço. Desta forma, "oito " se torna "sete", porém, caso haja um caractere antes ou depois da palavra chave, esta não será substituída.

Gabarito "E"

(Escriturário – BB – 2010.1 – CESGRANRIO) Com relação às diferenças entre os editores de texto Microsoft Word 2003 e BrOffice.org Writs 2.2, é INCORRETO afirmar que o comando

(A) Alterações encontra-se no menu Editar do Writs, e seu correspondente, no Word, chama-se Controlar alterações e localiza-se no menu Formatar.
(B) Exportar como PDF, que se encontra no menu Arquivo do Writs, corresponde ao comando Armazenar em arquivo PDF, encontrado no menu Ferramentas do Word.
(C) Assinatura Digital, que se encontra no menu Arquivo do Writs, não possui correspondente no Word.
(D) Área de Transferência do Office, existente no menu Editar do Word, não possui correspondente no Writs.
(E) Configurar Página, que se encontra no menu Arquivo do Word, equivale ao comando Página, que se encontra no menu Formatar do Writs.

Apenas os Word 2007 em diante possuem a capacidade de exportar para PDF.

Gabarito "B"

(Escriturário – BB – 2011.2 – FCC) Comparando-se o *Word* com o *Writs*, (no *MS-Office* 2003 e *BrOffice*.org 3.1, em suas versões em português e configurações originais.)

(A) apenas o *Word* possui o menu Tabela.
(B) apenas o *Word* possui o menu Ferramentas.
(C) nenhum dos dois possui o menu Tabela.
(D) apenas o *Word* possui os menus Ferramentas e Tabela.
(E) ambos possuem os menus Ferramentas e Tabela.

Ambos os programas apresentam estes menus, responsáveis pelo agrupamento de funcionalidades que auxiliam na preparação e configuração do documento e de tabelas, respectivamente.

Gabarito "E"

(Escriturário – BB – 2011.3 – FCC) Uma das opções do menu Arquivo do editor de texto do *BrOffice*(*Writs*) que NÃO tem correspondência nominal com o menu Arquivo do MS-Word é

(A) Modelos.
(B) Novo.
(C) Abrir.
(D) Salvar como.
(E) Propriedades.

Arquivo – ("Novo", "Abrir", "Salvar como" e "Propriedades") são menus existentes nos dois aplicativos. Desta forma, por exclusão, a única opção possível é "Modelos".

Gabarito "A"

(Escriturário – BB – 2011.1 – FCC) Nos processadores de texto *Word* e *BrOffice.org Writs*, são comandos com funções e nomes idênticos:

(A) Copiar, Controlar alterações e Mapa do documento.

(B) Pesquisar arquivo, Salvar como e Visualizar página da Web.

(C) Ir para, Recortar e Diminuir recuo.

(D) *Layout* de impressão, *Hyperlink* e Copiar.

(E) Centralizar, Colar e Limites da tabela.

Copiar, Salvar Como, Recortar, Diminuir recuo, Layout de impressão, Hyperlink e Colar são os comandos, apresentados acima, com funções e nomes idênticos entre o Word e o Writs.

Gabarito "D".

(Escriturário – BB – 2012 – CESGRANRIO) No Microsoft Word versão 2007, para alinhar um texto selecionado tanto à margem direita quanto à margem esquerda ,acrescentando espaço extra entre as palavras, conforme seja necessário, pode-se utilizar o atalho de teclado

(A) Ctrl+ e

(B) Ctrl+ j

(C) Ctrl+ d

(D) Alt+ a

(E) Alt+ b

Este tipo de alinhamento é conhecido como 'Justificar', e pode ser executado com o comando Ctrl+j.

Gabarito "B".

(Escriturário – BB – 2012 – CESGRANRIO) No Microsoft Word versão 2007, a guia Referências oferece, por padrão, o comando

(A) Visualizar Resultados, cuja finalidade é substituir os campos de mesclagem do documento pelos dados reais da lista de destinatários.

(B) Definir Idioma, cuja finalidade é definir o idioma usado para verificar a ortografia e a gramática do texto selecionado.

(C) Linhas de Grade, cuja finalidade é ativar linhas de grade para servir como referência no alinhamento dos objetos do documento.

(D) Controlar Alterações, cuja finalidade é controlar as alterações feitas no documento, incluindo inserções,exclusões e alterações de formatação.

(E) Marcar Citação, cuja finalidade é adicionar o texto selecionado como uma entrada no índice de autoridades.

A Guia em questão está na figura acima, de onde podemos ver que apenas a opção "E" se mostra correta.

Gabarito "E".

(Escriturário – BB – 2014.1 – CESGRANRIO) Um escriturário digitou o seguinte texto no MS Word:

Os arquivos referentes a transações bancárias geram muito papel. O avansso tecnológico que criou os processos de digitalização ajudam a administração desseacervo relevante.

Após ter verificado que a palavra "avansso" estava digitada, equivocadamente, o escriturário resolveu fazer uma correção óbvia.

Para isso, colocou o cursor na palavra avansso; logo depois da letra n, pressionou as teclas crtl+delete; clicou no botão de negrito e completou a palavra corretamente, digitando as letras "ç" e "o".

Qual é a nova apresentação do parágrafo em que a palavra em questão se encontra?

(A) Os arquivos referentes a transações bancárias geram muito papel. O **ço**sso tecnológico que criou os processosde digitalização ajudam a administração desseacervo relevante.

(B) Os arquivos referentes a transações bancárias geram muito papel. O avan**ço** tecnológico que criou os processosde digitalização ajudam a administração desseacervo relevante.

(C) Os arquivos referentes a transações bancárias geram muito papel. O **ço**

(D) **ço** tecnológico que criou os processos de digitalizaçãoajudam a administração desse acervo relevante.

(E) Os arquivos referentes a transações bancárias geram muito papel. O avanço tecnológico que criou os processosde digitalização ajudam a administração desseacervo relevante.

O comando ctrl+del exclui o final da palavra atual, a partir do cursor. Desta forma 'avansso' se torna 'avan'. Após clicar em negrito, as letras seguintes digitadas estarão com esta formatação, ficando, portanto, o texto igual ao original, salvo a palavra em questão avan**ço**.

Gabarito "B".

(Escriturário – BB – 2013.2 – FCC) Considere o trecho abaixo, retirado do Código de Proteção e Defesa do Consumidor.

Art. 42. Na cobrança de débitos, o consumidor inadimplente não será exposto a ridículo, nem será submetido a qualquer tipo de constrangimento ou ameaça.

PARÁGRAFO ÚNICO. O consumidor cobrado em quantia indevida tem direito à repetição do indébito, por valor igualou em dobro do que pagou em excesso, acrescido de correção monetária e juros legais, salvo hipótese de engano justificável.

(<http://www.planalto.gov.br/ccivil_03/leis/L8078.htm>)

Para que o texto tenha sido apresentado como acima exposto,foram realizadas algumas formatações como adição de sublinhado e negrito, espaçamento entre os parágrafos,alinhamento justificado e transcrição da expressão "Parágrafo Único" para letras maiúsculas.

Para conseguir os efeitos descritos, foram utilizados recursos do Microsoft Word 2010 (em português) disponíveis

(A) nos grupos Formatação e Edição, na guia Ferramentas.

(B) no grupo Formatação, na guia Ferramentas.

(C) nos grupos Fonte e Parágrafo, na guia Página Inicial.

(D) no grupo Estilo, na guia Layout da Página.

(E) nos grupos Texto e Parágrafo, na guia Formatar.

Sublinhado e Negrito se encontram no grupo Fonte da guia Página Inicial. Espaçamento entre parágrafos e alinhamento justificado se encontram no botão "Espaçamento de Linha e Parágrafo" e "Justificar", respectivamente, ambos no grupo Parágrafo da guia Página Inicial. Finalmente, todas as letras em maiúsculo pode ser efetuado no botão "Maiúsculas e Minúsculas", no grupo Fonte da guia Página Inicial.

Gabarito "C".

(Escriturário – BB – 2013.1 – FCC) A lista a seguir foi criada selecionando-se todo o fragmento de texto do Código de Ética do Banco do Brasil, digitado no Microsoft Word 2010 (em português), e clicando-se na ferramenta Lista de Vários Níveis na guia Página Inicial,conforme abaixo:

1. Clientes

2. Oferecemos produtos, serviços e informações para o atendimento das necessidades de clientes de cada segmento de mercado, com inovação, qualidade e segurança.

3. Oferecemos tratamento digno e cortês, respeitando os interesses e os direitos do consumidor.

4. Oferecemos orientações e informações claras, confiáveis e oportunas, para permitir aos clientes a melhor decisão nos negócios.

5. Estimulamos a comunicação dos clientes com a Empresa e consideramos suas manifestações no desenvolvimento e melhoria das soluções em produtos, serviços e relacionamento.

6. Asseguramos o sigilo das informações bancárias, ressalvados os casos previstos em lei.

Em seguida, selecionou-se apenas o bloco de texto referente aos itens de 2 a 6 e utilizou-se um comando que fez com que a lista fosse apresentada da seguinte forma:

1. Clientes

1.1. Oferecemos produtos, serviços e informações para o atendimento das necessidades de clientes de cada segmento de mercado, com inovação, qualidade e segurança.

1.2. Oferecemos tratamento digno e cortês, respeitando os interesses e os direitos do consumidor.

1.3. Oferecemos orientações e informações claras, confiáveis e oportunas, para permitir aos clientes a melhor decisão nos negócios.

1.4. Estimulamos a comunicação dos clientes com a Empresa e consideramos suas manifestações no desenvolvimento e melhoria das soluções em produtos, serviços e relacionamento.

1.5. Asseguramos o sigilo das informações bancárias, ressalvados os casos previstos em lei.

O comando utilizado, para obter o segundo formato de lista, foi:

(A) pressionou-se a tecla Enter.

(B) selecionou-se Organizar Lista, na guia Página Inicial.

(C) selecionou-se Criar sublista, na guia Formatar.

(D) selecionou-se Alterar Estilos, na guia Exibição.

(E) pressionou-se a tecla Tab.

Criou-se uma lista com vários níveis a partir da lista original. Isto pode ser efetuado a partir do Guia Página Inicial, grupo Parágrafo e botão Lista de Vários níveis, ou através do botão Tab aplicado na área que se deseja alterar.

Gabarito "E".

5. PLANILHAS ELETRÔNICAS (EXCEL E BROFFICE.ORG CALC)

(Escriturário – BB – 2010.2 – FCC) No Excel ou Calc, uma planilha apresenta os seguintes dados:

A1 = 2, B1 = 3, C1 = 4

A célula D1 tem a seguinte fórmula:

=SE (B1*A1 – 5 > 0;C1 – B1*A1; (C1 – A1)^A1 + B1*C1 + A1)

O valor da célula D1 é:

(A) positivo, ímpar e menor que 10.

(B) positivo, ímpar e maior que 10.

(C) negativo.

(D) positivo, par e menor que 10.

(E) positivo, par e maior que 10.

A função SE tem a seguinte estrutura: =SE (TESTE; VALOR SE VERDADEIRO; VALOR SE FALSO). O teste apresentado é verdadeiro, pois 3 x 2 - 5 = 1 > 0. Logo, o 2o argumento terá o valor de D1, ou seja, 4 - 3x2 = -2.

Gabarito "C".

(Escriturário – BB – 2010.2 – FCC) No *Excel* ou *Calc*, em planilhas grandes e com muitas fórmulas pode ser interessante desligar o cálculo automático das fórmulas. Tendo desligado o cálculo automático, podemos recalcular todas as fórmulas de uma planilha manualmente teclando

(A) ALT + F8.

(B) F9.

(C) CTRL + F5.

(D) F6.

(E) CTRL + F7.

Das opções apresentadas, no Excel, temos que: ALT + F8: Calcular todas as planilhas em todas as pastas de trabalho abertas. O F9 é responsável por calcular todas as planilhas em todas as pastas de trabalho abertas. Ctrl+F5 restaura o tamanho da janela da pasta de trabalho selecionada. F6: Alterna entre a planilha, a Faixa de Opções, o painel de tarefas e os controles de zoom. Ctrl+F7 executa o comando Mover na janela da pasta de trabalho quando ela não está maximizada.

Gabarito "B".

(Escriturário – BB – 2010.2 – FCC) Uma planilha, *Excel* ou *Calc*, apresenta os seguintes dados:

A	B	C	D
6	5	7	6
3	4	4	5
	18	3	2
			?

A1 = 6; B1 = 5; C1 = 7; D1 = 6;

A2 = 3; B2 = 4; C2 = 4; D2 = 5;

C3 = 3; D3 = 2;

A célula B3 contém a fórmula =$A$1*$B1 – A$2*B2 = 18 que foi copiada para a célula D4. O resultado da fórmula em D4 é

(A) 10.
(B) 12.
(C) 16.
(D) 18.
(E) 20.

O elemento $ trava a expressão que segue, e todas as outras sofrem deslocamento proporcional. Assim, a fórmula em D4 será = $A$1*$B2 - C$2*D3. Substituindo os valores, temos 6*4 - 4*2 = 16.

Gabarito "C"

(Escriturário – BB – 2010.1 – CESGRANRIO) Os programas de planilhas eletrônicas como o MicrosoftExcel e o BrOfficeCalc podem executar, entre outras, a função de

(A) geração de fotos e imagens.
(B) manutenção em arquivos de sistemas operacionais.
(C) conversação de imagens online em uma intranet.
(D) administração de bancos de dados relacionais.
(E) criação de gráficos e relatórios.

Programas de planilhas eletrônicas podem usar os dados nas tabelas para gerar diversos tipos de gráficos, como histogramas, séries temporais e gráficos em "pizza", além de relatórios.

Gabarito "E"

(Escriturário – BB – 2011.2 – FCC) Comparando-se o *Excel* com o *Calc*, (no *MS-Office* 2003 e *BrOffice*.org 3.1, em suas versões em português e configurações originais.)

(A) apenas o *Calc* possui a função Agora.
(B) apenas o *Excel* possui a função Agora.
(C) nenhum deles possui a função Agora.
(D) ambos possuem a função somatório.
(E) apenas o *Excel* possui a função somatório.

A operação de soma é básica para qualquer software de planilha, e, portanto, os 2 programas a possuem. A função agora (que retorna a data e horário atual) é outra função presente nos dois programas.

Gabarito "D"

(Escriturário – BB – 2011.3 – FCC) Considere a seguinte planilha, elaborada no Br.Office(Calc):

	A	B
1	Primavera	4
2	Verão	5
3	Outono	8
4	Inverno	9
5	Outono	7
6	Verão	6
7	Total	15

A função utilizada na célula B7 realiza a soma dos valores da coluna B quando correspondentes ao item Outono da coluna A. Trata-se da função

(A) ESCOLHER.
(B) SOMA.
(C) SUBSTITUIR.
(D) SOMASE.
(E) ARRUMAR.

A função SOMASE adiciona as células quando estas estão especificadas por critérios dados. Esta função é utilizada para acumular um intervalo quando você procura por um valor determinado.

Gabarito "D"

(Escriturário – BB – 2011.1 – FCC) Considere a planilha abaixo:

	A	B	C	D
1	**Multiplicando**	**Multiplicador**	**Produto**	**Produto**
2	2	3	**6**	**6**
3		4	**0**	**8**
4		5	**0**	**10**
5				

Os produtos da coluna C foram obtidos pela aplicação da fórmula A2*B2, copiada de C2 para C3 e C4. Tanto no *Excel* quanto no *BrOffice.org Calc*, utilizando o mesmo procedimento para a coluna D, os produtos exibidos emD2, D3 e D4, foram obtidos pela fórmula em D2 igual a:

(A) $A$2*B$2.
(B) $A$2*$B$2.
(C) A$2*B2.
(D) A2*$B$2.
(E) $A2*B2.

Observamos que para efetuar o produto corretamente, o termo em A2 tem que ser mantido fixo (através de $A$2 ou A$2) enquanto o B varia por linha (B2 ou $B2).

Gabarito "C"

(Escriturário – BB – 2012 – CESGRANRIO) O aplicativo Excel da Microsoft, em suas diversas versões, inclui quatro diferentes tipos de operadores de cálculo, que são aritmético, de comparação, de concatenação de texto e de

(A) classe
(B) gráfico
(C) lista
(D) referência
(E) soma

Os Operadores de Referência combinam intervalos de células para cálculos. Por exemplo, o operador : (dois-pontos) é um operador de intervalo que determina todas as células onde a operação será executada.

Gabarito "D"

(Escriturário - BB - 2014 - CESGRANRIO) Para analisar um relatório financeiro, um funcionário montou uma planilha Excel. Cópia de um trecho dessa planilha é mostrada abaixo.

	Q	R	S
1	**Taxa de juro**	**Valor atual**	**Valor com juros**
2	0,4%	R$100.000,00	
3	1,2%	R$75.000,00	
4	1,5%	R$50.000,00	
5	2%	R$45.000,00	

O funcionário deseja calcular cada **Valor com juros**, correspondente ao **Valor atual** das células R2, R3, R4 e R5, e lançá-lo, respectivamente, nas células S2, S3, S4 e S5. Cada **Valor com juros** é calculado através de

Valor com juros = Valor atual + Valor atual x Taxa de juro

Qual é a fórmula que deve ser lançada pelo funcionário na célula S2 para calcular corretamente o **Valor com juros**, correspondente ao **Valor atual** de R$100.000,00, e que pode ser copiada para as células S3, S4 e S5, usando sempre a mesma taxa de juro de 0,4% (contida na célula Q2)?

(A) =R2+$Q2$%*R2

(B) =R2+(Q2%)+R2

(C) =R2+Q2*R2

(D) =R2+$Q$2*R2

(E) =R2+(1+$Q$2)*R2

A fórmula correta para o cálculo, na célula S2, é =R2 + Q2*R2. Devemos travar a célula Q2 para manter os juros de 0.4%, desta forma, podemos fazer usando o símbolo ($) antes dos elementos desta célula, ou seja, =R2 + $Q$2*R2.

Gabarito "D".

(Escriturário - BB - 2014.1 - CESGRANRIO) O BROfficeCalc tem recursos para a realização de operações matemáticas.

Em uma expressão, onde só aparecem os operadores de exponenciação, soma e multiplicação, a prioridade a ser respeitada na sequência de execução das operações correspondentes é dada pela seguinte ordem:

(A) exponenciação, soma e multiplicação

(B) exponenciação, multiplicação e soma

(C) soma, multiplicação e exponenciação

(D) multiplicação, soma e exponenciação

(E) multiplicação, exponenciação e soma

A precedência de operações no BROffice segue o padrão usual matemático, a saber: 1) Funções; 2) Potências e Raízes; 3) Multiplicações e Divisões; 4) Adições e Subtrações.

Gabarito "B".

(Escriturário - BB - 2013.2 - FCC) O gerente do setor em que Ana Luiza trabalha solicitou a ela a criação de uma planilha no Excel, de forma a utilizar um cálculo envolvendo média ponderada. Segundo ele, o escritório havia feito uma compra de 3 computadores no valor de R$ 2.350,50 cada. Uma semana depois, após uma alta no valor do dólar, comprou mais 5 computadores com a mesma configuração, mas ao preço de R$ 2.970,00cada. O gerente pediu à Ana Luiza que calculasse a média ponderada dos preços, considerando as quantidades como pesos a serem aplicados. Com os dados fornecidos,Ana Luiza montou a seguinte planilha:

	A	B
1	Preço unitário	Quantidade
2	R$ 2.350,50	3
3	R$ 2.970,00	5
4	Média Ponderada	
5	R$ 2.737,69	

Na célula A5, Ana Luiza calculou a média ponderada dos valores contidos nas células A2 e A3, aplicando os pesos contidos nas células B2 e B3, respectivamente.

Na célula A5 foram utilizadas as fórmulas:

(A) =SOMARPRODUTO(A2:A3;B2:B3)/SOMA(B2:B3) ou=((A2*B2)+(A3*B3))/SOMA(B2:B3)

(B) =SOMA(A2:A3;B2:B3)/SOMA(B2:B3) ou=MÉDIA ((A2: A3;B2:B3)/SOMA(B2:B3))

(C) =SOMA(A2+A3)/2 ou=MÉDIA(A2:A3;B2:B3)/SOMA (B2:B3)

(D) =MÉDIA((A2/B2)+(A3/B3))/SOMA(B2:B3) ou=MÉDIA (A2*B2)+(A3*B3)/SOMA(B2+B3)

(E) =MÉDIAPRODUTO(A2;A3)/SOMA(B2+B3) ou=SOMA (A2+A3)/2

A média ponderada pode ser calculada como (3 x 2.350,50 + 5 x 2.970) / (3 + 5). Assim, das opções fornecidas, as únicas que efetuam as operações corretas são as presentes no item A, seja utilizando a função SOMAPRODUTO para o cálculo do numerador, seja através da expressão explícita.

Gabarito "A".

(Escriturário - BB - 2013.2 - FCC) Em uma planilha eletrônica de cálculo, quando digita-se=MOD(M;N), seguido de Enter, o resultado que será apresentado é o resto da divisão de M por N. Por exemplo, se o campo A1 da planilha está preenchido com o número29, e o campo B3 com o número 12, digitando, em algum campo livre da planilha, =MOD(A1;B3), seguido de Enter, ela apresentará como resultado o número 5, que é o resto da divisão de 29 por 12.

Observe os números preenchidos em três campos (células)de uma planilha de cálculo.

	A	B	C	D
1	14	33	18	
2				

Se for digitada, no campo D1, a fórmula =MOD(A1+B1;C1),seguida de Enter, o resultado que será apresentado pela planilha nesse campo é igual a

(A) 11.

(B) 1.

(C) 19.

(D) 17.

(E) 4.

O primeiro termo da função, A1+B1, tem valor de 14+33 = 47. A divisão de 47 por 18 resulta em 2 resto 11, sendo este resto o que aparecerá em D1.

Gabarito "A"

(Escriturário – BB – 2013.1 – FCC) O *Microsoft Excel 2010* (em português) possui diversas funções que permitem executar cálculos financeiros. A maioria dessas funções aceita argumentos similares como prazo de investimento, pagamentos periódicos, período, taxa de juros, valor presente etc. Uma dessas funções é a NPER, que calcula o número de períodos de um investimento de acordo com pagamentos constantes e periódico se uma taxa de juros constante.

Baseando-se nas informações acima, considere um financiamento no valor de R$ 3.377,00, a uma taxa de 12% ao ano. Considere a disponibilidade de apenas R$ 300,00 por mês para pagar este financiamento.

	A	B
1	**Dados**	**Descrição**
2	R$ 3.377,00	Valor do financiado (Valor Presente)
3	R$ 300,00	Pagamento efetuado a cada mês (período)
4	12%	Taxa de juros anual
5	12,00	Número de meses (períodos) necessárias para pagar o financiamiento

O resultado presente na célula A5 (configurado para ser mostrado com duas casas decimais) é o número de meses necessários para pagar o financiamento, resultante da aplicação da função NPER. Baseando-se nos dados apresentados,a função utilizada na célula A5 é:

(A) =NPER(A4/12;-A3;A2)
(B) =NPER(A4/12;A3;A2)
(C) =NPER(A4;-A3;A2)
(D) =NPER(A4/12;A2;-A3)
(E) =NPER(A4/12;A2;A3)

A Sintaxe da função NPER é NPER(taxa,pgto,vp) onde: Taxa é a taxa de juros por período. Pgto é o pagamento feito em cada período e não pode mudar durante a vigência da anuidade, Vp é o valor presente ou atual de uma série de pagamentos futuros. Logo, a taxa de juros mensal é dada por A4/12, o pagamento é dado por –A3, negativo pois é realizada uma saída da conta, e o valor presente é A2, positivo pois é realizada uma entrada na conta.

Gabarito "A"

(Escriturário – BB – 2015 – CESGRANRIO) Um escriturário, na função eventual de caixa, ao examinar um boleto de pagamento em atraso, encontrou os seguintes dados:

data de vencimento:	13/04/2015
data de pagamento:	28/07/2015
taxa diária de juros por atraso (%):	0,2
máximo de juros a acrescer (%):	20

Se o escriturário tivesse disponível uma planilha eletrônica do MS Excel 2013, poderia transcrever essas informações para um trecho de planilha, como o mostrado abaixo, e calcular os juros com os recursos do software.

	M	N
10	data de vencimento	13/04/2015
11	data de pagamento	28/07/2015
12	taxa de juros diários por atraso (%)	0,2
13	máximo de juro a acrescer (%)	20
14	JUROS A PAGAR	

Nesse caso, com que fórmula ele preencheria a célula de juros a pagar (N14)?

(A) =SE((DIAS(N11;N10)*N12)>=N13;(DIAS(N11;N10)*N13); N12)
(B) = (N11-N10)*0,2/30
(C) =SE((N10;N11)*N12>=N13;N13;(N10:N11)*N12)
(D) =SE((DIAS(N11;N10)*N12)>=N13;N13;(DIAS(N11;N10)*N12))
(E) = (N11;N10)*0,2

A sintaxe da função SE é SE(Condição; Ação caso Verdade; Ação Caso Falso). A função DIAS retorna o número de dias entre duas datas, da forma DIAS(data_final, data_inicial). Assim, N14 deverá ter a seguinte expressão: SE o número de dias entre N11 e N10 multiplicado pela taxa diária N12 for maior que a taxa máxima N13, então os juros a pagar são dados pelo máximo N13, caso contrário é o valor do número de dias entre N11 e N10 multiplicado pela taxa de juros diária N12. Isto é descrito pelo item "D".

Gabarito "D"

6. EDITOR DE APRESENTAÇÕES (POWERPOINT E BROFFICE.ORG EMPRESA)

(Escriturário – BB – 2010.2 – FCC) Um recurso bastante útil nas apresentações de *PowerPoint* ou *Empresa* é o slide mestre. O slide mestre serve para

(A) exibir a apresentação sem a necessidade de ter o PowerPoint ou Empresa instalado em seu computador.
(B) definir uma formatação padrão para todos os slides que forem criados com base nele.
(C) resumir os tópicos da apresentação.
(D) controlar a ordem de apresentação dos slides.
(E) controlar, por software, todas as funcionalidades do equipamento projetor.

Um slide mestre é o slide principal em uma hierarquia de slides que armazena informações sobre o tema e os layouts de slide de uma apresentação, incluindo o plano de fundo, a cor, as fontes, os efeitos, os tamanhos dos espaços reservados e o posicionamento, ou seja, uma formatação padrão.

Gabarito "B"

(Escriturário – BB – 2011.2 – FCC) *Gravar narração* e *Cronometrar* são opções que pertencem,respectivamente, ao menu (no *MS-Office* 2003 e *BrOffice*.org 3.1, em suas versões em português e configurações originais.)

(A) Ferramentas do *Empresa* e Apresentações do *PowerPoint*.
(B) Apresentações do *PowerPoint* e Apresentação de slides do *Empresa*.

(C) Exibir e Apresentações do *Empresa*.

(D) Editar e Apresentações do *PowerPoint*.

(E) Editar do *PowerPoint* e Apresentação de slides do *Empresa*.

Estas são opções para gerenciar as apresentações, e não a criação dos Slides. Desta forma, se encontram no menu Apresentações do PowerPoint e Apresentação de Slides do Empresa.

Gabarito "B".

(Escriturário – BB – 2012 – CESGRANRIO) A figura a seguir apresenta um slide criado no aplicativo PowerPoint versão 2007, com um texto selecionado.

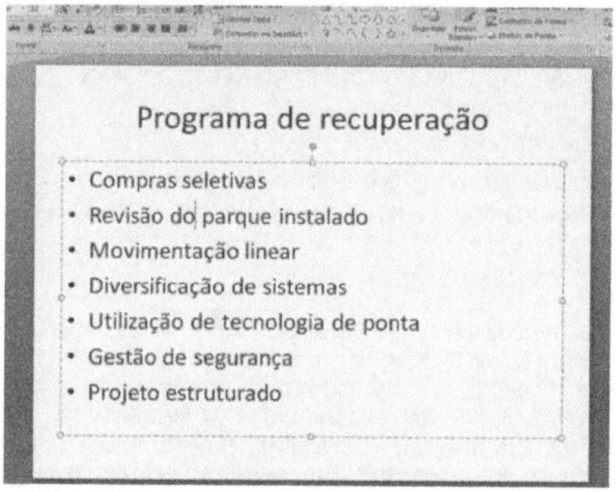

Após aplicar o comando Converter em SmartArt ao texto selecionado e, logo em seguida, um estilo de efeito moderado ao elemento gráfico gerado, o resultado apresentado foi o seguinte:

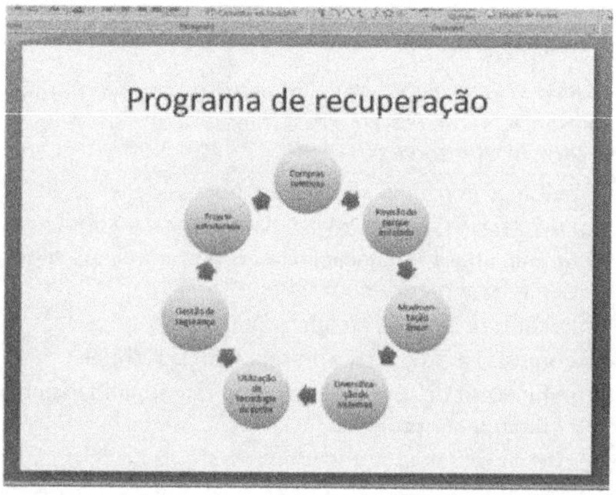

Analisando-se esse resultado, conclui-se que o Elemento Gráfico Smart Art utilizado foi

(A) Ciclo Básico

(B) Radial Básico

(C) Radial Divergente

(D) Setas Divergentes

(E) Venn Básico

O gráfico apresentado é um Ciclo Básico. Os Elementos Radiais possuem um elemento central, e os elementos divergentes possuem setas de saída. Um diagrama de Venn é usado para representação conjunta de propriedades de elementos.

Gabarito "A".

(Escriturário – BB – 2014 – CESGRANRIO) Ao ajudar a preparar uma apresentação no software PowerPoint, com os resultados obtidos por uma agência de um banco, um escriturário sugeriu o uso do recurso de animação.

Esse recurso nos slides é voltado fundamentalmente para

(A) utilizar filmes como recurso de multimídia.

(B) permitir a inserção de histórias.

(C) criar novas cores e estilos rápidos.

(D) incluir efeitos de entradas e saídas.

(E) criar slides mestres para processos.

Com o comando Animação, é possível aplicar efeitos de trajetória de animação para mover objetos de slide ou efeitos de entrada e saída destes.

Gabarito "D".

7. CONCEITOS DE TECNOLOGIAS RELACIONADAS À INTERNET E INTRANET, PROTOCOLOS WEB, WORLD WIDE WEB, NAVEGADOR INTERNET (INTERNET EXPLORER E MOZILLA FIREFOX), BUSCA E PESQUISA NA WEB

(Escriturário – BB – 2010.2 – FCC) Para pesquisar nos sites de busca (Google, Bing, Yahoo) todos os sites que contenham a palavra gato, não contenham a palavra cachorro e contenham a expressão pires de leite morno (com as palavras da expressão nesta ordem), deve-se digitar:

(A) gato –cachorro "pires de leite morno".

(B) +gato ^cachorro (pires de leite morno).

(C) gato CACHORRO (pires de leite morno).

(D) gato Cachorro "pires de leite morno".

(E) –gato +cachorro (pires de leite morno).

Para os elementos de busca avançada, o comando "entre aspas" efetua a busca pela ocorrência exata de tudo que está entre as aspas, agrupado da mesma forma, e o sinal de subtração procura todas as ocorrências que você procurar, exceto as que estejam após o sinal de subtração. Logo, para a busca desejada, temos: gato -cachorro "pires de leite morno".

Gabarito "A".

(Escriturário – BB – 2010.2 – FCC) Cookies utilizados pelos navegadores Web (*Internet Explorer/Mozilla Firefox*) são

(A) listas com endereços de *sites* com conteúdos impróprio se inadequados para permitir o controle de navegação por parte dos pais de crianças e adolescentes.

(B) pequenas listas contendo os sites e endereços visitados anteriormente.

(C) arquivos temporários como páginas, imagens, vídeos e outras mídias baixados pelo usuário em sua navegação.

(D) pequenos arquivos de texto que os *sites* gravam no computador do usuário e que são utilizados, geralmente,para guardar sua preferências de navegação.

(E) listas dos *downloads* efetuados pelo usuário para possibilitar a retomada destes em caso de falha na conexão.

Um cookie é um pequeno pacote de dados enviados de um web site para o navegador do usuário quando o usuário visita o site. Cada vez que o usuário visita o site novamente, o navegador envia o cookie de volta para o servidor para notificar atividades prévias do usuário. Os cookies foram designados para ser um mecanismo confiável para que sites se lembrem de informações da atividade do usuário, como senhas gravadas, itens adicionados no carrinho de compras em uma loja online, links que foram clicados anteriormente, entre outros.

Gabarito "D"

(Escriturário – BB – 2010.1 – CESGRANRIO) A Internet baseia-se no protocolo TCP/IP em que o endereço IP pode ser designado de maneira fixa ou variável. O responsável por designar endereços IP variáveis que possibilitam a navegação na Web é o servidor de

(A) HTTP.
(B) HTML.
(C) DHCP.
(D) DNS.
(E) PHP.

O DHCP (Dynamic Host Configuration Protocol, ou Protocolo de Configuração de Host Dinâmico) é um protocolo de serviço TCP/IP que oferece concessão dinâmica de endereços IPs e outros parâmetros de configuração de rede.

Gabarito "C"

(Escriturário – BB – 2010.1 – CESGRANRIO) O Filtro do SmartScreen da Microsoft é um recurso do Internet Explorer que ajuda a detectar sites de Phishing e sites de

(A) Ringware.
(B) Malware.
(C) Spyware.
(D) Threads.
(E) Worms.

O Filtro SmartScreen detecta sites de phishing, analisando os sites web durante a navegação, assim como a instalação de softwares mal-intencionados (malwares).

Gabarito "B"

(Escriturário – BB – 2011.2 – FCC) Em pesquisas feitas no Google, por vezes aparecem opções de refinamento do tipo Em *cache* e/ou *Similares*. É correto que

(A) essas opções aparecem tanto no *Mozilla Firefox* quanto no *Windows Internet Explorer*.
(B) essas opções aparecem apenas no *Windows Internet Explorer*.
(C) essas opções aparecem apenas no *Mozilla Firefox*.
(D) a opção Em cache é exclusiva do *Windows Internet Explorer*.
(E) a opção *Similares* é exclusiva do *Mozilla Firefox*.

Esta é uma opção fornecida pelo provedor do site, o Google, sendo assim independente do navegador que o acessa.

Gabarito "A"

(Escriturário – BB – 2011.1 – FCC) Em relação à Internet e à Intranet, é INCORRETO afirmar:

(A) Ambas empregam tecnologia padrão de rede.
(B) Há completa similaridade de conteúdo em ambos os ambientes.
(C) A Intranet tem como objetivo principal agilizar a implantação de processos, promover a integração dos funcionários e favorecer o compartilhamento de recursos.
(D) O acesso à Internet é aberto, enquanto na Intranet é restrito ao seu público de interesse.
(E) Internet refere-se, em geral, ao conteúdo público da empresa, ao passo que a Intranet pode englobar compartilhamento de informações de usuários internos à empresa.

Na intranet temos informações de interesse interno à empresa em questão, enquanto na internet temos, em geral, conteúdos de interesse público.

Gabarito "B"

(Escriturário – BB – 2011.1 – FCC) No contexto da Internet, é o responsável pela transferência de hiper texto, que possibilita a leitura das páginas da Internet pelos programas navegadores:

(A) HTTP.
(B) POP.
(C) SMTP.
(D) TCP.
(E) FTP.

O HTTP (protocolo de transferência de hipertexto) é o protocolo responsável pela transferência das páginas de internet pelos navegadores.

Gabarito "A"

(Escriturário – BB – 2011.1 – FCC) No que se refere aos recursos existentes em navegadores da Internet, considere:

I. Mecanismo de busca interna na página, conhecida como *find as you type*. À medida que a palavra é digitada, todas as ocorrências vão sendo exibidas e destacadas na página, simultaneamente.
II. Navegação tabulada, também chamada de navegação por abas, que permite ao usuário abrir diversas páginas em uma mesma janela, tendo na parte superior um índice com a aba de cada página.
III. Uma palavra qualquer, digitada aleatoriamente na barra de endereço, aciona um motor de busca que traz o resultado da pesquisa na Internet.

Em relação ao *Internet Explorer* e ao *Mozilla Firefox*, é correto afirmar:

(A) Todos os itens são recursos apenas do *Internet Explorer*.
(B) Todos os itens são recursos apenas do *Mozilla Firefox*.
(C) Todos os itens são recursos de ambos os navegadores.
(D) Os itens I e III são recursos do *Internet Explorer* e o item II do *Mozilla Firefox*.
(E) O item I é um recurso do *Internet Explorer* e os itens II e III são do *Mozilla Firefox*.

Tanto o find as you type (a partir do atalho ctrl+f), quanto a navegação tabulada (ctrl+t) estão presentes nos dois navegadores. Além disso, a barra de endereços dos dois navegadores entende quando expressões, e não url, são enviadas, e de forma automática fazem pesquisas em motores de busca destes termos.

Gabarito "C"

(Escriturário – BB – 2012 – CESGRANRIO) Na Internet, para evitar que o tráfego de dados entre os usuários e seus servidores seja visualizado por terceiros, alguns sites, como os de bancos e de comércio eletrônico, utilizam em suas conexões o protocolo

(A) FTP

(B) X25
(C) BSC
(D) SMTP
(E) HTTPS

A: Errado. O FTP é um protocolo de transferência de arquivos. **B:** Errado. O X25 é um protocolo antigo para comunicação sobre linhas telefônicas. **C:** Errado. O BSC é um protocolo bastante antigo, da década de 60, para transmissão de caracteres. **D:** Errado. O SMTP é um protocolo de transmissão de emails. **E:** Correto. O HTTPS (Hyper Text Transfer Protocol Secure – ou "protocolo de transferência de hipertexto seguro" em português) é uma extensão do protocolo HTTP que utiliza o protocolo de segurança SSL Esse protocolo adicional permite que os dados sejam transmitidos por meio de uma conexão criptografada e que se verifique a autenticidade do servidor e do cliente por meio de certificados digitais.

Gabarito "E"

(Escriturário – BB – 2012 – CESGRANRIO) Muito utilizados para interagir com a Internet, os softwares navegadores Internet Explorer da Microsoft e Firefox da Mozilla Foundation, entre outras características, diferem porque apenas um deles faz uso de

(A) complementos
(B) filtragem ActiveX
(C) protocolos TCP/IP
(D) navegação in private
(E) bloqueador de pop-up

O ActiveX é um framework, criado pela Microsoft, que adapta as antigas versões das plataformas COM e OLE para conteúdo disponível online, especialmente aplicações web e cliente/servidor. Desta forma esta disponível apenas no navegador da Microsoft, o Internet Explorer. Todos as outras opções são de componentes comuns em todos os navegadores modernos.

Gabarito "B"

(Escriturário – BB – 2014.1 – CESGRANRIO) Uma transação financeira por meio de navegadores de internet deve usar, na mesma porta alocada ao protocolo HTTP, um protocolo mais seguro também conhecido como HTTP/TLS.

A URL desse protocolo é diferenciada por começar com

(A) t-http
(B) s-http
(C) https
(D) http-s
(E) httpt

HTTPS é o código para o protocolo HTTP sobre um socket seguro SSL. Esta informação aparece na barra de endereço do navegador sempre que o protocolo seguro estiver sendo usado, muitas vezes também representado por um cadeado fechado.

Gabarito "C"

(Escriturário – BB – 2013.1 – FCC) Na empresa onde Maria trabalha há uma intranet que possibilita o acesso a informações institucionais, destinada apenas ao uso dos funcionários. Essa intranet representa um importante instrumento de comunicação interna,proporcionando redução das distâncias entre os funcionários,aumento da produtividade e a criação de novas possibilidades de interação institucional. São centralizados os procedimentos, circulares, notícias, formulários e informações comuns para os funcionários em um servidor de intranet. Para transferir páginas entre o servidor e os computadores ligados na intranet, permitindo que se navegue em páginas da web por meio de hyperlinks, utiliza-se um Protocolo de Transferência de Hipertexto que é conhecido pela sigla

(A) HTTP.
(B) FTP.
(C) SMTP.
(D) UDP.
(E) SSL.

A: Correto. O Hypertext TransferProtocol (HTTP) (Protocolo de Transferência de Hipertexto), é um protocolo de comunicação utilizado para sistemas de informação de hipermídia, distribuídos e colaborativos. **B:** Errado. O FTP ou File TransferProtocol (Protocolo de Transferência de Arquivos) é uma forma de transferir arquivos na Internet. **C: Errado**. O Simple Mail TransferProtocol (SMTP) (Protocolo de transferência de correio simples) é o protocolo padrão para envio de e-mails através da Internet. **D:** Errado. O User Datagram Protocol (UDP) é um protocolo simples da camada de transporte. **E:** Errado. O Secure Sockets Layer (SSL), é um protocolo de segurança que protege as telecomunicações via internet.

Gabarito "A"

8. CONCEITOS DE TECNOLOGIAS E FERRAMENTAS DE COLABORAÇÃO, CORREIO ELETRÔNICO, GRUPOS DE DISCUSSÃO, FÓRUNS E WIKIS

(Escriturário – BB – 2010.2 – FCC) Num programa de correio eletrônico ou *webmail*, o campo Cópia Oculta (também conhecido como CCo ou BCc) serve para

(A) enviar ao destinatário do campo CCo uma cópia da mensagem sem o conhecimento dos demais destinatários.
(B) ocultar do destinatário do campo CCo partes do conteúdo da mensagem.
(C) copiar o conteúdo da mensagem, sem conhecimento do remetente, e enviá-la ao destinatário do campo CCo, geralmente pais de crianças e adolescentes ou administradores de rede.
(D) ocultar o remetente da mensagem, permitindo o envio de mensagens anônimas.
(E) criptografar o conteúdo da mensagem de modo a garantir a privacidade entre as partes, assegurando que somente o destinatário do campo CCo conseguirá lê-la.

O CCo/Bcc, sigla para cópia/conhecimento oculta (Blind carbon copy em inglês) refere-se à prática de enviar uma mesma mensagem a vários destinatários de tal maneira que eles não conheçam uns aos outros. É prática comum usar o campo Bcc quando se endereça para uma lista longa de destinatários, ou uma lista de destinatários que não devem (necessariamente) se conhecer.

Gabarito "A"

(Escriturário – BB – 2012 – CESGRANRIO) O uso de correio eletrônico é normalmente efetuado por meio de clientes de e-mail, como o Outlook Express da Microsoft, ou por meio de webmails, ferramentas provedores de internet em seus sites.

Considerando como exemplo o programa da Microsoft, verifica-se que uma diferença entre essas ferramentas disponibilizadas pelos provedores e o programa Outlook Express consiste no fato de que nele

(A) as mensagens são gravadas em uma pasta específica na máquina do usuário para serem visualizadas, enquanto,no webmail, não é necessária essa operação.

(B) as mensagens são salvas automaticamente, na pasta Rascunho, assim que são criadas, enquanto as mensagens são salvas, no webmail, apenas se o usuário comandar essa operação.

(C) existe um limite de 20 destinatários para cada mensagem a ser enviada, enquanto, no webmail, esse limite é de apenas 5 destinatários.

(D) existe uma pasta específica para catalogar as mensagens enviadas, enquanto, no webmail, essas mensagens são descartadas após o envio.

(E) os arquivos anexados à mensagem podem ser de qualquer tipo, enquanto, no webmail, apenas arquivos de texto podem ser anexados à mensagem.

A principal diferença entre webmails e clientes de email está na localização da informação. Em um webmail, toda informação está sempre em um servidor, e você precisa de conexão ativa para acessá-lo. Um cliente de email baixa todos os emails para a máquina local, de forma que, uma vez esta operação tenha sido executada, é possível se desconectar da internet e ainda assim ter acesso ao email. De resto, as funcionalidades oferecidas são bastante similares.

Gabarito "A".

9. CONCEITOS DE PROTEÇÃO E SEGURANÇA, REALIZAÇÃO DE CÓPIAS DE SEGURANÇA (BACKUP), VÍRUS E ATAQUES A COMPUTADORES

(Escriturário – BB – 2010.1 – CESGRANRIO)A informação é um dos ativos mais importantes em uma empresa. Proteger os processos mais críticos do negócio corporativo, reduzir a probabilidade de ocorrência de incidentes relacionados à segurança e recuperar os danos em casos de desastres e incidentes são objetivos,entre outros, da implementação de um(a)

(A) plano de segurança.

(B) plano de desenvolvimento.

(C) controle de acesso.

(D) política de informação.

(E) rotina de backup.

Um plano de segurança tem como objetivo melhorar os procedimentos para proteger dados e processos no mundo da informática, como proteção contra invasões, vírus e outras ameaças.

Gabarito "A".

(Escriturário – BB – 2011.2 – FCC) Ativado quando o disco rígido é ligado e o sistema operacional é carregado; é um dos primeiros tipos de vírus conhecido e que infecta a partição de inicialização do sistema operacional. Trata-se de

(A) vírus de boot.

(B) cavalo de Tróia.

(C) verme.

(D) vírus de macro.

(E) spam.

Vírus de Boot é uma praga antiga, da época dos disquetes, que se alojam no início da partição de forma a serem executados sempre que o disco é inicializado. Desta forma costumam ser bem sucedidos em distribuição e replicação da praga. Cavalo de Tróia é um tipo de praga que abre portas de comunicação do computador para que outras pessoas possam acessar. Verme é qualquer tipo de praga, em geral. Vírus de macro são vírus para programas tipo Word e Excel, permitindo que executem-se comandos que a princípio não seriam permitidos aos documentos. Finalmente Spam são emails não solicitados.

Gabarito "A".

(Escriturário – BB – 2011.3 – FCC) Programa capaz de capturar e armazenar as teclas digitadas pelo usuário no teclado de um computador. Trata-sede

(A) *scam*.

(B) *keyloggers*.

(C) *worm*.

(D) *trojan*.

(E) *spam*.

A: Errado. Scam é qualquer tipo de fraude. **B:** Correto. Keyloggers são aplicativos ou dispositivos que armazenam as teclas enviadas, e que podem posteriormente enviar a um destinatário. **C:** Errado. Worm, ou verme, é um programa de computador com objetivos maliciosos, que é capaz de se auto-repicar. **D:** Errado. Trojan é um aplicativo que abre portas de comunicação do equipamento infectado para que possa ser controlado por outros. **E:** Errado. Spam refere-se a emails não desejados.

Gabarito "B".

(Escriturário – BB – 2011.1 – FCC) É o ataque a computadores que se caracteriza pelo envio de mensagens não solicitadas para um grande número de pessoas:

(A) *Spywares*.

(B) *Trojan*.

(C) *Worms*.

(D) *Spam*.

(E) Vírus.

O termo spam surgiu do termo em inglês Sending and Posting Advertisement in Mass, ou "enviar e postar publicidade em massa". Desta forma, se refere ao envio de mensagens, normalmente de propaganda, para um grande número de pessoas sem o devido consentimento prévio.

Gabarito "D".

(Escriturário – BB – 2012 – CESGRANRIO) Nas empresas, o ataque às informações eletrônicas por vírus, malwares e hackers é muito comum pelo fato de as redes estarem, habitualmente, conectadas à internet.

Para proteger suas informações, entre outras atitudes relacionadas à segurança, as empresas devem

(A) criar dados virtuais para atrair esses ataques.

(B) limitar a quantidade de mensagens que trafegam pela internet.

(C) efetuar cópias periódicas de suas bases de dados.

(D) proibir o uso da internet em todos os setores produtivos.

(E) proceder à atualização da base de dados após o expediente normal.

A proibição ou limitação de uso da internet, apesar de poder ser eficaz na segurança, acabam por prejudicar o desempenho da empresa, de forma que não costumam ser indicadas salvo em casos muito críticos. Assim, "B" e "D" estão incorretas. O item "E" em nada auxilia a segurança. Os itens "A" e "C" são, portanto, as duas opções cabíveis. A primeira representa uma técnica chamada "honeypot", que cria um ambiente controlado e monitorado na tentativa de identificar os invasores. Esta é uma técnica válida, mas mais indicadas para a identificação do invasor, e não proteção dos dados. Finalmente, backups são ferramentas de proteção contra falhas e hackers, que devem sempre ser efetuadas.

Gabarito "C".

(Escriturário – BB – 2014 – CESGRANRIO) O gerente de uma agência recebeu um e-mail, supostamente reenviado por um cliente, com o seguinte conteúdo

COMPRASRAPIDO - PROMOÇÃO

Prezado Amigo, você acaba de ser contemplado(a) na promoção Compra Premiada COMPRASRAPIDO e ganhou R$ 1.000,00 (Mil Reais) em vale compras em qualquer estabelecimento que tenha as máquinas COMPRASRAPIDO.

Clique no botão abaixo e cadastre-se.

Cadastre-se

Qual deve ser a providência do gerente?

(A) Clicar no botão e candidatar-se ao prêmio.
(B) Contatar o cliente e perguntar do que se trata.
(C) Devolver o e-mail ao cliente, solicitando informações suplementares.
(D) Encaminhar o e-mail aos amigos, celebrando o fato e incentivando-os a participar da promoção.
(E) Contatar o órgão responsável pela segurança da informação, relatar o fato e perguntar como proceder.

E-mails deste tipo, normalmente contendo prêmios obtidos sem que estivesse previamente participando da promoção, são normalmente "Phishing", ou seja, tentativas de enganar o usuário para infectar o computador através de algum programa malicioso que será executado caso o usuário clique no botão. O melhor a se fazer neste caso é contatar diretamente o órgão de segurança para que estes fiquem sabendo do ocorrido e possam instruir os demais funcionários da empresa, ou tomar atitudes de proteção caso algum usuário já tenha clicado.

Gabarito "E".

(Escriturário – BB – 2014.1 – CESGRANRIO) Analise o diálogo apresentado a seguir.

— Sr. José, bom dia: Aqui fala o suporte técnico do seu provedor de Internet. O senhor está feliz com o nosso atendimento?

— Sim, bastante.

— Sr. José, constatamos uma ligeira redução na velocidade da sua conexão e por isso gostaríamos de confirmar alguns dados para poder estar melhorando o serviço que lhe prestamos. É possível?

— Pois não!

— O seu endereço é rua do Bastião, 37?

— Sim.

— O seu e-mail é jose.arrose@empresa.com.br?

— Sim.

— Muito obrigado, Sr. José, seus dados foram confirmados e podemos continuar nossa entrevista. O seu histórico de cliente bom pagador gerou um benefício. A sua velocidade de conexão será aumentada sem qualquer acréscimo na sua mensalidade. Bons clientes, melhores serviços. O senhor aceita esse prêmio por bom relacionamento?

— Sim.

— Sr. José, podemos fazer isso imediatamente, nossos recursos de acesso remoto incorporaram novas funcionalidades que permitem que eu mesmo, com um simples comando no meu computador, modifique a configuração do seu modem e troque essa velocidade. O senhor autoriza essa manobra? São 10 M em lugar do seus 2 M atuais.

— Sim.

— O senhor, então, pode ditar sua senha de acesso, por favor?

— 4 5 2 8 4 7 9 3.

— Muito obrigado, Sr. José. Aguarde uns 30 min e verifique como estarão mais rápidos os seus acessos. O seu provedor agradece.

Esse diálogo caracteriza um ataque à segurança da informação conhecido por

(A) port scanner
(B) cavalo de troia
(C) spyware
(D) técnica de entrevista
(E) engenharia social

A Engenharia Social é a técnica de "enganar pessoas". Eles o fazem manipulando pessoas para obter informações importantes. Normalmente começam por conseguir a confiança da vítima passando informações públicas ou facilmente descobertas, para então, obter a informação necessária, como senhas ou números de cartão de crédito.

Gabarito "E".

(Escriturário – BB – 2014.1 – CESGRANRIO) Há características importantes que distinguem os códigos maliciosos denominados worm daqueles denominados trojan.

Uma dessas características é a

(A) auto-replicação automática pela rede
(B) instalação por execução de arquivo infectado
(C) contaminação através de redes sociais
(D) contaminação por compartilhamento de arquivos
(E) instalação por execução explícita do código malicioso

Um worm (verme, em inglês) de computador é um programa malicioso que se utiliza de uma rede para se espalhar por vários computadores sem que nenhum usuário interfira neste processo. O Trojan, por sua vez, é um conjunto de funções desenvolvido para executar ações indesejadas e escondidas, normalmente para liberar acesso indesejado ao equipamento. Todos eles podem ser inseridos pelos descritos nos itens "B", "C", "D" e "E". A diferença está de fato na replicação, em que o Worm é mais danoso a uma rede.

Gabarito "A".

(Escriturário – BB – 2013.1 – FCC) A comunicação entre os funcionários da empresa onde Ana trabalha se dá, em grande parte, por meio da troca de e-mails. Certo dia, Ana notou que um dos *e-mails* recebidos por ela continha um arquivo anexo e uma mensagem na qual Ana era informada de que deveria abrir o arquivo para atualizar seus dados cadastrais na empresa.

Apesar do computador de Ana conter um antivírus instalado, se o arquivo anexo no e-mail contém um vírus, é correto afirmar que o computador

(A) foi infectado, pois ao ler a mensagem, o vírus se propagou para a memória do computador.

(B) foi infectado, pois ao chegar à caixa de e-mail, o vírus contido no arquivo se propaga automaticamente para a memória do computador.
(C) não será infectado se Ana não abrir o arquivo anexo, mesmo que ela leia a mensagem do e-mail.
(D) não será infectado, mesmo que ela abra o arquivo anexo, pois o antivírus instalado no computador garante que não ocorra a infecção.
(E) não será infectado, pois os mecanismos de segurança presentes no servidor de e-mail removem automaticamente o vírus do arquivo quando ele for aberto.

Para que o vírus seja acionado e seja capaz de infectar o computador, é necessário que o arquivo anexo seja executado. Desta forma, apenas ler o e-mail não infecta automaticamente o equipamento. O programa antivírus pode ser capaz de barrar a execução do vírus caso este seja executado, mas isto não é garantido, pois nem todos os vírus são bloqueados por tais programas. Desta forma, a melhor resposta se encontra no item C.

Gabarito "C".

(Escriturário – BB – 2015 – CESGRANRIO) Os escriturários de uma agência foram chamados para uma reunião com um profissional da área de segurança da informação de um banco. O objetivo dessa reunião era informá-los de que houve uma falha nos procedimentos de segurança da rede de computadores da agência, o que permitiu a propagação de um programa malicioso bastante perigoso. Durante a reunião, o profissional de segurança disse que o programa em questão permite monitorar a movimentação do mouse por sobre a tela de uma aplicação bancária, com o objetivo de descobrir a senha digitada por um usuário que esteja usando um teclado virtual.

Ele completou sua explanação dizendo que esse tipo de código malicioso é chamado de

(A) virus
(B) trojan clicker
(C) spyware
(D) botnet
(E) trojan backdoor

O Spyware é um software que tem por objetivo obter informação sobre uma pessoa ou organização sem o devido consentimento do usuário e que, em geral, envia esta informação para outra entidade de forma desapercebida. A utilização mais comum de um Spyware é o rastreamento e armazenamento dos movimentos do usuário na Internet.

Gabarito "C".

10. CONCEITOS DE EDUCAÇÃO A DISTÂNCIA

(Escriturário – BB – 2011.2 – FCC)O conceito de educação a distância envolve os seguintes elementos:

I. Transmissão da informação entre a instituição promotora do curso e o aluno por intermédio de meios instrucionais.
II. Comunicação interativa entre a instituição promotora do curso, o aluno e o tutor.
III. Separação entre professor e aluno durante a maioria do processo de ensino e aprendizagem.

É correto o que consta em

(A) I e II, apenas.
(B) I e III, apenas.
(C) II, apenas.
(D) II e III, apenas.
(E) I, II e III.

De acordo com o MEC, a Educação a Distância é a modalidade educacional na qual a mediação didático-pedagógica nos processos de ensino e aprendizagem ocorre com a utilização de meios e tecnologias de informação e comunicação, com estudantes e professores desenvolvendo atividades educativas em lugares ou tempos diversos..Em geral, as atividades acontecem em um ambiente virtual, desenvolvido por professores regulares das instituição de ensino através da Internet, com poucas interações presenciais, normalmente apenas algumas avaliações.

Gabarito "E".

(Escriturário – BB – 2011.3 – FCC) Analise as seguintes tecnologias:

I. Internet.
II. Rádio.
III. Televisão.
IV. Vídeo.

No processo de ensino/aprendizagem da educação à distância pode ser aplicado o que consta em

(A) I e III, apenas.
(B) I, III e IV, apenas.
(C) II e III, apenas.
(D) II, III e IV, apenas.
(E) I, II, III e IV.

Educação a distância é uma modalidade de educação mediada por tecnologias em que discentes e docentes estão separados espacial e/ou temporalmente, ou seja, não estão fisicamente presentes em um ambiente presencial de ensino-aprendizagem Desta forma, todas as tecnologias apresentadas são possíveis para esta modalidade.

Gabarito "E".

11. CONCEITOS DE ACESSO A DISTÂNCIA A COMPUTADORES

(Escriturário – BB – 2011.2 – FCC)O acesso a distância entre computadores

(A) somente pode ser feito entre computadores iguais.
(B) pode ser feito entre computadores diferentes, desde que tenham a mesma capacidade de disco.
(C) não pode ser feito por conexão sem discagem.
(D) pode ser feito por conexão de acesso discado.
(E) não pode ser feito por conexão que utiliza fibra óptica.

Dois computadores podem se comunicar desde que haja um meio de transmissão de dados entre eles e um protocolo de comunicação comum, não dependendo se são de mesma marca ou possuem os mesmos componentes. Desta forma, a) e b) estão erradas. Tanto conexão discada quanto fibra óptica são meios de transmissão de dados que, portanto, podem mediar a conexão entre eles. Assim, estão erradas também, restando a alternativa d).

Gabarito "D".

(Escriturário – BB – 2011.3 – FCC) O acesso total de um computador a outro remotamente localizado, via conexão de Internet ou de rede, pode ser feito, no *Windows XP* Profissional, por meio de

(A) Rádio, apenas.
(B) Linha telefônica, apenas.

(C) Área de Trabalho Remota.

(D) Opções de acessibilidade.

(E) Contas de usuário.

O aplicativo Área de Trabalho Remota permite se conectar a um computador remoto e acessar seus recursos de trabalho de praticamente qualquer lugar. Ele está presente em todas as novas versões do Windows.

Gabarito "C"

(Escriturário – BB – 2011.1 – FCC) No contexto de segurança do acesso a distância a computadores, é o processo que encapsula o pacote de dados, previamente protegido por mecanismos que o torna ilegível, podendo, dessa forma, trafegar em uma rede pública até chegar ao seu destino, onde é desencapsulado e tornado legível. Trata-se de

(A) autenticação.

(B) gerenciador de chaves digitais.

(C) conexão segura.

(D) criptografia.

(E) tunelamento.

A: Errado. Autenticação é o processo de verificação da identidade digital de um usuário. **B:** Errado. O gerenciador de chaves é um aplicativo que facilita o controle de chaves públicas e privadas, facilitando assim a utilização em criptografia. **C:** Errado. A conexão segura, ou protocolo HTTPS, é a combinação dos protocolos HTTP para transferência de dados na internet e o SSL que criptografa as informações antes do envio. **D:** Errado. O importante está na expressão "previamente protegido por mecanismos que o torna ilegível". Esta parte é de fato a criptografia, porém, no texto, observa-se que este processo foi efetuado anteriormente. **E:** Correto. O tunelamento, fundamental em ambientes do tipo VPN como descrito no texto, permite através do protocolo de rede o envio encapsulado de protocolos de carga diferentes, permitindo assim o acesso a distância de computadores através da internet como se eles estivessem em uma rede local.

Gabarito "E"

12. CONCEITOS DE TECNOLOGIAS E FERRAMENTAS MULTIMÍDIA, DE REPRODUÇÃO DE ÁUDIO E VÍDEO

(Escriturário – BB – 2010.1 – CESGRANRIO) O conteúdo de mídia digital, executado à medida que é transmitido por meio da Internet para o computador do usuário, é denominado mídia de fluxo

(A) local.

(B) compartilhado.

(C) alternado.

(D) intermediário.

(E) contínuo.

Uma mídia de fluxo contínuo, ou streaming, seja em vídeo ou áudio, é aquela que é transmitida ao mesmo tempo em que é exibida ao usuário.

Gabarito "E"

(Escriturário – BB – 2011.2 – FCC) São extensões de arquivos de vídeo:

(A) mov e msi.

(B) wmv e avi.

(C) mpg e mp3.

(D) msi e mov.

(E) pdf e wmv.

Arquivo .mov (Quick-Time) é extensão de vídeo. Arquivo .msi é uma extensão de arquivos de Windows associados a instalação de programas e atualizações. Arquivos .wmv (Windows Media Vídeo), .avi (Audio Vídeo Interleaved) e .mpg (Moving Picture Experts Group) também são arquivos de vídeo. Arquivos .mp3 (MPEG-1 Audio Layer 3) é um arquivo de áudio e arquivo .pdf (Portable Document Format) é um arquivo de documento texto/imagem.

Gabarito "B"

(Escriturário – BB – 2011.3 – FCC) Tecnologia de multimídia distribuída em uma rede, através de pacotes. Frequentemente utilizada para distribuir conteúdo multimídia através da Internet. Trata-se de

(A) *spanning* ou *wmv*.

(B) *streaming* ou fluxo de mídia.

(C) portal de conteúdo e RSS.

(D) navegador internet e mpg.

(E) provedor de acesso à internet e avi.

As extensões .wmv, .mpg e .avi indicam arquivos de vídeo. Spanning (STP), em informática, refere-se a um protocolo de comunicação para redes Ethernet. Streaming, ou fluxo de mídia, refere-se ao conteúdo multimídia que é constantemente recebido pelo usuário, enviado pelo provedor. Portal de conteúdo refere-se a um site de grande porte, com informações variadas e constantemente atualizadas. RSS é um padrão para publicação freqüente de informações, normalmente em blogs. Navegador de internet é o aplicativo utilizado para acessar sites. Finalmente, provedor de acesso é o responsável por fornecer o serviço de internet, e muitas vezes outros serviços agregados, como email, blogs, etc.

Gabarito "B"

(Escriturário – BB – 2014.1 – CESGRANRIO) Um software de reprodução de áudio e vídeo, como o Windows Media Center, utiliza outros programas de computador para traduzir o vídeo e o áudio empacotados dentro de um arquivo multimídia, permitindo que sejam apresentados na tela e no dispositivo de áudio. Normalmente, cada formato exige um programa específico.

Como é conhecido esse tipo de programa de computador?

(A) reader

(B) modem

(C) burner

(D) codec

(E) driver

O Codec (Codificador / Decodificador) é o dispositivo, seja em hardware ou em software, que codifica e decodifica sinais. Em especial, para sinais multimídia digitais, são necessários codecs para traduzir a stream de bits em conteúdo de áudio e vídeo capazes de serem entendidos pelo sistema de exibição de conteúdo, como o Windows Media Player.

Gabarito "D"

13. CONHECIMENTOS GERAIS SOBRE REDES SOCIAIS (TWITTER, FACEBOOK, LINKEDIN

(Escriturário – BB – 2014.1 – CESGRANRIO) O Facebook é uma rede social em que pessoas interagem postando conteúdo na forma de "status", interagindo como conteúdo postado por outras pessoas por meio de três ações.

Disponibilizadas por meio de links, logo após o conteúdo original, essas três ações aparecem na seguinte ordem:

(A) Cutucar, Curtir e Comentar.
(B) Curtir, Comentar e Repostar.
(C) Comentar, Compartilhar e Gostar.
(D) Convidar, Curtir e Divulgar.
(E) Curtir, Comentar e Compartilhar.

A imagem a seguir mostra os links após uma postagem de conteúdo

Gabarito "E"

(Escriturário – BB – 2015 – CESGRANRIO) O Facebook e o Twitter possuem muitas características em comum. Dentre essas características, inclui-se a(o)

(A) possibilidade de um usuário adicionar amigos à sua conta.
(B) capacidade de um usuário visualizar os assuntos do momento (trending topics).
(C) número máximo de caracteres que uma publicação (post) pode conter.
(D) possibilidade de um usuário modificar o texto de suas publicações (posts).
(E) capacidade de um usuário seguir outros usuários.

A: Errado. Apenas o Facebook tem esta característica. **B:** Errado, esta é uma característica do Twitter. **C:** Errado. Esta é uma característica do Twitter. **D:** Errado. Esta é uma característica do Facebook. **E:** Correto. Ambos os sistemas possuem esta característica.

Gabarito "E"

4. ATENDIMENTO

Flávio Benetti e Roberta Densa

1. DIREITO DO CONSUMIDOR

(Escriturário – BB – Cesgranrio – 2014) O superintendente de vendas do Banco A, submetido a regime de metas, determina a suas equipes que, em todos os contratos de empréstimos, vinculem o fechamento da operação à realização de contrato de seguro. Com tal determinação, as metas impostas são realizadas, com reflexo financeiro positivo na remuneração dos empregados.

Nos termos do Código de Defesa e Proteção ao Consumidor, tal operação é

(A) admitida, por ser inerente às relações de mercado.

(B) permitida, por ser integrante de regime de remuneração por metas.

(C) vedada, por caracterizar prática abusiva.

(D) vedada, por não ser possível a conjugação prática das operações.

(E) permitida, por configurar habitualidade das relações.

Na forma do art. 39, III, do Código de Defesa do Consumidor, é prática comercial abusiva "enviar ao consumidor, sem solicitação prévia, qualquer produto, ou fornecer qualquer serviço". No mesmo sentido é a Resolução Bacen n. 3.919/2010, que proíbe a prestação de serviços sem autorização ou pedido expresso do consumidor. Sobre as operações financeiras, o Superior Tribunal de Justiça emitiu a Súmula 532 com o seguinte teor: "Constitui prática comercial abusiva o envio de cartão de crédito sem prévia e expressa solicitação do consumidor, configurando-se ato ilícito indenizável e sujeito à aplicação de multa administrativa". RD

Gabarito "C"

(Escriturário – BB – Cesgranrio – 2015) Uma cidadã, por dificuldades financeiras momentâneas, deixou de pagar em dia as suas dívidas, vindo, por força de sua mora e do seu inadimplemento, a ser inscrita em cadastro de devedores. Com o passar do tempo, a sua situação foi melhorando e, após muito sacrifício pessoal, conseguiu quitar as suas dívidas. Em determinado momento, no entanto, foi surpreendida com negativa de crédito, em estabelecimento comercial, por estar o seu nome inscrito no cadastro de devedores inadimplentes.

A melhor interpretação do Código de Defesa do Consumidor indica que

(A) caberia à devedora buscar o cancelamento dos registros nos cadastros de inadimplentes.

(B) é ônus do credor, após a constatação do pagamento efetivo da dívida, retirar o nome do devedor do cadastro de inadimplentes.

(C) deve ocorrer a retirada do registro de inadimplente somente cinco anos após o ingresso, mesmo no caso de pagamento.

(D) ocorrerá a manutenção do registro no cadastro de inadimplentes como forma de proteção ao comércio.

(E) será retirada a inscrição do registro no cadastro de inadimplentes somente se houver medida judicial.

A: incorreta. Cabe ao credor (fornecedor) a retirada do nome do consumidor do cadastro de proteção ao crédito, no prazo de 5 dias úteis, contados a partir do integral e efetivo pagamento do débito (vide Súmula 548 do STJ). **B:** correta. Conforme entendimento do Superior Tribunal de Justiça, cabe ao credor/fornecedor a retirada do nome do devedor/consumidor do cadastro de proteção ao crédito. **C:** incorreta. O prazo para retirada do nome do consumidor é de cinco dias contados a partir do efetivo pagamento do débito. **D:** incorreta. Após o pagamento da dívida o nome do consumidor inadimplente deve ser retirado do cadastro negativo, no prazo de 5 dias úteis, sob pena de ser configurada a inscrição indevida e a consequente possibilidade de o consumidor pleitear a retirada do nome do cadastro e os danos morais pelo abalo a sua honra. **E:** incorreta. Configurado o pagamento, o nome do consumidor deve ser retirado do cadastro independentemente de ação judicial. RD

Gabarito "B"

(Escriturário – BB – Cesgranrio – 2015) De acordo com a Resolução CMN n. 3.849, de 25/03/2010, as instituições financeiras devem designar os nomes do ouvidor e do diretor responsável pela área ao

(A) Comitê de Valores Mobiliários

(B) Procon

(C) Secretário de Defesa do Consumidor

(D) Banco Central

(E) Representante dos consumidores na instituição

A Resolução 3.849/2010 dispõe sobre instituição de ouvidorias pelas Instituições Financeiras e, em seu art. 4º, aduz que a obrigação de designar, perante o Banco Centra do Brasil os nomes dos ouvidores e o diretor responsável pela ouvidoria. RD

Gabarito "D"

(Escriturário – BB – FCC – 2013) As operações denominadas Crédito Direto ao Consumidor são caracterizadas

(A) pela não incidência de IOF para contratos com pessoa física.

(B) por destinação ao financiamento de bens e serviços para pessoas físicas ou jurídicas.

(C) pela dispensa da informação do Custo Efetivo Total para clientes correntistas dos bancos.

(D) pela impossibilidade de antecipação de pagamento de parcelas.

(E) pela ausência de gravame no caso de financiamento de veículos usados.

A: Incorreta. O Imposto sobre Operações Financeiras incide nos contratos de pessoa física e jurídica. **B:** Correta. O Crédito Direito ao Consumidor é caracterizado pela destinação ao financiamento de bens e serviços para pessoas físicas ou jurídicas. **C:** incorreta. O Custo Efetivo Total da operação deve ser informado ao consumidor, conforme Resolução Bacen 3.517/2007. **D:** incorreta. O art. 52 do Código de Defesa do Consumidor garante ao tomador do financiamento o direito de quitar antecipadamente a dívida, com redução proporcional dos juros. **E:** incorreta. As garantias bancárias podem ser exigidas no Crédito Direito ao Consumidor. RD

Gabarito "B"

(BB - Escriturário - 2013.1 - FCC) Um cliente do Banco ZZY enfrenta um problema referente à tarifação indevida sobre seu extrato bancário. Sem solução para a questão, resolve encaminhar sua reclamação à ouvidoria do Banco, que segue rigorosamente as determinações contidas na Resolução CMN n. 3.849 de 25/03/2010, que dispõe sobre as ouvidorias das instituições financeiras.

Segundo esta Resolução do CMN, caracteriza corretamente a ouvidoria:

(A) A ouvidoria tem a atribuição de receber as reclamações dos clientes e usuários de produtos e serviços do Banco, mas não a de lhes dar qualquer tratamento formal.

(B) O Banco não tem a incumbência de garantir o acesso gratuito aos clientes e usuários de produtos e serviços ao atendimento da ouvidoria.

(C) A ouvidoria deve informar aos reclamantes o prazo previsto para resposta final, o qual não pode ultrapassar quarenta dias corridos, contados da data da protocolização da ocorrência.

(D) A ouvidoria deve desempenhar a função de canal de comunicação entre o banco, seus clientes e usuários de seus produtos e serviços.

(E) É vedada à instituição financeira expressar em seu estatuto ou contrato social o compromisso de criar condições adequadas para o funcionamento da ouvidoria.

A: incorreta. O tratamento formal das reclamações é obrigação contida no art. 2º, I, da Resolução CMN nº 3.849/2010; **B:** incorreta. A gratuidade do atendimento da ouvidoria é exigência contida no art. 1º, § 2º, II, da Resolução CMN nº 3.849/2010; **C:** incorreta. O prazo final para a comunicação da solução do problema não poderá exceder 15 dias (art. 2º, III, da Resolução CMN nº 3.849/2010); **D:** correta, nos termos do art. 1º da Resolução CMN nº 3.849/2010; **E:** incorreta. Ao contrário, a instituição deve expressar no seu estatuto o compromisso de criar condições adequadas para o efetivo funcionamento da ouvidoria (art. 3º, III, "a", da Resolução CMN nº 3.849/2010). FB

Gabarito "D"

(BB - Escriturário - 2013.2 - FCC) Segundo a Resolução CMN n. 3.849/2010, no tocante à instituição do componente organizacional de ouvidoria, o estatuto ou contrato social da Instituição Financeira deve conter, de forma expressa,

(A) o nome do ouvidor, que deverá ser o do ouvidor da associação de classe, bolsa de valores ou bolsa de mercadorias e de futuros, entidade ou empresa que constituir a ouvidoria.

(B) o compromisso expresso da instituição no sentido de criar condições adequadas para o funcionamento da ouvidoria, bem como para que sua atuação seja pautada pela transparência, independência, imparcialidade e isenção.

(C) o relatório semestral, na forma definida pelo Banco Central do Brasil, relativo às atividades da ouvidoria, sempre que identificada ocorrência relevante.

(D) as obrigações da instituição a fim de dificultar o acesso da ouvidoria às informações necessárias para a elaboração de resposta adequada às reclamações recebidas, prescindindo do apoio administrativo.

(E) o relatório quantitativo e qualitativo acerca da atuação da ouvidoria, contendo as proposições quanto às medidas corretivas ou de aprimoramento de procedimentos e rotinas, em decorrência da análise das reclamações recebidas.

A: incorreta. Tal informação pode ser prestada diretamente ao BACEN (art. 4º, § 3º, II, da Resolução CMN 3.849/2010); **B:** correta, nos termos do art. 3º, III, "a", da Resolução CMN 3.849/2010; **C:** incorreta. Tal relatório pode ser entregue diretamente ao BACEN, não sendo requisito do estatuto social (art. 4º, § 5º, da Resolução CMN 3.849/2010); **D:** incorreta. A redação traz a absurda possibilidade da instituição **dificultar** o acesso da ouvidoria aos dados, o que contraria o art. 3º, III, "b", da Resolução CMN 3.849/2010; **E:** incorreta. Tal relatório deve ser entregue à auditoria interna, ao comitê de auditoria, ao conselho de administração ou à diretoria, sendo despiciendo prevê-lo no estatuto social (art. 2º, VI, da Resolução CMN 3.849/2010). FB

Gabarito "B"

(BB – Escriturário – 2011 – FCC) O Decreto n. 5.296/2004 dispõe que os órgãos da administração pública direta, indireta e fundacional, as empresas prestadoras de serviços públicos e as instituições financeiras deverão dispensar tratamento diferenciado em LIBRAS às pessoas portadoras de deficiência

(A) mental.

(B) visual.

(C) física.

(D) auditiva.

(E) múltipla.

A LIBRAS (Linguagem Brasileira de Sinais) é uma forma de comunicação baseada em gestos manuais voltada à comunicação de pessoas com deficiência auditiva. FB

Gabarito "D"

(BB – Escriturário – 2011 – FCC) O art. 17 do Decreto 6.523/2008 dispõe que as informações solicitadas pelo consumidor serão prestadas imediatamente e suas reclamações resolvidas, a contar do registro, no prazo máximo de

(A) 7 (sete) dias úteis.

(B) 10 (dez) dias úteis.

(C) 5 (cinco) dias úteis.

(D) 3 (três) dias úteis.

(E) 15 (quinze) dias úteis.

O prazo máximo estabelecido pela legislação é de 5 (cinco) dias úteis, nos termos do art. 17, *caput*, do Decreto n. 6.523/08. FB

Gabarito "C"

(BB – Escriturário – 2011 – FCC) O consumidor cobrado em quantia indevida tem direito à repetição do indébito, acrescido de correção monetária e juros legais, salvo hipótese de engano justificável, por valor igual

(A) ao quádruplo do que pagou em excesso.

(B) à metade do que pagou em excesso.

(C) ao triplo do que pagou em excesso.

(D) a 1/4 do que pagou em excesso.

(E) ao dobro do que pagou em excesso.

De fato, o consumidor terá esse direito (de repetição do indébito, acrescido de correção monetária e juros legais) por valor igual ao dobro do que pagou em excesso (art. 42, parágrafo único, do CDC). FB

Gabarito "E"

(BB – Escriturário – 2011 – FCC) Constituem crimes contra as relações de consumo fazer afirmação falsa ou enganosa, ou omitir informação relevante sobre a natureza, característica, qualidade, quantidade, segurança, desempenho, durabilidade, preço ou garantia de produtos ou serviços, atribuindo-se, além de multa, pena de detenção de

(A) 3 (três) meses a 1 (um) ano.
(B) 3 (três) meses a 2 (dois) anos.
(C) 6 (seis) meses a 1 (um) ano.
(D) 6 (seis) meses a 2 (dois) anos.
(E) 9 (nove) meses a 1 (um) ano.

De fato, o art. 66 do CDC estabelece, para o caso, pena de detenção de 3 meses a 1 ano, além de multa.

Gabarito "A".

(BB – Escriturário – 2011 – FCC) As Instituições Financeiras, nas operações de crédito pessoal e de crédito direto ao consumidor, realizadas com seus clientes, devem assegurar o direito à liquidação antecipada do débito

(A) total ou parcial, sem redução proporcional dos juros.
(B) total ou parcial, mediante redução proporcional dos juros.
(C) total, exclusivamente, mediante redução proporcional dos juros.
(D) total, exclusivamente, sem redução proporcional dos juros.
(E) parcial, exclusivamente, com redução proporcional dos juros.

A alternativa "B" está correta, pois, segundo o art. 52, § 2º, do CDC, "é assegurado ao consumidor a liquidação antecipada do débito, **total ou parcialmente**, mediante redução **proporcional** dos juros e demais acréscimos".

Gabarito "B".

(BB – Escriturário – 2011 – FCC) As Instituições Financeiras devem estabelecer, em suas dependências, alternativas técnicas, físicas ou especiais que garantam

(A) prestação de informações sobre seus procedimentos operacionais exclusivas aos deficientes visuais.
(B) atendimento prioritário apenas para pessoas portadoras de deficiências sensoriais, idosos, com idade igual ou superior a sessenta anos, gestantes e lactantes.
(C) acessibilidade aos guichês de caixa, ou aos terminais de autoatendimento, para pessoas portadoras de deficiência física ou com mobilidade reduzida, unicamente, acompanhadas de um funcionário da Instituição.
(D) atendimento prioritário para pessoas portadoras de deficiências sensoriais, idosos com idade igual ou superior a sessenta anos, gestantes e lactantes com criança de colo mediante garantia de lugar na fila.
(E) facilidade de acesso para pessoas portadoras de deficiência física ou com mobilidade reduzida, temporária ou definitiva, observado o sistema de segurança previsto na legislação e regulamentação em vigor.

Em primeiro lugar, é bom deixar claro que a Res. CMN/Bacen nº 2.878/01 (Código de Defesa do Consumidor Bancário) foi revogada pela Res. CMN/Bacen n. 3.694/2009. Todavia, esta última resolução acabou não reproduzindo uma série de regras que estavam na resolução anterior, dentre elas a que possibilita a resposta à presente pergunta. De qualquer maneira, a Resolução CMN/Bacen nº 2.878/01 nada mais fazia do que explicitar normas decorrentes de outros diplomas normativos, de modo que, mesmo revogada, trata-se de uma boa fonte de pesquisa. Essa resolução, em seu art. 9º, II, trazia a exata redação da alternativa "e" da presente questão, que deve ser considerada como correta.

Gabarito "E".

(BB – Escriturário – 2010 – CESGRANRIO) No que se refere ao atendimento prioritário nas agências bancárias definido por lei, analise as condições a seguir.

I. Idosos com idade igual ou superior a sessenta anos
II. Gestantes e lactantes
III. Pessoas portadoras de deficiências
IV. Pessoas com crianças de colo

Devem receber atendimento prioritário os que se enquadram na(s) condição(ões)

(A) II, apenas.
(B) III, apenas.
(C) I e II, apenas.
(D) II, III e IV, apenas.
(E) I, II, III e IV.

Nos termos do art. 1º da Lei nº 10.048/2000, terão atendimento prioritário as seguintes pessoas: I) com deficiência; II) os idosos com idade igual ou superior a 60 (sessenta) anos; III) as gestantes; IV) as lactantes; V) as pessoas acompanhadas por crianças de colo; VI) obesos .

Gabarito "E".

(BB – Escriturário – 2010 – CESGRANRIO) Júlia abriu conta-corrente com direito a crédito. Assinou o contrato e recebeu o cartão para operações no caixa eletrônico e a senha para Internet, mas não recebeu cópia do contrato. Após reunir certa quantia, dirigiu-se ao guichê para efetuar o depósito, quando foi informada de que seu contrato previa a utilização exclusiva dos caixas eletrônicos para esse modelo de operação. Nesse caso, o Banco

(A) agiu com correção, mas a prática só seria aplicável se o contrato tivesse sido entregue à correntista e contivesse a ressalva em destaque.
(B) pode limitar a utilização dos guichês para depósito, desde que previsto em contrato e em destaque por ser cláusula restritiva de direitos.
(C) pode limitar a utilização dos guichês para depósito, desde que previsto em contrato, independente de destaque.
(D) não pode privá-la do acesso aos guichês, ainda que previsto no contrato, salvo se oferecer atendimento alternativo ou eletrônico.
(E) não pode se recusar à prestação do serviço no guichê, mesmo que ofereça atendimento alternativo ou eletrônico e a restrição esteja em destaque no contrato.

O banco não pode impedir o acesso aos guichês de caixa, mesmo na hipótese de oferecer atendimento alternativo ou eletrônico (art. 3º, *caput*, da Res. CMN/Bacen nº 3.694/2009).

Gabarito "E".

(BB – Escriturário – 2010 – FCC) São direitos básicos do consumidor:

I. A educação e divulgação sobre o consumo adequado dos produtos e serviços, não sendo asseguradas a liberdade de escolha e a igualdade nas contratações.

II. A informação adequada e clara sobre os diferentes produtos e serviços, com especificação correta de quantidade, características, composição, qualidade e preço, bem como sobre os riscos que apresentem.

III. A proteção contra a publicidade enganosa e abusiva, métodos comerciais coercitivos ou desleais, exceto contra práticas e cláusulas abusivas ou impostas no fornecimento de produtos.

IV. A modificação das cláusulas contratuais que estabeleçam prestações desproporcionais ou sua revisão em razão de fatos supervenientes que as tornem excessivamente onerosas.

V. A facilitação da defesa de seus direitos, inclusive com a inversão do ônus da prova, a seu favor, no processo civil, quando, a critério do juiz, for verossímil a alegação ou quando for ele hipossuficiente, segundo as regras ordinárias de experiências.

Está correto o que se afirma APENAS em

(A) I, II e III.
(B) I e III.
(C) I, III e V.
(D) II, IV e V.
(E) III e IV.

I: incorreta, pois a liberdade de escolha e a igualdade nas contratações são direitos básicos do consumidor previstos no art. 6º, II, do CDC; **II:** correta; pois esses direitos estão previstos no art. 6º, III, do CDC; **III:** incorreta, pois é, sim, direito básico do consumidor a proteção "contra práticas e cláusulas abusivas ou impostas no fornecimento de produtos e serviços" (art. 6º, IV, do CDC); **IV:** correta, nos termos do art. 6º, V, do CDC; V: correta, nos termos do art. 6º, VIII, do CDC. FB

Gabarito "D"

(BB – Escriturário – 2010 – FCC) O art. 20 do CDC dispõe que: *O fornecedor de serviços responde pelos vícios de qualidade que os tornem impróprios ao consumo ou lhes diminuam o valor, assim como aqueles decorrentes da disparidade com as indicações constantes da oferta ou mensagem publicitária, podendo o consumidor exigir, alternativamente e à sua escolha*:

I. A reexecução dos serviços, com custo adicional e quando cabível.

II. A restituição imediata da quantia paga, monetariamente atualizada, sem prejuízo de eventuais perdas e danos.

III. O abatimento proporcional do preço.

IV. A reexecução dos serviços, sem custo adicional e quando cabível, pode ser confiada a terceiros devidamente capacitados, por conta e risco do fornecedor.

V. A restituição imediata da quantia paga, isenta de atualização monetária, sem prejuízo de eventuais perdas e danos.

Está correto o que se afirma APENAS em

(A) I, II e III.
(B) I e IV.
(C) II, III e IV.
(D) II, IV e V.
(E) III e V.

I: incorreta, pois, nesse caso, há direito a reexecução dos serviços, mas sem custo adicional (art. 20, I, do CDC); **II:** correta, nos termos do art. 20, II, do CDC; **III:** correta, nos termos do art. 20, III, do CDC; **IV:** correta, nos termos do art. 20, I e § 1º, do CDC; **V:** incorreta, pois a restituição imediata da quantia paga deve vir acompanhada de atualização monetária (art. 20, II, do CDC). FB

Gabarito "C"

(BB – Escriturário – 2010 – FCC) Tratando-se de fornecimento de serviços e de produtos não duráveis, o direito de reclamar pelos vícios aparentes ou de fácil constatação caduca em

(A) 30 dias.
(B) 90 dias.
(C) 120 dias.
(D) 180 dias.
(E) 360 dias.

A alternativa "A" está correta, pois o prazo para reclamar de vícios em serviços ou produtos não duráveis é de 30 dias (art. 26, I, do CDC). Já quanto aos duráveis, o prazo é de 90 dias (art. 26, II, do CDC). FB

Gabarito "A"

(BB – Escriturário – 2010 – FCC) Tratando-se da proteção contratual, o consumidor pode desistir do contrato sempre que a contratação de fornecimento de produtos e serviços ocorrer fora do estabelecimento comercial, especialmente por telefone ou a domicílio, a contar de sua assinatura ou do ato de recebimento do produto ou serviço, no prazo de

(A) 7 dias.
(B) 14 dias.
(C) 21 dias.
(D) 28 dias.
(E) 56 dias.

A alternativa "A" está correta, pois, segundo o art. 49 do CDC, o consumidor pode desistir do contrato no prazo de 7 dias a contar da assinatura ou do ato de recebimento do produto ou do serviço, nas compras feitas fora do estabelecimento comercial. FB

Gabarito "A"

(BB – Escriturário – 2010 – FCC) A Resolução CMN nº 3.694 assegura aos clientes e usuários de instituições financeiras e demais instituições autorizadas a funcionar pelo Banco Central do Brasil

I. o recebimento de cópias simplificadas de contratos, exceto de recibos, extratos, comprovantes e documentos relativos a operações e a serviços prestados.

II. a redação de contratos e documentos clara, objetiva e adequada à natureza e à complexidade da operação ou do serviço prestado de forma a permitir o entendimento do conteúdo e demais condições.

III. o direito a informações por parte destas instituições financeiras, relativas a situações que impliquem recusa à realização de pagamentos ou à recepção de cheques, fichas de compensação, documentos, inclusive de cobrança, contas e outros.

IV. a facilidade de acesso aos canais de atendimento convencionais, inclusive guichês de caixa, mesmo na hipótese de oferecer atendimento alternativo ou eletrônico.

V. a opção pela prestação de serviços por meio alternativos aos convencionais, não sendo obrigatório às instituições informá-los acerca dos riscos existentes e sigilo das transações realizadas.

Está correto o que se afirma APENAS em

(A) I e II.

(B) I, III e IV.

(C) II, III e IV.

(D) II, IV e V.

(E) III e V.

I: incorreta, pois o art. 1º, IV, da Resolução CMN/Bacen nº 3.694/2009 assegura aos clientes o fornecimento tempestivo de cópia (a resolução não usa mais a expressão "simplificada") não só de contratos, como também de recibos, extratos, comprovantes e outros documentos relativos a operações e serviços prestados; **II:** correta, nos termos do art. 1º, V, da Resolução CMN/Bacen nº 3.694/2009; **III:** correta, nos termos do art. 2º da Resolução CMN/Bacen nº 3.694/2009; **IV:** correta, nos termos do art. 3º, *caput*, da Resolução CMN/Bacen nº 3.694/2009; **V:** incorreta, pois é obrigatória a informação sobre os riscos existentes e o sigilo das transações realizadas (art. 3º, § 2º, da Resolução CMN/Bacen nº 3.694/2009). FB

Gabarito "C"

(BB – Escriturário – 2010 – FCC) Tratando-se da Lei nº 10.048/2000 terão atendimento prioritário

(A) apenas as pessoas portadoras de deficiência com idade igual ou superior a 65 (sessenta e cinco) anos, as gestantes, as lactantes e as pessoas acompanhadas por crianças de colo.

(B) apenas as pessoas portadoras de deficiência e os idosos com idade igual ou superior a 60 (sessenta) anos.

(C) as pessoas portadoras de deficiência, os idosos com idade igual ou superior a 65 (sessenta e cinco) anos, as gestantes, as lactantes desde que acompanhadas por crianças de colo.

(D) apenas os idosos com idade igual ou superior a 60 (sessenta) anos e pessoas acompanhadas por crianças de colo.

(E) as pessoas portadoras de deficiência, os idosos com idade igual ou superior a 60 (sessenta) anos, as gestantes, as lactantes e as pessoas acompanhadas por crianças de colo.

O art. 1º da Lei 10.048/2000 estabelece que terão atendimento prioritário as seguintes pessoas: I) com deficiência; II) os idosos com idade igual ou superior a 60 (sessenta) anos; III) as gestantes; IV) as lactantes; V) as pessoas acompanhadas por crianças de colo; VI) obesos. Esse atendimento é obrigatório às repartições públicas, às concessionárias de serviço público e às instituições financeiras. Assim, a alternativa "A" é incorreta, pois a idade do idoso está errada, já que é 60 anos ou mais, e não 65 anos ou mais. A alternativa "B" está incorreta, pois não são APENAS essas pessoas que têm prioridade. A alternativa "C" está incorreta, pois a idade do idoso está errada e as lactantes não precisam estar acompanhadas de crianças de colo. A alternativa "D" está incorreta, pois não são APENAS essas pessoas que têm prioridade. E a alternativa "E" estava correta, à época em que foi elaborada pois contemplava todos os casos em que há prioridade de atendimento. A Lei 13.146/2015 alterou a redação do art. 1º, que agora prevê: "As pessoas com deficiência, os idosos com idade igual ou superior a 60 (sessenta) anos, as gestantes, as lactantes, as pessoas com crianças de colo e os obesos terão atendimento prioritário, nos termos desta Lei". FB

Gabarito "E"

(BB – Escriturário – 2010 – FCC) Nos termos da Lei nº 10.098/2000, a possibilidade e condição de alcance para utilização, com segurança e autonomia, dos espaços, mobiliários e equipamentos urbanos, das edificações, dos transportes e dos sistemas e meios de comunicação, por pessoa portadora de deficiência ou com mobilidade reduzida denomina-se

(A) barreira visual.

(B) acessibilidade.

(C) equipamento de mobilidade.

(D) urbanização.

(E) sinalização urbana.

A alternativa "B" estava correta, pois o conceito de acessibilidade, previsto no art. 2º, I, da Lei 10.098/2000, era justamente o trazido no enunciado da questão. A atual redação do inc. I do art. 2º, com redação dada pela Lei 13.146/2015, é: "acessibilidade: possibilidade e condição de alcance para utilização, com segurança e autonomia, de espaços, mobiliários, equipamentos urbanos, edificações, transportes, informação e comunicação, inclusive seus sistemas e tecnologias, bem como de outros serviços e instalações abertos ao público, de uso público ou privados de uso coletivo, tanto na zona urbana como na rural, por pessoa com deficiência ou com mobilidade reduzida". FB

Gabarito "B"

(BB – Escriturário – 2010 – CESGRANRIO) José é correntista do Banco do Brasil há dois anos e tem crédito disponível para utilização no cheque especial. No mês de dezembro, José ultrapassou seu limite de crédito. Seu nome, após prévia notificação, foi inscrito em cadastro restritivo de crédito e seu contrato foi encaminhado ao Jurídico para a propositura de ação judicial, quando o advogado reparou que os juros eram superiores a 12% ao ano. Nesse caso, há alguma ilegalidade, de acordo com o Código de Defesa do Consumidor?

(A) Não há ilegalidade alguma no caso descrito.

(B) Os juros superam o valor máximo de 1% ao mês previsto na legislação, o que configura ilegalidade.

(C) Os juros cobrados e a negativação são ilegais frente ao Código de Defesa do Consumidor.

(D) A inscrição em cadastro restritivo de crédito foi ilegal, pois há apenas o direito de cobrar o crédito, mas não o de negativar o nome do consumidor.

(E) A cláusula de juros é abusiva e a notificação configura cobrança por meio indevido, sendo, portanto, ilegal.

A: correta, pois o CDC só estabelece limite para a multa moratória, ou seja, a multa em caso de atraso no pagamento, que pode ser de até 2%. Os juros moratórios (juros em caso de mora, que podem ser aplicados em conjunto com a multa) e os juros compensatórios (juros para remunerar o empréstimo) não encontram limitação no CDC. O Código Civil estabelece como limite máximo dos **juros compensatórios**, que são os juros de que trata o enunciado da questão, o montante equivalente à taxa Selic (art. 591 c/c art. 406, ambos do Código Civil), taxa essa que ora é superior a 12%, ora é inferior a 12%, mas nunca chega perto do montante de uma taxa de juros de cheque especial. Todavia, essa limitação às taxas de juros compensatórios **não se aplica** às instituições financeiras. Os limites acabam vindo da concorrência entre os bancos. Assim, a alternativa "A" está correta, pois não há ilegalidade alguma em um banco cobrar juros compensatórios superiores a 12% ao ano. A alternativa "B" está incorreta, pois não há limitação legislativa à cobrança, pelas instituições financeiras, de juros compensatórios superiores a 1% ao mês. A alternativa "C" está incorreta, pois o CDC não regula essa matéria, valendo salientar que a Súmula 382 do STJ estabelece que "a estipulação de juros remuneratórios superiores a 12% ao ano, por si só, não indica abusividade". A alternativa "D" está incorreta, pois a negativação de nome é possível, desde que haja prévia comunicação ao consumidor e a informação negativa não ultrapasse o período de 5 anos (art. 43, § 1º, do CDC). A alternativa "E" está incorreta, pois, conforme se viu, a taxa de juros compensatórios no caso não é abusiva. Para maior conhecimento sobre o assunto, seguem algumas súmulas de nossos tribunais superiores:

- Súmula Vinculante STF nº 7: a norma do §3º do artigo 192 da Constituição, revogada pela Emenda Constitucional nº 40/2003, que limitava a taxa de juros reais a 12% ao ano, tinha sua aplicação condicionada à edição de lei complementar;
- Súmula STF nº 596: as disposições do Decreto 22.626/1933 não se aplicam às taxas de juros e aos outros encargos cobrados nas operações realizadas por instituições públicas ou privadas, que integram o sistema financeiro nacional;
- Súmula STJ nº 382: a estipulação de juros remuneratórios superiores a 12% ao ano, por si só, não indica abusividade;
- Súmula STJ nº 381: nos contratos bancários, é vedado ao julgador conhecer, de ofício, da abusividade das cláusulas;
- Súmula STJ nº 379: nos contratos bancários não regidos por legislação específica, os juros moratórios poderão ser convencionados até o limite de 1% ao mês;
- Súmula STJ nº 297: o Código de Defesa do Consumidor é aplicável às instituições financeiras;
- Súmula STJ nº 296: os juros remuneratórios, não cumuláveis com a comissão de permanência, são devidos no período de inadimplência, à taxa média de mercado estipulada pelo Banco Central do Brasil, limitada ao percentual contratado;
- Súmula STJ nº 295: a Taxa Referencial (TR) é indexador válido para contratos posteriores à Lei nº 8.177/91, desde que pactuada;
- Súmula STJ nº 294: não é potestativa a cláusula contratual que prevê a comissão de permanência, calculada pela taxa média de mercado apurada pelo Banco Central do Brasil, limitada à taxa do contrato;
- Súmula STJ nº 288: a Taxa de Juros de Longo Prazo (TJLP) pode ser utilizada como indexador de correção monetária nos contratos bancários;
- Súmula STJ nº 287: a Taxa Básica Financeira (TBF) não pode ser utilizada como indexador de correção monetária nos contratos bancários;
- Súmula STJ nº 286: a renegociação de contrato bancário ou a confissão da dívida não impede a possibilidade de discussão sobre eventuais ilegalidades dos contratos anteriores;
- Súmula STJ nº 285: Nos contratos bancários posteriores ao Código de Defesa do Consumidor incide a multa moratória nele prevista;
- Súmula STJ nº 283: As empresas administradoras de cartão de crédito são instituições financeiras e, por isso, os juros remuneratórios por elas cobrados não sofrem as limitações da Lei de Usura;
- Súmula STJ nº 271: A correção monetária dos depósitos judiciais independe de ação específica contra o banco depositário;
- Súmula STJ nº 30: A comissão de permanência e a correção monetária são inacumuláveis.(FB)

Gabarito "A"

(BB – Escriturário – 2010 – CESGRANRIO) Maria é poupadora do Banco Ypsilon e constatou o saque de valores em sua conta poupança. Procurou um funcionário do banco, afirmando que não havia sacado as referidas quantias e que, para ela, aquilo era um defeito na prestação do serviço, tendo direito ao ressarcimento em razão da responsabilidade do Banco. Nessa situação, a responsabilidade do Banco

(A) pode ser afastada apenas na hipótese de prova de culpa exclusiva da vítima.

(B) independe da existência de culpa.

(C) é integral e não há excludentes, por expressa disposição do Código de Defesa do Consumidor.

(D) é factível, desde que comprovada sua culpa ou negligência.

(E) é inexistente, pois as instituições financeiras são isentas do cumprimento do Código de Defesa do Consumidor.

A: incorreta, pois a responsabilidade do banco também pode ser afastada quando provado que o defeito inexiste ou que houve culpa exclusiva de terceiro (art. 14, § 3º, do CDC); **B:** correta, nos termos do art. 14, *caput*, do CDC; **C:** incorreta, pois há as excludentes de responsabilidade previstas no já citado art. 14, § 3º, do CDC; **D:** incorreta, pois o banco responde objetivamente, ou seja, independentemente de culpa (art. 14, *caput*, do CDC); **E:** incorreta, pois, nos termos da Súmula nº 297 do STJ, "o Código de Defesa do Consumidor é aplicável às instituições financeiras". Aliás, essa aplicação sempre esteve clara no art. 3º, § 2º, do CDC. FB

Gabarito "B"

(BB – Escriturário – 2010 – CESGRANRIO) Ao celebrar contrato de mútuo com o Banco Toada, o mutuário contratou também um seguro de crédito e restou pactuado que eventual discussão acerca do contrato deveria ser feita obrigatoriamente por meio da arbitragem. Nesse caso, o contrato de mútuo

(A) pode ser declarado válido ou nulo pelo Judiciário, que não pode afastar a validade de cláusulas.

(B) configura venda casada, sendo proibida a exigência da contratação de seguro, mesmo que seja celebrado com outra seguradora.

(C) não contém qualquer cláusula abusiva, pois os contratantes estão livres para escolher os meios de solução dos conflitos.

(D) é válido, pois a eventual nulidade de uma cláusula não invalida o contrato.

(E) é nulo, pois contém cláusulas abusivas.

A cláusula de um contrato de consumo que determina a utilização compulsória da arbitragem é nula de pleno direito (art. 51, VII, do CDC). Todavia, a nulidade de uma cláusula contratual não invalida, como regra, o contrato inteiro (art. 51, § 2º, do CDC). Assim, a alternativa "A" está incorreta, pois o Judiciário deve declarar apenas a nulidade da cláusula contratual, e não do contrato inteiro. A alternativa "B" está incorreta, pois, se houver determinação legal, o seguro deve ser contratado, ficando afastada a regra do CDC que veda à venda casada. A alternativa "C" está incorreta, pois, conforme se viu, esse tipo de cláusula é nula de pleno direito (art. 51, VII, do CDC). A alternativa "D" está correta, pois o contrato como um tudo continua válido e deve ser mantido, sendo o caso apenas de declarar a nulidade da cláusula contratual que trata da arbitragem. A alternativa "E" está incorreta, pois, conforme se viu, o contrato como um todo não é nulo, mas apenas uma cláusula dele. FB

Gabarito "D"

(BB – Escriturário – 2010 – CESGRANRIO) Caio, cliente do Banco Argent, contraiu empréstimo de quarenta mil reais para pagamento em trinta e seis meses, com juros de 1,76% ao mês, correção monetária pela TR e multa de 2% em caso de mora ou inadimplemento. Passados oito meses, Caio resolveu quitar parcialmente sua dívida, antecipando dez parcelas, e pediu o desconto dos juros. De acordo com o caso descrito, o(a)

(A) contrato tem prazo determinado, o que impede o pagamento antecipado, salvo concordância expressa do Banco.

(B) pagamento parcial antecipado é possível, mas sem alteração das condições contratuais de juros.

(C) cliente pode fazer a liquidação antecipada, ainda que parcial, e tem direito à redução proporcional dos juros.

(D) cliente poderá fazer a quitação antecipada e com redução de juros, desde que seja quitação total.

(E) quitação antecipada deve ser total e sem redução dos juros efetivamente contratados.

A alternativa "C" está correta, pois, segundo o art. 52, § 2º, do CDC, "é assegurado ao consumidor a liquidação antecipada do débito, **total ou parcialmente**, mediante redução **proporcional** dos juros e demais acréscimos". FB

Gabarito "C"

(BB – Escriturário – 2008 – CESPE) Considerando as normas que estabelecem prioridade de atendimento e critérios básicos para a promoção da acessibilidade das pessoas portadoras de deficiência ou com mobilidade reduzida, julgue os itens que se seguem.

(1) A lei considera pessoas com mobilidade reduzida apenas as que não possuem um dos membros corporais.

(2) Nas filas dos bancos, terão atendimento prioritário somente as pessoas portadoras de deficiência, os idosos com idade superior a 60 anos e as mulheres gestantes.

(3) Caso um município promova a construção de uma nova praça, os banheiros públicos a serem construídos nessa praça devem ser acessíveis a pessoas portadoras de deficiência ou com mobilidade reduzida e dispor de, no mínimo, um sanitário e um lavatório que atendam às especificações das normas técnicas da Associação Brasileira de Normas Técnicas (ABNT).

(4) Na hipótese de, em um hotel de luxo, ser construída uma sala para a realização de conferências, esta deverá dispor de lugares específicos para pessoas com deficiência auditiva e visual, inclusive para seus acompanhantes.

1: incorreta. O conceito de mobilidade reduzida é mais abrangente, sendo assim considerada a pessoa que "tenha, por qualquer motivo, dificuldade de movimentação, permanente ou temporária, gerando redução efetiva da mobilidade, da flexibilidade, da coordenação motora ou da percepção, incluindo idoso, gestante, lactante, pessoa com criança de colo e obeso", nos termos do art. 2º, III, da Lei nº 10.098/2000; **2:** incorreta. Terão atendimento prioritário: "As pessoas com deficiência, os idosos com idade igual ou superior a 60 (sessenta) anos, as gestantes, as lactantes, as pessoas com crianças de colo e os obesos terão atendimento prioritário, nos termos desta Lei" (art. 1º da Lei nº 10.048/2000); **3:** correta, nos termos do art. 6º da Lei nº 10.098/2000; **4:** correta, nos termos do art. 12 da Lei nº 10.098/2000. FB

Gabarito 1E, 2E, 3C, 4C

(BB – Escriturário – 2008 – CESPE) Em cada um dos itens a seguir, é apresentada uma situação hipotética, seguida de uma assertiva a ser julgada, acerca do Código de Defesa do Consumidor.

(1) Luís, correntista do Banco Próspero, aplicou grande soma de dinheiro em certo fundo de investimentos considerado muito arriscado, acerca do qual havia recebido informações inadequadas e insuficientes de Breno, gerente do banco. Posteriormente, Luís sofreu sérios prejuízos financeiros em decorrência dessa aplicação. Nessa situação, Breno poderá ser responsabilizado pelos danos causados a Luís, mesmo que não tenha tido a intenção de prejudicá-lo.

(2) Sérgio contratou os serviços da JJ Construtora Ltda. para efetuar uma obra em uma de suas salas comerciais. A obra começou no dia 6 de novembro de 2007 e terminou quinze dias depois. Nessa situação, caso Sérgio tivesse precisado reclamar de eventuais vícios aparentes decorrentes da obra realizada, teria tido noventa dias, contados a partir do dia 6 de novembro de 2007, para exercer esse direito.

1: correta, pois a responsabilidade do banco se dá independentemente de culpa em caso de serviço defeituoso ou prestado com informações insuficientes ou inadequadas sobre sua fruição e riscos (art. 14 do CDC), circunstância última que aconteceu no caso narrado na afirmativa; **2:** incorreta, pois o prazo de garantia se inicia a partir do término da execução dos serviços (art. 26, § 1º, do CDC), o que se deu apenas 15 dias após o dia 6 de novembro. FB

Gabarito 1C, 2E

(BB – Escriturário – 2008 – CESPE) Considerando o Código de Defesa do Consumidor Bancário, julgue a assertiva que se segue à situação hipotética apresentada em cada um dos itens subsequentes.

(1) Uma instituição bancária privada veiculou propaganda de título de capitalização, informando ao correntista que ele não suportaria quaisquer ônus ao contratar o mencionado título e omitindo os encargos tributários obrigatoriamente devidos. Nessa situação, a propaganda veiculada pela instituição bancária constitui propaganda enganosa.

(2) Um banco disponibilizou a seus clientes atendimento em guichês de caixa para todas as transações bancárias, e em máquinas de autoatendimento apenas para saques de dinheiro. Nessa situação, é lícito ao referido banco negar o atendimento em guichês de caixa ao cliente que a estes se dirija para sacar dinheiro em espécie apenas.

1: correta, pois é enganosa não só a publicidade que traz informação falsa, como também a que omite informações sobre produtos ou serviços (art. 37, § 1º, do CDC); **2:** incorreta, pois o banco não pode impedir o acesso aos guichês de caixa, mesmo na hipótese de oferecer atendimento alternativo ou eletrônico (art. 3º, *caput*, da Res. CMN/Bacen nº 3.694/2009). FB

Gabarito 1C, 2E

(BB – Escriturário – 2007 – CESPE) Acerca da Lei da Acessibilidade, julgue os itens a seguir.

(1) Para efeito de acessibilidade, pessoa portadora de deficiência ou com mobilidade reduzida é definida como somente aquela que tem sua capacidade de relacionar-se com o meio e de utilizá-lo de forma permanentemente limitada.

(2) As pessoas portadoras de deficiência física ou com mobilidade reduzida, os idosos, com idade igual ou superior a sessenta e cinco anos, gestantes, lactantes e pessoas acompanhadas por criança de colo têm direito ao atendimento prioritário, não podendo depender de senhas para serem atendidas.

1: incorreta, pois "pessoa com mobilidade reduzida: aquela que tenha, por qualquer motivo, dificuldade de movimentação, permanente ou temporária, gerando redução efetiva da mobilidade, da flexibilidade, da coordenação motora ou da percepção, incluindo idoso, gestante, lactante, pessoa com criança de colo e obeso" (art. 2º, III, da Lei nº 10.098/2000); **2:** incorreta, pois é considerado idoso com essa prioridade aquele que tenha idade igual ou superior a 60 anos, e não a 65 anos, conforme o art. 1º do Estatuto do Idoso (Lei 10.741/2003) e conforme o art. 1º da Lei 10.048/2000.

Gabarito 1E, 2E

2. MARKETING E TELEMARKETING

(Escriturário – BB – 2015 – CESGRANRIO) Um banco que atua no varejo está buscando ampliar a sua carteira de cliente e, para isso, estabeleceu uma nova estratégia de atuação visando a fidelizar seus clientes e captar novos, no mercado em que opera.

Uma estratégia a ser utilizada pelo banco para atingir seus objetivos é

(A) ampliar a automação de suas atividades, diminuindo a interação do banco com seus clientes e possibilitando um relacionamento formal e impessoal.

(B) estabelecer metas ambiciosas de curto prazo aos vendedores, para que estes contatem o maior número de clientes apenas na ocasião da venda.

(C) atuar em nichos de mercado, oferecendo seus produtos e serviços ao mercado, de maneira geral, por intermédio de seu serviço de *telemarketing*, atraindo, assim, um maior número de clientes.

(D) manter um sistema de análise mercadológica que possibilite compreender as necessidades dos clientes e, dessa forma, oferecer produtos e serviços que atendam às suas expectativas.

(E) possibilitar que o vendedor de seus produtos e serviços os adapte, durante o processo de vendas, focando no atendimento aos objetivos do banco.

A: incorreta. Diminuindo a interação do banco com seus clientes, a probabilidade de fidelizar seus clientes e captar novos, é menor. **B:** incorreta. Metas ambiciosas podem estimular a venda de determinados produtos ou serviços, mas não garantem fidelização de clientes ou captação de novos. **C:** incorreta. Oferecer serviços ao mercado, de modo geral, pode gerar um investimento alto, frente ao retorno de fidelização ou captação de clientes. **D:** correta. Manter um sistema que analise a necessidade dos clientes, oferecendo produtos e serviços relevantes para cada tipo de cliente, pode não só fidelizar, como captar novos clientes – principalmente, com a ajuda da propaganda boca a boca, feita pelos clientes fidelizados e satisfeitos. **E:** incorreta. Possibilitar que o vendedor dos produtos ou serviços os adapte durante o processo de vendas nem sempre garantirá a fidelização de clientes ou a captação de novos.

Gabarito "D"

(Escriturário – BB – 2015 – CESGRANRIO) Três estagiários que haviam entrado no banco há pouco tempo estavam conversando sobre o composto de *marketing* adotado na instituição.

O primeiro estagiário disse que a estratégia de *marketing* do banco é de preço, tendo em vista que as taxas cobradas, referentes aos serviços bancários, são divulgadas nas agências e estão disponíveis, afixadas em locais visíveis, para que os clientes delas tomem ciência.

O segundo estagiário argumentou dizendo que o composto de *marketing*, no que se refere a preços, está relacionado, dentre outros elementos, à concessão de descontos, condições de pagamento e crédito para os produtos e serviços oferecidos pela instituição.

O terceiro estagiário, refletindo sobre o que os outros dois haviam falado, explicou que o composto de *marketing*-preço não é aplicável ao setor bancário porque os produtos e serviços oferecidos pelas instituições desse setor não oferecem produtos tangíveis.

Diante dos elementos acima, em relação ao composto de *marketing*-preço, tem-se que

(A) a afirmação do primeiro estagiário está correta, e as afirmativas do segundo e terceiro estagiários estão erradas.

(B) os três estagiários estão errados em suas afirmativas.

(C) os dois primeiros estagiários estão corretos em suas afirmativas, e o terceiro está errado.

(D) os dois primeiros estagiários estão errados em suas afirmativas, e o terceiro está correto.

(E) a afirmação do primeiro e a do terceiro estagiários estão erradas, e a afirmativa do segundo estagiário está correta.

A letra "E" está correta. A afirmativa do segundo estagiário está correta, ao dizer que a estratégia de preço é muito mais ampla que a exposição das taxas cobradas dos clientes, contemplando outros elementos, como descontos, condições de pagamentos, créditos para produtos e serviços, entre outros. O terceiro estagiário está errado em dizer que o composto de marketing-preço não é aplicável ao setor bancário, pelo simples fato dos produtos não serem tangíveis.

Gabarito "E"

(Escriturário – BB – 2015 – CESGRANRIO) Dos elementos que compõem o *marketing mix* de um banco, os seguintes representam o "P" de praça:

(A) equipe de atendimento, gerentes e marca

(B) poupança, seguros e empréstimos

(C) agências, caixa eletrônico e internet

(D) clientes, *software* de gestão e equipamentos

(E) lucro operacional, taxas e volume captado

A: incorreto. Equipe de atendimento e gerentes fazem parte do "P" de praça. O item de marca, não diz respeito ao "P" de praça. **B:** incorreta. Os itens em questão, dizem respeito ao "P" de produto. **C:** correta. Os itens dizem respeito ao "P" de praça. **D:** incorreta. Os itens apresentados não dizem respeito ao "P" de praça. **E:** incorreta. Os itens não dizem respeito ao "P" de praça.

Gabarito "C"

(Escriturário – BB – 2015 – CESGRANRIO) Segundo dados recentes, a contratação de seguros pessoais no Brasil — incluindo seguro de vida, de viagem, contra acidentes pessoais, bem como seguro educacional — somou R$ 6,9 bilhões em prêmios no primeiro trimestre de 2015. Esse montante representa elevação de 11,6%, em comparação com o mesmo período de 2014, e se deve, segundo especialistas do setor, à mudança da visão dos brasileiros a respeito de suas responsabilidades no futuro. Segundo os especialistas, os brasileiros passam por um momento de mudança de valores e se preocupam mais com o futuro.

Do ponto de vista da análise do macroambiente de *marketing*, o mercado de seguros foi afetado por mudanças no ambiente

(A) tecnológico

(B) sociocultural

(C) natural

(D) econômico

(E) demográfico

A: incorreta. O ambiente tecnológico não tem nenhuma relação com a mudança comportamental apresentada no enunciado. **B:** correta. A mudança sociocultural diz respeito a essa alteração de valores da população frente a preocupação com o futuro. **C:** incorreta. O ambiente natural também não tem nenhuma relação com essa mudança cultural. **D:** incorreta. Apesar de parecer que o ambiente econômico seja um grande motivador para as mudanças comportamentais da população, no caso apresentado pelo enunciado, ele não é o principal. **E:** incorreta. O fator demográfico não possui relação direta com a mudança comportamental.

Gabarito "B"

(Escriturário – BB – 2015 – CESGRANRIO) O setor bancário tem como prática utilizar o serviço de *telemarketing* para a oferta de produtos e serviços aos seus clientes atuais e potenciais. Em uma análise sobre essa prática, correlacionando as informações existentes sobre o processo de vendas e as reclamações dos clientes, foi identificado que estes têm rejeição a serem contatados pelo banco via *telemarketing*. Eles preferem que o canal de comunicação com o banco esteja disponível para que possam entrar em contato quando sentirem necessidade ou desejo de fazê-lo.

Com base na análise feita, verifica-se que os clientes preferem, como canal de comunicação com o banco, o(a)

(A) *marketing* ativo

(B) comunicação proativa

(C) *marketing* direto

(D) *telemarketing* receptivo

(E) *marketing* de resposta

A: incorreta. Marketing ativo, por definição, consiste na busca de clientes via telefonemas, redes sociais, entre outros. **B:** incorreta. Comunicação proativa visa iniciar ou estabelecer uma conversa com os clientes, com objetivo comercial, que parte da empresa para o consumidor. **C:** incorreta. Marketing direto é um sistema que usa uma ou mais ferramentas de comunicação, para obter uma resposta positiva dos consumidores, frente às ações comerciais e/ou de relacionamento. **D:** correta. Telemarketing receptivo é formado por um backoffice de atendentes, disponíveis para atender aos clientes e suas necessidades, porém, de forma receptiva – ou seja, o cliente entra em contato com a instituição, não o contrário. **E:** incorreta. Marketing de resposta, por definição, é planejado para provocar uma resposta imediata e levar os clientes a realizar alguma ação específica estipulada pela instituição.

Gabarito "D"

(Escriturário – BB – 2015 – CESGRANRIO) Ao selecionar um determinado banco para abrir uma conta, um empresário analisou os benefícios que a instituição lhe proporcionaria em relação aos custos que lhe seriam cobrados pelos serviços prestados. Entre os atributos de sua análise constavam a solidez do banco, as conveniências proporcionadas, a qualidade dos serviços prestados e o relacionamento interpessoal estabelecido.

Essa análise realizada pelo empresário compõe o que se denomina

(A) lealdade do cliente

(B) valor percebido pelo cliente

(C) benevolência

(D) análise de *marketing*

(E) potencial de mercado

A: incorreta. A lealdade de um cliente, pode ser dar após o indivíduo se tornar um cliente. No caso apresentado pelo enunciado, o empresário está selecionando determinado banco para abrir sua conta. **B:** correta. O valor percebido pelo cliente, é a percepção que o mesmo tem em relação ao custo-benefício de um produto, serviço ou instituição, sendo uma preocupação relevante entre o relacionamento dos mesmos, influenciando as estratégias de preços e serviços nos quais serão repassados aos clientes. **C:** incorreta. Benevolência, que é bondade frente a algo ou alguém, não tem relacionamento nenhum com a proposta do enunciado. **D:** incorreta. Análise de marketing, que por definição significa o processo de obtenção de informações relacionadas ao mix de marketing da empresa, não diz respeito a situação descrita no enunciado da questão. **E:** incorreta. Potencial de mercado é quanto um dado segmento do mercado pode gastar com determinado produto ou serviço, não possuindo nenhuma relação com a situação do enunciado.

Gabarito "B"

(Escriturário – BB – 2015 – CESGRANRIO) O setor bancário, caracteristicamente de prestação de serviços, oferece também ao mercado uma grande quantidade de produtos. Um grande aliado desse setor é o *marketing* bancário que utiliza diversas ferramentas para captar informações sobre seus clientes atuais e potenciais, possibilitando, assim, de forma diferenciada e específica, ofertar novos produtos e serviços, conceder benefícios e segmentar os clientes, visando à ampliação da carteira do banco.

Uma ferramenta muito utilizada pelos bancos com esse propósito é a(o)

(A) CRM

(B) ERP

(C) BtoB

(D) BtoE

(E) E-*Business*

A: correta. CRM, também conhecido como Customer Relationship Management, é um termo utilizado para o gerenciamento do relacionamento com o cliente, que reúne vários processos/tarefas de uma forma organizada e integrada – e, que pode captar informações importantes de consumidores atuais e futuros, visando a ampliação da carteira do banco. **B:** incorreta. ERP é uma sigla derivada do nome Enterprise Resource Planning que, traduzido ao pé da letra, significa "Planejamento dos recursos da empresa" - softwares que integram todos os dados e processos de uma organização em um único sistema. **C:** incorreta. BtoB ou Business To Business, é o termo utilizado para definir transações comerciais entre empresas, onde negócios de todos os tipos comercializam seus produtos para outras empresas. **D:** incorreta. BtoE ou Business To Employee, é a vertente do BtoC e BtoB, voltada para dentro das organizações, onde com o advento da internet/intranet, deu aos colaboradores a mesma agilidade de acesso às informações que dá aos compradores. **E:** incorreta. Por definição, E-Business, são todos os negócios feitos através da internet, desde contatos diretos com consumidores, fornecedores como também análise de mercado, análises de investimentos, busca de informações, pesquisas de mercado, entre outros.

Gabarito "A"

(Escriturário – BB – 2015 – CESGRANRIO) Um banco estabeleceu como ação obrigatória em seu relacionamento com clientes corporativos a retomada de contato com esses clientes nas seguintes ocasiões: um mês, seis meses e um ano após a venda de qualquer serviço ou produto. Dessa forma, seria possível não só mensurar o nível de satisfação dos clientes e, em função desse resultado, oferecer-lhes a possibilidade de orientação, como também acolher sugestões de melhoria em relação ao que foi adquirido.

Essa ação implantada pelo banco refere-se à(ao)

(A) *lean marketing*
(B) serviço de pós-venda
(C) venda programada
(D) reversão de demanda declinante
(E) individual *marketing*

A: incorreta. Lean marketing é promove um conceito mais interativo no desenvolvimento de produtos até o seu lançamento. **B:** correta. Pós-venda é um conjunto de atividades de marketing realizada após a venda do produto ou serviço e que abrangem pesquisas de satisfação, serviços de manutenção, promoções especiais e outras formas de atendimento, tendo por objetivo a fidelização do cliente. **C:** incorreta. Venda programada se caracteriza como a entrega de um produto ou serviço, após o pagamento de algumas parcelas – também conhecido como consórcio –, ou um sistema de assinatura, que o cliente recebe em intervalos específicos de tempo, o produto ou serviço contratado. **D:** incorreta. Reversão de demanda declinante, são ações realizadas com o foco de reverter o estado no qual uma demanda para um produto ou serviço é menor. **E:** incorreta. Marketing individual, pode ser considerado como último nível de segmentação, customizado – onde as empresas personalizam suas condições de oferta, logística, comunicação e financeira conforme cada grande conta ou cliente.

Gabarito "B"

(Escriturário – BB – 2015 – CESGRANRIO) Uma instituição financeira pretende implantar um treinamento para aumentar as vendas sugestivas junto aos clientes cadastrados no seu banco de dados. Um exemplo de ação de venda sugestiva é o(a)

(A) orientação às operadoras de *telemarketing* para não ofertarem novos produtos para clientes que tiverem declarado expressamente esse desejo.
(B) utilização de dados sobre a movimentação da conta-corrente para envio de propostas oportunas para empréstimos.
(C) monitoramento dos hábitos de consumo dos clientes para dar-lhes informações sobre as vantagens de empresas parceiras.
(D) oferecimento de informações sobre a cobrança de impostos que impactam os investimentos da família.
(E) revisão dos financiamentos dos clientes preferenciais quando os juros baixam, informando-lhes os novos valores a serem pagos.

A: incorreta. A venda sugestiva, conta com o bom senso do vendedor em oferecer o produto/serviço certo, no momento certo – um consumidor pode se declarar sem interesse por determinado produto/serviço em momento – mas, isso não quer dizer que ele nunca estará aberto a uma nova proposta, que se adeque à sua necessidade. **B:** correta. Por definição, a venda sugestiva, estimula a participação dos vendedores nas decisões de compra dos clientes – sendo muito importante no processo de venda e, até mesmo, um diferencial. Para isso, sugestões, dicas e opiniões devem ser usadas de forma sutil e direcionadas ao exato perfil do cliente, contribuindo para sua satisfação e para a realização de uma venda. **C:** incorreta. O monitoramento dos hábitos do consumidor pode ajudar no processo de venda sugestiva, mas não necessariamente para apresentar vantagens de empresas parceiras. **D:** incorreta. O oferecimento de informações sobre cobrança de impostos não tem relação direta com as ações de venda sugestiva. **E:** incorreta. Revisão de financiamentos é um serviço de pós-venda, que não tem relação direta com vendas sugestivas.

Gabarito "B"

(BB - Escriturário - 2013.1 - FCC) Após estabelecer claramente objetivos e opositores, as empresas precisam definir quais as estratégias de ataque, visando ao alcance de vantagem competitiva. A empresa atacante se iguala à sua oponente, no que se refere a produto, propaganda, preço e distribuição, por meio da estratégia de

(A) ataque pelo flanco.
(B) manobra de cerco.
(C) ataque frontal.
(D) *bypass*.
(E) guerrilha.

A: incorreta. O ataque pelo flanco, é uma modalidade que pode ser conduzida sob duas dimensões estratégicas: geográfica (áreas que o desempenho do concorrente é insatisfatório) ou por segmento (mercados específicos em que o concorrente apresenta dificuldades ou fraquezas). **B:** incorreta. Manobra de cerco se caracteriza por lançar diversas ações de marketing, sobre uma grande porção do mercado em que o concorrente está presente, se igualando ou superando as estratégias estabelecidas pelo mesmo. **C:** correta. A estratégia de ataque busca a vantagem competitiva – onde a empresa que ataca se iguala à sua concorrência, no que se refere aos 4 Ps do marketing. **D:** incorreta. Na estratégia de bypass, a empresa ataca indiretamente o concorrente, desenvolvendo produtos ou serviços diferentes para alcança-lo. **E:** incorreta. As ações de guerrilha são utilizadas, na maioria das vezes, por empresas menores, com o objetivo de combater as grandes ou simplesmente se manter no mercado.

Gabarito "C"

(BB - Escriturário - 2013.1 - FCC) O Banco ABC se orgulha da história de ter crescido arregimentando uma base de clientes extremamente fiéis que permanecem como seus correntistas desde a fundação da instituição. A principal diretriz do Banco, desde sua origem, foi a de orientar seus funcionários para a satisfação da clientela e para a construção de relacionamentos.

Uma importante característica do chamado marketing de relacionamento é:

(A) Uma mudança de paradigma para a área do *marketing*, alterando seu foco do binômio retenção/relações para o binômio compras/transações.
(B) Uma estratégia de fazer negócios cuja força recai sobre a conquista de novos clientes, e não na manutenção e aperfeiçoamento dos atuais clientes.
(C) Tem como objetivo a construção e a manutenção de uma base de clientes comprometidos que sejam rentáveis para a organização.
(D) Os clientes podem beneficiar-se das associações de longo prazo obtidas por meio da consolidação da lealdade mútua em detrimento dos interesses das empresas.
(E) Uma estratégia de priorização de resultados, buscando a ampliação sustentada das vendas articulada com ações que levem à redução de custos.

Como o próprio nome diz, o marketing de relacionamento tem como principal objetivo estabelecer uma relação próxima, com foco na fidelização dos clientes. Trata-se de uma relação contínua e crescente, buscando alcançar o nível mais elevado de atitude dos consumidores em relação à uma marca.

Gabarito "C"

(Escriturário – BB – 2013.1 – FCC) Os serviços são interações complexas afetadas por uma série de elementos e, portanto, adotar uma perspectiva de *marketing* holístico é fundamental. A complexidade do *marketing* holístico de serviços exige *marketing*

(A) externo, apenas.
(B) interno, apenas.
(C) interativo, apenas.
(D) externo e interno, apenas.
(E) externo, interno e interativo.

Por definição, marketing holístico define que todas as partes envolvidas com a empresa sofrem interferência e se relacionam, ou seja, todos os processos de desenvolvimento das atividades de marketing devem ter consciência da correlação entre elas. Por isso, é correto afirmar que a complexidade do marketing holístico de serviços exige marketing externo, interno (endomarketing) e interativo – também conhecido como marketing digital.

Gabarito "E".

(BB - Escriturário - 2013.1 - FCC) As atividades do *Telemarketing* permitem conduzir campanhas de *marketing* direto e têm se tornado popular nos últimos anos. Seu uso em pesquisa de mercado, em promoção de vendas e em vendas é crescente, devido a um número considerado de vantagens. São vantagens do *Telemarketing:*

(A) flexibilidade e rapidez.
(B) flexibilidade e custo elevado.
(C) rapidez e visibilidade do produto.
(D) custo elevado e eficácia.
(E) inflexibilidade e custo baixo.

Uma das principais vantagens do telemarketing é, sem dúvida, sua possibilidade de ser mais flexível e rápida – adaptada ao negócio, ou seja, com um monitoramento eficiente das vendas, é possível estimular a venda de um determinado serviços, frente a outro. Além, claro, da rapidez para mudança de rota e alteração de estratégias comerciais. As demais alternativas, não apresentam em sua totalidade, vantagens do telemarketing.

Gabarito "A".

(BB - Escriturário - 2013.2 - FCC) O *marketing* de relacionamento favorece o vendedor, em nível proativo, de forma que ele vende os serviços e faz consultas posteriores ao consumidor para obter o *feedback* quanto ao nível de satisfação e auxiliá-lo na utilização do produto. O processo de *feedback,* nesta ação e reação de relacionamento e comunicação, favorece

(A) um sistema de relacionamento ineficaz.
(B) um sistema de comunicação e relacionamento que movem a retroalimentação das informações.
(C) uma comunicação variada em que existem várias maneiras de administrar.
(D) uma comunicação limitada por normas escritas.
(E) a comunicação em massa através da linha de vendas.

O objetivo do feedback é aumentar a eficiência da comunicação dos vendedores por meio do fornecimento posterior de informações sobre a sua atuação durante o processo de venda. Isso favorece a ampliação do diálogo entre o cliente e o vendedor, estreitando o relacionamento do mesmo com seus superiores hierárquicos, além de auxiliar na evolução de suas técnicas profissionais.

Gabarito "B".

(BB - Escriturário - 2013.2 - FCC) *Forças dinâmicas e interrelacionadas, externas ao processo de planejamento estratégico, apresentam ameaças e oportunidades, devendo ser consideradas ao reunir os* mercados alvo *aos compostos de marketing.* (Sandhusen; 2007)

Em uma análise do ambiente do mercado, enquadram-se dentre as variáveis ambientais que influem no planejamento estratégico as de

(A) planejamento tático e interferências no planejamento do plano de negócios.
(B) política de regras e políticas disciplinares, em relação ao ambiente externo.
(C) nível macroambiental e microambiental que favorecem a análise ambiental.
(D) política de regras e políticas disciplinares, em relação ao ambiente interno.
(E) planejamento estratégico empresarial e o plano de negócios que possibilita a análise e o trabalho em grupo.

O mercado é diretamente influenciado por forças ambientais, que são variáveis que agem direta ou indiretamente no ambiente mercadológico a ponto de interferir no processo de tomada de decisão do cliente, no posicionamento do produto ou mesmo na realidade do mercado como um todo. Elas se dividem, basicamente, em dois tipos: forças microambientais, caracterizadas pela sua proximidade com a instituição e relativas a clientes, fornecedores, intermediários, concorrentes e a própria empresa; e macroambientais, relacionadas à sociedade em geral e ligadas a fatores culturais, naturais, sociais, políticos, econômicos e tecnológicos. Cabe à empresa monitorar a influência dessas forças por meio de ferramentas de análise, como a pesquisa de mercado.

Gabarito "C".

VÍDEO (BB - Escriturário - 2013.2 - FCC) Para melhor atender e convencer o cliente em uma ação de *telemarketing,* o atendente não deve interromper a fala do cliente, deve anotar as solicitações e as informações importantes. A comunicação clara e objetiva favorece um bom atendimento.

Contribui com essas ações o comportamento

(A) atencioso, solícito e prestativo.
(B) tolerante, impassível e impositivo.
(C) cordial, com clareza e intolerância.
(D) impositivo, com clareza e refutação constante.
(E) persuasivo, com imprestabilidade e clareza.

O *telemarketing* é um termo que designa a promoção de vendas e serviços por telefone. Com o tempo, passou a designar também serviços de cobrança e outros, como atendimento ao consumidor e suporte técnico por telefone. Para que essa ferramenta cumpra integralmente com os seus objetivos, a comunicação verbal é um item de extrema importância – sendo a alternativa "A", a opção que possui atributos positivos de comportamento frente aos consumidores. As demais alternativas apresentam algumas atitudes indesejadas no relacionamento com clientes, como por exemplo, intolerância e refutação constante.

Gabarito "A".

(BB - Escriturário - 2013.2 - FCC) A utilização de uma voz alegre, clara e calorosa é essencial para gerar empatia e garantir êxito em um contato telefônico profissional. Dentre outras, uma característica da empatia é a capacidade de

(A) agir em benefício próprio.
(B) interromper a fala do cliente no momento exato.
(C) motivar o contato telefônico, por meio de entonação lenta e pausada com refutação contínua.

(D) compreender o sentimento ou reação da outra pessoa, imaginando-se nas mesmas circunstâncias.

(E) ter firmeza no ritmo e tom vocal para persuadir com autoritarismo.

Por definição, empatia significa a capacidade psicológica para sentir o que sentiria uma outra pessoa, caso estivesse na mesma situação vivenciada por ela. Ou seja, consiste em tentar compreender sentimentos e emoções, procurando experimentar de forma objetiva e racional o que sente o outro indivíduo – é o "colocar-se no lugar do outro".

Gabarito "D".

(BB - Escriturário - 2013.2 - FCC) A tabela abaixo apresenta em sua primeira coluna uma relação contendo as três "estratégias genéricas" que um banco pode escolher, a fim de enfrentar a concorrência. A segunda coluna apresenta três ações ligadas a cada uma delas.

Estratégias Competitivas	Ações
I. Liderança no custo total	1. Fusão bancária
II. Diferenciação	2. Privilégio ao financiamento rural
III. Enfoque	3. Criação de produto considerado único

As estratégias e suas respectivas ações estão corretamente correlacionadas em:

(A) I-1; II-3; III-2.

(B) I-2; II-1; III-3.

(C) I-1; II-2; III-3.

(D) I-2; II-3; III-1.

(E) I-3; II-1; III-2.

I: a liderança no custo total pressupõe a redução de despesas com estrutura, o que pode ser obtido por meio da fusão entre instituições financeiras; **II:** a diferenciação decorre da oferta de produtos/serviços exclusivos, aqueles que não encontram um grande número de concorrentes diretos no mercado; **III:** a ideia do enfoque é criar públicos fidelizados específicos, o que pode ser feito privilegiando determinados setores da economia.

Gabarito "A".

(BB - Escriturário - 2013.2 - FCC) Considere um setor bancário hipotético com as seguintes características: inexistência de economias de escala; clientes com baixo custo de troca de banco; baixa necessidade de capital para abertura do negócio; ausência de políticas públicas restritivas.

Dentre as denominadas cinco forças competitivas de Porter, a mais relevante como ameaça a um banco em funcionamento, diante da estrutura setorial apresentada, é

(A) a ausência de rivalidade entre os concorrentes.

(B) o baixo poder de negociação dos clientes.

(C) a possibilidade de novos entrantes.

(D) o poder de negociação dos fornecedores.

(E) a pressão de produtos e serviços complementares.

As características relacionadas conduzem para um cenário no qual há um grande número de concorrentes diante da facilidade de ingresso no mercado (por conta da inexistência de economias de escala, baixa necessidade de capital para a abertura do banco e ausência de políticas públicas restritivas). Soma-se a isso a volatilidade, dado o baixo custo de troca de fornecedor pelos clientes, e veremos que a liberdade para novos entrantes, acirrando ainda mais a árdua concorrência, é a força competitiva que mais ameaça a existência do banco.

Gabarito "C".

(BB – Escriturário – 2010 – FCC) No *telemarketing* ativo

(A) a mensagem de relacionamento flui do cliente para a empresa.

(B) a mensagem de venda, *marketing* e relacionamento flui da empresa para o cliente.

(C) obrigatoriamente, utiliza-se técnicas específicas de pesquisa de mercado para a construção de *scripts*.

(D) não é permitida a venda de outros produtos para clientes atuais da empresa.

(E) a prioridade é responder aos potenciais clientes as dúvidas sobre *marketing*, vendas e relacionamento.

Telemarketing ativo é aquele cuja iniciativa nasce da própria empresa, que estabelece o segmento de mercado que será alvo da campanha e determina o contato direto dos operadores com os clientes. Com isso, a mensagem é transmitida no sentido empresa-cliente.

Gabarito "B".

(BB – Escriturário – 2010 – FCC) O conjunto de atividades de comunicação impessoal, sem intermediários, entre a empresa e o cliente, via correio, fax, telefone, internet ou outros meios de comunicação, que visa obter uma resposta imediata do cliente e a concretização da venda do produto ou serviço, denomina-se

(A) *merchandising.*

(B) publicidade.

(C) promoção.

(D) *marketing* direto.

(E) propaganda.

A: incorreta. Merchandising diz respeito a um conjunto de ações promocionais e materiais de ponto de venda que tem como objetivo fazer a diferença na hora da compra dos consumidores; **B:** incorreta. Publicidade é uma técnica de comunicação em massa, cuja finalidade é fornecer informações sobre produtos/serviços com fins comerciais. **C:** incorreta. Promoção é um conjunto de métodos e recursos que visam aumentar o volume de vendas de um produto ou serviço durante um determinado período de tempo. **D:** correta. Marketing direto é o conjunto de atividades apresentadas no enunciado da questão. **E:** incorreta. Propaganda é uma forma de comunicação comercial que visa aumentar o consumo de determinado produto ou serviço.

Gabarito "D".

(BB – Escriturário – 2010 – CESGRANRIO) Em um congresso sobre novas ferramentas de vendas, um palestrante afirmou:

"o telemarketing vem-se tornando uma ferramenta fundamental de marketing direto, muito aceita pelos consumidores".

Essa afirmativa merece reparos porque o *telemarketing*

(A) não é uma ferramenta de *marketing* direto.

(B) vem sendo rejeitado como instrumento de vendas pelas empresas.

(C) provoca restrições por causa de sua natureza intrusiva.

(D) é considerado uma função sem importância no *marketing* direto.

(E) representa uma estratégia empresarial e não uma ferramenta.

A aceitação do telemarketing pelos consumidores é restrita e vem perdendo força e relevância ao longo dos anos, por se basear na sua modalidade ativa, no contato direto com o cliente, muitas vezes em momentos em que o mesmo não está disponível ou disposto a atender.

Dessa forma, o aumento das ações de telemarketing acaba por criar uma repulsa por parte dos consumidores potenciais.

Gabarito "C"

3. VENDAS, SATISFAÇÃO E RETENÇÃO DE CLIENTES

(Escriturário – BB – 2015 – CESGRANRIO) As diversas etapas da venda devem ser consideradas no planejamento dos serviços bancários.

Uma delas, a pré-venda, engloba uma série de atividades relacionadas diretamente com os escriturários, na medida em que é uma etapa planejada para

(A) definir o valor a ser cobrado pelos serviços do banco.
(B) pesquisar as necessidades e desejos dos correntistas.
(C) analisar o ambiente mercadológico no momento.
(D) aumentar o conhecimento dos produtos comercializados.
(E) levantar os fatores externos que interferem nas negociações.

A: incorreta. A definição do valor a ser cobrado pelos serviços do banco não é uma etapa de pré-venda. **B:** incorreta. Pesquisas as necessidades e desejos dos correntistas também não é uma atividade costumeira da pré-venda. **C:** incorreta. Analisar o ambiente mercadológico também não é uma etapa a ser realizada na pré-venda do produto, mas sim durante a sua definição. **D:** correta. Quanto mais os escriturários conhecem seus produtos, mas argumentos de venda terá no momento da verdade, frente a frente com o cliente. **E:** incorreta. Levantar fatores externos que interferem nas negociações são importantes, mas não necessariamente fazem parte apenas do processo de pré-venda.

Gabarito "D"

(Escriturário – BB – 2015 – CESGRANRIO) Apesar de ainda não poder ser caracterizado tecnicamente como um oligopólio, o mercado bancário brasileiro apresenta uma tendência crescente de concentração, e os bancos que operam no varejo não apresentam diferenciação de seus produtos e serviços.

Considerando uma situação em que os correntistas pessoas físicas têm informações plenas a respeito do mercado de serviços bancários, a equipe de vendas deve ter em vista que a disposição de o comprador individual pagar por um bem ou um serviço é definida com base em

(A) preços de mercado praticados para o bem ou serviço
(B) informações apresentadas em peças publicitárias do próprio banco
(C) históricos de compras e contratos anteriores
(D) comparações subjetivas em termos de benefícios
(E) avaliações a respeito de suas próprias necessidades e desejos

A: correta. Mesmo com características de oligopólio, ainda existe um mínimo de diferenciação entre as principais instituições presentes no mercado. Com isso, é inevitável que os clientes comparem os preços praticados dos bens ou serviços. **B:** incorreta. Cada vez mais, nos dias de hoje, informações em peças publicitárias têm influenciado pouco a decisão de compra dos consumidores – a propaganda boca a boca nunca foi tão importante para as empresas. **C:** incorreta. O histórico de compras e contratos de um cliente não impactam diretamente na sua disposição por pagar ou não por um bem ou serviço. **E:** incorreta. Mesmo analisando suas próprias necessidades e desejos, dificilmente um cliente tomará a decisão de pagar por um bem sem antes analisar os preços praticados no mercado.

Gabarito "A"

(Escriturário – BB – 2015 – CESGRANRIO) Roupas adequadas para o trabalho demonstram uma postura profissional no atendimento aos clientes porque o modo como o escriturário se veste

(A) é um elemento da comunicação não verbal com o cliente.
(B) significa um dos fatores da pré-abordagem ao correntista.
(C) amplia as possibilidades de encerramento da venda.
(D) convence o cliente em caso de alguma objeção à venda.
(E) reforça os benefícios do produto para o cliente.

A: correta. As formas como as pessoas se vestem, gesticulam e se expressam corporalmente são elementos da comunicação não verbal com os clientes. **B:** incorreta. Roupas adequadas não são fatores de pré-abordagem ao correntista. **C:** incorreta. O uso de roupas adequadas pouco tem a ver com a ampliação ou não, das possibilidades de encerramento da venda. **D:** incorreta. O uso de roupas adequadas não está diretamente relacionada ao convencimento de um cliente frente a alguma objeção à venda. **E:** incorreta. A utilização de roupas adequadas não reforça diretamente os benefícios de um produto para o cliente.

Gabarito "A"

(Escriturário – BB – 2014.1 – CESGRANRIO) O processo de vendas tem-se transformado, ao longo do tempo, em função da crescente competição existente no mercado entre empresas de mesmo setor. Em função disso, o foco da administração de vendas também mudou.

Hoje, em função do mercado, o foco dessa área é no(a)

(A) produção, estabelecendo metas de vendas que ultrapassem sua capacidade produtiva.
(B) orçamento, proporcionando a expectativa de ganhos futuros em função das vendas a serem realizadas.
(C) cliente, avaliando suas necessidades e expectativas em relação aos produtos ofertados.
(D) território de vendas, delimitando assim a atuação de cada vendedor, que concentrará seus esforços na área para ele determinada.
(E) vendedor, visando a aumentar os ganhos do profissional, já que seu salário é a comissão sobre as vendas realizadas.

De forma geral, a administração de venda presta suporte à diferentes áreas de uma instituição. Todavia, sem dúvida, seu principal papel está voltado ao cliente, avaliando suas necessidades e expectativas em relação aos produtos ofertados pela empresa. E, com isso, direcionando os esforços de vendas e marketing das instituições.

Gabarito "C"

(Escriturário – BB – 2014.1 – CESGRANRIO) Um funcionário de um banco, preocupado em atingir as metas estabelecidas pela sua gerência, precisava vender alguns produtos bancários em pouco tempo.

Tentando atingir a meta estabelecida, ele procurou algumas informações sobre como melhorar seu desempenho no processo de vendas.

A informação de como proceder no processo de vendas, que contribuirá positivamente para a melhoria de seu desempenho, é

(A) minimizar as informações passadas aos clientes sobre os riscos envolvidos em cada um dos produtos oferecidos.
(B) oferecer os produtos aos clientes, independentemente de seus perfis já que, ao categorizar os clientes, estaria discriminando-os.
(C) falar mais do que ouvir, durante a abordagem inicial, exaltando os benefícios de cada um dos produtos.
(D) mostrar conhecimento em relação aos produtos, porém não mencionar a política do banco e as formas de cobrança referentes aos produtos, já que esses detalhes tomam o tempo do cliente.
(E) buscar informações essenciais sobre os clientes com perspectiva de negócios, antes e durante a interação no processo de compra e venda.

Todas as alternativas apresentadas, exceto a E, oferecem alterativas que não contribuirão positivamente para que o funcionário em questão melhore seu desempenho nas vendas. Por isso, é correto afirmar que ao buscar informações essenciais sobre seus clientes que possuem perspectivas e potenciais de negócio, antes e durante a interação no processo de compra e venda, é uma das alternativas mais assertivas para quem quer vender mais.

Gabarito "E".

(Escriturário – BB – 2014.1 – CESGRANRIO) O setor bancário, de maneira geral, tem investido na criação de novos produtos para atender a um mercado emergente nos últimos anos, em função do aumento da renda per capita no país – as camadas mais populares da população brasileira.

Com base nesse pressuposto, os bancos, para avaliar se valeria a pena ou não investir na criação desses novos produtos, em seu planejamento de vendas, iniciaram seu processo de planejamento de vendas, analisando o(a)

(A) potencial de mercado, que é um processo em que é estimada a capacidade do mercado brasileiro no ramo da atuação da empresa – estimativa que vai refletir a situação econômica do momento.
(B) potencial de vendas, que é um processo em que é calculado, a partir da análise da empresa e de seu ambiente, da concorrência e de outros fatores pertinentes ao processo, o mercado existente.
(C) mix de marketing, que pode ser utilizado pela empresa para influenciar a resposta dos consumidores.
(D) campanha de marketing, procurando entender o comportamento do consumidor visando a estabelecer os objetivos e as metas de cada produto para que a campanha atinja o público-alvo.
(E) previsão de vendas, que é um processo em que a capacidade de vendas da empresa e do mercado parte da análise da demanda total do mercado para definir o público-alvo em que vai atuar.

De forma geral, todas as alternativas apresentam formas de incrementar positivamente um processo de planejamento de vendas – todavia, a alternativa A é um importante item que visa analisar o potencial de mercado, ou seja, estimar a capacidade do mercado perante o ramo de atuação da instituição. Por exemplo: quanto o mercado de São Paulo tem capacidade de consumir seguro residenciais – e, esse potencial de mercado, pode ser determinado tanto por unidades, quanto por valores.

Gabarito "A".

(Escriturário – BB – 2014.1 – CESGRANRIO) A carteira de clientes é o principal ativo de uma agência bancária.

Portanto, na relação com os clientes, é essencial nortear-se pelo seguinte princípio:

(A) A responsabilidade pelo bom atendimento bancário é unicamente da área comercial da agência bancária.
(B) Os clientes que necessitam de crédito bancário devem ter um atendimento bancário inferior aos clientes que têm investimentos nas agências bancárias.
(C) Todos os clientes devem ter o mesmo tipo de atendimento bancário, mesmo possuindo diferentes solicitações de serviços bancários.
(D) Qualquer tipo de agência bancária deve dar mais importância ao atendimento aos clientes pessoas físicas do que aos clientes pessoas jurídicas.
(E) O bom relacionamento com todos os clientes deve ser feito independentemente do retorno financeiro que esses clientes proporcionam à agência bancária.

Analisando as questões apresentadas do ponto de vista de relacionamento com os clientes, é correto afirmar que o bom relacionamento com todos os clientes deve ser feito independentemente do retorno financeiro que esses clientes proporcionem à agência bancária. Afinal, o principal diferencial do marketing de relacionamento é estabelecer uma proximidade maior com os consumidores, oferecendo produtos e serviços alinhados às suas necessidades e, por consequência, fidelizá-los.

Gabarito "E".

(Escriturário – BB – 2014.1 – CESGRANRIO) As empresas, diante da concorrência existente no mercado, procuram medir a satisfação de seus clientes, buscando identificar possibilidades para sua fidelização.

A satisfação do cliente em relação ao produto adquirido é representada pelo(a)

(A) diminuição dos custos de produção.
(B) proximidade entre as suas expectativas e o desempenho percebido do produto.
(C) atendimento da empresa ao Código de Defesa do Consumidor.
(D) turnover dos empregados da empresa que atuam no processo produtivo.
(E) volume de estoque de produtos acabados da empresa, para atender ao cliente.

A satisfação de cliente é claramente representada quando a proximidade entre as suas expectativas e o desempenho percebido do produto é pequena, ou seja, o consumidor entende que o valor que está sendo pago por determinado produto ou serviços condiz com os benefícios que o mesmo está oferecendo.

Gabarito "B".

(Escriturário – BB – 2014.1 – CESGRANRIO) O relacionamento que os bancos mantêm com seus clientes é um fator que contribui para sua captação e sua fidelização. Pensando nisso, os bancos têm utilizado diferentes ferramentas e estratégias no desenvolvimento de sua liderança no mercado.

De maneira geral, o *marketing* de relacionamento é conceituado como o processo pelo qual uma empresa constrói alianças com clientes atuais e potenciais de tal forma que ambos, vendedor e comprador, trabalhem em busca de um conjunto específico de objetivos comuns.

Os objetivos do *marketing* de relacionamento são atingidos quando

(A) é estabelecida uma relação distante, formal e profissional com o cliente.

(B) é estabelecido o relacionamento unilateral e satisfatório de curto prazo com o cliente.

(C) é assegurado que a empresa busque relacionar-se com os clientes a cada ocasião de compra.

(D) é assegurado que os funcionários satisfaçam às necessidades dos clientes.

(F) é estabelecido um relacionamento satisfatório entre a empresa e o cliente, não havendo necessidade de compatibilidade entre a empresa e outras partes.

Como citado no enunciado da questão, o marketing de relacionamento é um processo pelo qual a empresa constrói alianças com clientes atuais e pontuais de tal forma que vendedor e comprador trabalhem em busca de objetivos comuns. Dessa forma, é correto afirmar que os funcionários assegurem a satisfação das necessidades de seus clientes.

Gabarito "D".

(Escriturário – BB – 2014.1 – CESGRANRIO) Os produtos bancários têm certas características que os diferenciam dos demais produtos comercializados no mercado.

Uma de suas características é determinada pela ausência de clareza ou precisão quando de sua oferta, que repercute na falta de compreensão e na dificuldade de o cliente elaborar mentalmente aquele produto que está sendo a ele ofertado.

Essa característica está relacionada à (ao) sua(seu)

(A) risco percebido

(B) imaterialidade

(C) tangibilidade

(D) automação

(E) invariabilidade

Uma das principais características dos serviços bancários, que impactam diretamente na forma como os clientes os percebem é a imaterialidade, ou seja, esses tais serviços são prestados via trabalho da instituição e seus funcionários, porém, não assumem uma forma material e tangível – o que prejudica a percepção do consumidor frente ao produto/serviço oferecido.

Gabarito "B".

(Escriturário – BB – 2014.1 – CESGRANRIO) A motivação da força de vendas é um fator fundamental para o sucesso na área comercial, sendo então necessário respeitar a seguinte premissa:

(A) A motivação financeira sempre será o aspecto motivacional mais importante em um time comercial.

(B) Uma equipe motivada sempre conseguirá alcançar e superar as metas da área comercial.

(C) O gasto financeiro da empresa em motivação é um fator essencial para manter a equipe de vendas constantemente motivada.

(D) A motivação está diretamente ligada à valorização do funcionário.

(E) A questão motivacional não tem relação com um ambiente propício ao desenvolvimento pessoal e professional de seu colaborador.

Foi-se o tempo que funcionário era visto apenas como uma peça em meio ao tabuleiro das vendas. Nos dias de hoje, e cada vez mais, a motivação está diretamente ligada à valorização dos funcionários. Estando a força de vendas motivada, as perspectivas de sucesso na área comercial são mais eminentes.

Gabarito "D".

(Escriturário – BB – 2014.1 – CESGRANRIO) No momento da venda, ao apresentar um serviço bancário, o funcionário deve levar em conta o conceito de custo total para o cliente.

Esse conceito envolve, além das condições financeiras do serviço que se pretende adquirir, outros fatores, tais como:

(A) tempo e energia física e psicológica

(B) prazo e condições de pagamento

(C) vantagens esperadas

(D) necessidades e desejos

(E) imagem funcional e psicológica

Pela teoria, o custo total para o cliente, é o conjunto de benefícios que os clientes esperam de um determinado produto ou serviço. Sendo assim, o CTC é um conjunto de custos em que os consumidores esperam incorrer para avaliar, obter, utilizar e descartar um determinado produto o serviço. Sendo assim, esse conceito também envolve o tempo e a energia física e psicológica do cliente em adquirir tal produto ou serviço.

Gabarito "A".

(Escriturário – BB – 2014.1 – CESGRANRIO) Campanhas de propaganda são instrumentos eficientes para aumentar o *share of mind* de uma marca, aumentando a confiança dos consumidores nos serviços bancários contratados.

Por intermédio de pesquisa, um banco pode medir o nível de *share of mind* de sua marca, solicitando aos clientes que

(A) respondam a questões relacionadas aos fatores psicográficos.

(B) marquem o índice de satisfação com os serviços e benefícios recebidos.

(C) citem a primeira marca que lhes vêm à cabeça nesse segmento.

(D) demonstrem as percepções mentais relacionadas com a marca.

(E) indiquem o grau de concordância com afirmações a respeito dos serviços.

Todas as alternativas apresentadas, de certa forma, mensuram informações importantes para que qualquer instituição financeira possa tomar importantes decisões sobre seus produtos, serviços ou marca. Mas, tratando especificamente de *share of mind*, a metodologia prevê que as marcas mais lembradas pelos consumidores em determinados segmentos, são as primeiras citadas em uma abordagem.

Gabarito "C".

(Escriturário – BB – 2014.1 – CESGRANRIO) A gestão de *marketing* de um banco tem de lidar com variáveis incontroláveis, compreendidas como fatores que interferem na condução dos negócios e que não são determinados pela administração.

Um exemplo de uma variável incontrolável é(são)

(A) as campanhas institucionais

(B) a página da empresa na internet

(C) o composto de *marketing*

(D) a localização das agências

(E) a situação econômica do país

A análise PFOA é uma das principais ferramentas para que uma empresa análise tanto suas potencialidades e fragilidades – que estão relacionadas ao ambiente interno da empresa, ou seja, que estão sob seu domínio -, quanto as oportunidades e ameaças, que estão relacionadas ao ambiente externo da empresa, ou seja, fora de seu domínio. Por isso, é correto afirmar que uma variável incontrolável, frente as alternativas apresentadas, é a situação econômica do pais.

Gabarito "E".

(BB - Escriturário - 2013.1 - FCC) Até que o cliente receba e aceite a mercadoria constante em seu pedido, a venda é um compromisso de compra e venda. Por isso, as empresas têm investido em Administração de Vendas, tratando, principalmente, de três temas centrais: o planejamento do que deverá ser feito; a coordenação daquilo que está sendo feito; e o controle daquilo que já foi feito. Deve fazer parte do planejamento:

(A) conferir se o pedido de venda foi preenchido de forma correta.

(B) verificar se as informações constantes no relatório de visita a um cliente são satisfatórias.

(C) apresentar o relatório de despesas oriundas de visitas a clientes.

(D) prever as vendas para o próximo período.

(E) avaliar o desempenho dos vendedores e da equipe de vendas.

A: incorreta. O item faz parte da Administração de Vendas, mas não necessariamente do planejamento. **B:** incorreta. O item faz parte da Administração de Vendas, mas não necessariamente do planejamento. **C:** incorreta. O item faz parte da Administração de Vendas, mas não necessariamente do planejamento. **D:** correta. O item faz parte da Administração de Vendas, mais especificamente do item de planejamento, já que ele em consideração as demandas dos clientes para o próximo período. **E:** incorreta. O item faz parte da Administração de Vendas, mas não necessariamente do planejamento.

Gabarito "D".

(BB - Escriturário - 2013.1 - FCC) Em uma palestra de treinamento de colaboradores de um banco, o palestrante discorre sobre os fatores que influenciam na experiência dos clientes para com os serviços prestados pelo banco. No entanto, ao longo de sua exposição, ele comete um equívoco e enumera um fator que nada tem a ver com a influência sobre a experiência dos clientes. O fator mencionado ERRONEAMENTE é

(A) a qualidade do local de prestação do serviço.

(B) o desempenho dos prestadores do serviço.

(C) o clima organizacional da empresa prestadora do serviço.

(D) a opinião dos outros clientes.

(E) a organização do atendimento.

Todas as afirmativas descritas, exceto a opção C, influenciam a experiência dos clientes para com os serviços prestados por um banco. Afinal, o clima organizacional é a percepção dos prestadores do serviço em relação ao trabalho que desempenham e à empresa, não impactado diretamente na percepção dos clientes.

Gabarito "C".

(BB - Escriturário - 2013.1 - FCC) O escriturário Afonso, recém-contratado pelo Banco JKL, zeloso pelo bom desempenho de suas funções, elaborou uma pequena lista de sugestões que melhorariam o atendimento aos clientes. Uma sugestão, dentre outras, que traz melhorias ao atendimento é

(A) o redimensionamento da central de atendimento, possibilitando aumento da capacidade de atendimento.

(B) a prestação do serviço de liquidação de ordens de pagamento somente nos balcões da agência.

(C) a reestruturação do *site* do banco com bloqueio de atendimento via *chat*.

(D) a redução de pessoal e dos guichês para atendimento preferencial a idosos, gestantes e portadores de deficiências.

(E) a alteração do mobiliário interno da agência visando à atualização da imagem institucional.

Sem dúvidas, um dos principais fatores que impactam na percepção positiva de um produto ou serviço pelo consumidor é a qualidade do atendimento prestado pela empresa. Dessa forma, um redimensionamento da central de atendimento, com foco no aumento de sua capacidade – ou seja, mais atendimento em menos tempo, é a chave do sucesso para a satisfação de clientes.

Gabarito "A".

(BB - Escriturário - 2013.1 - FCC) Dadas as afirmações abaixo:

1ª A "satisfação" é definida como a avaliação objetiva, com respeito a um bem ou serviço, contemplando ou não as necessidades e expectativas do cliente,

PORQUE

2ª A satisfação é influenciada pelas contrapartidas emocionais dos clientes, pelas causas percebidas para o resultado alcançado com o bem ou serviço e por suas percepções de ganho ou preço justo.

É correto afirmar que

(A) as duas afirmações são verdadeiras e a segunda justifica a primeira.

(B) as duas afirmações são verdadeiras e a segunda não justifica a primeira.

(C) a primeira afirmação é verdadeira e a segunda é falsa.

(D) a primeira afirmação é falsa e a segunda é verdadeira.

(E) as duas afirmações são falsas.

A satisfação é uma avaliação subjetiva, ou seja, o que é satisfatório para determinado cliente, pode não ser para outro. Existe, inevitavelmente, uma questão muito importante de percepção dos consumidores em relação a determinado produto ou serviço. Por isso, é correto dizer que a primeira afirmação é falsa, sendo a segunda, verdadeira. Já que a satisfação do cliente frente a determinado serviço está intimamente ligada à sua percepção de ganho e/ou preço justo.

Gabarito "D".

(BB - Escriturário - 2013.1 - FCC) No Brasil, com a estabilidade econômica a partir dos anos 1990 e a abertura do mercado bancário brasileiro para a entrada de bancos estrangeiros, o setor financeiro tornou-se bem mais competitivo. Com esse aumento da competitividade, torna-se fundamental, às organizações que almejam um melhor posicionamento no mercado, diferenciar seus serviços de maneira significativa aos consumidores.

Uma ação para diferenciação eficaz de serviços é a

(A) restrição dos serviços de autoatendimento.

(B) depreciação de informações sobre desejos e necessidades dos clientes.

(C) padronização dos serviços.

(D) extinção do "gerente de fila" (pré-atendimento).

(E) alocação de gerentes para atendimentos especiais (gerentes de negócios).

A, **B** e **D:** incorretas. Tais medidas diminuem a eficácia dos serviços prestados, prejudicando o relacionamento com os clientes; **C:** incorreta. A padronização de serviços é um retrocesso em relação à nova realidade do mercado e das expectativas dos clientes, que ficam mais satisfeitos com as instituições que os tratam como uma pessoa única, que tem necessidades e expectativas próprias, entregando-lhes um serviço personalizado; **E:** correta. A especialização dos gerentes vai ao encontro dos desafios modernos de conquista e fidelização de clientes, porque aumenta a qualidade e relevância do atendimento prestado.

Gabarito "E"

(BB - Escriturário - 2013.1 - FCC) Os profissionais que desempenham funções de atendimento ao cliente, que ultrapassam os limites entre o "interno e o externo à organização", são chamados de "linha de frente" e constituem um insumo fundamental para a excelência do serviço e a vantagem competitiva de uma organização. O Banco FGH, desejando constituir uma "linha de frente" capaz de proporcionar melhorias no atendimento aos clientes,

(A) deverá reduzir custos com treinamento de pessoal, uma vez que o estabelecimento de um compromisso emocional com a empresa e o desenvolvimento de habilidades interpessoais se dá, naturalmente, no desempenho da função.

(B) não deverá se preocupar com qualidades, tais como a disposição para o trabalho, a atenção a detalhes, a cortesia e a boa apresentação, na contratação do pessoal para compor sua "linha de frente".

(C) deverá adotar um manual de regras que possibilitem a definição de um padrão rígido de atendimento, independentemente das especificidades das situações e da variabilidade dos clientes.

(D) deverá criar equipes de alto desempenho a partir do agrupamento de pessoas com habilidades complementares, que sejam treinadas e estejam focadas em um propósito comum.

(E) deverá centralizar as decisões, extinguindo a autonomia dos profissionais para que se evitem discordâncias no padrão de atendimento.

A: incorreta. O treinamento é fundamental para o bom atendimento. Reduzir esses custos implica queda de qualidade e, em última instância, perda de clientes. Por melhor que seja a conexão emocional do colaborador com a empresa, confiar a excelência no atendimento apenas a esse fator é contar demasiadamente com a sorte; **B:** incorreta. O grupo da "linha de frente" trata diretamente com o público, razão pela qual deve ter qualidades específicas para desempenhar essa função; **C** e **E:** incorretas. O trato direto com o público envolve a primeira tentativa de solução dos problemas que os clientes trazem para a instituição. Com isso, é essencial que a "linha de frente" seja livre para fazer o atendimento da forma mais personalizada possível, demonstrando o esforço da instituição em atendê-lo conforme suas necessidades particulares; **D:** correta, conforme exposto em todos os comentários anteriores.

Gabarito "D"

(BB - Escriturário - 2013.2 - FCC) As técnicas de vendas podem ampliar a penetração de mercado de determinados produtos financeiros. Sabe-se que caminham, em paralelo com o processo de *marketing* de relacionamento, o planejamento e a fidelização. Sobre esse assunto, é correto afirmar que

(A) o especialista em vendas tem a função de apresentar o produto, preocupando-se com a imagem e a credibilidade da instituição perante os clientes finais.

(B) o especialista em vendas se preocupa com a burocracia dos serviços para fidelização dos clientes.

(C) as vendas visam prioritariamente ao crescimento da instituição, sem preocupação com os clientes.

(D) as instituições não focam apenas os aspectos humanos e nem sempre se preocupam com sua imagem.

(E) as instituições focam a impessoalidade através do sistema hierarquizado.

Dentre as afirmativas apresentadas, é correto afirmar que o especialista em vendas também deve se preocupar em apresentar o produto de forma clara e correta, prezando pela sua imagem e credibilidade junto aos clientes – caso contrário, seu processo de convencimento de venda pode se tornar mais difícil e distante da conversão efetiva.

Gabarito "A"

(BB - Escriturário - 2013.2 - FCC) Ao nível de planejamento estratégico, as ações de vendas estão voltadas, para fins de execução, ao consumidor final. Com vistas ao planejamento de vendas em si,

(A) as vendas estão relacionadas ao planejamento estratégico de longo prazo.

(B) as vendas estão relacionadas com os níveis estratégico, tático e operacional.

(C) cabe ao planejamento estratégico contratar uma assessoria para implantar programas de metas de retenção de clientes.

(D) cabe aos subsistemas de planejamento a integração das diversas partes.

(E) cabe aos sistemas de informação a definição do nível a ser aplicado aos recursos humanos.

Com vistas ao aumento dos resultados em vendas, seu planejamento deve ser inserido em todos os níveis organizacionais: no nível estratégico, de responsabilidade da alta diretoria, fixam-se as diretrizes estratégicas gerais da área comercial; no nível tático, cabe aos gerentes regionais ou de filiais planejar como implementarão as estratégias gerais, considerando as peculiaridades de sua área de atuação; por fim, no nível operacional, os líderes de equipe colocam em prática as determinações dos gerentes de forma planejada e controlada, acompanhando o andamento dos trabalhos de sua equipe e corrigindo os rumos quando os agentes operacionais se afastarem das estratégias traçadas nos níveis superiores.

Gabarito "B"

(BB - Escriturário - 2013.2 - FCC) A diretoria do Banco ABC tem tentado ampliar suas atividades de "linha de frente" (*front office*), aumentando o contato dos clientes com suas atividades bancárias. Uma vantagem para o Banco, dentre outras, advinda dessa decisão, é

(A) a proposta de relacionamento menos próximo.

(B) a liberação de tempo do *front office* para um relacionamento de melhor qualidade.

(C) o menor conhecimento técnico exigido dos colaboradores.

(D) a imagem de serviço personalizado e customizado.

(E) a menor possibilidade de venda cruzada.

A: incorreta. A ideia do front office é justamente intensificar o relacionamento com o cliente; **B:** incorreta. Na verdade, o gerenciamento do tempo passa a ser uma questão crucial, diante da necessidade de se dedicar com mais atenção a cada cliente; **C:** incorreta. Quanto mais próximo do cliente está o colaborador, maior deve ser seu conhecimento técnico para oferecer-lhe os produtos e serviços que atendam com precisão a suas necessidades; **D:** correta. Aumentando o contato com o cliente, esse passa a ter a imagem de que o banco está atento a suas necessidades e quer oferecer-lhe um serviço personalizado; **E:** incorreta. Chama-se venda cruzada a técnica de oferecer produtos diferentes com base naqueles que o consumidor já adquiriu. O relacionamento mais próximo, portanto, aumenta o conhecimento que o banco tem do cliente e aumenta as chances de sucesso da venda cruzada. FB

Gabarito "D".

(BB - Escriturário - 2013.2 - FCC) Neymar Neto considera-se cliente fiel do Banco STU. Consultado sobre as razões de sua fidelidade, afirmou que, sem dúvida, o que o fez escolher esse banco foi a maneira como é atendido. A qualidade do atendimento bancário pode ser uma estratégia para atrair e fidelizar clientes, pois

(A) o varejo bancário tem dificuldades na igualação das tarifas praticadas pelos diferentes bancos.

(B) o serviço pode ser percebido pelo cliente como um diferencial.

(C) a grande diferenciação de produtos, entre bancos de varejo, faz com que o cliente perca referências competitivas.

(D) os clientes não estão aptos a perceber pequenas gradações na qualidade de atendimento.

(E) as estruturas físicas de atendimento dos bancos de varejo apresentam forte customização.

Considerando que os serviços bancários são amplamente regulamentados, há pouca margem para o marketing trabalhar a questão das tarifas e produtos oferecidos. Da mesma forma, a estrutura das agências é bastante similar, não sendo um fator atrativo por si. Logo, o atendimento oferecido ao cliente assume uma posição fundamental na estratégia de marketing, porque pode se tornar o principal diferencial a ser percebido pelo mesmo e determinar a escolha de seu banco. FB

Gabarito "B".

(BB - Escriturário - 2013.2 - FCC) O Banco LMN deseja incrementar a fidelização de determinado segmento de clientes atuais. Para tanto, elaborou uma estratégia que visa à ampliação do valor entregue aos correntistas, com base na teoria do *marketing* que define o conceito de *proposta de valor*. Segundo essa teoria, uma ação que representa a proposta de entrega de alto valor ao cliente é

(A) o aumento dos investimentos em automação bancária.

(B) a fusão de agências de uma mesma praça.

(C) o investimento visando a redução do consumo de energia e redução de gastos com material de escritório.

(D) a oferta de solidez institucional, confiabilidade, rapidez e simpatia no atendimento.

(E) o projeto de melhora na distribuição de dividendos aos acionistas.

O valor entregue ao cliente é encontrado quando comparamos as vantagens que ele obtém com o produto ou serviço com os custos nos quais ele incorre para adquiri-lo, lembrando que tais custos não se resumem aos econômicos e abrangem também os de natureza emocional – confiança, tranquilidade, sentir-se ouvido, entre outros. Dentre todas as alternativas apresentadas, a única que representa aumento de valor para o cliente é a letra "D". Todas as demais representam ganhos financeiros para a própria instituição financeira ou para seus acionistas. FB

Gabarito "D".

(BB - Escriturário - 2013.2 - FCC) O Banco Lovelock encomendou uma pesquisa tentando identificar fatores associados à fidelização de clientes que, potencialmente, podem fazer sua lucratividade crescer.

NÃO representa um fator ligado ao aumento da lucratividade por fidelização do cliente:

(A) o aumento do número de compras.

(B) a redução de custos operacionais.

(C) a indicação a outros clientes.

(D) a disposição para pagar preços mais elevados.

(E) a constituição de barreira à entrada de novos competidores.

Todas as alternativas apresentam vantagens que são obtidas com a fidelização de clientes e que podem fazer a lucratividade do banco crescer, com exceção da letra "E". A constituição de barreiras de entrada à novos competidores não representam necessariamente um fator vinculado ao aumento da lucratividade por fidelização do cliente. FB

Gabarito "E".

VÍDEO (BB – Escriturário – 2011 – FCC) A diferença entre as percepções do cliente quanto aos benefícios e aos custos da compra e uso de produtos e serviços é denominada:

(A) *mix de marketing.*

(B) valor para o cliente.

(C) *benchmarking.*

(D) publicidade.

(E) *brand equity.*

A: incorreta. Mix de Marketing é o conjunto de ferramentas de marketing que a empresa utiliza para alcançar seus objetivos, por meio de quatro fatores, conhecidos como 4 Ps: produto, preço, praça e promoção; **B:** correta. O enunciado da questão traz o exato conceito de percepção de valor para o cliente – sendo o preço, o que o consumidor paga por determinado produto ou serviço –, e o valor, o que o consumidor leva (benefícios); **C:** incorreta. Benchmarking é um processo de comparação de produtos, serviços e práticas empresariais, que tem como objetivo melhorar as funções e processos de uma determinada empresa, por meio da análise de estratégias que possibilitam criar e ter novas ideias a partir do que já é realizado; Publicidade é uma técnica de comunicação em massa, cuja finalidade é fornecer informações sobre produtos/serviços com fins comerciais; **E:** incorreta. *Brand equity* é o valor adicional que se atribui a um produto ou serviço, oriundo do valor da marca no mercado. FB

Gabarito "B".

(BB – Escriturário – 2011 – FCC) A avaliação dos serviços pelos clientes quanto a disposição ou prontidão dos empregados ou profissionais a prestar o serviço é denominada

(A) responsividade.

(B) tangibilidade.

(C) confiabilidade.

(D) garantia.

(E) empatia.

A: correta. Por conceito, responsividade é o comportamento de dar resposta, de solucionar, tomar a responsabilidade para si, recepcionar questões ou dúvidas no intuito de respondê-las; **B:** incorreta; Tangibilidade é a qualidade ou característica do que é tangível, ou seja, que se pode tocar. **C:** incorreta; Confiabilidade, por definição, é a probabilidade de um produto ou serviço desempenhar ou ser desempenhado de forma adequada; **D:** incorreta. Garantia é a responsabilidade do fornecedor de entregar um produto ou serviço livre de defeitos e em condições de funcionamento; **E:** incorreta. Empatia significa a capacidade psicológica para sentir o que sentiria uma outra pessoa, caso estivesse na mesma situação vivenciada por ela. Ou seja, consiste em tentar compreender sentimentos e emoções, procurando experimentar de forma objetiva e racional o que sente o outro indivíduo – é o "colocar-se no lugar do outro".

Gabarito "A"

VÍDEO (BB – Escriturário – 2010 – FCC) A oferta de incentivos imediatos, de curto prazo, como brindes, descontos, prêmios e bonificações, por um patrocinador identificado para estimular a compra do produto, denomina-se

(A) venda direta.
(B) *merchandising*.
(C) publicidade institucional.
(D) propaganda.
(E) promoção de vendas.

A: incorreta. Venda direta é um sistema de comercialização de produtos ou serviços voltados diretamente aos consumidores, sem nenhum tipo de estabelecimento comercial fixo; **B:** incorreta. Merchandising diz respeito a um conjunto de ações promocionais e materiais de ponto de venda que tem como objetivo fazer a diferença na hora da compra dos consumidores; **C:** Publicidade institucional é uma técnica de comunicação em massa, cuja finalidade é fornecer informações sobre determinada empresa com fins comerciais; **D:** incorreta. Propaganda é uma forma de comunicação comercial que visa aumentar o consumo de determinado produto ou serviço; **E:** correta. Promoção de vendas é um conjunto de métodos e recursos que visam aumentar o volume de vendas de um produto ou serviço durante um determinado período de tempo.

Gabarito "E"

(BB – Escriturário – 2010 – CESGRANRIO) Quando abrem uma conta bancária, os clientes consideram uma série de benefícios funcionais. A esse respeito, analise os seguintes aspectos ligados a esse segmento no Brasil:

I. confiança transmitida pelo gerente;
II. solidez e garantia da marca;
III. cobertura em todos os estados;
IV. número de correntistas;
V. atendimento via internet *banking*;
VI. reconhecimento internacional.

Estão corretos **APENAS** os benefícios

(A) I, II e III.
(B) I, II e V.
(C) II, III e VI.
(D) III, IV e V.
(E) IV, V e VI.

Aspectos funcionais são aqueles que facilitam o uso do banco pelo correntista (funcionalidade do serviço). Sob esse ponto de vista, a escolha do consumidor pauta-se para maior amplitude da rede de atendimento (capilaridade), pelo maior número de correntistas (agilizando as relações comerciais) e atendimento via *internet banking* (comodidade). Note que a questão não entra em aspectos psicológicos, como a tranquilidade gerada pela confiança na marca ou pela competência demonstrada pelo gerente.

Gabarito "D"

(BB – Escriturário – 2010 – CESGRANRIO) Gerentes de banco devem ser capazes de convencer os membros de sua equipe de que eles podem aumentar o desempenho da agência trabalhando mais ou sendo treinados para atuar de maneira mais adequada. No entanto, essa estratégia fica prejudicada se as vendas forem influenciadas por

(A) aumento de propaganda.
(B) crescimento econômico.
(C) liderança de mercado.
(D) confiança do consumidor.
(E) ações da concorrência.

Em um mercado altamente competitivo, a ação dos concorrentes influencia diretamente, de forma positiva ou negativa, os resultados dos demais. Caso essa influência seja o principal fator verificado nas vendas, pouco adiantará o incentivo pessoal aos colaboradores, que terão sempre a impressão que os resultados dependem mais do mercado do que deles próprios.

Gabarito "E"

(BB – Escriturário – 2010 – CESGRANRIO) Em um programa de televisão sobre mercado de trabalho, três consultores tecem os seguintes comentários sobre os princípios da venda pessoal:

Alice – A época do vendedor esperto já passou, e no seu lugar está o profissional que sabe levantar boas perguntas, ouvir e aprender.

Antônio – Os vendedores eficazes possuem um instinto natural que se revela especialmente no momento de convencer as pessoas.

Pedro – A função do vendedor é aumentar o número de clientes de sua empresa, focando seus esforços na realização de negócios imediatos.

É(São) correta(s) a(s) afirmação(ões) de

(A) Alice, apenas.
(B) Pedro, apenas.
(C) Pedro e Antônio, apenas.
(D) Alice e Antônio, apenas.
(E) Alice, Antônio e Pedro.

Alice: correta, conforme ensina a moderna teoria do *marketing*; Antonio: incorreta. O vendedor profissional deve preparar-se para a venda, realizando a prospecção dos clientes e estudando-os na etapa pré-abordagem para adotar a estratégia ideal para aquela venda específica; Pedro: incorreta. O vendedor moderno, atento aos instrumentos do *marketing* de relacionamento, não deve tentar "vender a qualquer custo", mas sim vislumbrar as possibilidades de ganho de médio e longo prazo com aquele cliente, ainda que em um primeiro momento seja conveniente deixá-lo ir sem ter adquirido todos os produtos possíveis.

Gabarito "A"

(BB – Escriturário – 2010 – CESGRANRIO) Se os funcionários de um banco se mostram entediados e não conseguem responder a perguntas simples, os clientes terão uma expectativa desfavorável.

PORQUE

Clientes formam expectativas a partir de várias fontes, como experiências anteriores e propaganda boca a boca.

A esse respeito, conclui-se que

(A) as duas afirmações são verdadeiras e a segunda justifica a primeira.
(B) as duas afirmações são verdadeiras e a segunda não justifica a primeira.

(C) a primeira afirmação é verdadeira e a segunda é falsa.
(D) a primeira afirmação é falsa e a segunda é verdadeira.
(E) as duas afirmações são falsas.

As duas assertivas são verdadeiras e a segunda justifica a primeira. Com efeito, a apresentação pessoal e o gosto pelo trabalho são fatores que influenciam a percepção do cliente sobre a empresa, resultado que pode ser positivo ou negativo. Se os funcionários se mostram entediados a ponto de não conseguirem responder a perguntas simples, certamente a perspectiva do cliente será desfavorável, porque seu processo de tomada de decisões não consegue abstrair a questão do relacionamento pessoal, por melhor que seja o serviço. Conforme exposto na segunda afirmação, as experiências passadas interferirão nas escolhas futuras. FB

Gabarito "A".

4. PROPAGANDA

(BB - Escriturário - 2013.1 - FCC) Geralmente, as empresas não determinam um preço único para um produto, mas criam uma estrutura de determinação de preços que reflete diferentes estratégias. O preço "isca" ocorre, por exemplo, quando supermercados e lojas de departamentos reduzem o preço de marcas conhecidas para estimular um movimento maior nas lojas. Esta estratégia corresponde ao Preço

(A) geográfico.
(B) promocional.
(C) discriminatório.
(D) diferenciado.
(E) por desempenho.

A: incorreta. O preço geográfico se caracteriza pela sua variação conforme a região em que é comercializado. **B:** correta. Preço promocional é um preço especial oferecido ao consumidor, por determinado período de tempo, que entrega um benefício a mais no momento da compra, seja por desconto, uma condição de pagamento ou até mesmo, algo do tipo "compre um e ganhe outro". **C:** incorreta. Preço discriminatório é quando uma empresa vende um produto ou serviço, por dois ou mais preços que não refletem uma diferença promocional de custos. **D:** incorreta. O preço diferenciado está relacionado com a prática de preços diferentes, levando em consideração algumas variáveis, como quantidade comprada, tipo de frete, perfil de cliente, entre outros. **E:** incorreta. Preço por desempenho, leva em conta uma política comercial baseada no desempenho do cliente, onde por exemplo, os consumidores que mais compram determinado produto/serviço, recebem vantagens exclusivas nos preços praticados. FB

Gabarito "B".

(BB - Escriturário - 2013.1 - FCC) O Banco MNO tem utilizado, em suas campanhas de *marketing*, um conjunto de ferramentas de incentivo, projetadas para estimular a compra de produtos ou serviços específicos por parte do cliente. Esta prática é denominada

(A) propaganda.
(B) promoção de vendas.
(C) *marketing* direto.
(D) distribuição intensiva.
(E) distribuição seletiva.

De forma geral, todas as alternativas são ferramentas que ajudam no estímulo à compra de produtos ou serviços – porém, a promoção de vendas, que muitas vezes mira o "P" de preço do mix de marketing, concentra os maiores gatilhos de incentivo frente aos consumidores, que estão sempre em busca do melhor custo x benefícios em suas compras. FB

Gabarito "B".

(BB - Escriturário - 2013.2 - FCC) A promoção de vendas é uma das ferramentas de comunicação integrada de *marketing* mais eficazes e vem ganhando cada vez mais importância dentro do composto de *marketing*. Sua utilização é feita, principalmente, para completar as demais ferramentas, e é nesse sentido que consiste a sua força.

Dessa forma, as promoções de vendas são direcionadas

(A) aos produtos em relação aos serviços ofertados ao consumidor final.
(B) à divulgação de um novo produto em aberto, internamente na empresa, buscando o aproveitamento das sugestões dos empregados para o seu desenvolvimento.
(C) à avaliação de novos clientes e produtos em busca da comunicação integrada.
(D) à relação entre custos e benefícios no perfil desejado da venda.
(E) aos intermediários, atacadistas e varejistas e aos clientes e consumidores finais.

Promoção de vendas é um conjunto de métodos e recursos que visam aumentar o volume de vendas de um produto ou serviço durante um determinado período de tempo. Pode ter por público-alvo, todos os potenciais compradores da cadeia de distribuição: intermediários, atacadistas, varejistas e consumidores finais. FB

Gabarito "E".

VÍDEO (BB – Escriturário – 2011 – FCC) Maneira de se comunicar com o mercado de forma impessoal, utiliza os meios de comunicação de massa ou eletrônicos, visa formar imagem e construir a percepção desejada na mente do público-alvo, e o anunciante da mensagem é conhecido. Trata-se de:

(A) marketing digital.
(B) promoção.
(C) relações públicas.
(D) propaganda.
(E) publicidade.

A: incorreta. Marketing digital são ações de comunicação que as empresas podem utilizar por meio da internet, da telefonia móvel e outros meios digitais, para divulgar e comercializar seus produtos/serviços, além de conquistar novos clientes e melhorar a sua rede de relacionamentos; **B:** incorreta. Promoção de vendas é um conjunto de métodos e recursos que visam aumentar o volume de vendas de um produto ou serviço durante um determinado período de tempo; **C:** incorreta. Relações públicas pode ser considerada uma função administrativa que avalia as atitudes públicas, identifica diretrizes e a conduta individual ou da empresa na busca do interesse público, planejando e executando um programa de ações para conquistar a compreensão e aceitação desses stakeholders; **D:** correta. O conceito de propaganda está descrito no enunciado da questão; **E:** incorreta. Publicidade é uma técnica de comunicação em massa, cuja finalidade é fornecer informações sobre produtos/serviços com fins comerciais. FB

Gabarito "D".

5. Ética

Flávio Benetti

(BB - Escriturário - 2013.1 - FCC) O Código de Ética do Banco do Brasil prevê

(A) estrita conformidade à Lei na proibição ao financiamento a partidos políticos.

(B) troca, sem limites, de informações com a concorrência, na busca de negócios rentáveis.

(C) relacionamento com o poder público, dependente das convicções ideológicas dos seus titulares.

(D) responsabilidade aos parceiros pela avaliação de eventual impacto socioambiental nas realizações conjuntas.

(E) contratação de fornecedores a partir de um grupo selecionado com parcialidade.

A: correta, nos termos do item 3.7.6 do Código de Ética do Banco do Brasil; **B:** incorreta. O item 3.6.2 do Código de Ética do Banco do Brasil autoriza a troca de informações com a concorrência, mas desde que de forma lícita, transparente e fidedigna, respeitando o sigilo bancário e os interesses da empresa; **C:** incorreta. O relacionamento com o Poder Público independe das convicções ideológicas dos seus titulares (item 3.7.3 do Código de Ética do Banco do Brasil); **D:** incorreta. Não há qualquer disposição nesse sentido no Código de Ética do Banco do Brasil; **E:** incorreta. A contratação de fornecedores é feita de forma a privilegiar a pluralidade e a concorrência (item 3.3.1 do Código de Ética do Banco do Brasil). FB

Gabarito "A"

(BB - Escriturário - 2013.1 - FCC) O Banco do Brasil espera de seus colaboradores o atendimento a elevados padrões de ética, moral, valores e virtudes, tais como:

(A) aceitação de presentes oferecidos por clientes satisfeitos, sem restrição de valor.

(B) associação a entidades representativas alinhadas ao pensamento da diretoria.

(C) repúdio a condutas que possam caracterizar assédio de qualquer natureza.

(D) imposição dos princípios pessoais dos chefes aos membros da sua equipe.

(E) intolerância com a diversidade do conjunto das pessoas que trabalham no conglomerado.

A única alternativa que encontra respaldo no Código de Ética do Banco do Brasil é o repúdio a condutas que caracterizem assédio de qualquer natureza (item 3.2.2). FB

Gabarito "C"

(BB - Escriturário - 2013.1 - FCC) O código de conduta da alta Administração pública tem a finalidade de

(A) difundir padrões éticos impostos pelo Tribunal de Contas da União.

(B) divulgar a imagem e reputação do administrador público.

(C) discriminar setores liberados para atividades profissionais posteriores ao exercício de cargo público.

(D) minimizar a possibilidade de conflitos entre o interesse privado e o dever funcional de autoridades públicas.

(E) desestimular a criação de mecanismo de consulta para esclarecimento de dúvidas quanto à conduta ética do administrador.

As finalidades do Código de Conduta da Alta Administração Federal estão dispostas em seu art. 1º. Dentre as alternativas, a única que pode ser nele encontrada é a minimização de possibilidade de conflitos entre o interesse privado e o dever funcional de autoridades públicas (inciso V). FB

Gabarito "D"

(BB - Escriturário - 2013.1 - FCC) O conhecimento prévio da cultura organizacional, pelo interessado na participação de Concurso Público, para ingresso em instituição financeira, é fator importante para

(A) compatibilizar seus interesses financeiros pessoais com a sua remuneração futura.

(B) acumular experiência com vistas à busca de outra colocação no mercado de trabalho.

(C) preparar o movimento de formação de grupos internos para reformulação dos princípios vigentes.

(D) permitir reflexão sobre a decisão de trabalhar em setor e empresa compatíveis com suas aptidões e valores pessoais.

(E) possibilitar a realização imediata de suas expectativas sobre trabalho, colegas e superiores hierárquicos.

A ética profissional estabelece que os interesses dos colaboradores e da empresa devem estar alinhados, sendo considerada uma afronta a esse princípio o uso da carreira ou da estrutura física da entidade para a busca de vantagens exclusivamente pessoais. Destarte, o conhecimento prévio pelo candidato da cultura organizacional da empresa deve pautar-se na reflexão sobre sua decisão de nela trabalhar, considerando a compatibilidade entre suas aptidões, valores e expectativas e as características da instituição. FB

Gabarito "D"

(BB - Escriturário - 2013.2 - FCC) O Banco do Brasil adota a responsabilidade socioambiental como política, ou seja, a gestão empresarial sustentável é o pano de fundo para os processos decisórios. Isto significa

(A) desconsiderar se há gestão socioambiental por parte dos seus fornecedores e parceiros.

(B) adotar, na análise de todas as modalidades operacionais, os padrões de desempenho socioambientais dos Princípios do Equador.

(C) desenhar processos, produtos e serviços à luz de seus impactos sociais e ambientais.

(D) deixar de considerar critérios socioambientais na avaliação do estudo de limite de crédito de empresas.

(E) atribuir, prioritariamente, a critérios econômico-financeiros o foco de análise das empresas clientes e projetos de investimento.

A, **D** e **E:** incorretas. Se o Banco adota a responsabilidade socioambiental, não se concebe deixar de considerar preceitos de preservação ambiental ou levar em conta somente aspectos econômico-financeiros nas decisões; **B:** incorreta. Os Princípios do Equador são aplicáveis somente em relação à concessão de crédito, os quais determinam a análise dos aspectos socioambientais do projeto; **C:** correta. Adotar essa política significa ter como parâmetro para a tomada de decisões critérios de valorização social e ambiental.

Gabarito "C"

(BB - Escriturário - 2013.2 - FCC) Autores dedicados ao tema da cultura organizacional costumam convergir no que diz respeito às dimensões componentes desse conceito, que são,

(A) religiosa, familiar e sociológica.

(B) material, individual e conceitual.

(C) coletiva, profissional e hierárquica.

(D) motivacional, tecnológica e ideológica.

(E) material, psicossocial e ideológica.

A moderna teoria da Administração converge para o reconhecimento de três dimensões da cultura organizacional: dimensão material, que é toda a estrutura física de uma organização, seus materiais e tecnologia; dimensão psicossocial, que se refere às relações formais (rotina de trabalho) e informais (relações sociais dentro do ambiente do trabalho); e dimensão ideológica, que é concretizada pela estruturação da missão, valores e normas éticas da entidade.

Gabarito "E"

(BB - Escriturário - 2013.2 - FCC) Está presente no Código de Ética do Banco do Brasil que

(A) os profissionais contratados são orientados a pautarem seus comportamentos pelos seus princípios éticos familiares.

(B) a transparência e a agilidade no fornecimento de informações prioriza o acionista controlador em relação aos investidores e credores.

(C) a concorrência entre fornecedores se dá dentre aqueles que também sejam clientes e tenham sido indicados pelas áreas de relacionamento comercial.

(D) os clientes têm assegurado o sigilo das informações bancárias, ressalvados os casos previstos em lei.

(E) as parcerias e os convênios são estabelecidos sem condicionamento à prévia análise de valores de integridade, idoneidade e respeito à comunidade e ao meio ambiente.

A: incorreta. O Código de Ética prega o respeito aos princípios éticos da própria instituição (item 2.1); **B:** incorreta. O Código de Ética não estabelece prioridade no fornecimento de informações entre acionistas, investidores e credores (item 3.4); **C:** incorreta. O Código de Ética estabelece a transparência e a liberdade de concorrência, buscando a melhor oferta para o banco (item 3.1); **D:** correta, nos termos do item 3.1.5 do Código de Ética do Banco do Brasil; **E:** incorreta. Tais valores devem ser analisados no momento da celebração das parcerias e convênios (item 3.5.2 do Código de Ética).

Gabarito "D"

(BB - Escriturário - 2013.2 - FCC) O código de conduta da alta administração pública dispõe que:

(A) os padrões éticos da autoridade pública são exigidos na relação entre suas atividades públicas e privadas, de modo a prevenir eventuais conflitos de interesse.

(B) a autoridade pública pode participar de seminários, congressos e eventos semelhantes, mantendo sigilo a respeito da sua eventual remuneração.

(C) as divergências entre autoridades públicas serão resolvidas publicamente, proporcionando total transparência sobre os fatos a que tenham dado motivo.

(D) após deixar o cargo, a autoridade pública poderá, sem período de interdição, prestar consultoria a sindicato ou entidade de classe.

(E) a boa imagem e reputação do administrador público devem ser divulgadas externamente pelas chefias e mantidas em qualquer circunstância.

A: correta, nos termos do art. 3º, parágrafo único, do Código de Conduta da Alta Administração Federal; **B:** incorreta. No caso de participação em eventos dessa natureza, eventual remuneração percebida pelo servidor deve ser tornada pública juntamente com reembolsos de despesas, se o caso (art. 7º, parágrafo único, do Código de Conduta da Alta Administração Federal); **C:** incorreta. Nos termos do art. 11 do Código de Conduta da Alta Administração Federal, tais divergências devem ser resolvidas internamente, mediante coordenação administrativa; **D:** incorreta. Há período de interdição de 4 meses, ressalvadas disposições legais diversas, para o exercício de atividades incompatíveis com o cargo após sua saída (art. 15 do Código de Conduta da Alta Administração Federal); **E:** incorreta. O Código de Conduta da Alta Administração Federal estabelece como finalidade a preservação da imagem e reputação do administrador público, desde que sua conduta esteja de acordo com as normas éticas nele estabelecidas (art. 1º, III).

Gabarito "A"

6. Conhecimentos Bancários

Rodrigo Barbati

(Escriturário – BB – Cesgranrio – 2014) No Brasil, a condução e a operação diárias da política monetária, com o objetivo de estabilizar a economia, atingindo a meta de inflação e mantendo o sistema financeiro funcionando adequadamente, são uma responsabilidade do (a)

(A) Caixa Econômica Federal.
(B) Comissão de Valores Mobiliários.
(C) Banco do Brasil.
(D) Banco Central do Brasil.
(E) Banco Nacional de Desenvolvimento Econômico e Social.

O **Banco Central do Brasil (BCB)** é o responsável pelo controle da inflação no país. Ele atua para regular a quantidade de moeda na economia que permita a estabilidade de preços. Suas atividades também incluem a preocupação com a estabilidade financeira. Para isso, o BC regula e supervisiona as instituições financeiras. **A**: incorreta. **Caixa Econômica Federal** (CEF) é o principal agente financeiro das políticas sociais do governo federal. **B**: incorreta. **Comissão de Valores Mobiliários (CVM)** é responsável pela regulação e fiscalização do mercado de capitais. **C**: incorreta. **Banco do Brasil** (BB) é o principal agente pagador e recebedor do Tesouro Nacional. **E**: incorreta. **Banco Nacional de Desenvolvimento Econômico e Social (BNDES)** é o principal agente financeiro da política de investimentos do governo federal.

Gabarito "D"

(Escriturário – BB – Cesgranrio – 2014) O Conselho Monetário Nacional (CMN) é a entidade máxima do sistema financeiro brasileiro, ao qual cabe

(A) intervir diretamente nas instituições financeiras ilíquidas.
(B) apurar e anunciar mensalmente a taxa de inflação oficial.
(C) autorizar a emissão de papel-moeda.
(D) fixar periodicamente a taxa de juros interbancária.
(E) aprovar o orçamento do setor público federal.

Conforme determina a Lei 4.595/1964: Art. 4º Compete ao **Conselho Monetário Nacional**, segundo diretrizes estabelecidas pelo Presidente da República: I – *autorizar as emissões de papel-moeda as quais ficarão na prévia dependência de autorização legislativa quando se destinarem ao financiamento direto pelo Banco Central da República do Brasil, das operações de crédito com o Tesouro Nacional, nos termos do artigo 49 desta Lei.* **A:** incorreta. Intervir diretamente nas instituições financeiras ilíquidas é atribuição do Banco Central. **B:** incorreta. Apurar e anunciar mensalmente a taxa de inflação oficial é atribuição do Instituto Brasileiro de Geografia e Estatística Instituto Brasileiro de Geografia e Estatística (**IBGE**). **D:** incorreta. Fixar periodicamente a taxa de juros **básica** da economia brasileira (Taxa SELIC) é atribuição do Comitê de Política Monetária (**Copom**) do Banco Central. **E:** incorreta. Aprovar o orçamento do setor público federal é responsabilidade do Congresso Nacional.

Gabarito "C"

(Escriturário – BB – Cesgranrio – 2014) Nos termos da Circular n. 3.542/2012, **NÃO** está inserida nas hipóteses de controle de situações relacionadas com atividades internacionais a

(A) existência de recursos pertencentes ou controlados, direta ou indiretamente, por pessoas que reconhecidamente tenham cometido atos terroristas.
(B) realização de transferências unilaterais que, pela habitualidade, valor ou forma, não se justifiquem ou apresentem atipicidade.
(C) utilização de operações complexas e com custos mais elevados que visem a dificultar o rastreamento dos recursos ou a identificação da natureza da operação.
(D) realização de pagamentos de importação e recebimentos de exportação, antecipados ou não, por empresa sem tradição ou cuja avaliação econômico-financeira seja incompatível com o montante negociado.
(E) realização de pagamentos a terceiros não relacionados a operações de importação ou de exportação.

Nos termos da Circular 3.542/2012, art. 1º: As operações ou as situações descritas a seguir, considerando as partes envolvidas, os valores, a frequência, as formas de realização, os instrumentos utilizados ou a falta de fundamento econômico ou legal, podem configurar indícios de ocorrência dos crimes previstos na Lei n. 9.613, de 3 de março de 1998, passíveis de comunicação ao Conselho de Controle de Atividades Financeiras (Coaf): X – situações relacionadas a pessoas suspeitas de envolvimento com atos terroristas: Item c) existência de recursos pertencentes ou controlados, direta ou indiretamente, por pessoas que reconhecidamente tenham cometido ou intentado cometer atos terroristas, ou deles participado ou facilitado o seu cometimento. B: Circular 3.542/2012, art. 1º, XI – **situações relacionadas com atividades internacionais**: *Item* e) realização de transferências unilaterais que, pela habitualidade, valor ou forma, não se justifiquem ou apresentem atipicidade. **C:** Circular 3.542/2012, art. 1º, XI – situações relacionadas com atividades internacionais: Item b) utilização de operações complexas e com custos mais elevados que visem a dificultar o rastreamento dos recursos ou a identificação da natureza da operação. **D:** Circular 3.542/2012, art. 1º, XI – situações relacionadas com atividades internacionais: *Item* c) realização de pagamentos de importação e recebimentos de exportação, antecipados ou não, por empresa sem tradição ou cuja avaliação econômico-financeira seja incompatível com o montante negociado. **E:** Circular 3.542/2012, art. 1º, XI – situações relacionadas com atividades internacionais: *Item* d) realização de pagamentos a terceiros não relacionados a operações de importação ou de exportação.

Gabarito "A"

(Escriturário – BB – Cesgranrio – 2014) Um gerente participa de processo de treinamento sobre títulos de créditos e garantias do Sistema Financeiro Nacional. Durante a avaliação dos itens abordados no treinamento, o gerente, que se dedicou com afinco aos estudos, responde, apropriadamente, que o aval, nos termos do Código Civil,

(A) gera direito de regresso contra o avalizado em caso de pagamento pelo avalista.
(B) é garantia típica dos contratos bancários.

(C) pode ser parcial quando firmado em título de crédito.

(D) pode ser considerado até declaração judicial quando cancelado.

(E) deve ser subscrito exclusivamente no anverso do título.

Nos termos do Código Civil: Art. 899. O avalista equipara-se àquele cujo nome indicar; na falta de indicação, ao emitente ou devedor final. **§ 1° Pagando o título, tem o avalista ação de regresso contra o seu avalizado e demais coobrigados anteriores**. **B**: incorreta. Existem diversas formas de garantias dos contratos bancários. Estas podem ser pessoais: Aval e Fiança. Podem ser reais: Hipoteca, Penhor e Alienação Fiduciária, por exemplo. Nos termos do Código Civil: *Art. 897. O pagamento de* ***título de crédito****, que contenha obrigação de pagar soma determinada, pode ser* ***garantido por aval****.* **C**: incorreta. Nos termos do Código Civil: *Art. 897. O pagamento de* ***título de crédito****, que contenha obrigação de pagar soma determinada, pode ser* ***garantido por aval****. Parágrafo único.* ***É vedado o aval parcial****.* **D**: incorreta. Nos termos do Código Civil: *Art. 898. O aval deve ser dado no verso ou no anverso do próprio título. § 2º* ***Considera-se não escrito o aval cancelado****.* **E**: incorreta. Nos termos do Código Civil: *Art. 898. O aval deve ser dado no* ***verso ou no anverso*** *do próprio título. § 1º Para a validade do aval, dado no anverso do título, é suficiente a simples assinatura do avalista.*

Gabarito "A"

(Escriturário – BB – Cesgranrio – 2014) Um bancário, almejando promoção na carreira, realiza diversos cursos propostos pelo seu empregador. Ao final de um desses cursos, foi apresentada uma questão exigindo do aluno o conhecimento de que a hipoteca

(A) é inaplicável sobre as acessões do imóvel hipotecado.

(B) é relacionada aos títulos de crédito documentados.

(C) acarreta a proibição de alienação do imóvel hipotecado.

(D) pode incidir sobre navios e aeronaves.

(E) pode ser realizada por pessoa absolutamente incapaz.

A hipoteca é uma garantia real que trata da sujeição de bens imóveis para garantir o pagamento de uma dívida, sem transferir ao credor a posse desses mesmos bens. Segundo o Código Civil: Art. 1.473. ***Podem ser objeto de hipoteca: VI – os navios; VII – as aeronaves.*** **A**: incorreta. Segundo o Código Civil: Art. 1.474. A hipoteca abrange todas as acessões, melhoramentos ou construções do imóvel. **B**: incorreta. É relacionada a bens imóveis para garantir o pagamento de uma dívida. **C**: incorreta. Segundo o Código Civil: Art. 1.475. É nula a cláusula que proíbe ao proprietário alienar imóvel hipotecado. **E**: incorreta. **Não** pode ser realizada por pessoa absolutamente capaz. Segundo o Código Civil: Art. 3º São absolutamente incapazes de exercer pessoalmente os atos da vida civil os menores de 16 (dezesseis) anos.

Gabarito "D"

(Escriturário – BB – Cesgranrio – 2014) Os planos de previdência PGBL (Plano Gerador de Benefício Livre) e VGBL (Vida Gerador de Benefício Livre) são produtos de Previdência Complementar que visam à acumulação de recursos e à transformação de tais recursos em uma renda futura. Na modalidade PGBL, o imposto de renda incide sobre o

(A) ganho das aplicações financeiras.

(B) valor futuro calculado para a data do resgate.

(C) total resgatado ou recebido como renda.

(D) total de rendimentos bruto na data da aplicação.

(E) valor da aplicação inicial.

A modalidade PGBL permite abater da base de cálculo do imposto de renda (IR) os aportes realizados anualmente ao plano até um limite máximo de 12% da renda bruta tributável do investidor. Essa dedução não significa que os aportes feitos na Previdência são isentos de IR. **Haverá incidência do IR sobre o valor total do resgate ou da renda recebida quando eles ocorrerem**. **A e D**: incorretas. Na modalidade VGBL, o IR incidirá apenas sobre os rendimentos do plano e não sobre o total acumulado. **B e E**: incorretas. Na modalidade PGBL, haverá incidência do IR sobre o valor total do resgate ou da renda recebida quando eles ocorrerem.

Gabarito "C"

(Escriturário – BB – Cesgranrio – 2014) Atualmente, as instituições financeiras oferecem aos seus clientes diversos tipos de investimentos, dentre os quais está o investimento em ações de companhias abertas que podem ser negociadas na Bolsa de Valores. A característica mais atrativa do investimento em ações é a

(A) possibilidade de ganhos superiores aos oferecidos em fundos de investimento.

(B) isenção de imposto sobre operações financeiras no ato de negociação das ações.

(C) baixa probabilidade de perdas financeiras.

(D) alta probabilidade de perdas financeiras.

(E) isenção de imposto de renda.

Nas aplicações de Renda Variável, o investidor não tem como saber previamente qual será a rentabilidade que poderá obter. Fazem parte dessa categoria os investimentos em ações. Neste caso, a rentabilidade está sempre associada ao risco, e cabe ao investidor definir o grau de risco que está disposto a correr para obter uma maior lucratividade. **B**: incorreta. Não há isenção, porém o Imposto sobre Operações Financeiras (IOF) tem **alíquota zero** para Pessoas Físicas e Jurídicas. **C e D**: incorretas. Não existe investimento sem risco. O investimento em ações é considerado complexo justamente por estar exposto a uma combinação maior de riscos e ter alta probabilidade de perdas financeiras. **E**: incorreta. Para **Pessoas Físicas**, o imposto de renda (IR) é de 15% sobre ganhos líquidos mensais, (+0,05% na fonte). São isentos ganhos até R$ 20 mil/ mês. IR de 20% sobre operações de Day trade (+ 1% na fonte). Para **Pessoas Jurídicas,** o IR é 15% sobre ganhos líquidos mensais (+0,05% fonte) e 20% sobre Day trade (+ 1% fonte).

Gabarito "A"

(Escriturário – BB – Cesgranrio – 2014) Os títulos de capitalização são emitidos pelas sociedades de capitalização e têm por objeto o depósito periódico de prestações pecuniárias pelo contratante, o qual terá, depois de cumprido o prazo contratado, os direitos de concorrer a sorteio de prêmios em dinheiro e o de

(A) resgatar o valor do título mediante lance em leilões periódicos.

(B) resgatar parte dos valores depositados corrigidos por uma taxa de juros.

(C) aplicar parte dos recursos em ações das bolsas de valores.

(D) concorrer a imóveis nos feirões da casa própria.

(E) concorrer a prêmios em barras de ouro.

O título de capitalização é um produto em que parte dos pagamentos realizados pelo subscritor é usado para formar um capital, segundo cláusulas e regras aprovadas e mencionadas no próprio título (Condições Gerais do Título de Capitalização) e que será pago em moeda corrente em um prazo máximo estabelecido. **A**: incorreta. O capital a ser resgatado origina-se do valor que é constituído pelo título com o decorrer do tempo a partir dos percentuais dos pagamentos efetuados, com base nos parâmetros estabelecidos nas Condições Gerais do Título de Capitalização. **C**: incorreta. O montante que vai sendo formado com parte dos pagamentos denomina-se Reserva Matemática e será a base de cálculo para o valor a que o subscritor terá direito ao efetuar o resgate do seu título de capitalização. **D** e **E:** incorretas. O restante dos valores dos pagamentos é usado para custear os sorteios, quase sempre previstos neste tipo de produto, e as despesas administrativas das Sociedades de Capitalização.

Gabarito "B"

(Escriturário – BB – Cesgranrio – 2014) O mercado de seguros é cada vez mais crescente no Brasil. As seguradoras oferecem uma gama diferenciada de produtos e subprodutos para atender a essa grande demanda. O seguro de acidentes pessoais, por exemplo, garante o pagamento de indenização em caso de

(A) colisão do automóvel do segurado com veículos de terceiros, desde que esteja estipulado na apólice.

(B) perda total do veículo sem danos ao segurado, desde que especificado na apólice.

(C) paralisação das atividades laborais do segurado durante o período de uma eventual internação hospitalar causada por doença crônica.

(D) invalidez permanente, total ou parcial, por acidente, ou indenização ao beneficiário em caso de falecimento do segurado.

(E) incêndio, enchente ou qualquer outro tipo de fenômeno climático que danifique a residência do segurado.

O seguro de acidentes pessoais cobre morte e invalidez permanente (total ou parcial) e outros riscos causados – unicamente – por **acidente**. São **acidentes pessoais**, externos, que o segurado pode sofrer de forma súbita, violenta, imediata e involuntária, provocando lesões físicas ou morte. **A e B:** incorretas. O **seguro de automóveis** no Brasil se divide em dois grupos bem distintos: o seguro obrigatório (DPVAT – Danos Pessoais causados por Veículos Automotores de Vias Terrestres) e o seguro facultativo, mais comumente conhecido como seguro de automóveis. **O seguro facultativo de automóveis** garante indenização por danos acidentais causados ao veículo, ou por roubo ou furto do mesmo (ou suas partes); ressarcimento de danos (materiais ou pessoais) causados pelo veículo a terceiros; indenização aos passageiros acidentados do veículo (ou seus beneficiários) e; assistência ao veículo e seus ocupantes, em caso de acidente ou pane. **C:** incorreta. O seguro de renda por incapacidade temporária consiste – em caso de interrupção da atividade profissional por acidente ou doença – no pagamento ao segurado da quantia contratada depositada em sua conta enquanto se recupera. **E:** incorreta. **O seguro residencial** é um produto com coberturas multirriscos, isto é, oferece um conjunto de **seguros** conjugados ou agrupados numa única apólice. Todo **seguro residencial** possui uma garantia básica, que cobre os prejuízos provocados por incêndio, queda de raio e explosão.

Gabarito "D"

(Escriturário – BB – Cesgranrio – 2014) O Banco do Brasil é considerado um agente financeiro especial do Governo Federal, devido a algumas atividades que desempenha, como a (o)

(A) seguro de bens imóveis.

(B) fiança bancária para investidores em bolsa.

(C) execução da política de preços mínimos de produtos agropecuários.

(D) extensão de crédito direto ao consumidor.

(E) concessão de cartões de crédito ao público.

Segundo a Lei 4.595/1964, art. 19. Ao Banco do Brasil S.A. competirá precipuamente, sob a supervisão do Conselho Monetário Nacional e como instrumento de execução da política creditícia e financeira do Governo Federal: e) **executar a política de preços mínimos dos produtos agropastoris.** Nas **demais alternativas (A, B, D, E)** estão produtos e serviços, tais como: seguros, fiança bancária, crédito direto ao consumidor (CDC) e cartões de crédito, os quais são disponibilizados por diversas instituições financeiras.

Gabarito "C"

(Escriturário – BB – Cesgranrio – 2014) O Comitê de Política Monetária (Copom) do Banco Central do Brasil estabelece as ações que definem a política monetária do governo.

O Copom

(A) administra as reservas em divisas internacionais do Brasil.

(B) determina periodicamente a taxa de juros interbancários de referência, a taxa Selic.

(C) é presidido pelo Ministro da Fazenda.

(D) impõe limites mínimos de capitalização aos bancos comerciais.

(E) impede a entrada de capitais financeiros especulativos no país.

Os objetivos do Copom são: implementar a política monetária, definir a meta da Taxa Selic e seu eventual viés, e analisar o Relatório de Inflação. **A:** incorreta. O Banco Central administra as reservas em divisas internacionais do Brasil. **C:** incorreta. O COPOM é presidido pelo Presidente do Banco Central. **D** e **E:** incorretas. O Banco Central impõe os limites mínimos de capitalização aos bancos comerciais e controla o fluxo de capitais estrangeiros no país.

Gabarito "B"

(Escriturário – BB – Cesgranrio – 2014) O poder regulatório e fiscalizador da Comissão de Valores Mobiliários (CVM) se estende a várias entidades e atividades. **NÃO** constituem uma dessas entidades ou atividades

(A) os Sistemas de Compensação de Títulos Públicos Federais – Selic

(B) os Mercados de Balcão Organizados de Valores Mobiliários.

(C) as Bolsas de Mercadorias e Futuros.

(D) as Auditorias de Companhias Abertas.

(E) as Entidades de Compensação e Liquidação de Valores Mobiliários.

O Sistema Especial de Liquidação e de Custódia **(Selic) é o depositário central dos títulos que compõem a dívida pública federal interna de emissão do Tesouro Nacional e, nessa condição, processa a emissão, o resgate, o pagamento dos juros e a custódia desses títulos. É também um sistema eletrônico que processa o registro e a liquidação financeira das operações realizadas com esses títulos pelo seu valor bruto e em tempo real, garantindo segurança, agilidade e transparência aos negócios.** O sistema é gerido pelo Banco Central do Brasil. **A:** correta. Comissão de Valores Mobiliários (CVM) foi criada pela Lei 6.385/1976, com o objetivo de fiscalizar, normatizar, disciplinar e desenvolver o mercado de valores mobiliários no Brasil. Nas demais alternativas (B, C, D, E) estão instituições integrantes desse mercado.

Gabarito "A"

(Escriturário – BB – Cesgranrio – 2014) Nos termos da Lei de regência, cabe ao Conselho Monetário Nacional determinar recolhimento de determinado percentual do total dos depósitos e/ou outros títulos contábeis das instituições financeiras, seja na forma de subscrição de letras ou obrigações do Tesouro Nacional, seja na compra de títulos da Dívida Pública Federal, ou ainda, através de recolhimento em espécie. Esse percentual corresponderá a até

(A) 60%.
(B) 50%.
(C) 20%.
(D) 30%.
(E) 40%.

Segundo a Lei 4.595/1964, art. 4º. Compete ao Conselho Monetário Nacional, segundo diretrizes estabelecidas pelo Presidente da República: XIV – **Determinar recolhimento de até 60%** (sessenta por cento) do total dos depósitos e/ou outros títulos contábeis das instituições financeiras, seja na forma de subscrição de letras ou obrigações do Tesouro Nacional ou compra de títulos da Dívida Pública Federal, seja através de recolhimento em espécie, em ambos os casos entregues ao Banco Central do Brasil, na forma e condições que o Conselho Monetário Nacional determinar(...). Nas demais alternativas (B, C, D, E) os percentuais estão incorretos.

Gabarito "A"

(Escriturário – BB – Cesgranrio – 2014) O Fundo Garantidor de Crédito foi criado para, dentre outras finalidades, proteger depositantes e investidores no âmbito do sistema financeiro, até os limites estabelecidos pela regulamentação. Tal fundo é pessoa jurídica caracterizada como

(A) sociedade por ações.
(B) sociedade de economia mista.
(C) autarquia especial.
(D) associação civil.
(E) empresa financeira.

Fundo Garantidor de Créditos constitui-se em uma **associação civil** sem fins lucrativos, com personalidade jurídica de direito privado do Brasil, que administra um mecanismo de proteção aos correntistas, poupadores e investidores de instituições financeiras associadas. As demais alternativas (A, B, C, E) estão incorretas.

Gabarito "D"

(Escriturário – BB – Cesgranrio – 2014) O Sistema Financeiro Nacional é composto de dois grandes subsistemas: Subsistema Normativo e Subsistema de Intermediação. Tendo em vista essa classificação, fazem parte do Subsistema

(A) de Intermediação o Banco Central do Brasil e o Banco do Brasil.
(B) de Intermediação os Comitês de Política Monetária (Copom) dos bancos comerciais.
(C) Normativo o Banco Central do Brasil e o Banco do Brasil.
(D) Normativo o Banco Nacional de Desenvolvimento Econômico e Social e a Comissão de Valores Mobiliários.
(E) de Intermediação as Bolsas de Valores e de Mercadorias e Futuros atuantes no Brasil.

O **Sistema Financeiro Nacional** (SFN) está dividido em dois subsistemas: normativo e operativo. O **Subsistema Normativo** regula e fiscaliza o mercado financeiro e é integrado, por exemplo, pelo Conselho Monetário Nacional (CMN), pela Comissão de Valores Mobiliários (CVM) e pelo Banco Central do Brasil (BCB). **O Subsistema Operativo é** composto por instituições que atuam na **intermediação** financeira e realização de transferência de recursos entre fornecedores e tomadores por meio de regras bem definidas e é integrado, por exemplo, por bancos comerciais, bancos de investimento, Caixa Econômica Federal, Cooperativa de crédito e bancos múltiplos.

Gabarito Anulada

(Escriturário – BB – Cesgranrio – 2015) A Comissão de Valores Mobiliários (CVM) é um órgão que regula e fiscaliza o mercado de capitais no Brasil, sendo

(A) subordinada ao Banco Central do Brasil.
(B) subordinada ao Banco do Brasil.
(C) subordinada à Bolsa de Valores de São Paulo (BOVESPA).
(D) independente do poder público.
(E) vinculada ao poder executivo (Ministério da Fazenda).

A Comissão de Valores Mobiliários (CVM) é uma autarquia **vinculada** ao Ministério da Fazenda, instituída pela Lei 6.385/1976, que é responsável por regulamentar, desenvolver, controlar e fiscalizar o mercado de valores mobiliários do país. As demais alternativas (A, B, C, E) estão incorretas, pois a CVM **não é subordinada** a nenhum outro órgão e não é independente do poder público.

Gabarito "E"

(Escriturário – BB – Cesgranrio – 2015) O Banco Central do Brasil é um órgão do Subsistema Normativo do Sistema Financeiro Nacional. Ele determina, periodicamente, a taxa de juros de referência para as operações de um dia com títulos públicos, via atuação de seu (sua)

(A) Comitê de Estabilidade Financeira (COMEF).
(B) Comitê de Política Monetária (COPOM).
(C) Conselho Monetário Nacional (CMN).
(D) Conselho de Administração.
(E) Câmara de Compensação de cheques e outros papéis.

O Comitê de Política Monetária – COPOM – do Banco Central (BACEN) foi instituído em 1996 com o objetivo de estabelecer as diretrizes da política monetária e definir a taxa básica de juros. A taxa de juros fixada na reunião do Copom é a meta para a Taxa Selic (taxa média dos financiamentos diários, com lastro em títulos federais, apurados no Sistema Especial de Liquidação e Custódia – SELIC). **A:** incorreta. O **Comitê de Estabilidade Financeira (COMEF).** criado pela Portaria 65.180 de 18 de maio de 2011, é um órgão de governança do Banco Central que tem por objetivo, essencialmente, determinar a realização de estudos relativos à estabilidade financeira e à prevenção do risco sistêmico bem como definir as estratégias do BC para a condução dos processos relacionados à estabilidade financeira. **C:** incorreta. O **Conselho Monetário Nacional** (CMN), instituído pela Lei 4.595/1964, é o órgão responsável por expedir diretrizes gerais para o bom funcionamento do Sistema Financeiro Nacional (SFN). **D:** incorreta. A **Diretoria Colegiada** é o órgão de deliberação superior, responsável pela formulação de políticas e diretrizes necessárias ao exercício das competências do Banco Central. **E:** incorreta. Para garantir a compensação e a liquidação dos cheques e outros papéis entre os bancos, o Banco Central criou a Câmara de Compensação. A Compensação de Cheques no Brasil – **COMPE**, é executada pelo Banco do Brasil, no papel de Executante, e dela participam todos os bancos comerciais e caixas econômicas do Sistema Financeiro Nacional.

Gabarito "B"

(Escriturário – BB – Cesgranrio – 2015) Os cartões de crédito são, às vezes, chamados de "dinheiro de plástico". Seu uso crescente como meio de pagamento implica vários aspectos, **EXCETO** o(a)

(A) ganho sobre a inflação para os possuidores de cartão, sendo os valores das compras pagos apenas no vencimento do cartão.

(B) crédito automático até certo limite para os possuidores de cartão.

(C) aumento da demanda de papel moeda pelos possuidores de cartão, para pagamento de suas transações.

(D) aumento da segurança da transação, tanto para o comprador quanto para o vendedor.

(E) indução ao crescimento de vendas para os estabelecimentos credenciados.

O uso crescente dos cartões de crédito como meio de pagamento provoca a redução da demanda de papel moeda pelos possuidores de cartão, para pagamento de suas transações. As **demais alternativas** estão corretas, pois: **A:** correta, os cartões de crédito permitem a compra à vista e o pagamento no vencimento da fatura. **B:** correta, possuem um limite de crédito para os detentores de cartão. **D:** correta, dão mais segurança na transação com cartões de crédito. **E:** correta, geram um aumento de vendas para os estabelecimentos credenciados.

Gabarito "C"

(Escriturário – BB – Cesgranrio – 2015) Uma desvalorização cambial da moeda brasileira (real) frente à moeda norte-americana (dólar), implica a (o)

(A) diminuição do número de reais necessários para comprar um dólar.

(B) diminuição do estoque de dólares do Banco Central do Brasil.

(C) diminuição do preço em reais de um produto importado dos EUA.

(D) estímulo às exportações brasileiras para os EUA.

(E) aumento das cotações das ações das empresas importadoras na bolsa de valores.

A taxa de câmbio nominal é a quantidade de moeda nacional necessária para se adquirir uma unidade de moeda estrangeira. Uma **desvalorização cambial** significa um aumento da taxa de câmbio nominal. Exemplo: aumenta o número de reais necessários para se adquirir um dólar. A **desvalorização cambial** favorece aos exportadores, que conseguem oferecer preços mais competitivos no exterior. **A:** incorreta. A **desvalorização cambial** aumenta o número de reais necessários para comprar um dólar. **B:** incorreta. Ao favorecer as exportações, poderia aumentar a entrada de dólares no país, aumentando o estoque de da moeda no Banco Central do Brasil. **C:** incorreta. A **desvalorização cambial** aumenta o preço em reais de um produto importado dos EUA. **E:** incorreta. A **desvalorização cambial** poderia gerar um aumento das cotações das ações das empresas <u>exportadoras</u> na bolsa de valores.

Gabarito "D"

(Escriturário – BB – Cesgranrio – 2015) Tradicionalmente, o rendimento da Caderneta de Poupança sempre foi determinado pela variação da TR (Taxa Referencial) mais juros de 0,5% ao mês. Entretanto, os depósitos realizados a partir de 04/05/2012 têm rendimento vinculado à meta da taxa Selic. Desde então, se esta meta for igual ou menor que 8,5% ao ano, os juros da Caderneta de Poupança são

(A) aumentados para 130% da Selic.

(B) aumentados para 130% da Selic mais a TR.

(C) aumentados para 100% da Selic.

(D) reduzidos para 70% da Selic.

(E) reduzidos para 70% da Selic mais a TR.

Segundo a Lei 8.177/1991, art. 12. Em cada período de rendimento, os depósitos de poupança serão remunerados: I – como **remuneração básica**, por taxa correspondente à acumulação da **Taxa Referencial** Diária (TRD), no período transcorrido entre o dia do último crédito de rendimento, inclusive, e o dia do crédito de rendimento, exclusive; II – como **remuneração adicional**, **por juros de:** a) **0,5% ao mês**, enquanto a **meta da taxa Selic ao ano**, definida pelo BCB, for **superior a 8,5%.** b) **70% da meta da taxa Selic** ao ano, definida pelo BCB, **mensalizada,** vigente na data de início do período de rendimento, **nos demais casos.** As demais alternativas (A, B, C, E) estão incorretas, pois apresentam índices diversos dos previstos na Lei.

Gabarito "D"

(Escriturário – BB – Cesgranrio – 2015) O Plano Gerador de Benefícios Livres (PGBL) é uma aplicação que tem como objetivo a complementação da aposentadoria do seu investidor. Pode-se dizer que o PGBL é bom para o empregado que possui renda tributável e declara o imposto de renda no modelo completo, pois ao investir num PGBL, tem-se restituído o Imposto de Renda (IR) retido na fonte pelo empregador sobre o valor da aplicação. Como a tributação do PGBL ocorre no resgate sobre o(s) seu(s)

(A) rendimentos, o IR é postergado, mas não há a sua isenção.

(B) rendimentos, o IR é diferido, mas não há a sua isenção.

(C) rendimentos, há isenção do IR.

(D) valor integral, o IR é adiado, mas não há a sua isenção.

(E) valor integral, há isenção do IR.

A modalidade PGBL permite abater da base de cálculo do imposto de renda (IR) os aportes realizados anualmente ao plano até um limite máximo de 12% da renda bruta tributável do investidor. Essa dedução não significa que os aportes feitos na Previdência são isentos de IR. Haverá incidência do IR sobre o valor total do resgate ou da renda recebida quando estes ocorrerem. **A:** incorreta. Na modalidade Vida Gerador de Benefício Livre (VGBL) não há isenção, o IR incidirá apenas sobre os rendimentos do plano e não sobre o total acumulado. **B:** incorreta. Imposto de Renda diferido ocorre quando determinados custos ou despesas, que já foram contabilizados no exercício, somente são dedutíveis para fins de IR em exercícios posteriores, quando efetivamente forem pagos. **C e E:** estão incorretas, pois não há isenção de Imposto de Renda.

Gabarito "D"

(Escriturário – BB – Cesgranrio – 2015) A sociedade empresária W & Z Ltda. pretende expandir a sua atuação e, para tal fito, necessita de numerário, uma vez que seu capital disponível não lhe permite corporificar seu crescimento. Nessa linha, inventaria os seus bens desembaraçados disponíveis e apresenta proposta de empréstimo bancário com as garantias que enumera no documento que entrega ao gerente do Banco onde tem suas operações financeiras. O gerente sugere que a garantia seja concretizada por penhor mercantil e apresenta os contratos necessários, previamente aprovados pelo setor jurídico, e indica que o numerário será disponibilizado em até vinte e quatro horas após a formalização do negócio. Nos termos do Código Civil, prometendo pagar em dinheiro a dívida que garante com penhor mercantil, o devedor poderá emitir, em favor do credor,

(A) cheque especial.

(B) letra de câmbio própria.

(C) debênture comercial.

(D) carta de crédito pignoratícia.

(E) cédula do respectivo crédito.

Segundo o Código Civil, ar t. 1.448. *Constitui-se o penhor industrial, ou o mercantil, mediante instrumento público ou particular, registrado no Cartório de Registro de Imóveis da circunscrição onde estiverem situadas as coisas empenhadas. Parágrafo único. Prometendo pagar em dinheiro a dívida, que garante com penhor industrial ou mercantil, o devedor poderá emitir, em favor do credor,* cédula do respectivo crédito, *na forma e para os fins que a lei especial determinar.* As demais alternativas (A, B, C, D) estão incorretas, pois apresentam instrumentos não contemplados na lei.

Gabarito "E"

(Escriturário – BB – Cesgranrio – 2015) Sr. X é concitado por Sr. Y a atuar como avalista em título de crédito no qual Sr. Y é devedor. Dado o alto grau de amizade entre os dois, o ato é praticado. Algum tempo depois, Sr. X recebe comunicação de que pende de pagamento a dívida resultante do aval. Diversas dúvidas acudiram ao avalista que, consultando profissional especializado em títulos de crédito, assentou que o seu dever de pagamento estaria relacionado a

(A) obrigações portadas por devedor, mesmo ilíquidas.
(B) cláusulas contratuais estipuladas em desfavor do devedor.
(C) títulos de crédito derivados do original.
(D) obrigação líquida constante do título.
(E) estoque de débito do avalizado junto ao credor.

Segundo o Novo Código de Processo Civil, art. 783. *A execução para cobrança de crédito fundar-se-á sempre em **título de obrigação certa, líquida e exigível**.* Pode-se entender que **obrigação certa** é o que está previamente determinado no título de crédito, como sua existência efetiva; **líquido** é quando o valor ali descrito pode ser apurado e verificado imediatamente; e **exigível** é que, após o vencimento da obrigação, o credor poderá requerer prontamente a execução da dívida, sem a necessidade do processo de conhecimento. As demais alternativas (A, B, C, E) estão incorretas, pois apresentam elementos não compatíveis com a lei.

Gabarito "D"

(Escriturário – BB – Cesgranrio – 2015) Sr. G resolve abrir conta-corrente no Banco Y e, para isso, outorga procuração para Sra. H, sua amiga, que se dirige à agência mais próxima para formalizar o ato. Após longos anos de relacionamento exclusivamente com o procurador, o gerente do Banco recebe recomendação dos seus superiores hierárquicos de contatar todos os correntistas representados por terceiros. Diante disso, solicita à Sra. H contato pessoal com Sr. G, o que vem a ser negado, tendo em vista que o titular da conta não mantém relações com estranhos, nessa categoria incluído o gerente de sua conta-corrente. Diante dessa negativa, é indicado ao gerente o enquadramento da atuação de Sr. G e Sra. H, nos termos da Carta-Circular BACEN n. 3.542/2012, no concernente a situações relacionadas com

(A) movimentação de contas.
(B) cartões de pagamento.
(C) dados cadastrais de clientes.
(D) operações de investimento interno.
(E) operações de crédito no País.

Nos termos da Circular 3.542/2012, art. 1º *As operações ou as situações descritas a seguir, considerando as partes envolvidas, os valores, a frequência, as formas de realização, os instrumentos utilizados ou a falta de fundamento econômico ou legal, podem configurar indícios de ocorrência dos crimes previstos na Lei n. 9.613, de 3 de março de 1998, passíveis de comunicação ao Conselho de Controle de Atividades Financeiras* (Coaf): **III – situações relacionadas com dados cadastrais de clientes: a) resistência ao fornecimento de informações necessárias para o início de relacionamento ou para a atualização cadastral, oferecimento de informação falsa ou prestação de informação de difícil ou onerosa verificação.** As demais alternativas **(A, B, D, E)** estão incorretas, pois apresentam situações não compatíveis com o caso descrito na questão.

Gabarito "C"

(Escriturário – BB – Cesgranrio – 2015) O combate à lavagem de dinheiro tem se disseminado no mundo, tendo o rápido desenvolvimento de sofisticadas organizações criminosas que utilizam o sistema financeiro para legitimar as suas atuações originariamente ilícitas. De acordo com a Lei Federal n. 9.613/1998, o crime de lavagem, atualmente, caracteriza-se, entre outras ações, por ocultar valores decorrentes de atos consubstanciados como

(A) infrações administrativas.
(B) infrações penais.
(C) multas mobiliárias.
(D) sanções do Banco Central.
(E) ilícitos civis.

Conforme a Lei 9.613/1998, art. 1º Ocultar ou dissimular a natureza, origem, localização, disposição, movimentação ou propriedade de bens, direitos ou valores provenientes, direta ou indiretamente, **de infração penal**. Pena: reclusão, de 3 (três) a 10 (dez) anos, e multa. As demais alternativas (A, C, D, E) estão incorretas, pois apresentam elementos não contemplados na lei.

Gabarito "B"

(Escriturário – BB – Cesgranrio – 2015) Sr. X é gerente de uma agência bancária. Ele recebe o cliente, Sr. W, conhecido empresário do ramo da construção civil, com inúmeras aplicações financeiras na agência. Com o passar do tempo, gerente e cliente tornam-se amigos e confidentes. Em determinado dia, o empresário lhe confidencia ter recebido uma proposta de um conhecido para legalizar valores que ele recebia, sem declarar à Receita Federal, e que adviriam de atividades não autorizadas pela lei. Diante desse fato, o gerente adverte seu cliente de que, caso acolhesse a proposta, estaria realizando, em termos de lavagem de dinheiro, o que caracteriza a etapa de

(A) ocultação.
(B) conclusão.
(C) multiplicação.
(D) integração.
(E) manutenção.

Segundo *o* **Conselho de Controle de Atividades Financeiras** (COAF), os mecanismos mais utilizados no processo de lavagem de dinheiro envolvem teoricamente três etapas independentes que, com frequência, ocorrem simultaneamente: **colocação, ocultação e integração.** A **colocação** é a primeira etapa do processo e envolve a colocação do dinheiro no sistema econômico. A **ocultação é** a segunda etapa do processo e consiste em dificultar o rastreamento contábil dos recursos ilícitos. **D:** incorreta. **Integração** – é a terceira e última etapa, onde os ativos são incorporados formalmente ao sistema econômico. As demais alternativas (B, C, E) estão incorretas, pois apresentam conceitos não contemplados na definição das fases do crime de lavagem de dinheiro.

Gabarito "A"

(Escriturário – BB – Cesgranrio – 2015) Sr. X é cidadão brasileiro, possuindo bens, direitos e obrigações no Brasil, bem como atividades negociais no exterior. Por força de suas atividades empresariais, ele possui um cartão de crédito ilimitado, com validação fora do país, emitido por instituição financeira transnacional com autorização para atuar no país. Em determinado momento, as sociedades empresariais das quais participa não atingem as suas metas, gerando prejuízos. Apesar disso, o nível dos seus gastos e transferências externos aumenta, o que gera comunicação preventiva aos órgãos de controle. Nos termos da Lei n. 9.613/1998, a comunicação em resposta à requisição do órgão competente ocorrerá por meio da

(A) seção de auditoria.
(B) gerência especial.
(C) área de inteligência.
(D) responsável financeira.
(E) matriz no Brasil.

Conforme a Lei 9.613/1998, art. 9º Sujeitam-se às obrigações referidas nos artigos 10 e 11 as pessoas físicas e jurídicas que tenham, em caráter permanente ou eventual, como atividade principal ou acessória, cumulativamente ou não: I – a captação, intermediação e aplicação de recursos financeiros de terceiros, em moeda nacional ou estrangeira; II – a compra e venda de moeda estrangeira ou ouro como ativo financeiro ou instrumento cambial; III – a custódia, emissão, distribuição, liquidação, negociação, intermediação ou administração de títulos ou valores mobiliários. Parágrafo único. Sujeitam-se às mesmas obrigações: XVIII – as dependências no exterior das entidades mencionadas neste artigo, **por meio de sua matriz no Brasil,** relativamente a residentes no País. As demais alternativas (A, B, C, D) estão incorretas, pois apresentam elementos não contemplados na lei.

Gabarito "E"

(Escriturário – BB – Cesgranrio – 2015) Sr. Q é diretor executivo do Banco LX & T, tendo sido designado para ser responsável pela implementação das medidas previstas na Circular do Bacen n. 3.461/2009, bem como pelas comunicações aos órgãos nela indicados para a prevenção da lavagem de dinheiro.

Não sendo a instituição integrante de um conglomerado financeiro, não poderá o diretor, nos termos da citada Circular, exercer função relativa à

(A) gerência de contas de pessoas jurídicas.
(B) comissão governamental.
(C) avaliação de recursos humanos.
(D) administração de recursos de terceiros.
(E) participação em entes associativos.

Conforme Circular do Bacen 3.461/2009, art. 18. As instituições de que trata o art. 1º devem indicar ao Banco Central do Brasil diretor responsável pela implementação e cumprimento das medidas estabelecidas nesta circular, bem como pelas comunicações de que tratam os artigos. 12 e 13. Art. 18, § 1º Para fins da responsabilidade de que trata o *caput*, admite-se que o diretor indicado desempenhe outras funções na instituição, exceto a relativa à administração de recursos de terceiros. As demais alternativas (A, B, C, E) estão incorretas, pois apresentam elementos não contemplados na lei.

Gabarito "D"

(Escriturário – BB – Cesgranrio – 2015) Admita que um empresário brasileiro, acionista majoritário de uma empresa em situação pré-falimentar, venha a ser acusado pelos acionistas minoritários de uso de informação privilegiada e manipulação de preços das ações negociadas na Bolsa de Valores, Mercadorias e Futuros de São Paulo (BM&F Bovespa). O órgão responsável pelo eventual julgamento do processo administrativo contra o empresário é o (a)

(A) Conselho Administrativo de Defesa Econômica (CADE).
(B) Bolsa de Valores, Mercadorias e Futuros de São Paulo (BM&F Bovespa).
(C) Supremo Tribunal Federal (STF).
(D) Supremo Tribunal de Justiça (STJ).
(E) Comissão de Valores Mobiliários (CVM).

Segundo a Lei 6.385/1976 – Art. 9º A Comissão de Valores Mobiliários, observado o disposto no § 2º do art. 15, poderá: V – apurar, mediante processo administrativo, atos ilegais e práticas não equitativas de administradores, membros do conselho fiscal e acionistas de companhias abertas, dos intermediários e dos demais participantes do mercado. As alternativas A, B estão incorretas, pois o CADE e a BM&F Bovespa não têm a competência para fazer o julgamento do processo administrativo contra o empresário. As alternativas C, D estão incorretas, pois o STF e STJ não são órgãos administrativos.

Gabarito "E"

(Escriturário – BB – Cesgranrio – 2015) Ao conceder uma fiança bancária a determinado cliente, um banco garante o cumprimento de uma obrigação pelo cliente, mediante uma remuneração. A fiança bancária

(A) não precisa ser aprovada pela área de crédito dos bancos.
(B) é proibida pelo Banco Central do Brasil no caso de operações que não tenham perfeita caracterização do valor em moeda nacional.
(C) tem remuneração limitada à taxa de juros de referência da economia.
(D) não é utilizada nas negociações registradas na Bolsa de Mercadorias e Futuro.
(E) é uma operação de crédito e, portanto, sujeita ao Imposto sobre Operações Financeiras (IOF).

Fiança bancária é uma modalidade de garantia concedida por um banco a terceiro (afiançado), através de carta de fiança, na qual este banco assume a qualidade de fiador e garante o cumprimento de uma obrigação do afiançado. Tal garantia deve ter a perfeita caracterização do valor em moeda nacional. **A:** incorreta. Exige a aprovação prévia pela área de crédito das instituições bancárias. **C:** incorreta. Não tem remuneração limitada a nenhuma taxa de juros de referência da economia. **D:** incorreta. Pode ser utilizada como garantia nas negociações registradas na Bolsa de Mercadorias e Futuro. **E:** incorreta. Não é uma operação de crédito e, portanto, não está sujeita a cobrança de IOF.

Gabarito "B"

(Escriturário – BB – FCC – 2013) O penhor mercantil é modalidade de garantia que pode ser exigida por operadores do Sistema Financeiro Nacional na formalização de operações de crédito em que

(A) haja dispensa de fiel depositário.
(B) o valor atualizado do bem não exceda 50% do valor financiado.
(C) esse direito recaia sobre bens móveis.
(D) o devedor possa substituir os bens empenhados sem autorização prévia do credor.
(E) os recursos liberados permaneçam depositados na mesma instituição financeira.

Conforme o Código Civil no art. 1.431 do CC: *Constitui-se o **penhor** pela transferência efetiva da posse que, em garantia do débito ao credor ou a quem o represente, faz o devedor, ou alguém por ele, de uma **coisa móvel**, suscetível de alienação.* **A:** incorreta. Não há dispensa de fiel depositário, pois no Código Civil no Art. 1.431, parágrafo único: *No **penhor** rural, industrial, **mercantil** e de veículos, as coisas empenhadas **continuam em poder do devedor, que as deve guardar e conservar.*** **B:** incorreta. Não há percentual estipulado do valor atualizado do bem que exceda o valor financiado. A garantia deve cobrir o valor da operação de crédito. **D:** incorreta. Conforme o Código Civil no Art. 1.449: *O **devedor não pode, sem o consentimento por escrito do credor, alterar as coisas empenhadas** ou mudar-lhes a situação, nem delas dispor. O devedor que, anuindo o credor, alienar as coisas empenhadas, deverá repor outros bens da mesma natureza, que ficarão sub-rogados no penhor.* **E:** incorreta. Não é obrigatório, que os recursos liberados nas operações de crédito, permaneçam depositados na mesma instituição financeira.

Gabarito "C"

(Escriturário – BB – FCC – 2013) As operações denominadas Crédito Direto ao Consumidor são caracterizadas

(A) pela não incidência de IOF para contratos com pessoa física.

(B) por destinação ao financiamento de bens e serviços para pessoas físicas ou jurídicas.

(C) pela dispensa da informação do Custo Efetivo Total para clientes correntistas dos bancos.

(D) pela impossibilidade de antecipação de pagamento de parcelas.

(E) pela ausência de gravame no caso de financiamento de veículos usados.

O **Crédito Direto ao Consumidor** (CDC) é um financiamento concedido pelos Bancos, ou pelas chamadas Financeiras, a pessoas físicas ou jurídicas, para aquisição de bens ou serviços. **A**: incorreta. No CDC ocorre a **incidência de IOF** (Imposto sobre Operações de Crédito, Câmbio e Seguro, ou Relativas a Títulos ou Valores Mobiliários) para os contratos de financiamento de pessoas físicas ou jurídicas. **C**: incorreta. O **Custo Efetivo Total** (CET) representa o custo total de uma operação de empréstimo ou de financiamento e deve ser informado ao cliente pela instituição financeira. O CET deve ser expresso na forma de taxa percentual anual, incluindo todos os encargos e despesas das operações. **D:** incorreta. As normas do Conselho Monetário Nacional garantem ao cliente o direito à **liquidação antecipada com redução proporcional dos juros**. As instituições financeiras devem informar as condições para tal antecipação. **E:** incorreta. **O gravame** é requisito essencial no caso de financiamento de veículos novos e usados. Quando um veículo é adquirido através de financiamento, é feita a inclusão do gravame no órgão de trânsito, indicando a alienação fiduciária para a instituição financeira que realizou o crédito para a aquisição do veículo.

Gabarito "B"

(Escriturário – BB – FCC – 2013) A operação por meio da qual a instituição financeira garante em contrato, perante terceiros, o cumprimento de obrigações decorrentes de riscos assumidos por parte do seu cliente é denominada

(A) fiança bancária.

(B) penhor mercantil.

(C) alienação fiduciária.

(D) adiantamento de contrato de câmbio.

(E) aval.

Fiança bancária é uma modalidade de garantia concedida por um banco a terceiro (afiançado), através de carta de fiança, na qual este banco assume a qualidade de fiador e garante o cumprimento de uma obrigação do afiançado. **B:** incorreta. **Penhor mercantil** – Conforme o Código Civil no art. 1.431: Constitui-se o **penhor** pela transferência efetiva da posse que, em garantia do débito ao credor ou a quem o represente, faz o devedor, ou alguém por ele, de uma **coisa móvel,** suscetível de alienação. Parágrafo único: No **penhor** rural, industrial, **mercantil** e de veículos, as coisas empenhadas **continuam em poder do devedor, que as deve guardar e conservar. C:** incorreta. **Alienação fiduciária** – Conforme o Código Civil no art. 1.361 – A alienação fiduciária em garantia consiste na *transferência feita pelo devedor ao credor da propriedade resolúvel e da posse indireta de um bem infungível* – que não podem ser substituídos por outros da mesma espécie, quantidade e qualidade – ou de um bem imóvel (Lei n. 9.514/97, art. 22), como garantia de seu débito, resolvendo-se o direito do adquirente com o pagamento da dívida garantida. **D:** incorreta. **Adiantamento de contrato de câmbio** (ACC) – O **ACC** é um dos mais conhecidos e utilizados mecanismos de financiamento à exportação. Trata-se de financiamento na fase de produção ou pré-embarque do produto. Para realizar um **ACC**, o exportador deve procurar um banco autorizado a operar em câmbio. **E:** incorreta. Aval – O **aval** é uma garantia pessoal, na qual uma pessoa (**aval**ista) se compromete a pagar um título de crédito, nas mesmas condições que o devedor desse título (**aval**izado).

Gabarito "A"

(Escriturário – BB – FCC – 2013) O crime de lavagem de dinheiro caracteriza-se por um conjunto de operações comerciais ou financeiras que buscam a incorporação na economia de cada país, de modo transitório ou permanente, de recursos, bens e valores de origem ilícita e que se desenvolvem por meio de um processo dinâmico que envolve, teoricamente, três fases independentes:

(A) cobrança, conversão e destinação.

(B) colocação, ocultação e integração.

(C) contratação, registro e utilização.

(D) exportação, tributação e distribuição.

(E) aplicação, valorização e resgate.

Segundo *o* **Conselho de Controle de Atividades Financeiras** (COAF), os mecanismos mais utilizados no processo de lavagem de dinheiro envolvem teoricamente essas três etapas independentes que, com frequência, ocorrem simultaneamente. **Colocação** – a primeira etapa do processo é a colocação do dinheiro no sistema econômico. **Ocultação** – a segunda etapa do processo consiste em dificultar o rastreamento contábil dos recursos ilícitos. **Integração** – nesta última etapa, os ativos são incorporados formalmente ao sistema econômico. As demais alternativas (A, C, D, E) estão incorretas, pois apresentam elementos não contemplados na definição das fases do crime de lavagem de dinheiro.

Gabarito "B"

(Escriturário – BB – FCC – 2013) Produto que, após um período de acumulação de recursos, proporciona aos investidores uma renda mensal – que poderá ser vitalícia ou por período determinado – ou um pagamento único, é o

(A) CDB – Certificado de Depósito Bancário.

(B) FIDC – Fundo de Investimento em Direitos Creditórios.

(C) Ourocap – Banco do Brasil.

(D) BB Consórcio de Serviços.

(E) PGBL – Plano Gerador de Benefício Livre.

Segundo a **Superintendência de Seguros Privados** (SUSEP), o **Plano Gerador de Benefícios Livres** (PGBL) é um plano por sobrevivência (previdência complementar aberta) que, após um período de acumulação de recursos (período de diferimento), proporciona ao investidor (participante) uma renda mensal – que poderá ser vitalícia ou por período determinado – ou um pagamento único. **A:** incorreta. **Certificado de Depósito Bancário** (CDB) – É um investimento de renda fixa de baixo risco. É um título emitido por bancos para captar recursos para suas atividades. Quem investe em um CDB está emprestando dinheiro para a instituição bancária em troca de uma remuneração, enquanto esta usa os recursos captados com investidores para fazer empréstimos a seus clientes. **B:** incorreta. **FIDC – Fundo de Investimento em Direitos Creditórios** – O Fundo de Investimento em Direitos Creditórios (FIDC) é uma comunhão de recursos que destina parcela acima de 50% do seu respectivo patrimônio líquido para aplicações em direitos creditórios. Os direitos creditórios que compõem a carteira de ativos de um FIDC são provenientes dos créditos que uma empresa tem a receber, como duplicatas, cheques e outros. **C:** incorreta. **Ourocap – Banco do Brasil** – É um **título de capitalização, ou seja,** uma economia programada de prazo definido, com pagamento único, em parcelas mensais ou periódicas. Durante a vigência do **título**, o investidor pode ter o direito de participar de sorteios e, no fim do prazo, resgatar parte ou a totalidade do dinheiro guardado. **D:** incorreta. **BB Consórcio de Serviços** – É uma modalidade de Consórcio, ou seja, é uma modalidade de compra baseada na união de pessoas – físicas ou jurídicas – em grupos, com a finalidade de formar poupança para a aquisição de bens móveis, imóveis ou serviços. A formação desses grupos é feita por uma **Administradora de Consórcios**, autorizada e fiscalizada pelo Banco Central do Brasil.

Gabarito "E".

(Escriturário – BB – FCC – 2013) A Cetip S.A. – Mercados Organizados é uma câmara utilizada pelos participantes do mercado financeiro e de capitais para o registro eletrônico da colocação, o depósito e a liquidação financeira de diversos ativos, dentre os quais estão os

(A) Bônus de Subscrição e as Notas do Tesouro Nacional.
(B) Certificados de Depósito Bancário e as Letras Financeiras do Tesouro.
(C) Certificados de Recebíveis do Agronegócio e as Debêntures.
(D) *Commercial Papers* e os *Brazilian Depositary Receipts*.
(E) Títulos da Dívida Agrária e os Contratos a Termo de Ações.

Os **Certificados de Recebíveis do Agronegócio** (CRA) e as **Debêntures** são registradas na CETIP, que realiza o registro, a custódia, a compensação, a liquidação e o gerenciamento de risco das operações. **A:** incorreta. **Bônus de Subscrição** são registradas na Clearing BM&FBOVESPA, que realiza o registro, a compensação, a liquidação e o gerenciamento de risco das operações. As **Notas do Tesouro Nacional** (NTN) estão registradas no Sistema Especial de Liquidação e de Custódia (Selic), do Banco Central do Brasil, que é um sistema informatizado que se destina à custódia de títulos escriturais de emissão do Tesouro Nacional, bem como ao registro e à liquidação de operações com esses títulos. **B:** incorreta. **Certificados de Depósito Bancário** (CDB) são registrados na CETIP. As **Letras Financeiras do Tesouro** (LFT) estão registradas no Sistema Especial de Liquidação e de Custódia (Selic), do Banco Central do Brasil. **D:** incorreta. As Notas Comerciais – também conhecida como Nota Promissória ou **Commercial Paper** – são registradas na CETIP. Os ***Brazilian Depositary Receipts*** (BDR) são registrados na Clearing BM&FBOVESPA. **E:** incorreta. O Tesouro Nacional, emissor dos **Títulos da Dívida Agrária** (TDA), utiliza o ambiente de registro da CETIP. Os **Contratos a Termo de Ações** são registrados na Clearing BM&FBOVESPA.

Gabarito "C".

(Escriturário – BB – FCC – 2013) O Comitê de Política Monetária (COPOM), instituído pelo Banco Central do Brasil em 1996 e composto por membros daquela instituição, toma decisões

(A) sobre a Taxa de Juros de Longo Prazo (TJLP).
(B) a respeito dos depósitos compulsórios dos bancos comerciais.
(C) de acordo com a maioria dos participantes nas reuniões periódicas de dois dias.
(D) a serem ratificadas pelo Ministro da Fazenda.
(E) conforme os votos da Diretoria Colegiada.

As reuniões ordinárias do Copom dividem-se em dois dias: a primeira sessão às terças-feiras e a segunda às quartas-feiras. O Copom é composto pelos membros da Diretoria Colegiada do Banco Central do Brasil (BCB), que procedem à votação das propostas apresentadas na reunião. **A:** incorreta. O órgão responsável pela fixação trimestral da Taxa de Juros de Longo Prazo (TJLP) é o Conselho Monetário Nacional (CMN). **B:** incorreta. Os percentuais dos depósitos compulsórios dos bancos comerciais e de outras instituições financeiras são definidos pelo Banco Central (BCB). **C:** incorreta. O COPOM toma decisões através dos votos da Diretoria Colegiada, mesmo que na reunião participem outros integrantes do Banco Central (BCB). **D:** incorreta. As decisões do COPOM não precisam ser ratificadas pelo Ministro da Fazenda.

Gabarito "E".

(Escriturário – BB – FCC – 2013) Em 2010 ocorreu, simultaneamente, a distribuição pública primária e secundária de ações de emissão do Banco do Brasil, com registros na Comissão de Valores Mobiliários. Neste caso, como em outras operações da mesma natureza e produto no mercado de capitais, a relação entre capital próprio e de terceiros da empresa

(A) passou a ser influenciada pela cotação das ações em bolsa de valores.
(B) não sofreu nenhuma influência.
(C) sofreu alteração em função da venda das ações dos acionistas do grupo controlador.
(D) foi modificada pela captação integral dos recursos obtidos nas ofertas primária e secundária.
(E) foi alterada pela parcela de recursos originada com as novas ações emitidas.

A oferta ou distribuição pública é o processo de colocação junto ao público de determinado número de títulos e valores mobiliários – como ações – para venda. A **distribuição pública pode ser primária ou secundária**. Quando a empresa vende novos títulos e os recursos obtidos com esta venda vão para o caixa da empresa, a oferta é chamada de primária. Tal distribuição altera a relação entre capital próprio e de terceiros da empresa. Quando não envolvem a emissão de novos títulos, caracterizando a venda de ações já existentes e os recursos da venda vão para os vendedores e não para a empresa, a oferta é chamada de secundária. Tal distribuição não altera a relação entre capital próprio e de terceiros da empresa. **A:** incorreta. A cotação das ações em bolsa de valores não altera a relação entre capital próprio e de terceiros da empresa. **B:** incorreta. Sofreu influência pela distribuição primária de ações. **C:** incorreta. Não sofreu alteração em função da venda das ações dos acionistas do grupo controlador, pois é uma oferta secundária. **D:** incorreta. Foi modificada apenas pela captação dos recursos obtidos na oferta primária.

Gabarito "E".

(Escriturário – BB – FCC – 2013) O COAF – Conselho de Controle de Atividades Financeiras compõe a estrutura legal brasileira para lidar com o problema da lavagem de dinheiro e tem como missão

(A) autorizar, em conjunto com os bancos, o ingresso de recursos internacionais por meio de contratos de câmbio.
(B) julgar se é de origem lícita a incorporação na economia, de modo transitório ou permanente, de recursos, bens e valores.

(C) identificar e apontar para a Secretaria da Receita Federal do Brasil os casos de ilícito fiscal envolvendo lavagem de dinheiro.
(D) prevenir a utilização dos setores econômicos para lavagem de dinheiro e financiamento do terrorismo.
(E) discriminar as atividades principal ou acessória de pessoas físicas e jurídicas sujeitas às obrigações previstas em lei.

A Lei 9.613/1998 dispõe sobre os crimes de "lavagem" ou ocultação de bens, direitos e valores; a prevenção da utilização do sistema financeiro para os ilícitos previstos nesta Lei; cria o Conselho de Controle de Atividades Financeiras – COAF, e dá outras providências. Tal lei, define em seu art. 14: *É criado, no âmbito do Ministério da Fazenda, o Conselho de Controle de Atividades Financeiras – COAF, com a finalidade de disciplinar, aplicar penas administrativas, receber, examinar e identificar as ocorrências suspeitas de atividades ilícitas previstas nesta Lei, sem prejuízo da competência de outros órgãos e entidades.* E no mesmo artigo no § 2º: *O COAF deverá, ainda, coordenar e propor mecanismos de cooperação e de troca de informações que viabilizem ações rápidas e eficientes no combate à ocultação ou dissimulação de bens, direitos e valores.* As demais alternativas (A, B, C, E) estão incorretas, pois apresentam elementos não contemplados na lei, visto que a missão do COAF é "*produzir Inteligência Financeira e promover a proteção dos setores econômicos contra a lavagem de dinheiro e o financiamento ao terrorismo*".

Gabarito "D"

(Escriturário – BB – FCC – 2013) As linhas bancárias de crédito rural possibilitam ao cliente acessar financiamento

(A) para atividades de comercialização da produção.
(B) do custeio das despesas pessoais e familiares.
(C) com liberação de uma só vez, independentemente do cronograma de aquisições e serviços.
(D) sem apresentação de garantias ao financiador.
(E) para investimento em bens ou serviços cujo aproveitamento se estenda por um único ciclo produtivo.

Podem ser financiadas pelo crédito rural: custeio para cobrir as despesas normais dos ciclos produtivos; investimento em bens ou serviços, cujo desfrute se estenda por vários períodos de produção; comercialização para cobrir despesas próprias da fase posterior à coleta da produção ou para converter em espécie os títulos oriundos de sua venda ou entrega pelos produtos ou suas cooperativas. **B:** incorreta. O custeio é para cobrir as despesas normais dos ciclos produtivos. **C:** incorreta. A liberação dos recursos depende do cronograma de aquisições e serviços contratados. **D:** incorreta. A apresentação de garantias é exigida ao financiador. A escolha das garantias é de livre convenção entre o financiado e o financiador, que devem ajustá-las de acordo com a natureza e o prazo do crédito, observada a legislação própria de cada tipo. Por exemplo: penhor, hipoteca, aval ou fiança. **E:** incorreta. Para investimento em bens ou serviços cujo aproveitamento se estenda por vários ciclos produtivos.

Gabarito "A"

7. Atualidades do Mercado Financeiro

Henrique Subi

(Escriturário – BB – 2014.1 – CESGRANRIO) Uma das atribuições do Conselho Monetário Nacional (CMN), que a Lei n. 4.595/1964 estabelece, na qualidade de órgão integrante do Sistema Financeiro Nacional (SFN), é

(A) receber os recolhimentos compulsórios das instituições financeiras

(B) realizar as operações de redesconto e empréstimos a instituições financeiras

(C) determinar os percentuais do recolhimento compulsório

(D) executar os serviços de meio circulante

(E) orientar a aplicação dos recursos das instituições financeiras

Todas as atribuições listadas são do Banco Central do Brasil (art. 10, III, IV e V, e art. 46 da Lei nº 4.595/1964), com exceção da letra "E", que deve ser assinalada. É atribuição do CMN orientar a aplicação dos recursos das instituições financeiras (art. 3º, IV, da Lei nº 4.595/1964).

Gabarito "E"

(Escriturário – BB – 2014.1 – CESGRANRIO) Em termos teóricos, podem ser conferidas ao Banco Central diversas atribuições, destacando-se, dentre elas, a de ser o Banco dos Bancos, o Único Banco Emissor ou o Banqueiro do Governo.

Sob o enfoque de Banqueiro do Governo, o Banco Central deve ser o

(A) financiador das obras de infraestrutura da União

(B) emprestador de dinheiro para as obras de fomento

(C) centralizador do caixa do governo

(D) detentor do monopólio de órgão arrecadador da União

(E) detentor do monopólio da distribuição do dinheiro

A e **B:** incorretas. O Banco Central não pode realizar empréstimos para o Governo nem atender a funções de fomento (art. 164 da Constituição); **C:** correta. O termo "Banqueiro do Governo" é utilizado para indicar as atribuições do Banco Central ligadas à administração das contas do Poder Executivo, do manejo de seu fluxo de fundos e das reservas de caixa em moeda nacional e internacionais; **D:** incorreta. O principal órgão arrecadador da União é a Secretaria da Receita Federal do Brasil; **E:** incorreta. O Banco Central realmente detém o monopólio de emissão de moeda (art. 164 da Constituição Federal), porém, tal atribuição é ligada à sua função de "Único Banco Emissor".

Gabarito "C"

(Escriturário – BB – 2014.1 – CESGRANRIO) No Sistema Financeiro Nacional (SFN), sob o enfoque da Dinâmica do Mercado, o elemento técnico-conceitual referente à parte da economia que acompanha o comportamento dos salários e do poder de compra do salário da população, é a

(A) política fiscal

(B) política de preços

(C) inflação

(D) política de rendas

(E) taxa de juros

A: incorreta. A política fiscal é o conjunto de medidas adotadas pelo Governo ligadas à arrecadação da receita tributária e não tributária e realização de despesas; **B:** incorreta. Política de preços, na parte que se aplica à Administração Pública, se refere à opção do Governo de adotar um preço mínimo para determinado produto ou serviço, necessariamente maior do que o preço de equilíbrio do mercado livre; **C:** incorreta. Inflação é o aumento generalizado e continuado dos preços de bens e serviços de um determinado mercado; **D:** correta. O enunciado traz o conceito doutrinário de política de rendas, que também abrange as medidas de redistribuição de renda e justiça social; **E:** incorreta. Taxa de juros é um índice que registra a rentabilidade de uma aplicação financeira ou investimento.

Gabarito "D"

(Escriturário – BB – 2014.1 – CESGRANRIO) Fazem parte do Sistema Financeiro Nacional (SFN) Instituições Financeiras Bancárias e Instituições Financeiras não Bancárias.

Nesse enfoque, pertencem ao grupo das Instituições não Bancárias, dentre outras, os Bancos

(A) Múltiplos, com carteira de crédito imobiliário

(B) Múltiplos, com carteira comercial

(C) Comerciais

(D) Cooperativos

(E) de Investimento

Instituições financeiras não bancárias, ou não monetárias, são aquelas que não estão autorizadas a captar depósitos à vista. Bancos comerciais, múltiplos e cooperativos têm nessa modalidade de depósito seu principal produto. Já os bancos de investimento só estão autorizados a captar depósitos a prazo para financiamento de atividade produtiva, capital de giro e administração de recursos de terceiros, nos termos da Resolução CMN nº 2.624/1999.

Gabarito "E"

8. Língua Inglesa

Henrique Subi

Financial System

People have virtually unlimited needs, but the economic resources to supply those needs are limited. Therefore, the greatest benefit of an economy is to provide the most desirable consumer goods and services in the most desirable amounts -what is known as the efficient allocation of economic resources. To produce these consumer goods and services requires capital in the form of labor, land, capital goods used to produce a desired product or service, and entrepreneurial ability to use these resources together to the greatest efficiency in producing what consumers want most. Real capital consists of the land, labor, tools and machinery, and entrepreneurial ability to produce consumer goods and services, and to acquire real capital costs money.

The financial system of an economy provides the means to collect money from the people who have it and distribute it to those who can use it best. Hence, the efficient allocation of economic resources is achieved by a financial system that allocates money to those people and for those purposes that will yield the greatest return.

The financial system is composed of the products and services provided by financial institutions, which include banks, insurance companies, pension funds, organized exchanges, and the many other companies that serve to facilitate economic transactions. Virtually all economic transactions are effected by one or more of these financial institutions. They create financial instruments, such as stocks and bonds, pay interest on deposits, lend money to creditworthy borrowers, and create and maintain the payment systems of modern economies.

These financial products and services are based on the following fundamental objectives of any modern financial system:

- to provide a payment system;
- to give money time value;
- to offer products and services to reduce financial risk or to compensate risk-taking for desirable objectives;
- to collect and disperse information that allows the most efficient allocation of economic resources;
- to create and maintain financial markets that provide prices, which indicates how well investments are performing, which also determines the subsequent allocation of resources, and to maintain economic stability.

Available at: <http://thismatter.com/money/banking/ financial-system.htm>. Retrieved on: July 27th, 2015. Adapted.

(Escriturário – BB – 2015 – CESGRANRIO) From the sentence of the text "The financial system of an economy provides the means to collect money from the people who have it and distribute it to those who can use it best" (lines 16-18), it can be inferred that people who

(A) can use the money most efficiently are those who have much money.

(B) operate the financial system of an economy collect and distribute money the best way.

(C) receive the distributed money don't know how to use it best.

(D) have much money and know how to use it best are the same.

(E) operate the financial system of an economy collect the money and keep it.

A oração destacada no enunciado significa: "O Sistema financeiro de uma economia fornece os meios de coletar dinheiro das pessoas que o tem e distribuí-lo àqueles que podem usá-lo melhor". A única alternativa que parafraseia corretamente o enunciado é a letra "B", que deve ser assinalada: "pessoas que operam o sistema financeiro de uma economia coletam e distribuem dinheiro do melhor jeito".

Gabarito "B"

(Escriturário – BB – 2015 – CESGRANRIO) In the fragment of the text "Hence, the efficient allocation of economic resources" (lines 18-19), the connector **Hence** conveys an idea of

(A) emphasis

(B) time sequence

(C) contrast

(D) conclusion

(E) addition

"Hence" significa "por isso", "por tal razão". É sinônimo de "therefore". Traduz a ideia de conclusão.

Gabarito "D"

(Escriturário – BB – 2015 – CESGRANRIO) In the fragment of the text "the efficient allocation of economic resources is achieved by a financial system that allocates money to those people and for those purposes that will yield the greatest return" (lines 19-22), the verb form **yield** can be replaced, without change in meaning, by

(A) produce

(B) slow down

(C) cut

(D) interrupt

(E) diminish

"Yield" significa "produzir", "obter". A única palavra com o mesmo sentido é "produce".

Gabarito "A"

(Escriturário – BB – 2015 – CESGRANRIO) According to the text, a definition for the expression "the efficient allocation of economic resources" (lines 6-7) is:

(A) provision of the most desirable consumer goods and services in limited amounts
(B) provision of the most desirable consumer goods and services in unlimited amounts
(C) production of economic resources in unlimited ways
(D) production of economic resources in sufficient amounts
(E) provision of the most desirable consumer goods and services in the most desirable amounts

O significado da expressão mencionada no enunciado vem logo antes dela no texto e está copiado na alternativa "E", que deve ser assinalada. Perceba que ela (a expressão do enunciado) é introduzida no texto por "what is known as", que significa "o que é conhecido como".

Gabarito "E"

(Escriturário – BB – 2015 – CESGRANRIO) The relative pronoun **which** in the fragment of the text "which include banks, insurance companies, pension funds, organized exchanges, and the many other companies" (lines 24-26) refers to

(A) financial institutions (line 24)
(B) other companies (lines 25-26)
(C) purposes (line 21)
(D) return (line 22)
(E) products and services (lines 23-24)

"Which" é elemento de coesão que resgata "financial institutions" para explicar quais instituições estão abrangidas pelo termo.

Gabarito "A"